民航行业特有工种职业技能鉴定培训教材

民航安全检查员

中国民用航空局职业技能鉴定指导中心　编

中国民航出版社

图书在版编目（CIP）数据

民航安全检查员 / 中国民用航空局职业技能鉴定指导中心编.
—北京：中国民航出版社，2016.4（2020. 4 重印）
ISBN 978-7-5128-0343-5

Ⅰ. ①民… Ⅱ. ①中… Ⅲ. ①民航运输 - 安全检查 - 职业技能 - 鉴定 - 教材 Ⅳ. ① F560.81

中国版本图书馆 CIP 数据核字（2016）第 056676 号

民航安全检查员

中国民用航空局职业技能鉴定指导中心　编

责任编辑　马　瑞
出　　版　中国民航出版社（010）64279457
地　　址　北京市朝阳区光熙门北里甲 31 号楼（100028）
排　　版　中国民航出版社录排室
印　　刷　北京金吉士印刷有限责任公司
发　　行　中国民航出版社（010）64297307　64290477
开　　本　787 × 1092　1/16
印　　张　25.5
字　　数　562 千字
版 印 次　2016 年 5 月第 1 版　2020 年 4 月第 6 次印刷

书　　号　ISBN 978-7-5128-0343-5
定　　价　120.00 元

官方微博　http://weibo.com/phcaac
淘宝网店　https://shop142257812.taobao.com
电子邮箱　phcaac@sina.com

编写说明

为做好民航安全检查员职业技能培训和鉴定工作，民航局人事科教司、公安局、民航局职业技能鉴定指导中心组织相关人员，于2009年编写了《民航货物安全检查员技能培训教材》，于2011年编写了《安全检查员》（第五版）教材。以上教材在安全检查员职业技能鉴定培训考试中发挥了重要作用。现把上述两本教材合订为一本《民航安全检查员》教材（以下简称《教材》），并将该教材纳入“民航行业特有工种职业技能鉴定培训教材”系列正式出版。此次出版未对原版进行改动。

本《教材》以民航安全检查员《国家职业标准》为编写依据，共分两篇：《基础知识篇》，涵盖了对民航安全检查员（含货检）五级、四级、三级鉴定的理论知识要求；《技能篇（五级、四级、三级）》，涵盖了五级、四级、三级民航安全检查员（含货检）技能考核知识及操作要求。本教材是民航安全检查员（含货检）参加职业技能鉴定的专用教材，也可作为各单位对民航安全检查员开展业务培训的辅导教材。

在编写该《教材》的过程中，得到了北京首都、上海浦东、上海虹桥、南京禄口、广州白云、成都双流、深圳宝安、西安咸阳、昆明长水等机场，国货航、东航、南航以及民航第二、第三、第四、第五、第六、第七、第八、第十、第十二、第十三、第十七等民航行业特有工种职业技能鉴定站的大力支持，在此，深表谢意！

编　者

2016年4月

安全检查员（第五版）

主　　编：王立军

副 主 编：陈朝霞　李志刚　陆建华　高　扬

审定人员：（排名不分先后）

吴连华　张可保　周洪清　张展群

郑　晨　夏　静　赵映波　邬晓清

编写人员：（排名不分先后）

侯献磊　姜　浩　桂　琦　李伟学

唐　红　于　灿　赵　刚　卞立伦

胡　科　黄　晋　邵丽华　万君昊

王晶晶　陈丽萍　蒋　晖　王怡卉

顾巧芸　陈宏堑　李啸捷　窦维红

黄　悦　张　宁　赵童童

民航货物安全检查员技能培训教材

编写人员：（排名不分先后）

李志刚　吴连华　李玉红　刘旭旭

杨晓娥　张　健　姜　浩　侯献磊

邬晓清　窦维红

审定人员：（排名不分先后）

王立军　陈朝霞　高　扬　杨景朔

张展群　黄祝珊　高永光　郑佳杰

余宏学　武宏辉　田家奎

目录

基础知识篇

技能篇

五级民航安全检查员

四级民航安全检查员

三级民航安全检查员

四级民航货物安全检查员

三级民航货物安全检查员

基础知识篇

第一章 职业道德

第一节 职业道德的基本知识

一、职业道德的含义

职业道德，是人们在职业活动中应遵循的特定职业规范和行为准则，即正确处理职业内部、职业之间、职业与社会之间、人与人之间关系时应当遵循的思想和行为的规范。它是一般社会道德在不同职业中的特殊表现形式。职业道德是在相应的职业环境和职业实践中形成和发展的。职业道德不仅是从业人员在职业活动中的行为标准和要求，而且是本行业对社会所承担的道德责任和义务。职业道德是社会道德在职业生活中的具体化。

二、职业道德的特点

职业道德的特点主要表现在四个方面。

1. 范围上的特殊性

职业道德是调整职业活动中各种关系的行为规范。社会职业千差万别，职业道德因行业而异，个性特征鲜明，每种职业道德在特定的职业范围内具有特殊的职业道德规范，各个具体的职业道德都从自己的职业要求出发，规范本职业人员的职业行为。职业的不同差别，形成了职业道德适用范围的千差万别。从民航系统看，安检的职业道德，主要是调节安检人员与旅客、货主之间的职业道德关系。

2. 内容上的稳定性、连续性

职业道德与职业生活紧密相连，在长期的社会职业实践中形成了稳定的职业心理和世代相袭的职业传统习惯。

3. 形式上的多样性、具体性

职业道德的内容千差万别，各行各业从突出自身特点出发，采取具体、灵活、多样的表现形式，将职业道德的内容具体化、规范化、通俗化。

4. 强烈的纪律性

纪律也是一种行为规范，但它是介于法律和道德之间的一种特殊的规范。它既要求人们能自觉遵守，又带有一定的强制性。就前者而言，它具有道德色彩；就后者而言，又带有一定的法律色彩。就是说，一方面遵守纪律是一种美德；另一方面，遵守纪律又带有强制性，具有法令的要求。

第二节　安检人员职业道德规范

职业道德规范是职业道德的基本内核，它是人们在长期的职业劳动中反复积累，逐步形成的，也是社会对人们在职业劳动中必须遵守的基本行为准则的概括和提炼。职业道德教育的根本任务是提高受教育者的职业道德素养，调整其职业行为，使受教育者能够养成崇高的敬业精神、严明的职业纪律和高尚的职业荣誉感。

一、安检人员职业道德规范的基本要求

安检人员职业道德规范是社会主义职业道德在民航安检职业活动中的具体体现，既是安检人员处理好职业活动中各种关系的行为准则，也是评价安检人员职业行为好坏的标准。鉴于安检工作的特殊性，安检人员职业道德规范应首先从观念上解决好以下四个方面问题。

1. 树立风险忧患意识

安全技术检查的根本职能是保证空防安全，严防劫机和炸机事件的发生，风险大，责任重。从 1977 年至 1994 年的 17 年间，我国共发生了 35 起劫机、炸机事件；国际上从 20 世纪 60 年代起，劫机炸机事件逐年增多，最后急剧增加到一年内发生 91 起。这种恐怖破坏活动危害极大，损失惨重，影响极坏，受到世界舆论的强烈谴责，众多国家相继采取严密的防范措施。但是，“树欲静而风不止”，随着国际国内社会形势的不断变化，恐怖犯罪分子总想兴风作浪，时时在寻找机会，千方百计地变换手段企图劫机，空防安全的风险和威胁无时不在。每一位安检人员必须牢牢树立风险忧患意识，坚决克服松懈、麻痹等思想，保持高度警惕的精神状态，将各种不安全的隐患及时消灭在萌芽状态。

2. 强化安全责任意识

任何职业都承担着一定的职业责任，职业道德把忠实履行职业责任作为一条主要的规范，从认识上、情感上、信念上、意志上以至习惯上养成忠于职守的自觉性，坚决谴责任何不负责任、玩忽职守的态度和行为，对无视职业责任造成严重损失的，将受到法律制裁。安检的每一个岗位，都与旅客生命和财产的安全紧密相连，空防安全无小事，失之毫厘，差之千里，安全责任重如泰山。我们必须时刻保持清醒的头脑，正确分析安全形势，明确肩负的安全责任，做到人在岗位，心系安全，坚持空防安全的操作规程一点不松，执行空防安全的指令、规定一字不变，履行空防安全的职责一寸不退，确保空防安全万无一失，让党和人民放心。

3. 培养文明服务意识

文明服务，是社会主义精神文明和职业道德的重要内容，也是社会主义社会人与人之间平等团结、互助友爱的新型人际关系的体现。安检工作既有检查的严肃性，又有服务的文明性。安检人员成年累月地与祖国和世界各地旅客交往，一言一行都影响着中国民航形象，也影响着国家和民族的声誉，每个员工都要自觉摆正安全检查与文明执勤服务的关系，摆正个人形象与国家民族声誉的关系，纠正粗鲁、生硬等不文明的检查行为，做到执勤姿态美、执勤行为美、执勤语言美，规范文明执勤的管理，塑造安检队伍良好的文明形象。

4. 确立敬业奉献意识

安检职业的特点，要求我们必须把确保空防安全放在职业道德规范的首位，要求安检战线广大干部职工有强烈的事业心，高度的责任感和精湛的业务技能，具有严格的组织纪律观念和高效率、快节奏的工作作风，具有良好的思想修养和服务态度。从安检岗位所处的特殊环境看，安检人员要确立敬业奉献意识，必须正确对待三个考验：一是严峻的空防形势考验。安检队伍在严峻的空防形势中产生和发展，年复一年，日复一日地闯过一道道艰难险阻，消除了炸机劫机的隐患。天下并不安宁，必须忘我地工作，高度警惕，守好岗位。二是繁重工作任务的考验。安检人员长年累月起五更睡半夜，连续作战，艰苦奋战在一线岗位。三是个人利益得失的考验。在繁重的安检岗位上，个人家庭生活、经济收入相应会受到不同的程度影响，紧张艰苦的工作环境也容易引起思想波动。为了民航全局的整体利益，为了空防安全的万无一失，每个安检人员要在其位尽其职，正确经受考验，视空防安全为自己的生命，树立“亏了我一个，造福民航人”的崇高境界，热爱安检岗位，乐于无私奉献，立足安检岗位建功立业。

二、安检人员职业道德规范的基本内容

安检职业道德规范，要在确保安全的前提下，以全心全意为人民服务和集体主义为道德原则，把“保证安全第一，改善服务工作，争取飞行正常”落实在安检人员的职业行为中，树立敬业、勤业、乐业的良好道德风尚。根据民航安检工作的行业特点，安检职业道德规范的基本内容如下。

1. 爱岗敬业，忠于职守

爱岗敬业、忠于职守就是热爱本职工作，忠实地履行职业责任。要求安检人员对本职工作恪尽职守，诚实劳动，在任何时候、任何情况下都能坚守岗位。

热爱本职、爱岗敬业是一种崇高的职业情感。所谓职业情感，就是人们对所从事的职业的好恶、倾慕或鄙夷的情绪和态度。爱岗敬业，就是职业工作者以正确的态度对待各种职业劳动，努力培养热爱自己所从事的职业的幸福感、荣誉感。爱岗敬业是为人民服务的基本要求。一个人一旦爱上自己的职业，他的身心就会融合在职业活动中，就能在平凡的岗位做出不平凡的事迹。

爱岗敬业、忠于职守是社会主义国家对每一个从业人员的起码要求。任何一种职业，都是社会主义建设和人民生活所不可缺少的，都是为人民服务，为社会做贡献的岗位。无论做什么工作，也无论你是否满意这一职业，定岗以后，都必须尽职尽责地做好本职工作。任何一种职业都承担着一定的职业责任，只有每一个职业劳动者都履行了职业责任，整个社会生活才能有条不紊地进行。因此，我们应当培养高度的职业责任感，以主人翁的态度对待自己的工作，从认识上、情感上、信念上、意志上，乃至习惯上养成“忠于职守”的自觉性。

爱岗敬业、忠于职守是安检人员最基本的职业道德，它的基本要求是：一要忠实履行岗位职责，认真做好本职工作，安检人员要以忠诚于国家和人民为己任，认真履行

自己的职业责任和职业义务。不论是查验证件，进行旅客人身和行李物品检查，还是监护飞机，都要做到兢兢业业，忠于职守。二要以主人翁的态度对待本职工作，树立事业心和责任感。每一名安检人员都是民航的主人，是民航事业发展的创造者。安检工作是民航整体的一个重要组成部分，大家要自觉摆正个人与民航整体的关系，树立民航发展我发展，民航兴旺我兴旺，民航安全我安全的整体观念。热情为民航腾飞献计，主动为空防安全分忧，自觉为安检岗位操心，牢记全心全意为人民服务的宗旨，一言一行向人民负责，为祖国争光。三要树立以苦为乐的幸福感。正确对待个人的物质利益和劳动报酬等问题。克服拜金主义、享乐主义和极端个人主义的倾向，乐于为安检作贡献。四要反对玩忽职守的渎职行为。安检人员在职业活动中是否尽职尽责，不仅直接关系到自身的利益，而且关系到国家和人民生命财产的安全。玩忽职守，渎职失责的行为，不仅会影响民航运输的正常活动，还会使公共财产、国家和人民利益遭受损失，严重的将构成渎职罪、玩忽职守罪、重大责任事故罪，将会受到法律的制裁。

2. 钻研业务，提高技能

职业技能也可称为职业能力，是我们在职业活动中实现职业责任的能力手段。它包括实际操作能力、处理业务的能力、技术能力以及有关的理论知识等。

钻研业务、提高技能是安检职业道德规范的重要内容。掌握职业技能，是完成工作任务为人民服务的基本手段，不仅关系到个人能力大小，知识水平的高低，也直接关系到安检工作质量和服务质量，关系到人民群众的切身利益。安检工作是一项政策性、专业性与技术性很强的工作。一方面从安全技术检查的内容来看，包括验证、X射线机检查、设备维修等技术性工作。另一方面，从安全技术检查的对象来看，旅客携带的行李物品各种各样，有的是一般生活用品，有的则可能是武器、管制刀具、炸药、易燃易爆、传染、腐蚀性物品，以及一些高科技产品，如精密仪器等。如何准确无误地从各式各样的物品中查出危险物品和违禁物品，仅靠责任心是不够的，还需要有较强的业务技能。安检人员刻苦钻研业务知识，精通业务技能，已成为迫在眉睫的紧迫任务。

安检人员提高业务技能应下工夫抓好三个基本功的教育训练：一是系统的安检基础理论的学习。如安检政策法规理论、防爆排爆基础理论、民航运输基础理论、飞机构造基础知识、电脑基础知识、法律基础知识、常用英语基础知识、心理学基础知识、外事知识、世界各国风土人情和礼节礼仪知识等。二是精湛的业务操作技能。无论是证件检查、X射线机检查、人身检查，还是开箱检查、机器故障的检测维修、飞机监护与清查，实质上都是技术较密集型的岗位，每个安检人员应努力做到一专多能，技能上精益求精，人人成为合格的岗位技术能手。三是灵活的现场应急处置技能。安检现场是成千上万旅客流动的场所，各种情况复杂多变，意想不到的突发问题随时可见，提高现场灵活的处置能力显得更为重要。

3. 遵纪守法，严格检查

遵纪守法是指每个职业劳动者都要遵守职业纪律以及与职业活动相关的法律、法规。严格检查，确保安全是安检人员的基本职责和行为准则。遵纪守法，严格检查的基本要求：一是要求安检人员在安检过程中，必须做到依法检查和按照规定的程序进行检查。《中华人民共和国民用航空法》和《中华人民共和国民用航空安全保卫条例》以及民航局有关空防工作的指令和规定，为安全技术检查提供了法律依据，也是安检工作步入法制化的新契机。每一位安检人员要克服盲目性和随意性的不良习惯，强化法律意识，吃透法律精神，严格依法实施安全检查，学会运用法律武器处理问题，依法办事。二是安检人员要自觉遵守党和国家的各项法律法规和政策规定，自觉学法、用法、守法，严格遵守外事纪律、保密纪律、安检岗位纪律，自觉把好权力关、金钱关、人情关，严禁参与社会上“六害”等不法行为活动，做遵纪守法的模范。三是在实施检查工作中，在执行每次任务中，每一个流程、每一个环节，安检人员都要做到一丝不苟，全神贯注，严把验证、人身检查、行李物品检查、飞机监护几道关口，各个关口要层层设防，层层把关，做到万无一失，把隐患消灭在地面上，让每一个航班平安起降。

4. 文明执勤，热情服务

文明执勤，优质服务，是安检人员职业道德规范的重要内容，也是民航安检职业性质的具体体现，充分反映了“人民航空为人民”的宗旨。安全检查的根本任务，就是为人民服务，为旅客安全服务，我们应通过文明的执勤方法，优质的服务形式，来实现这个根本任务。要真正做到文明执勤，必须从以下三方面着手：一是文明执勤必须要端正服务态度。安检人员要以满腔热情对待工作，以主动、热情、诚恳周到、宽容耐心的服务态度对待旅客，反对冷漠、麻木、高傲、粗鲁、野蛮的恶劣态度。二是文明执勤必须要规范化服务。安检人员在执勤时仪容整洁，举止端庄，站有站相，坐有坐相，说话和气，想旅客所想，忧旅客所忧，树立起旅客至上的助人为乐的行业新风。三是必须摆正严格检查与文明服务的辩证统一关系，两者是互相紧密联系的整体。我们要用文明的执勤姿态、文明的执勤举止、文明的执勤语言和行为，努力塑造民航安检的文明形象，赢得社会的信赖和支持。

5. 团结友爱，协作配合

团结友爱，协作配合，是处理职业内部人与人之间，以及协作单位之间关系的职业道德规范，是社会主义职业道德集体主义原则的具体体现，是建立平等友爱互助协作新型人际关系，增强整体合力的重要保证。

对安全技术检查这一特定的职业来说，只有搞好个人与个人之间的团结协作，加强安检队伍与外部友邻单位的密切联系，促进纵向系统与横向系统的广泛交往，形成紧密联系，互相团结协作的纽带，空防安全才能建设成坚不可摧的钢铁防线。我们讲团结协作，不是无原则的团结，而是真诚的团结，按照社会主义职业道德规范要求，应划清几个界限：一是顾全大局与本位主义的界限。要反对本位主义不良倾向，不能遇事只从本位主义利益出发，而应站在全局利益和整体利益上认识和处理问题，这样才能求得真正的长远的团结。二是集体主义与小团体主义的界限。表面上看小团体主义也是为了集体，但本质上与集体主义有着原则性的区别，集体主义是国家、集体、个人三者利益的统一，小团体主义是不顾三者利益而只求单位团伙的狭隘利益，甚至牺牲别人利益而满足自己利益，是本位主义的延伸和发展。三是互相尊重协作与互相推诿扯皮的界限。互相尊重协作是团结的基础，是建立在平等信任的关系之上，而互相推诿扯皮是典型的个人主义和自由主义的反映，只能分裂团结，造成大家离心离德。四是团结奋进与嫉贤妒能的界限。团结奋进不仅是个精神状态问题，而且是团结的最终目标，通过团结形成强有力的整体而不断开拓进取。相反嫉贤妒能是涣散斗志、涣散团结的腐蚀剂，要坚决反对这种消极无为的现象，运用种种方式形成强有力的舆论力量加以制止。全体安检人员要紧密凝聚成坚强的集体，为祖国民航事业的腾飞、为国家繁荣昌盛而贡献力量。

三、安检人员职业道德养成的基本途径

1. 树立职业理想信念

安检人员良好的职业理想信念和职业道德境界，是职业道德养成的思想基础。要坚持用马克思主义道德观和中国特色的社会主义理论武装头脑，用科学的理论教育人，用正确的舆论引导人，用高尚的情操陶冶人，与腐朽的消极的职业道德观划清界限，自觉抵制错误职业道德的影响，树立正确的职业理想和人生信念，把个人的人生观、价值观、幸福观与民航安检事业统一起来，立志为空防安全而奋斗。

2. 注重职业道德责任的锻炼

所谓职业道德责任，就是从事职业的个人对社会、集体和服务对象所应承担的社会责任和义务。对安检职业忠于职守、尽职尽责与麻木不仁、玩忽职守是两种对立的职业道德责任表现。只有建立职业道德责任制，将安检人员职业道德规范责任到岗位，责任到每个员工，贯穿落实到安检工作全过程。形成层层落实的责任机制，职业道德规范才能逐步变成每个员工的自觉习惯，高度的职业道德责任才能在每个员工的心灵中逐步扎根。

3. 加强职业纪律的培养

职业纪律是职业道德养成的必要手段，是保证职业道德成为人们行为规范的有效

措施。职业道德靠社会舆论、内心信念、传统习惯来调整人与人、人与社会的关系，而职业纪律靠强制性手段让人们服从，具有一定的强制约束力。建立一套严明的安检职业纪律约束机制，培养令行禁止的职业纪律，是加强安检人员职业道德养成的重要途径。对自觉遵守职业道德成效显著的要大张旗鼓地给予表彰宣扬，对职业道德严重错位失范，影响恶劣的，除进行必要教育引导外，视情节给予纪律处罚，充分发挥职业纪律的惩戒教育和强制约束的作用。

4. 强化职业道德行为的修养

职业道德行为的修养，就是指安检人员在安检实践活动中，按照职业道德基本原则和规范的内容，在个人道德品质方面自我锻炼，自我改造，形成高尚的道德品质和崇高的思想境界，将职业道德规范自觉转化为个人内心要求和坚定的信念，形成良好的行为和习惯。周恩来总理在1942年抗日战争紧张的战斗生活中，亲自制定“自我修养要则”七条，成为他一生中始终如一严格自律的标准，为我们的道德修养树立了光辉典范。每一位安检人员应自觉以职业道德规范“慎独”地修养自己的言行，尤其是在别人看不到、听不到、心知自知的无人监督情况下，独立严格约束自己，自觉成为职业道德的模范。

第二章　安全技术检查工作的基本知识

第一节　安全技术检查工作的概念、性质和任务

一、安全技术检查的概念

安全技术检查简称安全检查，是指在特定的区域内，为保障广大人民生命、财产及公共设施的安全所采取的一种强制性的技术性检查。它包括民航、客运（火车、汽车）、港口、轨道交通、场馆设施等安全检查。

其中民航安全技术检查，是指在民用机场实施的为防止劫（炸）飞机和其他危害航空安全事件的发生，保障旅客、机组人员和飞机安全所采取的一种强制性的技术性检查。

二、安全技术检查的性质

民航安全技术检查，是民航空防安全保卫工作的重要组成部分，是国务院民用航空主管部门授权的专业安检队伍，为保障航空安全，依照国家法律法规对乘坐民航班机的中、外籍旅客及物品以及航空货物、邮件进行公开的安全技术检查，防范劫持、爆炸民航班机和其他危害航空安全的行为，保障国家和旅客生命财产的安全，具有强制性和专业技术性。

三、安全技术检查工作的任务

安全技术检查工作包括对乘坐民用航空器的旅客及其行李，进入候机隔离区的其他人员及其物品以及空运货物、邮件的安全技术检查；对候机隔离区内的人员、物品进行安全监控；对执行飞行任务的民用航空器实施监护。

四、安全技术检查工作的原则

安全技术检查工作应当坚持安全第一，严格检查，文明执勤，热情服务的原则。在具体工作中应做到以下几方面。

1. 安全第一，严格检查

确保安全是安全技术检查的宗旨和根本目的，而严格检查则是实现这个目的的手段和对安检人员的要求。所谓严格检查，就是严密地组织勤务，执行各项规定，落实各项措施，以对国家和乘客高度负责的精神，牢牢把好安全技术检查、飞机监护等关口，切实做到证件不符不放过，安全门报警不排除疑点不放过，X 射线机图像判断不清不放过，开箱（包）检查不彻底不放过，以确保飞机和旅客的安全。

2. 坚持制度，区别对待

国家法律、法规以及有关安全技术检查的各项规章制度和规定，是指导安全技术检查工作的实施和处理各类问题的依据，必须认真贯彻执行，绝不能有法不依，有章不循。同时，还应根据特殊情况和不同对象，在不违背原则和确保安全的前提下，灵活掌握处置各类问题。通常情况下对各种旅客实施检查，既要一视同仁，又要注意区别，明确重点，有所侧重。

3. 内紧外松，机智灵活

内紧是指检查人员要有敌情观念，要有高度的警惕性和责任心、紧张的工作作风、严密的检查程序，要有处置突发事件的应急措施等，使犯罪分子无空可钻；外松，是指检查时要做到态度自然，沉着冷静，语言文明，讲究方式，按步骤有秩序进行工作；机智灵活是指在错综复杂的情况下，检查人员要有敏锐的观察能力和准确的判断能力，善于分析问题，从受检人员的言谈举止，行装打扮和神态表情中，察言观色，发现蛛丝马迹，不漏掉任何可疑人员和物品。

4. 文明执勤，热情服务

机场是地区和国家的窗口，安全技术检查是机场管理和服务工作的一部分。检查人员要树立全心全意为旅客服务的思想，要做到检查规范，文明礼貌；要着装整洁，仪表端庄；要举止大方，说话和气，“请”字开头，“谢”字结尾；要尊重不同地区不同民族的风俗习惯。同时，要在确保安全不影响正常工作的前提条件下，尽量为旅客排忧解难。对伤、残、病旅客予以优先照顾，不能伤害旅客的自尊心，对孕妇、幼童、老年旅客要尽量提供方便，给予照顾。

五、安全技术检查部门的职能

安全技术检查部门具有预防和制止劫、炸机犯罪活动和保护民航班机及旅客生命财产安全的职能。具体体现在如下三个方面：

1. 预防和制止企图劫、炸机犯罪活动的职能。

2. 保护国家和人民生命财产安全的职能。

3. 服务职能。首先，在保障安全的前提下，安检部门要尽力保证航班能正点起飞，不因安检原因延误飞机；其次，要文明执勤，树立为旅客服务的思想。

六、安全技术检查部门的权限

1. 行政法规的执行权

2. 检查权

安检部门的检查包括几个方面：

1. 对乘机旅客身份证件的查验权，通过对旅客身份证件核查，防止旅客用假身份证或冒用他人身份证件乘机，发现和查控通缉犯。

2. 对乘机旅客的人身检查权，包括使用仪器检查和手工检查。

3. 对行李物品的检查权，包括使用仪器检查和手工开箱（包）检查。

4. 对货物、邮件的检查权。

5. 对进入候机隔离区和登机人员证件的查验权、人身检查权和物品检查权。

3. 拒绝登机权

（1）在安全技术检查中，当发现有故意隐匿枪支、弹药、管制刀具、易燃、易爆等可能用于劫（炸）机的违禁品及危险品的旅客时，安检部门有权不让其登机，并将人与物一并移交机场公安机关审查处理。

（2）在安全技术检查过程中，对手续不符和拒绝接受检查的旅客，安检部门有权不准其登机。

4. 候机隔离区监控权

（1）候机隔离区没有持续实施管制的，在使用前，安检机构应当对候机隔离区进行清查。

（2）安检机构应当派员在候机隔离区内巡视，对重点部位加强监控。

（3）经过安全检查的旅客应当在候机隔离区内等待登机。如遇航班延误或其他特殊原因离开候机隔离区的，再次进入时应当重新接受安全检查。

（4）候机隔离区内的商店不得出售可能危害航空安全的商品。商店运进商品应当经过安全检查，并接受安检机构的安全监督。

5. 航空器监护权

（1）对出、过港航空器实施监护。

（2）应机长请求，经机场公安机关或安检机构批准，安检人员可以进行清舱。

七、安全技术检查的法律特征及特点

1. 安全技术检查的法律特征

安全技术检查部门有行政法规的执行权而无处罚权，这就是安全技术检查的法律特征。安全技术检查部门是保障航空安全的带有服务性质的单位，是一支有专业技术的职工队伍，执行国家法律以及国务院、民航局、公安部为保证航空安全发布的有关行政法规和规章。所以，安全技术检查带有行政执法的性质。但安全技术检查部门属于企业的一个机构，不属于行政机关，所以从这方面来讲，它不具有行政处罚权，即不具有拘留、罚款、没收的权力。

2. 安全技术检查工作的特点

安全技术检查工作以中外旅客及其行李物品为主要对象，以防止劫、炸机为主要目的，以公开的安全技术检查为主要手段，是民航事业中确保飞机和旅客生命财产安全的必要措施，是一项非常重要的工作。安全技术检查工作要求在较短时间内完成所有乘机旅客及其行李物品等的安全技术检查，而且要确保安全，一旦出现失误，发生劫、炸机事件，后果严重，损失巨大，还将在国际国内造成极坏的政治影响。因此，它具有责任性强、政策性强、时间性强、专业性强及风险性大等特点。

八、安全技术检查工作的基本程序

所有安检人员必须熟悉安检工作的基本程序，明确要求。基本程序是：

值班领导在检查开始前应了解航班动态，传达上级有关指示和通知，提出本班要求及注意事项。

检查时，安检人员要求旅客按秩序排好队，准备好证件，首先查验旅客的身份证件及乘机凭证，检查无误后在请旅客通过安全门，对有疑点者要进行手工检查。手提行李物品、托运行李和货物快件、邮件应通过X射线机进行检查，发现可疑物品要开箱(包)检查，必要时可以随时抽查。在无仪器设备或仪器设备发生故障时，应当进行手工检查。

安全技术检查人员应当对进入候机隔离区等候登机的旅客实施监管，防止与未经安全技术检查的人员混合或接触。应派人员在候机隔离区内巡视，对重点部位加强监控。

安检各勤务单位必须认真记录当天工作情况及仪器使用情况，并做好交接班工作。

第二节　安全技术检查法规

安全技术检查法规是民航安检部门实施技术检查的法律依据，是安检人员依法行使检查权利，保障民用航空安全的重要手段。

一、安检法规的概念

安检法规是指国家立法机关和国家行政机关依据宪法、法律和国家政策制定的，实施民用航空安全技术检查的法律条例、规章、规定、办法、规则等规范性文件的总称。

二、安检法规的特点和作用

1. 安检法规的特点

安检法规是实施安全技术检查的法律依据，因此它具有规范性、强制性、专业性和国际性等特点。

规范性。规范就是标准。安检工作是一项政策性很强的工作，处理问题需要有法律依据，不能随心所欲，更不能感情用事。安检法规的制定，使安检工作有法可依，有章可循。

强制性。安检法规是国家机关制定，以国家权力为基础，凭借国家机关的强制力来保证实施的行为规则，对所有乘机旅客都有法律效力和约束力。安检法规的强制性表现在两个方面：一方面是规范的强制性；另一方面是执行的强制性，对违反法规的行为要根据情节追究法律责任。

专业性。安检法规属于业务工作规则性质，它规定了安检专业工作的工作范围、方针原则，及处罚处置的管理措施等，具有较强的专业性。

国际性。安检法规的国际性表现在它是根据国际公约及与航空安全有关的其他公约，结合国际形势，按国际标准和建议制定的。它的效力范围适用于在我国的任何机场乘坐民航班机的中、外籍旅客。

2. 安检法规的作用

安检法规是民航安检部门实施安全技术检查的法律依据，是安检人员依法行使检查权利，保护乘机旅客合法权益，保障民用航空安全的重要武器。安检法规的作用，主要表现在以下方面。

1）法律规范作用

所谓法律规范，即国家机关制定或认可，由国家强制力保证实施的一般行为规则。法律规范是人们共同遵守的行为准则，它规定人们在一定条件下，可以做什么，禁止做什么。从而为人们提供一个标准和尺度。安检法规，就是从安全技术检查方面，为安检员和乘机旅客提供一个标准和尺度，从而保证空防安全和民航运输事业的发展。

安检法律的规范作用：一是指引作用。它使人们清楚地懂得应该做什么，怎样做和不该做什么；二是评价作用。法规具有判断、衡量他人行为是合法还是违法的作用，使人们明确什么是合法，什么是违法；三是教育作用。它对人今后的行为发生影响。

2）业务指导作用

任何工作都必须由一定的理论和规范指导，否则就要偏离方向，造成失误。安检工作是民航安全工作的重要组成部分，业务性强，政策性强。因此在安检过程中，要不断教育安检人员，加强对安检法规的学习，把法规作为安检工作的行为准则。只有用法规去开展工作，依法进行严格检查，依法处理工作中的问题，这样才能促进安全技术检查的规章建设。

3）惩罚约束作用

安检法规的惩罚约束作用体现在：一方面，安检法规对乘机旅客具有约束力，不管乘机旅客愿意不愿意，都必须接受安全技术检查，明令禁止旅客携带危险物品和违禁物品，违者将按照《航空安全保卫条例》受到拒绝登机、没收违禁物品等相应的处罚；另一方面，安检人员在依法行使安全技术检查权力时，明确规定了安全技术检查的范围。在检查过程中查出违禁物品时，应根据有关规定分别处理。

第三章　航空运输基础知识

第一节　航空器的概念及飞机结构

一、航空器的概念

航空器是指依靠空气的反作用力，而不是靠空气对地（水）面的反作用力，在大气层中获得支撑的任何机器。按照排开空气重量可分为：轻于空气的航空器（如气球、飞艇）和重于空气的航空器（如飞机、滑翔机、直升机、旋翼机）。航空器按照用途可分为民用航空器和国家航空器。目前，民用航空器主要有民用飞机和直升机。根据其飞行目的分为两大类。

1. 通用航空运输的民用航空器

通用航空运输是指使用民用航空器从事公共航空运输以外的民用航空活动，包括从事工业、农业、林业、渔业和建筑业的作业飞行以及医疗卫生、抢险救灾、气象探测、海洋监测、科学实验、教育训练、文化体育等方面的飞行活动。

2. 商业航空运输的民用航空器

商业航空运输也称为航空运输，是指以航空器进行经营性的客货运输的航空活动。它的经营性表明这是一种商业活动，以盈利为目的。它又是运输活动，这种航空活动是交通运输的一个组成部门，与铁路、公路、水路和管道运输共同组成了国家的交通运输系统。主要是指在国内和国际航线上，为旅客、货（邮）提供运输服务的航空活动，它是民用航空的主体。

二、飞机的结构

飞机主要由机身、空气动力部件、发动机和起落架四大部分组成。飞机除了上述四个主要部分之外，还装有各种仪表、通讯设备、领航设备、安全设备和其他设备等。

第二节　航线、航班与班期时刻表知识

一、航线

飞机飞行的路线称为空中交通线，简称航线。飞机的航线不仅确定了飞机飞行的具体方向、起讫点和经停点，而且还根据空中交通管制的需要，规定了航线的宽度和飞行高度，以维护空中交通秩序，保证飞行安全。航线按起讫点的归属不同分为国际航线、国内航线和地区航线三大类。

1. 国际航线

国际航线指飞行的路线连接两个或两个以上国家的航线。一个航班如果它的始发站、经停站、终点站有一点在外国领土上都叫做国际航线。

2. 国内航线

飞机飞行路线的起讫点、经停点均在本国国境以内的称为国内航线。国内航线又可分为干线航线和支线航线和点对点航线。

干线航线是指连接首都北京和各省省会、直辖市或自治区首府的航线，以及连接两个或两个以上省会、直辖市、自治区首府或各省、自治区所属城市之间的航线。支线航线是指一个省或自治区之内各城市间的航线。点对点航线是指确定一个起飞点，然后在中途不许停留，直达指定的降落点，不改变航线，不中途降落。

3. 地区航线

指在一国之内，各地区与有特殊地位地区之间的航线，如我国内地与港、澳、台地区的航线。

二、航班和航班号

1. 航班的定义

航班是指飞机由始发站按规定的航线、日期、时刻起飞，经过经停站至终点站，或不经经停站直达终点站的经营性运输飞行。在国际航线上飞行的航班称国际航班，在国内航线上飞行的航班称国内航班。

2. 航班号

为便于组织运输生产，每个航班都按一定规律编有不同的号码以便于区别和管理，这种号码称为航班号。安检员应掌握航空公司的航班号的意义：

（1）国际航班号的编排。由执行该航班任务的航空公司的二字英文代码和三个阿拉伯数字组成，第一个数字表示执行该航班任务的航空公司的数字代码，后两位是航班序号，奇数表示去程航班，偶数为回程航班。

如 CA981，指中国国际航空股份有限公司承运的北京飞往纽约的国际航班；CA982 则指中国国际航空股份有限公司承运的回程航班。

（2）国内航班号的编排。编号一般是由执行航班任务的航空公司二字英文代码和四个阿拉伯数字组成，第一位数字表示执行该航班任务的航空公司或所属管理局，第二位数字表示航班终点站所属的管理局，第三、四位数字表示班次，即该航班的具体编号，其中第四位数字若为奇数，表示去程航班，若为偶数，则为回程航班。如 CZ3101，表示由中国南方航空集团公司承运的由广州至北京的去程航班；MU5302，是指中国东方航空集团公司承运的由长沙至上海的回程航班。

三、班期时刻表

班期时刻表是航空运输企业组织日常运输生产的依据。各航空公司的有关业务部门每年两次制定航班计划，并将航线、航班及其班期和时刻等，按一定的秩序汇编成册，称为班期时刻表。

内容有始发站、航班号、班期、离站时间、到达时间、机型、备注（途经航站）等。

四、国内部分城市 / 机场三字代码

三字代码	城市	机场名称	省份	三字代码	城市	机场名称	省份
PEK	北京	首都	北京	NNG	南宁	吴圩	广西

续表

三字代码	城市	机场名称	省份	三字代码	城市	机场名称	省份
BHY	北海	福城	广西	NNY	南阳	姜营	河南
CAN	广州	白云	广东	NTG	南通	兴东	江苏
CGO	郑州	新郑	河南	SHA	上海	虹桥	上海市
CGQ	长春	龙嘉	吉林	PVG	上海	浦东	上海市
CKG	重庆	江北	重庆市	SHE	沈阳	桃仙	辽宁
CSX	长沙	黄花	湖南	SHS	沙市	沙市	湖北
CTU	成都	双流	四川	XIY	西安	咸阳	陕西
CZX	常州	奔牛	江苏	SWA	汕头	外砂	广东
DDG	丹东	浪头	辽宁	SZX	深圳	宝安	广东
DLC	大连	周水子	辽宁	SYX	三亚	凤凰	海南
FOC	福州	长乐	福建	TAO	青岛	流亭	山东
HAK	海口	美兰	海南	TNA	济南	遥墙	山东
HFE	合肥	骆岗	安徽	TSN	天津	滨海	天津市
HGH	杭州	萧山	浙江	TXN	黄山	屯溪	安徽
HNY	衡阳	东江	湖南	INC	银川	河东	宁夏
HRB	哈尔滨	太平	黑龙江	LHW	兰州	中川	甘肃
KHN	南昌	昌北	江西	WUH	武汉	天河	湖北
KMG	昆明	巫家坝	云南	WNZ	温州	永强	浙江
KOW	赣州	黄金	江西	XFN	襄樊	刘集	湖北
KWE	贵阳	龙洞堡	贵州	XUZ	徐州	观音	江苏
KWL	桂林	两江	广西	XMN	厦门	高崎	福建
LYG	连云港	白塔埠	江苏	XNN	西宁	曹家堡	青海
LYA	洛阳	北郊	河南	TYN	太原	武宿	山西
LZH	柳州	白莲	广西	URC	乌鲁木齐	地窝堡	新疆
MDG	牡丹江	海浪	黑龙江	YNT	烟台	莱山	山东
MXZ	梅县	梅县	广东	YIW	义乌	义乌	浙江
NDG	齐齐哈尔	三家子	黑龙江	ZHA	湛江	新塘	广东
NGB	宁波	栎社	浙江	ZUH	珠海	三灶	广东
NKG	南京	禄口	江苏	LXA	拉萨	贡嘎	西藏

五、世界主要航空公司和代码

航空公司名称	IATA 二字代码	三位数字代码
Cebu Pacific 宿雾太平洋航空公司	5J	203

续表

航空公司名称	IATA 二字代码	三位数字代码
American Airlines 美国航空公司	AA	001
Air Canada 加拿大航空公司	AC	014
Air France 法国航空公司	AF	057
Air India 印度航空公司	AI	098
Finnair 芬兰航空公司	AY	105
Alitalia 意大利航空公司	AZ	055
UNI Airways 立荣航空公司	B7	525
British Airway 英国航空公司	BA	125
Eva Air 长荣航空公司	BR	695
China Airlines 中华航空公司	CI	297
Continental Airlines 美国大陆航空公司	CO	005
Cathay Pacific Airways 国泰航空公司	CX	160
Delta Air Lines 美国达美航空公司	DL	006
Emirates 阿联酋航空公司	EK	176
Garuda Indonesia 印尼鹰航空公司	GA	126
Transasia Airways 复兴航空公司	GE	170
Gulf Air 海湾航空公司	GF	072
Japan Airlines Company 日本航空公司	JL	131
Dragonair 港龙航空公司	KA	043
Korean Air 大韩航空公司	KE	180
KLM - Royal Dutch Airlines 荷兰皇家航空公司	KL	074
Lufthansa 德国汉莎航空公司	LH	020
Swiss Intl Airlines 瑞士国际航空公司	LX	085
EL AL Israel Airlines 以色列航空公司	LY	114
Malaysia Airlines 马来西亚航空公司	MH	232
Egyptair 埃及航空公司	MS	007
All Nippon Airways 全日空航空公司	NH	205
Air Macau 澳门航空公司	NX	675
Air New Zealand 新西兰航空公司	NZ	086
Austrian 奥地利航空公司	OS	257
Asiana Airlines 韩亚航空公司	OZ	988
Philippine Airlines 菲律宾航空公司	PR	079

续表

航空公司名称	IATA 二字代码	三位数字代码
Qantas Airways 澳大利亚快达航空公司	QF	081
Qatar Airways 卡塔尔航空公司	QR	157
SAS-scandinavian Airlines System 北欧航空公司	SK	117
Singapore Airlines 新加坡航空公司	SQ	618
Aeroflot Russian International Airlines 俄罗斯国际航空公司	SU	555
Thai Airways 泰国航空公司	TG	217
Turkish Airlines 土耳其航空公司	TK	235
Trans World Airlines 美国环球航空公司	TW	015
United Airlines 美国联合航空公司	UA	016
Hongkong Express 香港快运航空公司	UO	128
Royal Air Cambodge 柬埔寨航空公司	VJ	658

第三节　国内主要航空公司概况

一、中国国际航空股份有限公司

中国国际航空股份有限公司的前身中国国际航空公司成立于 1988 年。根据国务院批准通过的《民航体制改革方案》，2002 年 10 月 11 日，以中国国际航空公司为基础，联合中国航空总公司和中国西南航空公司，正式成立了中国航空集团公司，并以联合三方的航空运输资源为基础，组建了新的中国国际航空公司。2004 年 9 月 23 日，经国务院国有资产监督管理委员会批准，中国国际航空股份有限公司在北京正式成立。

中国国际航空股份有限公司英文名称为“Air China Limited”，英文简称为“Air China”。公司代码：CA；公司航徽：红色凤凰。凤是一只美丽吉祥的神鸟，选用凤凰作为公司航徽，希望这神圣的生灵及其有关它的美丽的传说带给朋友们吉祥和幸福。

国航秉承“安全第一、旅客至上”的理念，推出以“放心、顺心、舒心、动心”为内容的“四心服务工程”。

二、中国东方航空集团公司

中国东方航空集团公司是中国三大国有大型骨干航空企业集团之一（国航、东航、南航），于2002年在原中国东方航空集团的基础上，兼并中国西北航空公司，联合云南航空公司重组而成。基地位于上海。

公司代码：MU；公司航徽：燕子。

东航使命：让旅客安全舒适地抵达。

东航的目标：追求卓越、求精致强。

东航的精神：满意服务高于一切。

东航核心价值观：精诚共进。

三、中国南方航空集团公司

中国南方航空集团公司是以原中国南方航空集团公司为主体，联合中国北方航空公司和新疆航空公司组建的大型国有航空运输企业。基地位于广州。

公司代码：CZ；公司航徽：红色木棉花。木棉花显示公司地域特征，顺应南方人民对木棉花的喜爱和赞美。木棉花象征坦诚，热情的风格，用以塑造公司的形象，表示公司将始终用坦诚、热情的态度为广大旅客、货主提供尽善尽美的航空运输服务。

核心价值观：安全第一。

四、海南航空股份有限公司

海南航空股份有限公司是中国民航第一家A股和B股上市的航空公司。公司于1993年1月由海南省航空公司经规范化股份制改造而成，1993年5月2日正式开航运营。注册地址为海口市。

公司代码：HU；公司徽标：顶端是日月宝珠，环形构图从东方文化传说中的大鹏金翅鸟幻化而成，图形底部是浪花的写意表达。

企业经营理念：诚信、业绩、创新。

五、上海航空股份有限公司

上海航空股份有限公司成立于1985年12月30日，其前身是上海航空公司，是中国第一家多元化投资的商业性质有限责任航空企业。2010年中国东方航空股份有限公司和上海航空股份有限公司联合重组，原上海航空的资产、负债、业务和人员将全部进入东方航空的全资子公司——上海航空有限责任公司。上海航空的品牌将会被保留，以保持业务的延续经营。

公司代码：FM；公司徽标：白鹤，象征吉祥、如意，展翅飞翔的白鹤，带领全体民航人不断前进。

公司宗旨：安全第一、旅客至上、优质服务、追求卓越。

六、深圳航空有限责任公司

深圳航空有限责任公司成立于 1992 年 11 月，原名深圳航空公司，2001 年 1 月更名为深圳航空有限责任公司。基地位于深圳。

公司代码：ZH；公司徽标：红底金黄色的“大鹏”图案，寓意深航成为“民族之鹏”的雄心壮志。

深航将以一流的服务、一流的管理、一流的信誉，为大众提供便利的交通。

七、山东航空集团有限公司

山东航空集团有限公司是国有大型一类航空运输企业，成立于 1999 年 12 月 13 日，其前身系成立于 1994 年山东航空有限责任公司。总部设在泉城济南。

公司代码：SC；公司徽标：由三个“S”形曲线组成。第一，代表擅长飞翔纪律严明的飞雁，成为团结一致的象征；第二，飞雁的三个“S”形翅膀看上去是山东省“山”字的变体；第三，这三个“S”又分别代表“Shandong”（山东），“Safety”（安全）和“Success”（成功）；第四，航徽周围对称排列的 8 条平行线段组成机翼形状，代表山航永远稳健安全地飞翔。

公司宗旨：安全正点、优质服务、提高效益。

八、四川航空股份有限公司

四川航空股份有限公司成立于 1986 年 9 月 19 日，1988 年 7 月 14 日正式开航营运，其前身是四川航空公司。该公司大力倡导以“真诚、善良，美丽、爱心”为核心理念的川航“美丽文化”，在企业、员工、旅客、社会的关系中建立起价值共同体、利益共同体、美丽爱心共同体，在取得经济效益的同时实现企业的一份社会责任。

公司代码：3U；公司徽标：大海及海燕。

企业宗旨：创造效益，服务社会。

九、厦门航空有限公司

厦门航空有限公司是 1984 年 7 月 25 日成立的全国第一家企业化航空公司，自主经营的法人实体，实行董事会领导下的总经理负责制。成立于 1984 年 7 月，是我国第一家地方性航空公司。

公司代码：MF；公司徽标：蓝天白鹭。昂首矫健的白鹭在蓝天振翅高飞，象征吉祥、幸福永伴宾客，展示了厦航团结拼搏、开拓奋飞的精神。

企业精神：团结拼搏，开拓奋飞。

十、中国货运航空公司

中国货运航空公司是由中国东方航空股份有限公司和中国远洋运输（集团）总公司共同投资组建的中国第一家专业货运航空公司。公司成立于 1998 年 7 月 30 日，目前经营着美国、欧洲、日本等多条国际货运航线，在国内国际航空货运市场中占有较重要的影响和地位。

十一、春秋航空有限公司

春秋航空公司由民营上海春秋国际旅行社有限公司筹建，独资经营，以上海虹桥国际机场为基地机场，经营从上海市始发的国内旅游包机和支线航空客货运输业务。

公司代码：QS。春秋航空是中国第一家真正意义上的低成本航空公司，奉行“省之于旅客，让利于旅客”的经营理念，向旅客提供“安全、低价、准点、便捷、温馨”的空中旅行服务。提供的低票价目标是让“旅、游客和对票价比较敏感的商务旅客”有机会感受“安全、低价、准点、便捷和温馨”的服务，春秋航空奉行“低成本、高质量服务”的观念。

十二、奥凯航空有限公司

奥凯航空有限公司是经中国民用航空总局批准成立的一家以经营航空货运、快递业务为主，兼营旅客包机业务以及地面代理等业务的专业化航空公司。奥凯航空有限公司总部设在北京，主运营基地设在天津滨海国际机场。

公司代码：BK；公司徽标：镶以金边的紫色祥云，寓意“祥云瑞霭、紫气东来”。

公司宗旨：安全、优质、服务大众。

经营理念：专业、快捷、高效。

十三、成都航空有限公司

成都航空有限公司的前身为鹰联航空有限公司，是中国第一家获得中国民航局批准成立的民营航空运输企业。成都航空于 2005 年 7 月 26 日开航，总部设在四川成都，主营运地在成都双流国际机场。

2009 年 10 月，中国商用飞机有限责任公司、四川航空集团公司、成都交通投资集团有限公司重组鹰联航空，并更名为成都航空有限公司。成都航空公司正事更名时间为 2010 年 1 月 23 日，

公司徽标：由代表成都市的太阳神鸟构成，标志以环形为基本造型，不仅寓意合作的圆满、事业的圆满，而且也体现整个合作团队的紧密协助关系。

十四、上海吉祥航空有限公司

上海吉祥航空有限公司由均瑶集团所属的上海均瑶（集团）有限公司和上海均瑶航空投资有限公司共同投资筹建的民营资本航空公司。公司英文名字以“JuneYao”（均瑶）命名。于2005年6月经中国民用航空总局和上海市政府批准筹建，于2006年9月25日正式开航。

公司代码：HO；公司徽标：吉祥凤凰。

经营理念：安全、正点，精致服务。

十五、国内航空公司徽标图案及两字代码

航空公司徽标图案	航空公司名称	两字代码	三位数字代码
	中国国际航空股份有限公司	CA	999
	中国东方航空集团公司	MU	781
	中国南方航空集团公司	CZ	784
	海南航空股份有限公司	HU	880
	上海航空股份有限公司	FM	774
	四川航空股份有限公司	3U	876
	厦门航空有限公司	MF	731
	深圳航空有限责任公司	ZH	479

续表

航空公司徽标图案	航空公司名称	两字代码	三位数字代码
	山东航空集团有限公司	SC	324
	中国货运航空公司	CK	112
	春秋航空有限公司	QS	
	成都航空有限公司	EU	
	奥凯航空有限公司	BK	
	上海吉祥航空有限公司	HO	

第四节　民航客、货运输基础知识

航空运输是指航空承运人按照运输合同要求，将旅客或货物由一地运抵另一地的过程。根据运输对象的不同，航空运输一般可分为客运和货运两大类。

一、旅客运输基础知识

1. 乘机手续的办理

旅客应当在承运人规定的时限内到达机场，凭客票及本人有效身份证件按时办理客票查验、托运行李、领取登机牌等乘机手续。

2. 旅客行李运输基础知识

1）旅客行李和分类

① 旅客行李指旅客在旅行中为了穿着、使用、舒适或者便利而携带的物品和其他个人财物。

② 旅客行李的分类：

承运人承运的行李，按照运输责任分为托运行李、自理行李和随身携带物品。

托运行李：指由旅客交承运人负责照管和运输并填开行李票的行李。

自理行李：指经承运人同意允许旅客带入客舱并自行照管的行李。

随身携带物品：指经航空公司同意由旅客自行携带乘机的零星小件物品。

2）国内行李运输的一般规定

① 托运行李的相关规定：

托运行李的重量每件不能超过50公斤，体积不能超过40×60×100厘米，超过上述规定的行李，须事先征得承运人的同意才能托运。自理行李的重量不能超过10公斤，体积每件不超过20×40×55厘米。随身携带物品的重量，每位旅客以5公斤为限。持头等舱客票的旅客，每人可随身携带两件物品；持公务舱或经济舱客票的旅客，每人只能随身携带一件物品。每件随身携带物品的体积均不得超过20×40×55厘米。超过上述重量、件数或体积限制的随身携带物品，应作为托运行李托运。

② 免费行李额的相关规定：

每位旅客的免费行李额（包括托运和自理行李）：持成人或儿童票的头等舱旅客为40公斤，公务舱旅客为30公斤，经济舱旅客为20公斤。持婴儿票的旅客，无免费行李额。

3. 特殊旅客运输

航空公司应优先为重要旅客办理乘机、行李交运、联运等手续；机场应事先准备好贵宾休息室，并派专人协助办理乘机手续和提取行李；在国务委员、副总理以上重要旅客乘坐的航班上严禁押送犯人、精神病患者乘坐，严禁在该航班上装载危险品。

无成人陪伴儿童、病残旅客、孕妇、盲人、聋人或犯人等特殊旅客，只有在符合承运人规定的条件下，经承运人预先同意并在必要时做出安排后方予载运。

传染病患者、精神病患者或健康情况可能危及自身或影响其他旅客安全的旅客，承运人不予承运。根据国家有关规定，不能乘机的旅客，承运人有权拒绝其乘机。已购客票按自愿退票处理。

4. 不正常情况的旅客运输

由于机务维护、航班调配、商务、机组等原因，造成航班在始发地延误或取消，应按规定向旅客提供餐食或住宿等服务。

由于天气、突发事件、空中交通管制、安检以及旅客等非航空公司原因，造成航班在始发地延误或取消，应协助旅客安排餐食或住宿，费用可由旅客自理。

航班在经停地延误或取消，无论何种原因，均应负责向经停旅客提供膳宿服务。

航班延误或取消时，应根据旅客的要求，按规定认真做好后续航班安排或退票工作。

二、货物运输基础知识

1. 航空货运的分类

按形式大致可以分为普通货物运输、急件运输、特种货物运输、包机运输、快递运输。

（1）普通货物运输：运输普通货物指托运人没有特殊要求，承运人和民航当局对货物没有特殊规定的货物，这类货物按一般运输程序处理，运价为基本价格的货物的运输。

（2）急件运输：指必须在 24 小时之内发出，收货人急于得到的货物，急件货物运费率是普通货物运费率的 1.5 倍，航空公司要优先安排舱位运输急件货物。

（3）特种货物运输：指对危险物品、活体动物、易腐物品、灵柩等特种货物的运输。

（4）包机运输：包机是指包机人和承运人签订包机合同，机上的吨位由包机人充分利用。包机吨位包括机上座位和货运吨位，包机的最大载重和运输货物要符合飞行安全的条件和民航局的有关规定，包机的计费按里程计算，如果飞机由其他机场调来，回程时没有其他任务时还要收取调机费。调机费按里程收费，调机计费里程包括调机里程和回程。

（5）快递运输：由承运人组织专门人员，负责以最早的航班和最快的方式把快递件送交收货人的货运方式。快递的承运人可以是航空公司、航空货运代理公司或专门的快递公司。快递运输安全、快速、准确，目前已经成为航空货运中的一个重要部分，运输的货物以文件、样品、小件包裹为主，快递的费用相对昂贵。

2. 限制运输的货物

下列物品只有在符合航空公司运输条件下，方可接受运输：

（1）精密仪器、电器等类物品；

（2）体育运动用器械，包括体育运动用枪支和弹药；

（3）机要文件、外交信袋；

（4）小动物、导盲犬、助听犬；

（5）旅客旅行途中使用的折叠轮椅或电动轮椅；

（6）管制刀具以外的利器、钝器；

（7）干冰、含有酒精的饮料、旅客旅行途中所需的烟具、药品、化妆品等。

第四章　航空安全保卫法律、法规知识

第一节　航空安全保卫国际公约、法律

一、国际民用航空组织（ICAO）概况

国际民用航空组织（International Civil Aviation Organization）是联合国系统中负责处理国际民航事务的专门机构，是“芝加哥公约”的产物，是协调各国有关民航经济和法律义务，并制定各种民航技术标准和航行规则的国际组织。第二次世界大战后，为解决民用航空发展中的国际航空运输业务权等国际性问题，1944 年 11 月 1 日至 12 月 7 日在美国芝加哥召开了由 52 国参加的国际民用航空会议，签订了《国际民用航空公约》，简称“芝加哥公约”，并根据国际民用航空临时协定成立了临时国际民用航空组织（ICAO）。1947 年 4 月 4 日《国际民用航空公约》生效，正式成立了国际民用航空组织（ICAO）。同年 5 月成为联合国的一个专门机构。国际民航组织的总部设立在加拿大蒙特利尔市。该组织是政府间的国际组织，也是联合国组织的专门机构，其宗旨和目的在于发展国际航行的原则和技术，并促进国际运输的规划与发展。

我国是国际民航组织的创始成员国之一，旧中国政府于 1944 年签署了《国际民用航空公约》，并于 1946 年正式成为会员国。1971 年国际民航组织通过决议承认中华人民共和国为中国唯一合法代表。1974 年我国承认《国际民用航空公约》并参加国际民航组织的活动。同年，我国当选为二类理事国，至今已 8 次连选连任二类理事国。2004 年在国际民航组织第 35 届大会上，我国当选为一类理事国。蒙特利尔设有中国常驻国际民航组织理事会代表处。

二、国际航空运输协会（IATA）概况

国际航空运输协会（International Air Transportation Association，IATA）简称国际航协，是全世界航空运输企业自愿联合组织的非政府性的国际组织。

凡国际民航组织成员国的任一经营定期航班的航空企业，经其政府许可都可以成为该协会的成员。

协会于 1945 年 4 月 16 日在古巴哈瓦那成立。协会总部设在加拿大的蒙特利尔，在蒙特利尔设有总办事处，在日内瓦设有清算所，在纽约、巴黎、新加坡、曼谷、内罗毕、北京等地设有办事处。

三、国际民用航空公约及其附件

1944 年芝加哥会议上制定的《国际民用航空公约》（通称芝加哥公约）是国际民航界公认的“宪章”，是现行航空法的基本文件。它规定了民用航空的范围、实行措施和国际民航组织等基本内容。国际民航组织通过制定公约附件对民航领域的各个方面形成具有约束力的技术文件。公约附件的正式名称是“国际标准和建议措施”。目前已制定了 18 个附件：

1）人员执照的颁发。

2）空中规则。

3）国际空中航行的气象服务。

4）航图。

5）空中和地面运行中所使用的计量单位。

6）航空器的运行。

7）航空器的国籍和登记标志。

8）航空器的适航性。

9）简化手续。

10）航空电信。

11）空中交通服务。

12）搜寻和援救。

13）航空器事故和事故征候调查。

14）机场。

15）航行情报服务。

16）环境保护。

17）航空保安——保护国际民用航空免遭非法干扰行为。

18）危险品的安全航空运输。

四、有关航空安全保卫的国际公约

为阻止威胁、破坏国际民用航空安全与运行，以及非法劫持航空器的行为的发生，先后制定了《东京公约》《海牙公约》《蒙特利尔公约》及《蒙特利尔公约》的补充协定书，这些公约作为直接解决航空保安问题的国际文件已经被各国采纳并接受。1991 年蒙特利尔召开的外交会议通过了注标塑性炸药以便探测的公约。

1.《国际民用航空公约》附件 17

《国际民用航空公约》附件 17 即“防止对国际民航进行非法干扰行为的安全保卫”于 1974 年 3 月通过并生效。

国际民航公约附件 17 规定：在防止对国际民用航空非法干扰行为的一切有关事务中，旅客、机组、地面人员和一般公众的安全是每个缔约国的首要目的。

附件 17 进行了 11 次修订更新，所有的更改都并入了 2006 年 4 月通过的最近一次修订。包括对行李的综合荧光屏检查，对货物、快件和邮件的保安控制，与保安计划有关的程序的变化，国际航空器的航前检查以及将保安方面的考虑纳入机场设计的有关措施。

附件 17 提出的建议和措施，对我国机场、航空公司的保安工作和安全检查有着重要的指导意义。各机场当局和航空公司应根据其标准和建议及我国政府有关航空安全的法规、指令、规章，制订适合本机场和公司的航空安全保卫规划。

2.《东京公约》

《东京公约》即“关于在航空器上犯罪和某些其他行为的公约”。1947 年至 1957 年国际上发生劫机事件 23 起。进入 20 世纪 60 年代后，劫机次数逐渐增加，1960 年，仅发生在古巴和美国之间的劫机事件就有 23 起。同时，在飞机上犯罪的其他案件也不断出现。鉴于这种情况，国际民航组织于 1963 年 9 月在东京召开国际航空法会议，有 60 个国家参加签订了《东京公约》，该公约规定航空器登记国有权对在机上的犯罪和犯罪行为行使管辖权。其主要目的是确立机长对航空器内犯罪的管辖权。

1）《东京公约》关于对机长处置权限的规定

《东京公约》规定了机长有权对在航空器上的“犯罪”者采取措施，包括必要的强制性措施；机长有命令“犯罪”者在任何降落地下机的权利；对航空器上发生的严重犯罪，机长有将案犯送交降落地国合法当局的权利。

2）《东京公约》的主要内容

① 规定了航空器登记国有权管辖飞机上的“犯罪”行为，也规定了非登记国有权管辖飞机上的“犯罪”行为的几种情况。

② 规定了机长有权对“犯罪”者采取措施，包括强制性措施，并在为保护飞机上生命财产安全的情况下，命令“犯罪”者在飞机降落地离开飞机，或将“犯罪”者交给当地合法当局。

③ 规定了接受“犯罪”者的国家当局可以根据案情，将“犯罪”者留在国境内以便进行审讯或引渡，并通知各有关国家。

④ 规定了各国应采取一切措施，使被劫飞机恢复由其合法机长控制，被劫持的飞机降落地的国家应允许旅客和机组尽快继续飞行。

3.《海牙公约》

《海牙公约》即“关于制止非法劫持航空器的公约”。该公约于1971年10月4日生效。《东京公约》制订后，劫机事件不但没有减少，反而接连发生。20世纪60年代后期，多种原因使劫机事件呈直线上升趋势。1968年35起，1969年87起，1970年82起（平均每4天发生一起），劫机得逞率81.5%。由于劫机事件日益增多，引起国际社会的高度重视和普遍关切。在此情况下，国际民航组织于1970年12月在荷兰海牙召开国际航空法外交会议，讨论有关劫持飞机问题，有76个国家参加，签订了《海牙公约》。该公约规定了各缔约国对犯罪行为实施管辖权，及拘留、起诉或引渡罪犯的详细规定。

1）《海牙公约》关于对劫机犯罪行为的界定

用武力、武力威胁、精神胁迫方式，非法劫持或控制航空器（包括未遂）即构成刑事犯罪。

2）《海牙公约》的主要内容

① 严厉惩罚飞机劫持者；

② 缔约国对劫机行为的管辖范围；

③ 缔约国承担义务，将劫机情况通知有关国家，并将处理情况报告国际民航组织。

4.《蒙特利尔公约》

《蒙特利尔公约》即“关于制止危害民用航空安全的非法行为的公约”。该公约于1973年1月26日生效。

《东京公约》和《海牙公约》签订后，国际上劫机案件仍然层出不穷，而且破坏民航飞机和民航设施的情况继续不断发生，出现了爆炸飞机、破坏民航设施和用电话恐吓方式传递情报，危及民航飞机的正常飞行。因此，1971年9月国际民航组织在加拿大蒙特利尔召开了国际航空法外交会议，签订了《蒙特利尔公约》。该公约主要涉及非法劫持航空器以外的行为。

1）《蒙特利尔公约》的主要内容

缔约各国对袭击民航飞机、乘客及机组人员，爆炸民航飞机或民航设施等危及飞行安全的人，要给予严厉的惩罚，其规定基本与《海牙公约》相似。

2）关于对危害航空安全犯罪的界定

凡非法故意实施下列行为之一者，均为犯罪：

① 对飞行中的航空器上的人实施暴力行为，具有危害该航空器安全的性质；

② 毁坏使用中的航空器，或者致使航空器损坏，使其无法飞行或危害其飞行安全；

③ 在使用中的航空器上放置或使别人放置某种装置或物质，该装置或物质足以毁灭该航空器或者对航空器造成毁坏使其无法飞行，或足以危害其飞行安全；

④ 毁坏或损坏航行设施或扰乱其工作，有危害飞行中的航空器安全的性质；

⑤ 传送明知虚假的情报，由此危害飞行中航空器的安全；

⑥ 上述各行为的未遂犯及共犯（包括未遂共犯）。

5.《蒙特利尔公约》的补充协定书

1988年在蒙特利尔召开的外交会议通过了该协定书。它扩大了1971年公约对“犯罪”的定义，包括了在国际民用航空机场发生的一些具体的爆炸行为，如果这类行为危及或可能危及这类机场的话，各缔约国承允对犯罪者给予严厉的惩罚。该协定书还载有关于管辖权的条款。

6. 关于注标塑性炸药以便探测的公约

1991年在蒙特利尔召开的外交会议上通过该公约，目的在于通过责任方采取适当的方法确保这类塑性炸药的注标能够便于其探测，有助于防止与塑性炸药的使用有关的非法行为。各机构被强制采取必要的和有效的措施，禁止和防止在其领土上制造未注标的塑性炸药；同样禁止和防止未注标的塑性炸药流入或流出其领土。

第二节　《中华人民共和国民用航空法》的相关知识

《中华人民共和国民用航空法》于1995年10月30日第八届全国人民代表大会常务委员会第六次会议通过，1996年3月1日生效。

《中华人民共和国民用航空法》共有16章节，214条款。

一、《中华人民共和国民用航空法》关于安全技术检查的规定

关于公共航空运输企业的规定：

第一百条　公共航空运输企业不得运输法律、行政法规规定的禁运物品。

公共航空运输企业未经国务院民用航空主管部门批准，不得运输作战军火、作战物资。

禁止旅客随身携带法律、行政法规规定的禁运物品乘坐民用航空器。

第一百零一条　公共航空运输企业运输危险品，应当遵守国家有关规定。

禁止以非危险品品名托运危险品。

禁止旅客随身携带危险品乘坐民用航空器。除因执行公务并按照国家规定经过批准外，禁止旅客携带枪支、管制刀具乘坐民用航空器。禁止违反国务院民用航空主管部门的规定将危险品作为行李托运。

危险品品名由国务院民用航空主管部门规定并公布。

第一百零二条　公共航空运输企业不得运输拒绝接受安全技术检查的旅客，不得违反国家规定运输未经安全技术检查的行李。

公共航空运输企业必须按照国务院民用航空主管部门的规定，对承运的货物进行安全技术检查或者采取其他保证安全的措施。

第一百零三条　公共航空运输企业从事国际航空运输的民用航空器及其所载人员、行李、货物应当接受边防、海关、检疫等主管部门的检查；但是，检查时应当避免不必要的延误。

二、《中华人民共和国民用航空法》关于对隐匿携带枪支、弹药、管制刀具乘坐航空器的处罚规定

第一百九十三条　违反本法规定，隐匿携带炸药、雷管或者其他危险品乘坐民用航空器，或者以非危险品品名托运危险品，尚未造成严重后果的，比照刑法第一百六十三条的规定追究刑事责任；造成严重后果的，比照刑法第一百一十条。隐匿携带枪支子弹、管制刀具乘坐民用航空器的，比照刑法第一百六十三条的规定追究刑事责任。

附：中华人民共和国刑法的有关内容

第一百一十六条　破坏火车、汽车、电车、船只、航空器，足以使火车、汽车、电车、船只、航空器发生倾覆、毁坏危险，尚未造成严重后果的，处3年以上10年以下有期徒刑。

第一百一十七条　破坏轨道、桥梁、隧道、公路、机场、航道、灯塔、标志或者进行其他破坏活动，足以使火车、汽车、电车、船只、航空器发生倾覆、毁坏危险，尚未造成严重后果的，处3年以上10年以下有期徒刑。

第一百二十一条　以暴力、胁迫或者其他方法劫持航空器的，处10年以上有期徒刑或者无期徒刑；致人重伤、死亡或者使航空器遭受严重破坏的，处死刑。

第一百二十三条　对飞行中的航空器上的人员使用暴力，危及飞行安全，尚未造

成严重后果的，处5年以下有期徒刑或者拘役；造成严重后果的，处5年以上有期徒刑。

第一百二十五条 非法制造、买卖、运输、邮寄、储存枪支、弹药、爆炸物的，处3年以上10年以下有期徒刑；情节严重的，处10年以上有期徒刑、无期徒刑或者死刑。

第一百三十条 非法携带枪支、弹药、管制刀具或者爆炸性、易燃性、放射性、毒害性、腐蚀性物品，进人公共场所或者公共交通工具，危及公共安全，情节严重的，处3年以下有期徒刑、拘役或者管制。

第三节 《中华人民共和国民用航空安全保卫条例》的相关知识

《中华人民共和国民用航空安全保卫条例》于1996年7月6日由国务院发布，共有6章，40条款。

《中华人民共和国民用航空安全保卫条例》的立法目的是为了防止对民用航空活动的非法干扰，维护民用航空秩序，保障民用航空安全。

1.《中华人民共和国民用航空安全保卫条例》对乘机旅客行李检查的规定：

乘坐民用航空器的旅客和其他人员及其携带的行李物品，必须接受安全检查；但是，国务院规定免检的除外。

拒绝接受安全检查的，不准登机，损失自行承担。

2.《中华人民共和国民用航空安全保卫条例》对乘机旅客证件检查的规定：

安全检查人员应当检验旅客客票、身份证件和登机牌。

3.《中华人民共和国民用航空安全保卫条例》对乘机旅客实施人身检查的规定：

安全检查人员应当使用仪器或者手工对旅客进行安全检查，必要时可以从严检查。

4.《中华人民共和国民用航空安全保卫条例》关于严禁旅客携带违禁物品的规定：

除国务院另有规定的外，乘坐民用航空器的，禁止随身携带或者交运下列物品：

（1）枪支、弹药、军械、警械；

（2）管制刀具；

（3）易燃、易爆、有毒、腐蚀性、放射性物品；

（4）国家规定的其他禁运物品。

5.《中华人民共和国民用航空安全保卫条例》对进入候机隔离区工作人员安全检查的规定：

进入候机隔离区的工作人员（包括机组人员）及其携带的物品，应当接受安全检查。

接送旅客的人员和其他人员不得进入候机隔离区。

6.《中华人民共和国民用航空安全保卫条例》关于货物检查的规定：

空运的货物必须经过安全检查或者对其采取其他安全措施。

货物托运人不得伪报品名托运或者在货物中夹带危险物品。

7.《中华人民共和国民用航空安全保卫条例》关于邮件检查的规定：

航空邮件必须经过安全检查。发现可疑邮件时，安全检查部门应当会同邮政部门开包查验处理。

外交邮袋免予安全检查。外交信使及其随身携带的其他物品应当接受安全检查；但是，中华人民共和国缔结国或者参加的国际条约另有规定的除外。

8. 违反《中华人民共和国民用航空安全保卫条例》的处罚机关：

违反《民用航空安全保卫条例》的处罚机关是民航公安机关。

9.《中华人民共和国民用航空安全保卫条例》关于在航空器活动区和维修区内人员、车辆的规定：

在航空器活动区和维修区内的人员、车辆必须按照规定路线行进，车辆、设备必须在指定位置停放，一切人员、车辆必须避让航空器。

10.《中华人民共和国民用航空安全保卫条例》关于机场控制区的划分：

机场控制区应当根据安全保卫的需要，划定为候机隔离区、行李分检装卸区、航空器活动区和维修区、货物存放区等，并分别设置安全防护设施和明显标志。

第四节　《中国民用航空安全检查规则》的相关知识

《中国民用航空安全检查规则》为中国民用航空规章第 339SB 部，即 CCAR—339SB，是民用航空安全工作的规范性文件，于 1999 年 5 月 14 日发布，1999 年 6 月 1 日生效，简称《85 号令》。

《中国民用航空安全检查规则》总则的主要内容：

1. 民用航空安全检查机构，依照有关法律、法规和本规则，通过实施安全检查工作，防止危及航空安全的危险品、违禁品进入民用航空器，保障民用航空器及其所载人员、财产的安全。

2. 安检机构依法对乘坐民用航空器的旅客及其行李、进入候机隔离区的其他人员及其物品，以及空运货物、邮件的安全检查；对候机隔离区内的人员、物品进行安全监控；对执行飞行任务的民用航空器实施监护。

3. 中国民用航空总局公安局（以下简称民航局公安局）及其派出机构，对安检机构的业务工作进行统一管理和检查、监督。从事民用航空活动的单位和人员应当配合安检机构开展工作，共同维护民用航空安全。

4. 安检部门发现有本规则规定的危及民用航空安全行为的，应当予以制止并交由机场公安机关审查处理。

5. 乘坐民用航空器的旅客及其行李，以及进入候机隔离区或民用航空器的其他人员和物品，必须接受安全技术检查；但是，国家规定免检的除外。

6. 安全检查应当收取费用。费用的收取标准按照有关规定执行。

7. 安检工作应当坚持安全第一、严格检查、文明执勤、热情服务的原则。

第五节 民用航空危险品运输法律、法规基本知识

《中国民用航空危险品运输管理规定》（CCAR—276）由中国民用航空总局于 2004 年 7 月 12 日发布，2004 年 9 月 1 日实施。该规定将《国际民用航空公约》附件 18 和《危险品航空安全运输技术细则》的要求写在规章中，对在中华人民共和国境内运行的载运危险品的国内和国外航空器进行管理。

一、国际法规

1.《危险货物运输建议书》

联合国专家委员会（UNCOE）制定了除放射性物质以外的所有类型危险品航空运输的建议程序。

2.《安全运输放射性物质规则》

国际原子能机构（IAEA）制定了安全运输放射性物质的建议程序。

3.《国际民用航空公约》附件 18 和《危险品航空安全运输技术细则》

国际民航组织（ICAO）在联合国和国际原子能机构两个建议的基础上制定了附件 18《危险品的安全航空运输》及具体规则《危险品航空安全运输技术细则》（DOC9284，简称 TI）。TI 每两年更新一次，是国际法规以及国家法规的基础。

4.《与危险品有关的航空器事故征候应急响应指南》

国际民航组织（ICAO）制定，为机组人员提供了危险品处理信息的应急指导程序。

5.《危险品规则》

《危险品规则》是国际航协（IATA）的出版物，它基于运营和行业标准实践方面的考虑，增加了比ICAO《技术细则》更具约束力的规定要求，《危险品规则》简称DGR。这是行业普遍使用的手册，每年更新一次。

二、《中国民用航空危险品运输管理规定》（CCAR—276）

CCAR—276的基本原则：

1）航空公司承运危险品必须取得民航局颁发的危险品运输许可。

2）无论是否运输商业危险品，航空公司都应编写《危险品手册》和《危险品训练大纲》，建立危险品操作程序（包括隐含危险品的识别程序），对员工进行培训。

3）托运人有对货物进行正确申报和包装的责任。

4）运营人有对货物检查的责任。

第五章　物品检查知识

《禁止旅客随身携带或者托运的物品》《禁止旅客随身携带但可作为行李托运的物品》作为《中国民用航空安全检查规则》的附件一、二，它是依据《中华人民共和国民用航空安全保卫条例》的规定，由国务院民用航空主管部门根据实际情况制定的具体规定，向社会公布。

第一节　禁止旅客随身携带或者托运的物品

《中国民用航空安全检查规则》附件一《禁止旅客随身携带或者托运的物品》如下，共分为九大类。

一、枪支、军用或警用械具类（含主要零部件）物品

包括以下内容：

1）军用枪、公务用枪：包括手枪、步枪、冲锋枪、机枪、防暴枪等；

2）民用枪：包括气枪、猎枪、运动枪、麻醉注射枪、发令枪等；

3）其他枪支：包括样品枪、道具枪等；

4）军械、警械：包括警棍、军用或警用匕首、刺刀等；

5）国家禁止的枪支、械具：包括钢珠枪、催泪枪、电击枪、电击器、防卫器等；

上述物品的仿制品也处于禁止之列。

附：《仿真枪认定标准》：

公安部《仿真枪认定标准》（公通字〔2008〕8号），这个标准是根据《中华人民

共和国枪支管理法》和《枪支致伤力的法庭科学鉴定判据》《公安机关涉案枪支弹药性能鉴定工作规定》（公通字〔2001〕68号）以及《国家玩具安全技术规范》的有关规定制定的。

1）根据《仿真枪认定标准》，凡符合以下条件之一的，可以认定为仿真枪：

① 符合《中华人民共和国枪支管理法》规定的枪支构成要件，所发射金属弹丸或其他物质的枪口比动能小于1.8焦耳/平方厘米（不含本数）、大于0.16焦耳/平方厘米（不含本数）的；

② 具备枪支外形特征，并且具有与制式枪支材质和功能相似的枪管、枪机、机匣或者击发等机构之一的；

③ 外形、颜色与制式枪支相同或者近似，并且外形长度尺寸介于相应制式枪支全枪长度尺寸的二分之一与一倍之间的。

2）枪口比动能的计算，按照《枪支致伤力的法庭科学鉴定判据》规定的计算方法执行。

3）术语解释：

① 制式枪支：国内制造的制式枪支是指已完成定型试验，并且经军队或国家有关主管部门批准投入装备、使用（含外贸出口）的各类枪支。国外制造的制式枪支是指制造商已完成定型试验，并且装备、使用或投入市场销售的各类枪支。

② 全枪长：指从枪管口部至枪托或枪击框（适用于无枪托的枪支）底部的长度。

二、爆炸物品类

1）弹药类：包括炸弹、手榴弹、照明弹、燃烧弹、烟幕弹、信号弹、催泪弹、毒气弹和子弹（空包弹、战斗弹、检验弹、教练弹）等；

2）爆破器材：包括炸药、雷管、导火索、导爆索、非电导爆系统、爆破剂等；

3）烟火制品：包括礼花弹、烟花、爆竹等；

4）上述物品的仿制品。

三、管制刀具

包括匕首、三棱刀（包括机械加工用的三棱刮刀）、带有自锁装置的刀具和形似匕首但长度超过匕首的单刃刀、双刃刀以及其他类似的单刃、双刃、三棱尖刀等。

附：《管制刀具认定标准》：

公安部关于印发《管制刀具认定标准》的通知（公通字〔2007〕2号）

1）凡符合下列标准之一的，可以认定为管制刀具：

① 匕首：带有刀柄、刀格和血槽，刀尖角度小于60度的单刃、双刃或多刃尖刀。

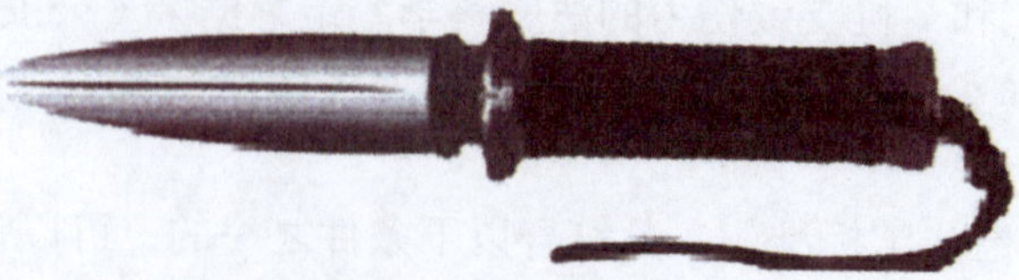

② 三棱刮刀：具有三个刀刃的机械加工用刀具。

③ 带有自锁装置的弹簧刀（跳刀）：刀身展开或弹出后，可被刀柄内的弹簧或卡锁固定自锁的折叠刀具。

④ 其他相类似的单刃、双刃、三棱尖刀：刀尖角度小于 60 度，刀身长度超过 150 毫米的各类单刃、双刃和多刃刀具。

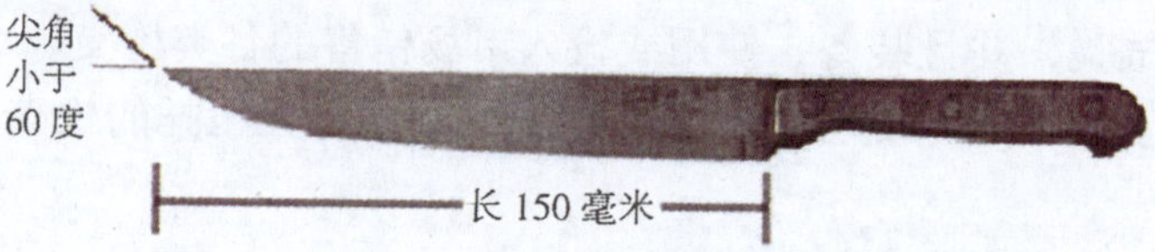

⑤ 其他刀尖角度大于 60 度，刀身长度超过 220 毫米的各类单刃、双刃和多刃刀具。

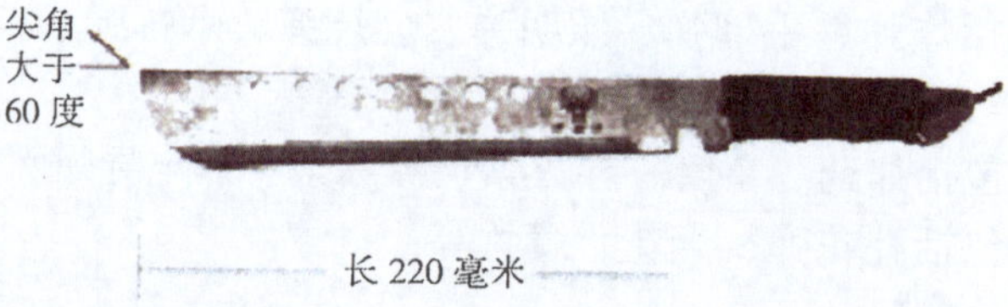

2）未开刀刃且刀尖倒角半径 R 大于 2.5 毫米的各类武术、工艺、礼品等刀具不属于管制刀具范畴。

3）少数民族使用的藏刀、腰刀、靴刀、马刀等刀具的管制范围认定标准，由少数民族自治区（自治州、自治县）人民政府公安机关参照本标准制定。

4）术语说明：

① 刀柄：指刀上被用来握持的部分。

② 刀格（挡手）：指刀上用来隔离刀柄与刀身的部分。

③ 刀身：指刀上用来完成切、削、刺等功能的部分。

④ 血槽：指刀身上的专用刻槽。

⑤ 刀尖角度：指刀刃与刀背（或另一侧刀刃）上距离刀尖顶点 10 毫米的点与刀尖顶点形成的角度。

⑥ 刀刃（刃口）：指刀身上用来切、削、砍的一边，一般情况下刃口厚度小于0.5毫米。

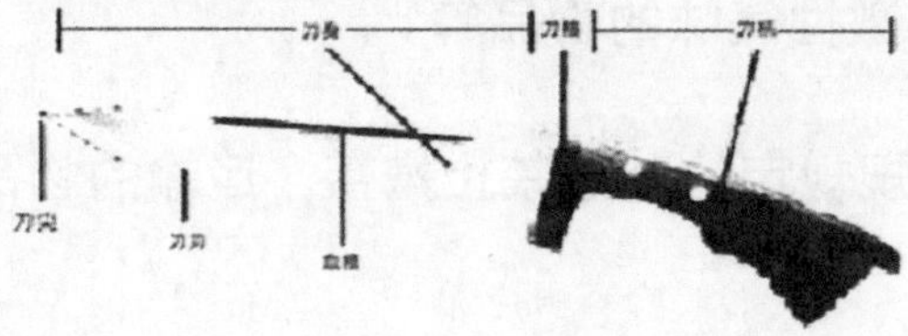

⑦ 刀尖倒角：指刀尖部所具有的圆弧度。

图七

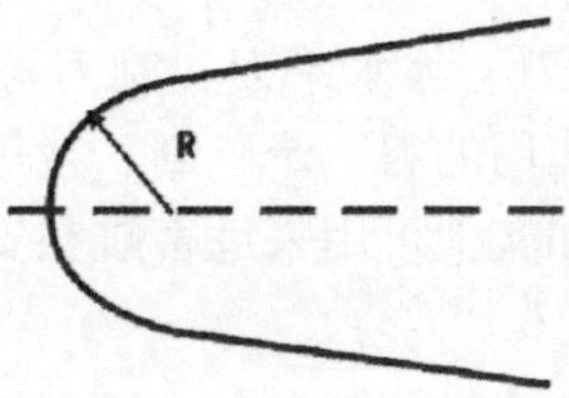

刀尖倒角局部放大图

四、易燃、易爆物品

包括以下物品：

1）氢气、氧气、丁烷等瓶装压缩气体、液化气体；

2）黄磷、白磷、硝化纤维（含胶片）、油纸及其制品等自燃物品；金属钾、钠、锂、碳化钙（电石）、镁铝粉等遇水燃烧物品；

3）汽油、煤油、柴油、苯、乙醇（酒精）、油漆、稀料、松香油等易燃液体；

4）闪光粉、固体酒精、赛璐珞等易燃固体；

5）过氧化钠、过氧化钾、过氧化铅、过氧乙酸等各种无机、有机氧化剂。

五、氰化物、剧毒农药等剧毒物品

六、腐蚀性物品：硫酸、盐酸、硝酸、有液蓄电池、氢氧化钠、氢氧化钾等腐蚀性物品

七、放射性物品，放射性同位素等放射性物品

八、其他危害飞行安全的物品，如可能干扰飞机上各种仪表正常工作的强磁化物、有强烈刺激性气味的物品等

九、国家法律法规规定的其他禁止携带、运输的物品

第二节　禁止旅客随身携带但可以作为行李托运的物品

《中国民用航空安全检查规则》附件二《禁止旅客随身携带但可作为行李托运的物品》如下：

可以用于危害航空安全的菜刀、大剪刀、大水果刀、剃刀等生活用刀，手术刀、屠宰刀、雕刻刀等专业刀具，文艺单位表演用的刀、矛、剑、戟等，以及斧、凿、锤、锥、加重或有尖钉的手杖、铁头、登山杖和其他可用来危害航空安全的锐器、钝器。

第三节　乘机旅客随身携带液态物品及打火机的规定

根据2007年3月17日中国民用航空总局发布的《关于限制携带液态物品乘坐民航飞机的公告》对旅客随身携带液态物品进行如下规定：

为确保航空安全，参照国际民航组织的标准，决定限制携带液态物品乘坐民航飞机。

1. 乘坐中国国内航班的旅客，每人每次可随身携带总量不超过1升（L）的液态物品（不含酒类），超出部分必须交运。液态物品须开瓶检查确认无疑后，方可携带。

2. 乘坐从中国境内机场始发的国际、地区航班的旅客，其随身携带的液态物品每件容积不得超过100毫升（ml）。

盛放液态物品的容器，应置于最大容积不超过1升（L）的、可重新封口的透明塑料袋中。每名旅客每次仅允许携带一个透明塑料袋，超出部分应交运。

盛装液态物品的透明塑料袋应单独接受安全检查。

需在国外、境外机场转机的由中国境内机场始发的国际、地区航班旅客，在候机楼免税店或机上购买液态物品，应保留购物凭证以备查验。所购物品应盛放在封口的透明塑料袋中，且不得自行拆封。国外、境外机场对携带免税液态物品有特殊规定的，从其规定。

来自境外需在中国境内机场转乘国际、地区航班的旅客，携带液态物品，适用本条规定。其携带入境的免税液态物品应盛放在袋体完好无损、封口的透明塑料袋中，并须出示购物凭证。

3. 在中国境内乘坐民航班机，酒类物品不得随身携带，但可作为托运行李交运。酒类物品的包装应符合民航运输有关规定。

4. 有婴儿随行的旅客携带液态乳制品，糖尿病或其他疾病患者携带必需的液态药品，经安全检查确认无疑后，可适量携带。

5. 旅客因违反上述规定造成误机等后果的，责任自负。

本公告自 2007 年 5 月 1 日起施行，2003 年 2 月 5 日发布的《中国民用航空总局关于对旅客随身携带液态物品乘坐民航飞机加强管理的公告》同时废止。

根据中国民用航空总局 2008 年 3 月 14 日《关于禁止旅客随身携带液态物品乘坐国内航班的公告》对旅客随身携带液态物品进行如下规定：

为维护旅客生命财产安全，中国民用航空总局决定调整旅客随身携带液态物品乘坐国内航班的相关措施，现公告如下：

1. 乘坐国内航班的旅客一律禁止随身携带液态物品，但可办理交运，其包装应符合民航运输有关规定。

2. 旅客携带少量旅行自用的化妆品，每种化妆品限带一件，其容器容积不得超过 100 毫升，并应置于独立袋内，接受开瓶检查。

3. 来自境外需在中国境内机场转乘国内航班的旅客，其携带入境的免税液态物品应置于袋体完好无损且封口的透明塑料袋内，并需出示购物凭证，经安全检查确认无疑后方可携带。

4. 有婴儿随行的旅客，购票时可向航空公司申请，由航空公司在机上免费提供液态乳制品；糖尿病患者或其他患者携带必需的液态药品，经安全检查确认无疑后，交由机组保管。

5. 乘坐国际、地区航班的旅客，其携带的液态物品仍执行中国民用航空总局 2007 年 3 月 17 日发布的《关于限制携带液态物品乘坐民航飞机的公告》中有关规定。

6. 旅客因违反上述规定造成误机等后果的，责任自负。

本公告自公布之日起施行。

根据 2008 年 4 月 7 日中国民用航空总局发布《关于禁止旅客随身携带打火机火柴乘坐民航飞机的公告》【2008】3 号：

根据航空安全需要，决定从即日起，禁止旅客随身携带打火机、火柴乘坐民航飞机。提醒广大旅客自行处理好相关物品，由此发生的延误和误机，后果自负。

第四节　爆炸物处置基本原则、程序

一、处置爆炸装置的原则

1）爆炸装置是具有较大杀伤力的装置，万一爆炸，将引起严重的后果。因此，在处置爆炸装置时（包括可疑爆炸物）要慎重。

2）要尽可能不让爆炸物在人员密集的候机楼内爆炸，万一爆炸也要尽可能最大限度地减少爆炸破坏的程度，要千方百计保障旅客、机场工作人员和排爆人员的安全。

3）发现爆炸装置（包括可疑爆炸物）后，应禁止无关人员触动，只有经过专门训练的专职排爆人员才可以实施排爆。

二、处置爆炸装置的准备工作

1. 建立排爆组织

如确定对爆炸装置进行处置，要成立排爆组，除领导指挥外，要由有防爆专业知识和有经验的专职排爆人员实施。另外，还要组织医护、消防抢救小组，使其处于待命状态。

2. 准备器材

排除爆炸装置是一项危险性极大的工作，为保障排爆人员生命安全，应尽可能利用一些防护器材和排爆工具。防护器材主要有机械手、防爆筐（箱）、防爆毯、防爆服、防爆头盔等，也可用砂袋将爆炸物围起来。排爆工具主要有钳子、剪子、刀具、竹签、长棍、高速水枪、液态氮等。

3. 清理现场

（1）打开现场的全部门窗，万一爆炸，冲击波能得到充分的释放；

（2）严禁无关人员进入排爆现场；

（3）转移排爆现场附近的仪器等设备，为了减少损失可将爆炸物用沙袋围起来；

（4）清除爆炸物周围的铁器硬质物体。

4. 确定排爆地点和转移路线

如果爆炸物是可转移的，要事先确定排爆地点。

（1）排爆地点应选择在远离飞机、建筑物、油库、管道、高压线等地方，排爆地点应事先筑好排爆掩体等设施；

（2）转移路线应尽量避开人员聚集、重要设施、交通要道等地方；转移时应尽量使用防爆罐，如转移的路线较长时，应用防爆车或特别的车辆进行运输转移。还要画好勤务警戒转移路线和排爆现场。

5. 疏散无关人员

即使用最有经验的排爆人员，用最有效的排爆器材和工具去处置爆炸物，也难以百分之百地保证爆炸物不爆炸。因此，在处置之前应考虑疏散无关人员。

疏散之前大致判断爆炸物，首先判断真假，以决定是否疏散人员，然后判断威力，以决定在多大程度、多大范围内疏散人员。疏散方式有三种：

不撤离。当某件被怀疑为爆炸物的物品有明显的证据是非爆炸物，判断其几乎没有多大杀伤力时，可不疏散旅客和其他人员，只做适当的警戒。

局部撤离。当某件物品被确认为爆炸物，但威力不很大时，可对旅客和其他人员在一定范围内进行疏散。

全部撤离。当判断爆炸物的威力很大时，要撤离在飞机和建筑物内的全部人员。

三、处置爆炸装置的程序

1. 对爆炸物的判断

（1）真假的判断；
（2）威力的判断；
（3）是否有定时装置的判断；
（4）是否有水平装置的判断；
（5）是否有松、压、拉等机械装置的判断；
（6）是否有其他防卸装置的判断。

2. 对爆炸物装置进行处置

处置爆炸物的首要条件是查清爆炸物的结构，根据其结构特点和爆炸物所处的地域，灵活的运用不同的方法。爆炸物的处置通常由专业人员实施，处置的方法有三种：

一是就地销毁法；二是人工失效法；三是转移法。

1）就地销毁法

如确定爆炸物不可移动，采用就地引爆的方法进行销毁。为减少损失，销毁时可将爆炸物用砂袋围起来。

2）人工失效法

人工失效法是首先使处于危险状态的延期或触发式爆炸物的引信失去功能，再对整个爆炸物进行拆卸，使引信和弹体（炸药）分开的方法。

3）转移法

当爆炸物位于候机楼或飞机等主要场所，并装有反拆卸装置且无把握进行人工失效并能移动时，将爆炸物转移到安全地方进行处理。

第六章　机场运行保安的相关知识

第一节　机场分类及构成

一、机场的定义

国际民航组织将机场定义为：供航空器起飞、降落和地面活动而划定的一块地域或水域，包括域内的各种建筑物和设备装置。

机场一般分为军用和民用（含军民合用机场的民用部分）两大类，用于商业性航空运输的机场也称为航空港（Airport），我国把大型民用机场称为空港，小型机场称为航站。

二、机场的分类

按机场规模和旅客流量可将机场分为三种类型：

1）枢纽机场。指在国家航空运输中占据核心地位的机场，这种机场无论是旅客的进出港人数，还是货物吞吐量，在整个国家航空运输中都占有举足轻重的地位，其所在城市在国家经济社会中居于特别重要的地位，是国家政治、经济的中心。

2）干线机场。所在城市是省会（自治区首府、直辖市）、重要开放城市、旅游城市或其他经济较为发达、人口密集的城市，旅客的进出港人数和货物吞吐量相对较大。

3）支线机场。除上面两种类型以外的民航运输机场。虽然它们的运输量不大，但它们在沟通全国航路，及促进某些地区的经济发展上起着重要作用。

三、机场的构成

机场是供飞机起飞、着陆、停驻、维护、补充燃料及组织飞行保障活动所用的场所。机场主要有飞行区、航站区及进出机场的地面交通系统构成。

1）飞行区是机场内用于飞机起飞、着陆和滑行的区域，通常还包括用于飞机起降的空域在内。飞行区由跑道系统、滑行道系统和机场净空区构成。相应设施有：目视助航设施、通信导航设施、空中交通管制设施以及航空气象设施。

2）航站区是飞行区与机场其他部分的交接部。航站区包括：旅客航站楼、站坪（停机坪）、车道边、站前停车设施（停车场或停车楼）等。

3）进出机场的地面交通系统通常是公路，也包括铁路、地铁（或轻轨）和水运码头等。其功能是把机场和附近城市连接起来，将旅客和货邮及时运进或运出航站楼。进出机场的地面交通系统的状况直接影响空运业务。

第二节　机场控制区范围的划定

一、机场控制区的定义

机场控制区是在机场内根据安全保卫的需要，在机场内划定的进出受到限制的区域。机场控制区应当有严密的安全保卫措施，实行封闭式分区管理。从航空器维修区、货物存放区通向其他控制区的道口，应当采取相应的保安控制措施。

二、机场控制区的划分

机场控制区根据安全保卫需要，划分为候机隔离区、行李分检装卸区、航空器活动区和维修区、货物存放区等区域，并分别设置安全防护设施和明显标志。另外机场还应当设置受到非法干扰威胁的航空器隔离停放区。

候机隔离区是根据安全需要在候机楼（室）内划定的供已经安全检查的出港旅客等待登机的区域及登机通道、摆渡车。

航空器活动区是机场内用于航空器起飞、着陆以及与此有关的地面活动区域，包括跑道、滑行道、联络道、客机坪。

第三节　机场控制区的通行管制

一、机场控制区通行管制的任务与目的

指对进入机场控制区的所有人员、物品及车辆进行安全技术检查，防止未经许可的人员、物品及其车辆进入。

二、机场控制区通行管制的内容

1）乘机旅客及其行李物品应通过安全技术检查后，方能进入候机隔离区候机和登机。

2）工作人员及其物品进入机场控制区，应当佩戴机场控制区通行证件，并经过核对及安全技术检查，方能进入指定的控制区域。

3）车辆进入机场控制区，应当停车接受道口安检人员的安全技术检查，包括对驾驶员、搭乘人员及控制区通行证件、车辆通行证件及其所载物品。机场控制区车辆通行证应当置于车辆明显位置。

4）对进入机场控制区的工具、物料和器材应当实施保安控制措施。道口和安检通道的安检人员应当对工作人员进出机场控制区所携带的工具、物料和器材进行检查、核对和登记。工具、物料和器材使用单位应当明确专人负责该器材在机场控制区内的监管。

5）航空配餐和机上供应品的车辆进入机场控制区应当全程铅封，道口安检人员应当查验铅封是否完整。检查无误后，方能进入机场控制区域。

第四节　候机隔离区的安全监控

一、候机隔离区安全监控的任务与目的

候机隔离区安全监控采取封闭式管理，并对候机隔离区内所有人员及物品的安全

管控，防止未经检查的人与已检人员相互混淆或接触、防止外界人员向内传递物品、防止藏匿不法分子和危险物品，保证旅客、工作人员和隔离区的绝对安全。

二、候机隔离区安全监控的程序

1）经过安全检查的旅客进入候机隔离区以前，安检部门应当对候机隔离区各部位进行清场。

2）清场完毕后，按分工把守隔离区工作人员通道口，检查出入人员。

3）安检部门应当派员在候机隔离区安排巡视，并对隔离区重点部位进行实时监控。

三、候机隔离区出入口的管控

1）因工作需要进入控制区的人员，必须佩带民航公安机关制发的机场控制区通行证件，并接受安全技术检查。

2）工作人员携带行李物品进入控制区必须经过安全技术检查，防止未经安全技术检查的行李物品进入候机隔离区。

3）航站区控制区内的商店不得出售可能危害航空安全的商品，商店运进商品应当经过安全技术检查。

4）经过安全技术检查的旅客应当在候机厅隔离区内等待登机，如因航班延误或其他特殊原因离开控制区的，再次进入控制区时应当重新接受安全技术检查。

5）安检人员对工作人员携带进入候机隔离区的工具、物料和器材实施安全技术检查，并进行核对和登记。工具、物料和器材使用单位应当明确专人负责该器材在机场控制区内的监管。

四、候机楼隔离区清场

1. 候机隔离区清场的任务

查找隔离区有无可疑物品和可疑人员，并确定可疑物品的性质和威胁程度，及时通知有关部门排除其危险性，保证安全。

2. 候机隔离区清场的方法

1）仪器清查

① 金属探测器清查。主要是利用金属探测器清查监控区域内有无隐藏武器等金属性违禁物品。

② 钟控定时装置探测器清查。利用钟控定时装置探测器清查监控区内有无隐藏钟

控定时爆炸装置。

③ 监控设备清查。通过遥控监控区内的监控探头，搜索有无可疑人员及可疑物品滞留在监控区内。

2）人工清查

看：对被清查的区域、对象进行观察。

听：进入清查区域后，关上门窗，静听有无类似闹钟的“滴答”声或其他异响。

摸：对通过外观看不清的固定物体、设施，用手摸，检查有无隐藏物品。

探：对既无法透视，又不能用仪器检查的部位和物品，可用探针检查。

开：对清查区域内的箱柜、设施要打开、移开检查。如候机室内的各种柜台等要移开检查。

3. 候机隔离区清场的重点部位

卫生间、电话间、吸烟区、各种柜台、垃圾桶、窗台、窗帘、窗帘盒、座椅。

五、候机隔离区安全监控的注意事项

1）注意发现形迹可疑及频繁进出候机隔离区的人员。

2）在旅客候机期间，应加强对控制区重点部位的监控。

3）当天航班结束后，应对控制区重点部位进行清场，注意发现有无遗留旅客和可疑人员及其物品。

第五节　民用航空器在地面的安全监护

一、民用航空器监护的含义、任务、内容、范围

1. 民用航空器监护的含义

指安检部门对短暂停留在客机坪的执行飞行任务的民用航空器进行监护。

2. 民用航空器监护职责

（1）执行航班飞行任务的民用航空器在客机坪短暂停留期间，由安检部门负责监护。

（2）民用航空器监护人员应当根据航班动态，按时进入监护岗位，做好对民用航空器监护的准备工作。

（3）民用航空器监护人员应当坚守岗位，严格检查登机工作人员的通行证件，密切注意周围动态，防止无关人员和车辆进入监护区。

（4）空勤人员登机时，民用航空器监护人员应当查验其《中国民航空勤登机证》。加入机组执行任务的非空勤人员，应当持有《中国民航公务乘机通行证》（加入机组证明信）和本人工作证（或学员证）。对上述人员携带的物品，应当查验是否经过安全检查，未经过安全检查的，不得带上民用航空器。

（5）旅客登机时，监护人员站在登机门或登机通道旁，维护登机旅客秩序。防止旅客在登机行进期间与外界人员接触或传递有碍航空安全的危险品，要检查旅客登机牌是否加盖验讫章，防止送行、无证等人员随旅客行列进入客机坪、接近或登上飞机。

（6）在出、过港民用航空器关闭舱门准备滑行时，监护人员应当退至安全线以外，记载飞机号和起飞时间后，方可撤离现场。

（7）民用航空器监护人员接受和移交航空器监护任务时，应当与机务人员办理交接手续，填写记录，双方签字。

3. 民用航空器监护的范围

（1）以民用航空器为中心，周围 30 米区域。

（2）通过航空保安审计，且在道口设置安检设备实施检查的机场，经民航局公安局批准，可实施区域守护。

4. 民用航空器监护的时间规定

（1）对出港航空器的监护，从机务人员移交监护人员时起，至旅客登机后航空器滑行时止；对过港航空器的监护从其到达客机坪时开始，至旅客登机后航空器滑行时止；对执行国际、地区及特殊管理的国内航线飞行任务的进港航空器的监护，从其到达机坪时开始至旅客下机完毕移交机务人员为止。

（2）对当日首班出港航空器，监护人员应在起飞前 90 分钟与机务人员办理交接手续后开始实施监护。

（3）对执行航班任务延误超过 90 分钟的航空器由安检部门交由机务人员管理，至确定起飞时间前 60 分钟由机务人员移交安检部门实施监护。

二、民用航空器监护的程序方法、重点部位、重点航班

1. 民用航空器监护的程序方法

1）准备

① 了解当天航班动态，通过离港系统向机场外场指挥部门、航空公司调度等单位及时了解航班变化情况，注意班次的增减、民用航空器的更改和起飞时间的变动。

② 勤务安排应根据航班动态和本科、队人员情况，将各监护小组逐个安排勤务任务，明确指定航班和民用航空器。

③ 监护小组人员领取对讲机和登记本等用品，整理好着装，做好上岗准备工作。

2）实施

监护小组在当天首次出港民用航空器起飞前 90 分钟进入监护位置。

① 与机务人员办理交接手续后，到达舷梯口、廊桥口及货舱口实施监护。

② 旅客登机前，对机组人员和地面登机人员的证件和携带行李进行检查（航行包除外）。

③ 对进出港民用航空器货舱进行监装、监卸。

④ 旅客登机时，站立梯口或廊桥口一侧，观察上客情况，禁止无关人员（包括地面工作人员）上民用航空器。

⑤ 旅客登机完毕，舷梯撤离后，退出原监护位置至安全线以外。

⑥ 民用航空器起飞时，记载飞机号和起飞时间，监护人员撤离。

3）结束

① 当次航班监护任务完成后，监护人员应及时返回驻地，汇报监护情况，稍作休整准备下一次的监护工作。

② 当天执勤结束后，监护值班领导清点所有装备，记录当天工作情况（重点情况随时记载）。

2. 民用航空器监护的重点部位

舷梯口、廊桥口、货舱、起落架舱。

3. 民用航空器监护的重点航班

（1）我国领导人、外国领导人或代表团及其他重要客人乘坐的班机。

（2）发现有重大可疑情况的民用航空器。

（3）上级通知重点监护的民用航空器。

三、民用航空器清舱的程序和重点部位

民用航空器客、货舱装载前的清舱工作一般由航空器经营人负责。必要时，经民航公安机关或安检部门批准，公安民警、安检人员可以进行清舱。

1. 民用航空器清舱的程序

（1）清查前，由监护小组组长布置任务，明确分工。

（2）清查时，应先对民用航空器外部进行观察和检查，对客舱的清查可分别从机头、机尾同时进行，至中部会合；也可以按从机头到机尾或从机尾到机头的顺序进行。对内部各部位的清查可按先低后高的顺序进行。

（3）清查结束，进入监护位置，直至民用航空器起飞。

2. 民用航空器清舱的重点部位

（1）卫生间。

（2）乘务员操作间的每个储存柜、配餐间、垃圾箱。

（3）旅客座位坐垫下和每个客舱的最后一排座椅背后。

（4）行李架

（5）货舱。

（6）起落架舱。

四、民用航空器的保安搜查

对发生以下情况时，机场公安机关和安检部门可对航空器进行保安搜查。

1）航空器停场期间被非法接触；

2）有合理理由怀疑该航空器在机场被放置违禁品或爆炸装置；

3）其他需要进行保安搜查的情形。

第六节　安全技术检查各岗位工作职责

一、基础岗位职责

基础岗位包括待检区维序检查岗位、前传检查员岗位。其职责是：

1）维持待检区秩序并通知旅客准备好身份证件、客票和登机牌。

2）开展调查研究工作。

3）在X射线机传送带上正确摆放受检行李物品。

二、验证检查岗位职责

1）负责对乘机国内航班旅客的有效身份证件、客票、登机牌进行核查，识别涂改、伪造、冒名顶替以及其他无效证件。

2）开展调查研究工作。

3）协助执法部门查控在控人员。

三、人身检查岗位职责

人身检查岗位包括引导和安全门检查两个具体岗位。其职责是：

1）引导旅客有秩序地通过安全门。

2）检查旅客放入托盘中的物品。

3）对旅客人身进行仪器或手工检查。

4）准确识别并根据有关规定正确处理违禁物品。

四、X射线机操作岗位职责

1）按操作规程正确使用X射线机。

2）观察辨别监视器上受检行李（货物、邮件）图像中的物品形状、种类，发现、辨认违禁物品或可疑图像。

3）将需要开箱（包）检查的行李（货物、邮件）及重点检查部位准确无误地通知开箱（包）检查员。

五、开箱（包）检查岗位职责

1）对旅客行李（货物、邮件）实施开箱（包）手工检查。

2）准确辨认和按照有关规定正确处理违禁物品及危险品。

3）开具暂存或移交物品单据。

第七章　劳动保护知识

第一节　安检工作现场的环境要求

安检工作现场是具体实施安全技术检查的场所，它包括实施验证、人身检查、行李物品检查、现场值班等安全技术检查的各个岗位。根据人员和设备的要求，安检工作须在室内、常温、干燥、通风的环境下进行。

第二节　安全操作与防护

一、X 光射线的自我防护方法

目前，安全技术检查机构使用的 X 射线机采取了一系列防护措施，如整机用金属机壳封住（电子柜），通道两端铅门帘遮蔽，防止 X 射线泄漏。X 射线机采用有源器件，通电后传送带运行同时光障被物品遮挡才可能发射 X 射线，对工作人员是可靠的保护。作为 X 射线机操作人员和在其周围工作的人员来说，应有自我保护意识：不要在传送带运行时将身体的某一部位伸入通道；不要破坏铅门帘；除必要的检修外，不要打开机壳；不要在打开机壳的情况下，轻易发射 X 射线等。

二、危险品的防护知识

1. 与危险品有关的一般应急程序

（1）首先立即报告主管人员并寻求危险品专家的协助。

（2）识别危险品（如可通过危险品运输文件或包装件上的标记标签确定发生事故的危险品的危险性）。

（3）在能确保安全的情况下，将事故包装件与其他包装件或财产隔离开。

（4）隔离发生事故的区域。

（5）避免接触包装件的内装物。

2. 如果人或衣服沾上包装件内的物品

（1）用大量的水彻底冲洗身体（除遇水燃烧或遇水会分解的危险物品）；

（2）脱掉受污染的衣物；

（3）不要吸烟或进食；

（4）不要用手接触眼、鼻、口等部位；

（5）寻求医疗处理。

3. 所有涉及危险事故／事件的人员应留在现场直到他们的姓名被记录完毕为止

4. 危险品事故和事件的报告

当发生危险品事故和事件时，都必须将发生情况报告国家的有关部门（地方监管办、地区管理局和民航局）。

第三节　《中华人民共和国劳动法》的相关知识

一、劳动法的立法目的和适用范围

为了保护劳动者的合法权益，调整劳动关系，建立和维护适应社会主义市场经济的劳动制度，促进经济发展和社会进步。

在中华人民共和国境内的企业、个体经济组织（以下统称用人单位）和与之形成劳动关系的劳动者，适用本法。国家机关、事业组织、社会团体和与之建立劳动合同关系的劳动者，依照本法执行。

二、劳动者的基本权利和义务

劳动者享有平等就业和选择职业的权利、取得劳动报酬的权利、休息休假的权利、获得劳动安全卫生保护的权利、接受职业技能培训的权利、享受社会保险和福利的权利、提请劳动争议处理的权利以及法律规定的其他劳动权利。

劳动者应当完成劳动任务，提高职业技能，执行劳动安全卫生规程，遵守劳动纪律和职业道德。

劳动者有权依法参加和组织工会。工会代表维护劳动者的合法权益，依法独立自主地开展活动。

劳动者依照法律规定，通过职工大会、职工代表大会或者其他形式，参与民主管理或者就保护劳动者合法权益与用人单位进行平等协商。

三、国家对劳动者的鼓励和保护

国家提倡劳动者参加社会义务劳动，开展劳动竞赛和合理化建议活动，鼓励和保护劳动者进行科学研究、技术革新和发明创造，表彰和奖励劳动模范和先进工作者。

四、用人单位在劳动保护方面的职责

用人单位必须建立、健全劳动安全卫生制度，严格执行国家劳动安全卫生规程和标准，对劳动者进行劳动安全卫生教育，防止劳动过程中的事故，减少职业危害。

用人单位必须为劳动者提供符合国家规定的劳动安全卫生条件和必要的劳动防护用品，对从事有职业危害作业的劳动者应当定期进行健康检查。

五、劳动者在劳动保护方面的权利和义务

劳动者在劳动过程中必须严格遵守安全操作规程。劳动者对用人单位管理人员违章指挥、强令冒险作业，有权拒绝执行；对危害生命安全和身体健康的行为，有权提出批评、检举和控告。

六、关于伤亡事故和职业病

国家建立伤亡事故和职业病统计报告和处理制度。县级以上各级人民政府劳动行政部门、有关部门和用人单位应当依法对劳动者在劳动过程中发生的伤亡事故和劳动者的职业病状况，进行统计、报告和处理。

七、劳动法对女职工的特殊保护

不得安排女职工在经期从事高处、低温、冷水作业和国家规定的第三级体力劳动强度的劳动。

不得安排女职工在怀孕期间从事国家规定的第三级体力劳动强度的劳动和孕期禁忌从事的活动。对怀孕七个月以上的女职工，不得安排其延长工作时间和夜班劳动。

女职工生育享受不少于九十天的产假。

不得安排女职工在哺乳未满一周岁的婴儿期间从事国家规定的第三级体力劳动强度的劳动和哺乳期禁忌从事的其他劳动，不得安排其延长工作时间和夜班劳动。

八、违反劳动法的法律责任

用人单位的劳动安全设施和劳动卫生条件不符合国家规定或者未向劳动者提供必要的劳动防护用品和劳动保护设施的，由劳动行政部门或者有关部门责令改正，可以处以罚款；情节严重的，提请县级以上人民政府决定责令停产整顿；对事故隐患不采取措施，致使发生重大事故，造成劳动者生命和财产损失的，对责任人员比照刑法第一百八十七条的规定追究刑事责任。

用人单位强令劳动者违章冒险作业，发生重大伤亡事故。造成严重后果的，对责任人员依法追究刑事责任。

用人单位违反本法对女职工的保护规定，侵害其合法权益的，由劳动行政部门责令改正，处以罚款；对女职工造成损害的，应当承担赔偿责任。

用人单位制定的劳动规章制度违反法律、法规规定的，由劳动行政部门给予警告，责令改正；对劳动者造成损害的，应当承担赔偿责任。

用人单位违反本法规定，延长劳动者工作时间的，由劳动行政部门给予警告，责令改正，并可以处以罚款。

九、关于劳动者的职业培训

用人单位应当建立职业培训制度，按照国家规定提取和使用职业培训经费，根据本单位实际，有计划地对劳动者进行职业培训。

从事技术工种的劳动者，上岗前必须经过培训。

国家确定职业分类，对规定的职业制定职业技能标准，实行职业资格证书制度，由经过政府批准的考核鉴定机构负责对劳动者实施职业技能考核鉴定。

安检人员实行岗位证书制度。没有取得岗位证书的，不可单独作为安检人员上岗执勤。

对不适合继续从事安检工作的人员，应当及时调离或辞退。

十、有关安检人员的劳动保护

1）在高寒、高温、高噪音条件下从事工作的安检人员，享受相应的补助、津贴和劳动保护。

2）在X射线区域工作的安检人员应当得到下列健康保护：

① 每年到指定医院进行体检并建立健康状况档案；

② 每年享有不少于两周的疗养休假；

③ 按民航局规定发给工种补助费；

④ 女工怀孕和哺乳期间应当合理安排工作，避免在X射线区域工作。

3）X射线机操作检查员连续开机工作时间不得超过四十分钟，每天累计不得超过六小时。

第八章　英语知识

第一节　安全技术检查常用工作词汇

一、procedures before boarding 登机前手续

domestic flight	国内航班
international flight	国际航班
trunk lines	干线
feeder lines	支线
scheduled flight	定期航班
non-scheduled flight	不定期航班
customs	海关
immigration	边检
quarantine	检验检疫
destination	目的地
travel document	旅游文件
airport fee	机场费
construction	建设
administration	管理
passenger in transit（transit passenger）	过境旅客
diplomatic passport	外交护照
check-in time	办理值机手续的时间
check in	办理值机手续（办票）
departure time	起飞时间

airline counter	航空公司柜台
passport control	验证
security check	安检

二、flight delays 航班延误

announcement	广播通知
delay	延误
flight number	航班号
bad weather conditions	不好的天气情况
mechanical difficulties	机械故障
poor visibility	能见度差
departure（take off）	起飞
weather forecast	天气预报
apologize	道歉
inconvenience	不便
meals	膳食
accommodation	住宿
alternate flight	备选航班

三、waiting for security control 安检待检区岗位

security control / check	安全技术检查
carry-on baggage	手提行李
checked baggage	交运行李
conveyor belt	传送带
X-ray equipment	X 光机
walk-through metal detector	安全门
hand-held metal detector	手持金属探测器
personal search	人身检查
baggage search	行李检查
forbidden articles	违禁物品
weapon	武器
ammunition	弹药
aggressive tool	攻击性的器械
inflammable article	易燃物品
explosive article	易爆物品

corrosive article	腐蚀性物品
radioactive article	放射性物品
poisonous article	毒害品
prevention	防止
hijacking	劫机
terrorism	恐怖活动
form a queue	排队
line up in order	排好队
tourist group	旅游团
delegation	代表团
tourist guide	导游
group visa	团体签证
common practice	惯例
dangerous article	危险物品
see…off	为……送行

四、passport control 验证岗位

passport	护照
air-ticket	机票
boarding card（pass）	登机牌
identity card	身份证
expire	到期，期满
means of identification	身份证明
photo	照片
accord with	和……一致
valid	有效的
transferable	可转让的
regulation	规定
check-in procedures	值机手续
boarding procedures	登机手续
in charge of	负责

五、personal search 人身检查岗位

cigarette	香烟
lighter	打火机

key	钥匙
metal item / object / thing	金属物品
business card holder	名片夹
calculator	计算器
spectacle case	眼镜盒
beeper	Bp 机
mobile phone	手机
coin	硬币
chewing gum	口香糖
plate	托盘
health	健康
buzzing	嘟嘟作响
beep sound	嘟嘟声
pocket	口袋
manual search（physical search）	手工检查
restricted area（sterile search）	隔离区
belongings	携带物品
departure lounge	候机厅
cooperation	合作

六、baggage search 开箱开包检查岗位

aerated beverage	碳酸饮料
mineral water	矿泉水
tea	茶
milk	牛奶
yogurt	酸奶
fruit juice	果汁
bottle	瓶子
tin（can）	罐头
checking table	检查台、开包台
bottom	底部
restricted article	限制物品
knife	刀
kitchen knife	菜刀
surgical knife	手术刀
tool	工具

tool kit	工具箱
scissors	剪刀
receipt	收据
claim	认领
deliver	移交
crew	机组
sheet for delivery of restricted article	限制物品移交单
hair mousse	摩丝
hair spray	发胶
limit	限制，限量
oxygen container	氧气袋
contraband	违禁品
confiscate	没收
liquid article	液态物品
alcoholic beverage	含酒精的饮料

七、special screening procedures 对特殊人员的检查

diplomat	外交官
diplomatic representative	外交代表
ambassador	大使
counselor	参赞
consul-general	总领事
consul	领事
dean of diplomatic corps	外交使团团长
special envoy	特使
captain	机长
cardiac pacemaker	心脏起搏器
handicapped passenger	残疾旅客
wheelchair	轮椅
diplomatic passport	外交护照
authorization letter	授权证明
diplomatic pouch	外交信袋
VIP（very important person）	要客
bullet	子弹
pistol	手枪

八、control of access 通道检查岗位

restricted area permit	隔离区通行证
staff entrance	员工通道
temporary badge	临时通行证
security screening checkpoint	安检通道，安检区
security screening procedures	安检手续
expiry date	有效期
uniform	制服
working hours	工作时间
information counter	问询台
apron	停机坪

九、boarding control 上客监护岗位

departure gate	出港门，登机口
boarding time	登机时间

十、security of checked baggage and cargo 交运行李和货物的安检

air freight	空运货物
fragile article	易碎物品
lock	锁，上锁
separate	分开
pack	包装
erect	竖起
trunk	箱子

第二节　安全技术检查常用工作会话

1. A：Which flight are you going to take?
   您要乘坐哪个航班？

B：Flight CA981.
CA981 航班。

2. A：Are you going to take a domestic or an international flight？
您要乘坐国内还是国际航班？

B：An international flight.
国际航班。

3. A：Where are you going?（Where's your destination?）
您要前往哪里？（您的目的地是哪里？）

B：I'm going to Beijing.
我要去北京。

4. A：What's the check-in time for my flight?
我的航班什么时候开始办票？

B：One hour before departure.
起飞前一小时。

5. A：Is it time to check in for Flight MU551?
MU551 航班开始办票了吗？

B：The check-in hasn't begun yet. It'll begin in 30 minutes.
还没开始办票。30 分钟以后开始。

6. Please go to the airline counter to check in for your flight.
请到航空公司柜台为您的航班办理值机手续。

7. Please go there and go through the passport control and security check.
请到那儿办理验证和安检。

8. A：I've heard an announcement that my flight has been delayed. Could you tell me why?
从广播里得知我的航班延误了，你能告诉我原因吗？

B：What's your flight number?
您的航班号是什么？

9. A：Do you know why my flight has been delayed?
你知道我的航班为何延误吗？

B：It is due to bad weather conditions.
这是因为不好的天气情况。

10. A：Could you tell me why Flight CA945 hasn't departed yet?
您能告诉我 CA945 航班为何还不起飞？

B：I'm sorry to tell you that your flight has been delayed owing to mechanical difficulties.
非常抱歉的告诉您，您的航班由于机械故障被延误了。

11. A：Could you tell me why the flight to Beijing has been delayed?

你能告诉我去北京的航班为何延误吗？

B：All the flights before nine have been delayed because of poor visibility this morning.

由于今天上午能见度差，9 点以前的航班都被延误了。

12. A：What's the extent of the delay?

延误要多久？

B：About 2 hours.

大约两小时。

13. A：When do you expect it to depart?

你认为何时会起飞？

B：Sorry，we don't know the extent of the delay now，but according to the latest forecast，we are going to have a change in the weather.

对不起，现在还不知道延误多久，但是根据最新的天气预报天气会有变化。

14. A：When will it be ready for departure?

航班何时会起飞？

B：We will be informed as soon as the time is fixed.

时间一定下来我们就会接到通知的。

15. A：Well，that's a long delay.

延误时间很长啊。

B：I'd like to apologize for the inconvenience caused by this delay.

由航班延误带来的不便我们深表歉意。

16. A：You mean I have to stay here for the night.

你的意思是我不得不在这儿过夜了。

B：I'm afraid you have to，but the airline is responsible for your meals and accommodations.

恐怕是的，但是航空公司会负责提供膳食和住宿。

17. A：Can you suggest me an alternate flight?

您是否能建议我一个备选航班？

（Can you put me on another flight to Beijing?）

（您是否能把我安排在去北京的另一个航班上？）

B：OK，Let me check.

好，让我查一下。

18. A：I have just checked in for Flight MU586. What should I do now?

我刚办完了 MU586 的值机手续，现在该做什么了？

B：You should go through the passport control and security check.

你应该去办理验证和安检。

19. A：How should we go through the security check?

我们该怎样接收安检？

B：Just put your carry-on baggage on the belt，which will take it to be screened by X—ray equipment．And you should go through that gate，the staff may give you a personal search．

把手提行李放在传送带上接受 X 射线机检查。然后你通过安全门，工作人员会对你进行人身检查。

20. A：How long will the search take ?

检查要多长时间？

B：It depends．If you don't have any forbidden articles，it will be very quick．

要看情况而定，如果你没有违禁物品的话，会很快的。

21. A：What kind of things can not be taken on the plane?

哪些东西不能带上飞机？

B：It's forbidden to carry any kind of weapons，ammunitions，aggressive tools and inflammable，explosive，corrosive，radioactive，poisonous articles on the plane．

任何武器、弹药、攻击性的器械，以及易燃、易爆、腐蚀性、放射性、有毒物品都严禁带上飞机。

22. A：What's the security check for?

为何要安检？

B：The security check is carried out for the passenger's own safety．It's for prevention of hijacking and terror-ism．

安检是为了旅客自身的安全，是为了防止劫机事件和恐怖活动。

23. A：Does everyone have to receive a personal search?

每个人都必须接受人身检查吗？

B：Yes. The personal search is made on all passengers both domestic and international．

是的，人身检查是针对所有的国内和国际的旅客。

24. A：What will happen to me if I refuse the security check?

如果我拒绝接受安检会怎样呢？

B：Anyone who refuses that will not be allowed to board the flight．

任何拒绝接受安检的人是不允许登机的。

25. Good morning（afternoon / evening）passengers，please form a queue and go through the passport control and security check one by one．

旅客们，早上（下午 / 晚上）好，请按次序排好队，依次接受验证和安检。

26. Hello，sir（miss，madam），please get ready you're your passport，identity card，plane ticket and boarding card for checks．

您好，先生（小姐 / 女士）请准备好护照，身份证，机票，登机牌以便检查。

27. Passengers，if you haven't got a boarding card and a bag-gage check，please go to the airline counter to go through the check-in procedures first.
旅客们，如果你们还没有拿到登机牌和行李牌，请到航空公司柜台办理登机手续。
28. Sorry sir，you have to check this baggage，for it is too large and will cause you a lot of inconvenience.
对不起先生，您的这件行李太大，必须交运，不然会给您带来不便。
29. Excuse me，are you the head of a group （delegation）?Who is the tourist guide of the group?
请问，您是团长吗？谁是这个团的导游？
30. Excuse me，are you a member of tourist group（delegation）?
对不起，您是旅游团（代表团）的成员吗？
31. Show me your group visa，please.
请出示团体签证。
32. In order to improve checking speed，passengers in tourist group，please line up in order according to the list of plane tickets.
为了加快检查速度，旅游团的旅客请按机票名单的先后顺序排队。
33. Excuse me，that machine doesn't work. This way，please.
对不起，那台机器有故障，请您走这边。

第九章　服务、礼仪基本知识

第一节　安检人员礼仪礼节的基本规范

一、安检人员执勤规范

安检人员在执勤时，应当遵守下列规定：

1）执勤前不吃有异味食品、不喝酒，执勤期间应举止端庄，不吸烟、不吃零食。

2）尊重旅客的风俗习惯，对旅客的穿戴打扮不取笑、不评头论足，遇事不围观。

3）态度和蔼，检查动作规范，不得推拉旅客。

4）自觉使用安全检查文明执勤用语，热情有礼，不说服务忌语。

5）爱护旅客的行李物品，检查时轻拿轻放，不乱翻、乱扔，检查完后主动协助旅客整理好受检物品。

6）按章办事，耐心解释旅客提出的问题，不得借故训斥、刁难旅客。

二、仪容仪表规范

安检人员在执勤中，应仪容整洁，仪表端正：

1）男女发型自然大方，不留奇型怪发，男安检员不准留长发、胡须、大鬓角，女安检员在工作期间不得披发过肩。

2）面部不浓妆艳抹，不戴奇异饰物。

3）讲究卫生，仪容整洁，指甲不准过长或藏有污垢，严禁在手背或身上纹字纹画。

三、着装规范

安检人员执勤时必须穿安检制服，并遵守下列规定：

1）按规定缀钉、佩戴安检标志、领带（领结）、帽徽、肩章。

2）按规定着制式服装，服装样式由民航局统一规定，冬、夏制服不得混穿。

3）换季时应统一换装，换装时间由各安检部门自行规定。

4）应当着黑色、深棕色皮鞋。

5）着装应当整洁，不准披衣、敞怀、挽袖、卷裤腿、歪戴帽子，不准在安检制服外罩便服、戴围巾等。

6）只能佩戴国家和上级部门统一制发的证章、证件和工号。

四、语言行为规范

在执勤中应自觉使用文明执勤用语，热情有礼，不说服务忌语。不对旅客外貌举止进行议论，不准与旅客发生冲突。

五、礼节礼貌规范

安检人员的礼节礼貌，通常是在安检现场各种情况下操作使用，以表达对旅客的敬意。礼节礼貌形式多样，一般来讲，安检现场常见有以下几种情况：

1）问候礼。问候时要力戒刻板，应根据不同国家、不同地区、不同民族风俗习惯而定。

2）称谓礼。称谓要切合实际，对不同性别、不同年龄身份、不同地位职务的对象要有不同内容的称呼。

3）迎送礼。迎送外宾及重要旅客时，要热情得体，落落大方，通常用握手、鞠躬、微笑、注目礼迎送。

礼仪礼节在不同国家不同民族表现形式不同，实施原则应区别对待，各有侧重。如有的见面时点头、鞠躬、握手，有的赠送鲜花、拥抱，有人行注目礼或祝颂赞誉语言，泰国对人表现尊敬和欢送行合十礼，南太平洋有的地区还行碰鼻礼，日本人行鞠躬礼。

在什么场合实施什么礼节，应遵循以下几条原则：一是以我为主，尊重习惯。日常接待中，要以我国的礼节方式为主，特殊情况下尊重宾客的礼节习惯。二是不卑不亢，有礼有节。在宾客面前要保持一种平和心态，不因地位高低而态度不一，应彬彬有礼而不失大度。三是不与旅客过于亲密，要内外有别，公私分明，坚持原则。四是不过分繁琐，要简洁明了。以简洁大方为适度，不要过分殷勤而有损安检形象；对老弱病残者要给予特殊照顾，使安检窗口成为文明执勤的窗口，礼节规范的窗口，旅客满意放心的窗口。

第二节　主要服务忌语

一、冷漠、不耐烦、推托的语句

①不知道。②不清楚。③没时间。④没办法。⑤自已看，自已听。⑥不归我管，我不管。⑦少啰唆，少废话。⑧别问我，去问服务员。⑨没看我正忙着吗？⑩机票上写着呢，不会看呀？

二、不当称呼

①喂。②老头。③大兵。④当兵的。

三、斥责、责问的语句

①急什么？②真讨厌，真烦人。③叫（嚷）什么？④没长眼呀？⑤你聋了，叫你怎么不听？⑥说过多少遍了，怎么不听？⑦为什么不把证件（物品）拿出来？⑧叫你拿出来，为什么不拿？⑨叫你站住怎么不站住？⑩急什么，早干啥去了？

四、讥讽、轻视的语句

①你坐过飞机吗？②你出过门吗？③土老帽。④乡巴佬。⑤看你就不是个好人。

五、生硬、蛮横的语句

①我说不行就是不行。②找别人去，我不管。③不让带就是不让带。④就是这样规定的，不清楚看公告去。⑤你算什么东西。⑥不检查就给我出去，不要坐飞机，又没人请你。⑦我就这样，有本事你去告我好了。

六、催促、命令式的语句

①快点。②回来。③过来。④过去。⑤转身。⑥站上去。⑦走吧。

七、随意下结论的吓唬语句

①证件是假的，没收。②不老实就送你到派出所。③带这个东西要判刑的。④这个东西不能带。⑤带这些东西要罚款。

第三节　称呼、礼貌用语与岗位规范用语

一、称呼

一般称男子为先生，女子为小姐、女士；重要旅客应称呼首长及职务。

二、礼貌用语

在安全技术检查工作中，应做到“请”字开头，“谢”字结尾。注意运用“您好”“请”“谢谢”“对不起”“再见”等文明用语。

三、岗位规范用语

1. 验证岗位

（1）您好，请出示您的身份证（或相关证件）、机票和登机牌；
（2）对不起，您的证件与要求不符，我得请示，请稍等；
（3）谢谢，请往里走。

2. 前传、维序岗位

（1）请把您的行李依次放在传送带上，请往里走（配以手势）。
（2）请稍等、请进。
（3）请各位旅客按次序排好队，准备好身份证件、机票和登机牌，准备接受安全检查。

3. 人身检查岗位

（1）请将您身上的香烟、钥匙、等金属物品放入托盘内。

（2）先生（小姐）对不起，安全门报警了，您需要重新检查一下。
（3）请脱下您的帽子。
（4）请转身，请抬手。
（5）请问这是什么东西？您能打开给我看看吗？
（6）检查完毕，谢谢合作。
（7）请收好您的物品。

4. 开箱（包）检查岗位

（1）对不起，请您打开这个包。
（2）对不起，这是违禁物品，按规定不能带上飞机，请将证件给我，给您办理手续。
（3）对不起，刀具您不能随身带上飞机，您可交送行人带回或办理托运。
（4）谢谢合作，祝您一路平安。

第四节　国内少数民族和外国风土人情常识

一、国内主要少数民族风土人情

我国是一个多民族的国家，共有56个民族，各民族在礼貌、礼仪、饮食、禁忌等方面有不同的风俗习惯和文化特点，安检人员在工作时，应尊重少数民族的宗教、服饰、语言和风俗习惯。

1. 蒙古族

（1）送接礼品时要用双手，不应用单手，更不能用左手。
（2）蒙古人长幼有序，敬老爱幼。称呼老人要称“您”，不许以“你”相称或直呼其名。

2. 藏族

（1）藏族人不愿意被人称他们为“藏民”。
（2）藏族最忌讳别人在他们面前捂鼻子。
（3）忌讳别人直呼其名。
（4）藏族人绝对禁食驴、马肉和狗肉。

（5）禁忌在别人后背吐唾沫，拍手掌。

3. 维吾尔族

（1）平时待人接物时，习惯以右手抚胸，后退一步躬身，并连声道“您好”。

（2）维吾尔族不养猪，不吃猪肉、驴肉、狗肉、骡肉和自死的畜肉及一切动物的血，同他们谈话时要注意不要提“猪”。

（3）交谈时不能当着他们的面吐痰、擤鼻涕、打呵欠、吐唾沫。

4. 傣族

泼水节是傣族一年一度的盛大节日，如同汉族的春节，泼水节的时间是农历清明节后的第七天。

5. 回族

（1）不允许用食物开玩笑，不允许用禁忌物作比喻。

（2）回族忌食猪肉、马肉、驴肉、狗肉、骡肉和自死的畜肉及一切动物的血。

（3）在交谈中忌讳“猪”及其同音字，更不能用“猪”作任何比喻来开玩笑。

（4）忌讳在别人面前袒胸露臂。

（5）忌讳不征得他们的同意随便用手摸他们的东西。

6. 苗族

苗族妇女擅长刺绣，很讲究服饰美，被誉为“无人不穿花”的爱美民族。

7. 壮族

壮族人民素来善于歌唱，并形成了独具特色的“歌圩”。

二、外国风土人情

1. 伊斯兰教国家的礼节和禁忌

在中国，伊斯兰教旧时称回教、回回教、清真教，对宗教职业者具有伊斯兰教专业知识的人，称为“阿訇”。

伊斯兰教国家的人见面以握手为礼，朋友相见时拥抱。男人不要同女人握手，也不要碰女人的身体。

伊斯兰教有一定的饮食禁忌：死动物（包括因打、摔、触、勒、电等原因而致死的动物）、流出的血、猪肉和非诵安拉之名而宰的动物以及酒。

忌提猪，忌吃猪肉、猪油，不用猪皮制品；亦忌吃狗肉等食品；妇女忌海参、鱼肚。

2. 基督教国家的礼节和禁忌

十字架是基督教教徒的信仰标志，见面时一般以握手为礼；交谈中忌讳谈政治、问对方的年龄、婚姻、职业和收入等私事；“13”“星期五”被认为是不吉利的；吹口哨有时被认为是危险的；乘坐飞机时，切勿使用任何与空难有关的词汇如“迫降”“坠毁”“爆炸”等，这些被认为是凶兆。禁食动物的血及勒死的动物。

3. 佛教国家的礼节和禁忌

佛教中，对僧人的称呼一般有法师、大师、方丈、长老等。

朋友相遇，双手合十于胸前，稍稍低头，互致问候。小辈向长辈合十礼拜双手要举到前额，长辈也要合十还礼，手部不必高于胸前。

佛教国家的人非常重视头部，认为是智慧所在，是神圣不可侵犯的。如果随意用手触摸他们的头部则被认为是一种极大的侮辱。

佛教对出家僧人要求禁食“荤”和“腥”，“荤”是指有恶臭和异味的蔬菜，如大蒜、大葱、韭菜等。“腥”是指肉食，即是各种动物的肉。

第五节　旅客服务心理学基础知识

一、学习旅客服务心理学的意义

1）有助于维护空防安全，提高安检工作质量。

2）有助于掌握旅客心理，提高服务质量。

3）有助于正确地了解自己，提高自身的心理素质。

二、民航旅客服务的一般特点

1. 旅客服务心理学的研究对象

旅客服务心理学的研究对象是旅客服务活动过程中产生的旅客心理与服务人员心理活动及其变化发展规律。

研究对象之一是旅客。具体地讲，旅客服务不仅要满足旅客的位置移动需求，还要满足其他如精神、心理等方面的需求，同时还需研究旅客个性、气质的差异及这些差异在服务交往中的表现等。

研究对象之二是旅客服务人员。具体地讲，就是旅客服务人员应具备的心理品质及良好情感的培养。

2. 民航旅客服务的特点

（1）民航旅客服务交往具有互动性；有一定的意识、目的性；是双方共同活动的结果；是双方相互影响的过程，包括情感上、态度上以及行动上的相互影响。

（2）民航旅客服务交往具有信息、情感的沟通性。

三、安检过程中乘机旅客的心理状态

1. 乘机旅客的认知心理

一是旅客对安检现场环境的知觉。这些环境是否宽敞、整洁、美观，光线是否充足，检查设施是否齐全等都会使旅客产生不同的知觉印象。二是旅客对安检人员的知觉。主要是通过安检人员的仪表特征、姿态表情和语言三个途径获得。

2. 乘机旅客的需要心理

（1）安全需要。安全需要是乘机旅客的第一需要，安检人员应依法严格检查，最大限度地满足旅客的安全需要。

（2）对航班时间上的需要。遇到航班不正常延误或取消等情况，旅客的情绪往往急躁，有时可能十分冲动。对此，安检人员应该高度重视航班不正常时的安全技术检查，尽可能方便旅客，使他们的情绪得到稳定。

（3）舒适的需要。由于安全技术检查是特殊形式的服务，验证检查、人身检查、开箱（包）检查，给旅客带来诸多不便，与旅客舒适的心理需要相背离。在这种情况下，如果安检人员彬彬有礼，热情周到，乘机旅客的心理就能得到某种程度的平衡。

（4）自尊的需要。旅客乘机的自尊需要，主要表现为期望别人尊重他的人格，安检人员首先要理解、尊重旅客的自尊需要，在安检过程中绝不能伤害旅客的自尊心，尤其对伤残等特殊旅客。

四、安检过程中乘机旅客的心理差异

乘机旅客是安检工作的主要对象。每一个乘机旅客由于民族不同、国家不同、信仰不同、生活条件不同、受教育程度不同、社会地位不同，形成了不同的心理特征和个性差异。在安检过程中乘机旅客的心理差异，具体表现在以下几个方面：地区差异、气质差异、年龄差异、性别差异、职业差异、职务差异、散客与团体旅客的差异以及初次乘机与经常乘机旅客的差异等。

五、安检人员必须具备的心理品质

1）高尚的道德情操。
2）敏锐的观察力。
3）稳定的注意力。
4）敏捷的记忆力。
5）顽强的意志力。

六、民航旅客服务的语言要求

1）在安全技术检查工作中要讲普通话。
2）掌握一两门日常勤务外语（重点是英语和日语）。
3）学习和了解一些地方语言以及少数民族用语
4）学习和了解一些手语知识。

第六节　涉外工作常识

一、外交、外事、涉外

1. 外交

外交，是指国家为实行其对外政策，由国家元首、政府、首脑、外交部、外交代

表机关等进行的，诸如访问、谈判、交涉、发出外交文件、缔结条约、参加国际会议和国际组织等对外活动。

2. 外事

外事，即外交事务的简称，一般泛指国家、地方和部门的涉及国外、境外的事务。

国家正式办理外交事务的机构叫外交机构，如驻外使领馆等，其他各种对外机构统称外事机构或涉外单位。

3. 涉外

涉外，是涉外事务的统称。“涉外”“外事”两概念的广义词可通用，正如说这是“外事”问题，也可以说这是“涉外”问题；但其狭义则有些微小差别，比如说，“外事部门”，通常是指地方外办等专职外事部门；而“涉外部门”，则指涉外的业务部门，从事涉外工作的有关人员叫“涉外人员”。

二、涉外纪律

1）坚决维护国家主权、尊严和利益。不做有损于国家尊严的事，不说不利于国家声誉的话。

2）尊重不同国家、不同民族的风俗习惯和宗教信仰，不随意干涉对方的内部事务。

3）严守党和国家的秘密，勿在外国人、外籍人面前谈论内部机密。

4）严格遵守请示报告制度。请示报告的问题要及时、准确。勿超越职权范围，不随意代表国家或本单位对外处理问题、发表意见、公开表态等。

5）不准利用工作之便向外国旅客索要、价购、托购、套购任何物品或变相收受礼品。不许背着组织同任何国家驻外机构或个人发生任何关系。

6）拒腐蚀，永不沾。不利用工作之便翻阅外国旅客携带的黄色书刊杂志。

三、涉外礼仪礼节知识

1. 招呼

见面时的互相招呼是日常涉外活动中最简单的礼节，如：见面时说“早上好！”“下午好！”“晚上好！”“您好！”等，与熟人见面时，要主动打招呼，以示尊重对方，如果对方主动向你打招呼，你应相应回答对方，否则，是对别人不礼貌。

与西方人打招呼，应避免中国式，如说：“你上哪去？”对方会认为你是在探听他的私事，是一种不礼貌的语言。也不要见面就问：“你吃过饭了吗？”，否则对方会误以为你要请他吃饭。与日本人打招呼，最普通的语言是“您早！”“您好！”“拜托了！”“请多关照！”“对不起！”“失礼了！”等。

中东地区国家，由于多信奉伊斯兰教，打招呼时的第一句话就是：“真主保佑”，以示祝福。而在东南亚国家，由于多信奉佛教，见面时则说“愿菩萨保佑”等等。

2. 介绍

介绍是一切社交活动的开始，是社交场所中普遍的礼节礼仪。工作中常可通过第三者介绍、引见说出对方姓名和个人情况，也可自我介绍相识。为他人介绍，要先了解对方是否有结识的愿望，不要贸然行事。无论自我介绍或为他人介绍，做法都要自然。介绍的顺序通常应该是：

把主人先介绍给客人；

把男子先介绍给女子；

把年轻的先介绍给年长的，把晚辈介绍给长辈；

把身份低的先介绍给身份高的；

把年轻的、身份低的妇女先介绍给年长的、身份高的男子；

把未婚妇女介绍给已婚妇女。

介绍时，介绍人和被介绍人均要站立。在简单介绍时，先生、女士等称呼要紧跟其姓，不可同时既称先生又加头衔。

自我介绍时，应先将自己的姓名、职务介绍给对方，并有礼貌地以手示意，不要用手指指点点。介绍后，通常相互握手，微笑并互致问候。在需要表示庄严、郑重和特别客气的时候，还可以在问候的同时，微微欠身鞠躬、握手等。

3. 握手礼

握手是相互见面或离别、祝贺、致谢时的一种世界上使用最广泛的礼节。相互介绍和会面时握手，握一下即可。关系亲密的人，两人双手可长时间地握在一起。年轻者与年长者、身份低者与身份高者握手时，应稍稍躬身迎握，以示尊敬。男子与妇女握手时，往往只握一下妇女的手指部分。与妇女握手时，要轻一些，与男子握手可略重一些。

握手应由主人、年长者、身份高者、妇女先伸手，客人、年轻者、身份低者见面先问候，待对方伸手再握。男子在握手前应先脱下手套、摘下帽子，女子则不脱手套。握手时，双目正视对方，微笑致意，欠首弯腰，不要看第三者握手，更不能东张西望，否则便是傲慢无礼。

拒绝对方主动要求握手的行为，是很失礼的。

4. 交谈

与外国旅客交谈时要表情自然大方，语言和蔼诚恳，不要用手指人，不自吹自擂，不崇洋媚外，不要离对方太远，但也不要过近，谈话时不要唾沫四溅。别人在谈话时不要凑近旁听，若有事需与某人说话，应待别人说完。谈话时不得询问外宾的年龄、履历、婚姻、工资、衣饰价格等，不谈一些荒诞离奇、黄色淫秽的事，对方不愿回答的问题不要追问，不以外宾的生理特点为话题，如胖、瘦、高、矮等，绝不允许给外宾起绰号，与妇女谈话时不无休止地攀谈，引人反感，与妇女谈话要谦让、谨慎，不与之开玩笑，争论问题要有节制。

严守国家机密，谈话中不涉及政治、国家关系问题，不涉及有争议的敏感问题。谈话和回答问题应实事求是，恰如其分。对旅客提出的要求，应当留一定余地，不许随便许诺。

谈话中要使用礼貌语言，如：你好、请、谢谢、对不起、打搅了、再见等。

5. 同女性接触中应注意的礼节

西方国家为表示尊重妇女，在举止行动上处处注重女士优先礼节。女士进门，男士要主动给开门；女士入座，男士要主动帮助把椅从桌下拉出来，调整好位置，请她入座；乘车时男士应主动给女士开车门。

同女士初次见面时，如果事先不知对方是否已婚，千万不可贸然称其为“夫人”或“太太”，可称其“女士”，年轻的可称呼“小姐”；谈话中不要打听对方的年龄、婚姻、工资收入状况；如果对方没有首先将手伸出来，不能同她握手，以防失礼。

6. 点头礼

点头礼是同级或平辈间的礼节，在行走时相遇，点头致意，不必停留。在行进间遇到上级，必须立正行礼，上级对部下或长者对幼辈的答礼，可行进间进行。

7. 致意

以右手打招呼并点头致意，适用于远距离场合遇到相识的人。西方男子戴礼帽时，可脱帽，点头致意，有时与相遇者侧身而过，也应回身道“你好”致意。

同一场合多次与相识者见面，只点头致意即可，对一面之交的朋友或不相识者，在交际场合均可点头或微笑致意。

遇有身份高的领导人，应有礼貌，点头致意，或表示欢迎，不要主动上前握手问候。只有领导人主动伸手时，才向前握手问候。

8. 合十礼

又称合掌礼。即把两个手掌在胸前对合，掌尖和鼻尖基本平行，手掌向外倾斜，头略低。这种礼节，通行于南亚与东南亚信奉佛教的国家。在平日工作中，当对方用这种礼节致礼时我们也应以合十还礼。

9. 拥抱接吻礼

因不符合我国国情，原则上不接受。若工作中遇到这种情况不必惊慌失措，稍稍后退，竖起手掌，掌心向外作拒绝姿态，同时说："对不起，先生（夫人），这不符合我国国情，请谅解！"

10. 手势、姿势语言

西方人性格大都外向，与人交谈面部表情丰富，常伴随一些手势代替语言表示某种特定的意思或加强语气。如"OK"手势，用食指与拇指构成圆圈状，其余三指向上，表示"好极了""同意""一切正常"的意思。

竖起食指对人不停地摇晃，表示"不赞成""不满意""不对"和"警告"的意思。

用手指轻轻地频频击桌子是表示不耐烦。

用大拇指向下指表示"反对"和"不接受"。

用手指胸膛表示"我"。

两臂交叉放在胸前表示"无可奈何""毫无办法""毫无希望"。

西方人伸出了分开的拇指和食指是表示数字"2"，因为他们用手指表示数字是从拇指开始的，竖起几根手指则表示几。

手掌向下并翻动一两次，表示他认为"差不多""还算可以"。

11. 尊重老人和妇女

这是西方社会的传统礼节礼仪，也是文明社会的一种美德。我们在检查时要敬妇尊长，在举止行动上处处体现"女士第一、长者优先"的原则。

第十章 机场联检部门工作常识

第一节 公安边防检查部门主要工作职责

公安边防检查部门是国家设在对外开放口岸以及特许的进出境口岸的入出境检查管理机关，是代表国家行使入出境管理职权的职能部门。其任务是维护国家主权、安全和社会秩序，发展国际交往，对一切入出境人员的护照、证件和交通运输工具实施边防检查和管理，实施口岸查控，防止非法入出境。

一、抵、离口岸人员的入出境检查

公安边防检查部门依据《中华人民共和国出入境边防检查条例》代表国家行使入出境管理。对外国人、港澳同胞、台湾同胞、海外侨胞，中国公民因公、因私入出境进行严格的证件检查。

二、拒绝、阻止入出境

《中华人民共和国外国人入出境管理法》《中国公民出入境管理法》规定了拒绝外国人和中国公民出入境的几种情形：对未持有效护照、证件或签证；持伪造、涂改或他人护照、证件的；拒绝接受查验证件的；公安部或国家安全部通知的不准入出境的，边防检查部门有权阻止其入出境。

三、交通运输工具的检查

设在我国对外开放的国际机场、港口的公安边防检查部门分别对国际航空器、国际航行船舶等运输工具实施边防检查。办理中外籍交通运输工具的入出境手续；查封、启封外国交通运输工具所携带的枪支、弹药；查验入出境人员的护照、证件；办理入出境或注销加注手续；签发和收缴有关证件。

第二节　海关的主要任务

海关是根据国家法律对进出关、境的运输工具、货物和物品进行监督管理和征收关税的国家行政机关。海关的任务是依照《中华人民共和国海关法》和其他有关法律、法规，监管进出境的运输工具、货物、行李物品、邮递物品和其他物品，征收关税和其他税、费；查缉走私；编制海关统计和办理其他海关业务。

一、进出境货物的管理

进口货物自进境起到办结海关手续止，出口货物自向海关申报起到出境止；过境、转运和通运货物自进境起到出境止，应当接受海关监管。

二、进出境运输工具的管理

进出境运输工具到达或者驶离设立海关的地点时，运输工具负责人应当向海关如实申报，交验单证，接受海关监管和检查。停留在设立海关的地点的进出境运输工具，未经海关同意，不得擅自驶离。

运输工具装卸进出境货物、物品，上下进出境旅客，应当接受海关监管。上下进出境运输工具的人员携带物品的，应当向海关如实申报，接受海关检查。对有走私嫌疑的，海关有权开拆可能藏匿走私货物物品的进出境运输工具的部位。

三、进出境物品的管理

个人携带进出境的行李物品、邮寄进出境的物品，应当以自用、合理数量为限，接受海关监督。

进出境物品的所有人应当如实向海关申报，并接受海关查验。海关加施的封志任何人不得擅自开启或者损毁。

进出境邮袋的卸装、转运和过境应当接受海关监管。

四、关税的征收和减免

准许进出口的货物，进出境的物品，除《海关法》另有规定的外，由海关依照进出口税则征收关税。进出境物品的纳税义务人，应当在物品放行前缴纳税款。部分规定的进口货物、进出境物品减征或免征关税。

第三节　卫生、动植物检疫的主要任务

一、卫生检疫

卫生检疫部门是国家在国境口岸的卫生检疫机关，执行《中华人民共和国国境卫生检疫法》《中华人民共和国食品卫生法》及有关法规，防止传染病由国外传入或由国内传出，保护人体健康。对入出境人员、交通工具、运输设备和可能传播检疫传染病的行李、货物、邮包以及进口食品等实施检疫查验、传染病监测、卫生监督、卫生处理和卫生检验。并为入出境人员办理预防接种，健康体检签发证件，提供国际旅行健康咨询、预防和急救药品等。

1. 卫生检疫查验管理

入出境交通工具和人员必须在最先到达或最后离开的国境口岸指定的地点接受检疫。

2. 传染病检测管理

即对来华定居或居留一年以上的外国人要求提供健康证明，对中国公民出境须提供《健康证明》和《国际预防接种证书》。

3. 卫生监督和卫生处理

对入出境集装箱检疫管理，及进口废旧物品的卫生处理。

4. 进口食品卫生监督检验

对已到达口岸的进口食品，按我国卫生标准和卫生要求检查。若不符合标准根据其检验结果的危害程度，实行退货、销毁、改进他用或加工处理。

二、动植物检疫

动植物检疫部门是代表国家依法在开放口岸执行进出境动植物检疫、检验、监管的检验机关。根据《中华人民共和国进出境动植检疫法》规定，负责检疫进出中华人民共和国国境的动植物及其产品和其他检疫物，装载动植物产品和其他检疫物的装载容器、包装物，以及来自动植物疫区的运输工具。

1. 进境检疫管理

对进境检疫的审批及进境检疫物运输工具及其检疫物有明确规定。进口货物到达口岸前或抵达口岸时，须在入境口岸动植物检疫局办理报检手续。

2. 出境检疫管理

货主或代理人在动植物及其产品和其他检疫物出境前，须向动植物检疫局办理报检手续，经检验合格方可出境。

3. 携带、邮寄动植物检疫管理

入境旅客及交通工具员工携带或托运的动植物及其产品和其他检疫物，应按照《检疫法》规定，在入境时应申报接受口岸动植物检疫机关检疫。

邮寄进境植物种子，繁殖材料，生物物品等邮件，应事先办理进境检疫审批手续，检疫合格后交邮局转递。未经检疫邮局不得运递。

4. 运输工具检疫

《检疫法》规定，来自疫区的船舶、飞机、火车到达口岸时，由口岸动植物机关实施检疫。装载出境的动植物及产品和其他检疫的运输工具，应符合防疫规定。

技 能 篇

五级民航安全检查员

第一章　证件检查的实施

第一节　证件检查的工作准备

【学习目标】

1. 了解验证岗位交接班手续及内容。
2. 能够完成验证前的物品准备。

【基本操作】

证件检查准备工作的实施：

验证员应按时到达现场，做好工作前的准备。按以下内容办理交、接班手续：上级的文件、指示；执勤中遇到的问题及处理结果；设备使用情况；遗留问题及需要注意的事项等。

验证员到达验证岗位后，将安检验讫章放在验证台相应的位置。

检查安检信息系统是否处于正常工作状态，并输入 ID 号进入待检状态。

【相关知识】

验讫章使用管理制度：

验讫章实行单独编号、集中管理，落实到各班（组）使用。安检验讫章不得带离工作现场，遇有特殊情况需带离时，必须经安检部门值班领导批准。

第二节　乘机有效身份证件、客票、登机牌及机场控制区证件的查验

【学习目标】

1．掌握查验有效乘机证件、客票、登机牌、机场控制区证件的程序及方法。
2．了解有效乘机证件的种类及相关知识。
3．了解机场控制区证件的种类、式样及使用范围。

【基本操作】

一、证件检查的程序

1）人、证对照。验证检查员接证件时，就要注意观察持证人的“五官”特征，再看证件上的照片与持证人“五官”是否相符。

2）核对“三证”。一是核对证件上的姓名与机票上的姓名是否一致；二是核对机票是否有效，有无涂改痕迹（电子机票无需核对此项）；三是核对登机牌所注航班是否与机票一致；四是查看证件是否有效。

3）扫描旅客的登机牌，自动采集并存储旅客相关信息，同时查对持证人是否为查控对象。

4）查验无误后，按规定在登机牌上加盖验讫章放行。

二、证件检查的方法

查验证件时应采取检查、观察和询问相结合的方法，具体为一看、二对、三问。

看: 就是对证件进行检查，要注意甄别证件的真伪，认真查验证件的外观式样、规格、塑封、暗记、照片、印章、颜色、字体、印刷以及编号、有效期限等主要识别特征是否与规定相符，有无变造、伪造的疑点。对二代居民身份证件检查时，要注意证件直观和数字防伪等主要特征进行辨别，也可利用专业证件阅读器进行扫描，辨别真伪，注意查验证件有效期是否过期失效。

对：就是观察辨别持证人与证件照片的性别、年龄、相貌特征是否吻合，有无疑点。

问：就是对有疑点的证件，通过简单询问其“姓名、年龄、出生日期、生肖、单位、住址”等，进一步加以核实。

三、机场控制区证件的检查方法

查验控制区通行证件，以民用航空主管部门及本机场有关文件为准。

全国各机场使用的机场控制区证件代码有所不同，主要用以下几种方式表示不同的区域：

1）用英文字母（A、B、C、D…）表示允许持证人通过（到达）的区域；

2）用阿拉伯数字（1、2、3、4…）表示允许持证人通过（到达）的区域；

3）用中文直接描述允许持证人通过（到达）的区域（如：机场控制区、机场隔离区、停机坪等）。

进入机场控制区证件检查的一般方法：

① 看证件外观式样、规格、塑封、印刷、照片是否与规定相符，是否有效；

② 检查持证人与证件照片是否一致，确定是否持证人本人；

③ 看持证人到达的区域是否与证件限定的范围相符；

④ 如有可疑，可向证件所注的使用单位或持证人本人核问清楚。

1. 对工作人员证件的检查

（1）检查证件外观式样、规格、塑封、印刷、照片是否完好、正常，证件是否有效；检查持证人与证件上的照片是否一致；检查持证人证件的适用区域。

（2）检查完毕，将证件交还持证人。经查验后符合的放行，不符合的拒绝进入。

2. 对机组人员的查验

（1）对机组人员需查验空勤登机证，做到人证对应。

（2）对加入机组的人员应查验其《中国民航公务乘机通行证》（加入机组证明信）、有效身份证件或工作证件（或学员证）。

3. 对一次性证件的查验

当持证人进入控制区相关区域时，验证员应查验其所持一次性证件的通行区域权限和日期。具体办法按各机场有关规定执行。

四、机场控制区通行证件的使用范围

机场控制区通行证件一般分为人员证件和车辆通行证件。人员证件分为全民航统一制作的人员证件、各机场制作的人员证件以及其他通行证件。

全民航统一制作的人员证件包括：空勤登机证、航空安全员执照、公务乘机通行证。

空勤登机证、航空安全员执照适用于全国各民用机场控制区（含军民合用机场的民用部分），登机时，只允许登本航空公司的飞机，注有“民航”二字的适用于各航空公司的飞机。

公务乘机通行证只限在证件“前往地”栏内填写的机场适用。

民航工作人员通行证是发给民航内部工作人员因工作需要进出某些控制区域的通行凭证，其使用范围一般在证件上有注明。

车辆通行证由机场公安机关根据其任务确定其使用区域。

五、一代居民身份证的有效期和编号规则

1. 一代居民身份证的有效期

证件有效期限，按申领人的年龄确定为10年、20年和长期三个档次。16周岁至25周岁的人申领的证件有效期限为10年；26周岁至45周岁的人申领的证件有效期限为20年；46周岁以上的人申领的证件有效期限为长期。证件有效期限从签发之日起开始计算。1984年至1991年是全国集中发证期。大部分省、自治区、直辖市签发的日期为6月30日或12月31日，集中发证工作结束以后，制发的证件应随时申领随时签发。查验或核查时，应对照检查证件有效期限与持证人的年龄、签发日期三者的关系。

2. 一代居民身份证的编号编排规则

（1）15位编码的一代居民身份证：1 ~ 6位为行政区划代码，行政区划代码只表示公民第一次申领居民身份证时常住户口所在地；7 ~ 12位为出生日期代码。第7、8位代表年份（省略年份前面两位数）。第9、10位代表月份（月份为个位数的前面加0）。第11、12位代表日期（日期为个位数前面加0）。核查时，应注意核对持证人的出生日期与出生日期码的填写是否一致；13 ~ 15位为分配顺序代码，奇数分配给男性，偶数分配给女性。查验或核查时，应注意核对持证人证件编号和性别的对应关系是否符合男女性的分配顺序码分别为奇偶数的规律。分配顺序码中“999、998、997、996”四个顺序号分别为男女百岁以上老人专用的特定编码。居民身份证编号为持证人终生号码，临时身份证编号与居民身份证编号要一致。

（2）新的一代居民身份证使用18位数字编码，第7位至14位数字为出生日期代码，

在分配顺序码后加1位识别码，其他与15位编码身份证相同。

六、临时身份证、身份证明的要素

临时身份证为单页卡式，规格、登记项目均与一代居民身份证相同。临时身份证的有效期限为3个月和一年两种。应申领居民身份证而尚未领到证件的人和居民身份证丢失、损坏未补领到证件的人，发给有效期为3个月的证件；16周岁以上常住人口待定人员发给有效期为一年的证件。有效期为“3个月”的，使用阿拉伯数字填写；有效期为“一年”的，使用汉字填写。

临时身份证的正面印有蓝色的长城烽火台、群山和网纹图案；背面印有黄色的网状图案，并在右上角粘贴印有天安门广场图案的全息胶片标志。矩形全息胶片标志规格约为12毫米 ×9毫米，由拱形环绕的天安门广场、五星和射线组成。图案呈多种光谱色彩，全息胶片标志粘贴在证卡背面右上角，分别距证卡上边和右边为3毫米。

临时身份证明，应贴有本人近期相片，写明姓名、性别、年龄、工作单位（住址）、有效日期，并在相片下方加盖骑缝章。

七、第二代居民身份证的一般识别方法

针对第二代居民身份证采用的直观和数字防伪措施，有关部门或个人在对居民身份证进行查验或核查时，可以采用以下7种方法：

1）核对相片。判别证件照片与持证人的一致性。

2）彩虹印刷。居民身份证底纹采用彩虹、精细、微缩印刷方式制作，颜色衔接处相互融合，自然过渡，颜色变化部分没有接口。

3）查看底纹中微缩文字字符串。使用放大镜（10倍及以上）观测。

4）使用紫外灯光观测荧光印刷的“长城”图案。

5）查看定向光变色的“长城”图案。自然光条件下，垂直观察看不到图案。和法线（垂直于图案平面的直线）成较大夹角时，方能看到；在正常位置观察，图案反射光颜色为橘红色；当图案绕法线方向顺时针或逆时针旋转30° ~ 50° 时，图案反射光颜色为绿色；当旋转70° ~ 90° 时，图案反射光颜色为紫色。

6）查看光变光存储“中国CHINA”字符。可观测到“中国CHINA”字样，字符串周围有渐变花纹，外观呈椭圆形。

7）通过专业证件阅读器读取存储在证件芯片内的机读信息，并进行解密运算处理后，自动判别其真伪。若读取的信息是合法写入的，则专业证件阅读器显示（或送出）所读取的信息；若读取的信息是非法写入或被窜改，则专业证件阅读器只显示（或只送出）信息有误的提示。

【相关知识】

一、乘机有效身份证件的种类

按照公安部、民航局有关规定，乘机有效证件可归纳为四大类：居民身份证件、军人类证件、护照类证件和其他可以乘机的有效证件。

1. 居民身份证件

国内大陆地区的居民身份证和临时居民身份证。

2. 军人类证件

军官证、武警警官证、士兵证、军队文职干部证、军队离（退）休干部证、军队职工证、军队学员证。

3. 护照类证件

护照、港澳同胞回乡证、港澳居民来往内地通行证、中华人民共和国往来港澳通行证、台湾居民来往大陆通行证、大陆居民往来台湾通行证、外国人居留证、外国人出入境证、外交官证、领事馆证、海员证等。

4. 其他可以乘机的有效证件

（1）本届全国人大代表证、全国政协委员证；

（2）出席全国或省、自治区、直辖市的党代会、人代会、政协会，工、青、妇代表会和劳模会的代表，凭所属县、团级（含）以上党政军主管部门出具的临时身份证明；

（3）旅客的居民身份证在户籍所在地以外被盗或丢失的，凭案发、报失地公安机关出具的临时身份证明；

（4）年龄已高的老人（按法定退休年龄掌握），凭接待单位、本人原工作单位或子女、配偶工作单位（必须是县、团级[含]以上单位）出具的临时身份证明；

（5）十六岁以下未成年人凭学生证、户口簿或者户口所在地公安机关出具的身份证明等等。

二、机场控制区各类通行证件知识

1. 全国民航统一制作的证件

1）空勤登机证

《空勤登机证》适用于全国各民用机场控制区（含军民合用机场的民用部分）。

空勤人员执行飞行任务时，须着空勤制服（因工作需要着其他服装的除外），佩带《空勤登机证》，经过安全检查进入候机隔离区或登机。因临时租用的飞机或借调人员等原因，空勤人员须登上与其登机证适用范围不同的其他航空公司飞机时，机长应主动告之飞机监护人员。

2）公务乘机通行证

全称《中国民航公务乘机通行证》，1998年3月1日启用，由中国民用航空局公安局（以下简称民航局公安局）统一制作，由民航局公安局、民航地区管理局公安局、中国民用航空飞行学院（以下简称飞行学院）公安局管理和签发。飞行人员、乘务人员、安保人员、监察人员、航卫人员，执行飞机排故、跟班放行任务的机务维修人员，参与航线实习的航务、签派、管制、航空情报、气象预报人员执行任务时，可申请办理公务乘机通行证。

《通行证》上有姓名、性别、单位、职务、身份证号、前往地、使用期限、事由、签发人意见、签发日期、注意事项等项目。签发公务乘机通行证应当打印或用蓝黑、碳素墨水笔手工填写，字迹工整，不得涂改，“骑缝章”和“单位印章”处加盖签发单位印章。

每张公务乘机通行证仅向1人签发，有效期一般为7日，特殊情况最长不得超过1个月，前往地最多填写4个，应当用大写数字表明地点数目。《通行证》只限在证件“前往地”栏内填写的机场适用。

持证人员进入机场控制区时，应当持公务乘机通行证、本人有效居民身份证和任务书（或所在单位证明函或监察员证件），在指定通道接受安全检查。机场安检人员应当在公务乘机通行证上用钢笔或圆珠笔标注查验日期，并在标注的日期上加盖安全检查验讫章。

3）航空安全员执照

航空安全员执照由民航局公安局统一制发，只适用于专职航空安全员，适用范围与空勤登机证相同。

2. 民航各机场制作的证件

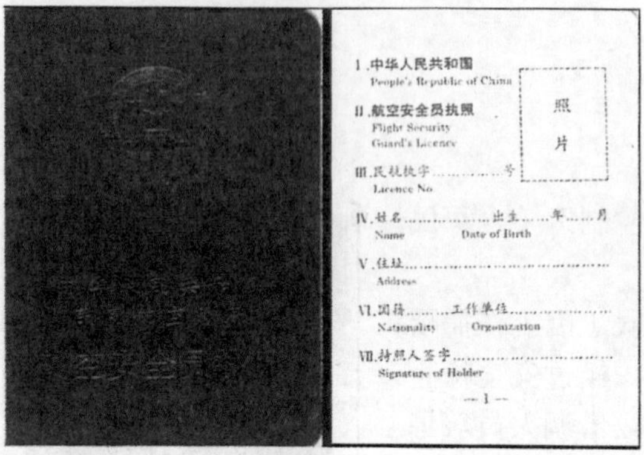

这类证件是根据管理的需要，由所在机场制发的有不同用途和使用范围的证件。从时限上可分为长期、临时和一次性证件；从使用范围上可分为通用、客机坪、候机楼隔离区、国际联检区等区域性证件；从使用人员上可划分为民航工作人员、联检单位工作人员和外部人员等。

这些证件不论怎样划分，在外观颜色上、规格上可能各有区别，但其内容各要素不会有大的区别。

1）民航工作人员通行证

这是因工作需要发给民航内部工作人员进出某些控制区域的通行凭证，由所在机场统一制发和管理，证件外观式样、颜色不尽相同，但必须具备以下项目：

① 机场名称；

② 持证人近期照片；

③ 有效起止日期；

④ 可进入的控制区区域；

⑤ 持证人姓名；

⑥ 持证人单位；

⑦ 证件编号；

⑧ 发证机构（盖章）；

⑨ 防伪标识等其他技术要求。

证件背面应有说明，允许通行和到达的区域一般分为国内候机隔离区、国际候机隔离区、联检厅、抵离区、客机坪、客舱、货舱、货运区、维修区、贵宾区等。

2）联检单位人员通行证

此证适用于对外开放的有国际航班的机场，主要发给在机场工作的联检单位的有关工作人员，这些单位一般是：海关、公安边防、卫生检疫、动植物检疫、口岸办、入出境管理部门等。

此证由所在机场制发和管理，其使用范围一般只限于与持证人工作相关的区域。证件的外观式样与项目内容各机场不尽相同，内容要素与前面所讲“工作人员通行证”相同。

3）外部人员通行证

使用人员为因工作需要进入机场有关区域的民航以外有关单位的工作人员。这类证件又分为“专用”和“临时”两种，专用证有持证人照片，临时证无持证人照片，专用证的登记项目内容与前面所说证件相同。临时证则没有那么多内容，但必须有允许到达的区域标记，此证一般与本人身份证同时使用。持外部人员通行证者，必须经安全检查后方可进入隔离区、客机坪。

4）专机工作证

专机工作证由民航公安机关制发。专机工作证一般为一次性有效证件，发给与本次专机任务有关的领导、警卫、服务等有关工作人员。凭专机工作证可免检进入本次专机任务相关的工作区域。

专机工作证的式样、颜色不一，但应具备以下基本内容和要素："专机工作证"字样、专机任务的代号、证件编号、颁发单位印章、有效日期等。专机工作证的颜色应明显区分于本机场其他通行证件的颜色，以便于警卫人员识别。

5）包机工作证

包机工作证由民航公安机关制发和管理。发给与航空公司包机业务有关的人员，持证人凭证可进入包机工作相关的区域。证件内容根据使用时间长短而定，短期的应贴有持证人照片，一次性的可免贴照片。

3. 其他人员通行证件

1）押运证

押运证有多种式样和形式，此证主要适用于有押运任务的单位和负责押运的工作人员。

担负机要文件、包机和特殊货物押运任务的人员，在飞机到达站或中途站时，可凭押运证在客机坪监卸和看管所押运的货物。

2）军事运输通行证

以有军事运输任务的机场公安机关颁发的证件为准，使用人员为与军事运输工作相关的人员，可凭证到达与军事运输相关的区域，此证应注明持证人单位、姓名、有效期限并加盖签发单位印章。

3）侦察证

侦察证全称为《中华人民共和国国家安全部侦察证》，由国家安全部统一制作、签发，全国通用。侦察证式样为：封面为红色，上部印有由盾牌、五角星、短剑及"国家安全"字样组成的徽章图案，下部印有"中华人民共和国国家安全部侦察证"字样；封二印有持证人照片、姓名、性别、职务、单位、签发机关、国家安全部印章、编号；封三印有持证者依法可以行使的职权。

国家安全机关的工作人员，因工作需要进出当地机场隔离区、停机坪时，凭机场通行证件通行。在外地执行任务时凭省、自治区、直辖市国家安全机关介绍信（国家安全部机关凭局级单位介绍信）和《侦察证》进入上述区域。

国家安全机关的工作人员持侦察证乘机执行任务时，机场安检部门按正常安检程序对其实施安全检查。

4. 车辆通行证

凡进入机场控制区的车辆都必须持有专用的通行证件。各机场的车辆通行证件式样不尽相同，但一般应具备以下基本内容和要素：

（1）机场名称；

（2）车辆类型及牌号；

（3）有效起止日期；

（4）可进入的控制区区域；

（5）准许通行的道口；

（6）车辆使用单位；

（7）证件编号；

（8）发证机构；

（9）其他技术要求。

三、一代居民身份证的式样

1）证件正面主体颜色分为红、绿二色，印有中华人民共和国国徽和证件名称，以及环状、网状、团状花纹图案；背面为浅绿色，印有中华人民共和国版图，持证人标准相片以及网状花纹图案，姓名、性别、民族、出生年月日、住址五个登记项目，以及证件编号、签发日期、有效期限三个签发项目和签发机关的印章。证件签发机关为县公安局、不设区的市公安局和设区的公安分局。

2）一代居民身份证从登记项目、填写内容和颜色上有一般地区、经济特区和民族自治地方颁发的三种形式：

一般地区的居民身份证：正面环状花纹图案为绿色，网状花纹图案和团状花纹图案为红色；背面网状花纹图案为浅绿色。

民族自治地方颁发的居民身份证：证件背面的五个登记项目内容和签发机关印章，同时使用汉字和相应的少数民族文字印刷。证件“出生年月日”的登记项目改为“出生日期”。

对加入中国国籍的外国人，如本人的民族名称与我国民族名称不同，本人是什么民族就填写什么民族。但在民族名称后应加注“入籍”二字，如“民族：乌克兰（入籍）”。

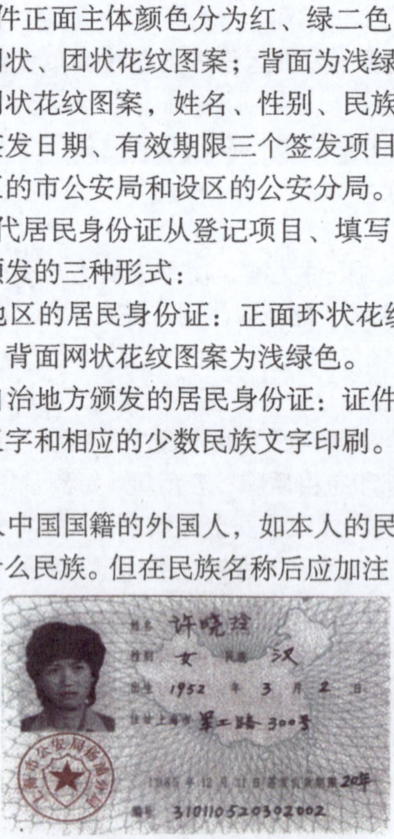

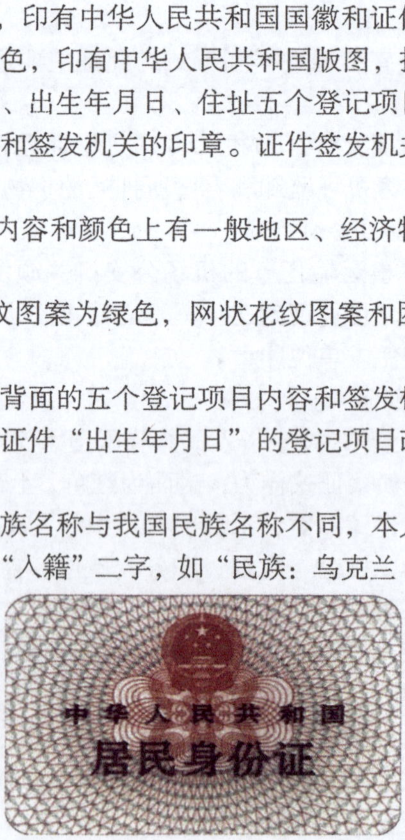

经济特区颁发的居民身份证：证件正面主体颜色为海蓝色，背面为浅蓝色。

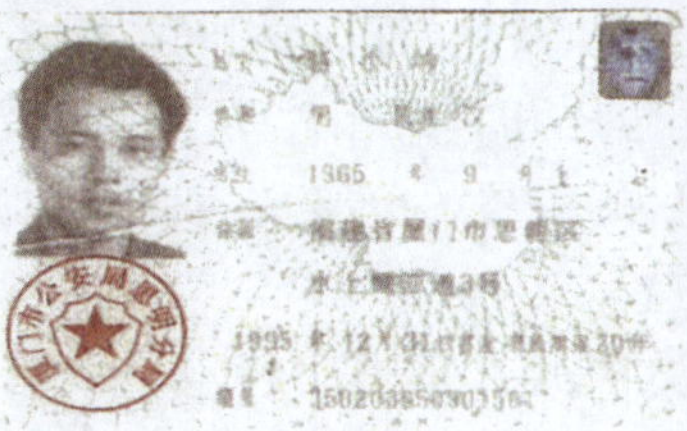
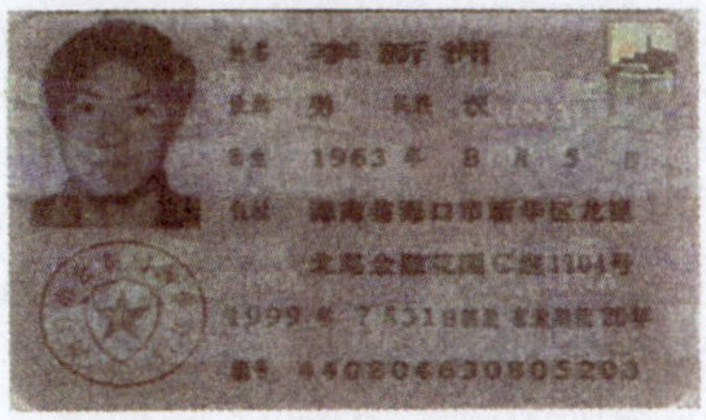

3）临时身份证的正面为蓝色的长城烽火台、群山和网状图案，背面印有黄色的网状图案。

四、二代身份证的式样、登记内容及使用规定

1. 第二代居民身份证件的式样

第二代居民身份证采用专用非接触式集成电路芯片制成卡式证件，其规格为85.6mm×54mm×1.0mm（长×宽×厚）。以“万里长城”为背影图案的主标志物，代表中华人民共和国长治久安；远山的背景增强了长城图案的纵深感，图案以点线构成；国徽庄严醒目，配以“中华人民共和国居民身份证”名称，明确表达了主题。证件清新、淡雅、淳朴、大方。

证件正面印有：中华人民共和国居民身份证的证件名称，采用彩虹扭索花纹（也称底纹），颜色从浅蓝色至浅粉红色再至浅蓝色的顺序排列，颜色衔接处相互融合，自然过渡。“国徽”图案在证件正面左上方突出位置，颜色为红色；证件名称分两行排列于“国徽”图案右侧证件上方位置；以点划线构成的浅蓝灰色写意“长城”图案位于国徽和证件名称下方证件版面中心偏下位置。有效期限和签发机关两个项目位于证件下方。

二代证件背面

二代证件正面

证件背面印有：与正面相同的彩虹扭索花纹，颜色与正面相同；姓名、性别、民族、出生日期、常住户口所在地住址、公民身份证号码和本人相片 7 个项目及持证人相关信息；定向光变色的“长城”图案位于性别项目的位置，光变光存储的“中国 CHINA”字符位于相片与公民身份证号码项目之间的位置。

证件采用汉字与少数民族文字。根据少数民族文字书写特点，采用少数民族文字的证件有两种排版格式。一种是同时使用汉字和蒙文的证件，蒙文在前，汉字在后；另一种是同时使用汉字和其他少数民族文字（如藏、壮、维、朝鲜文等）的排版格式，少数民族文字在上，汉字在下。

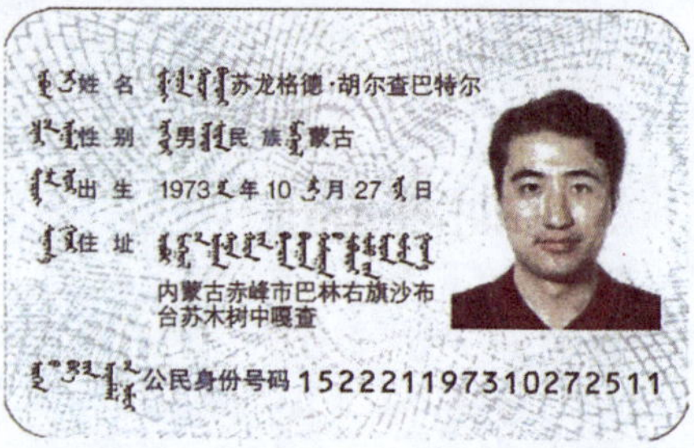

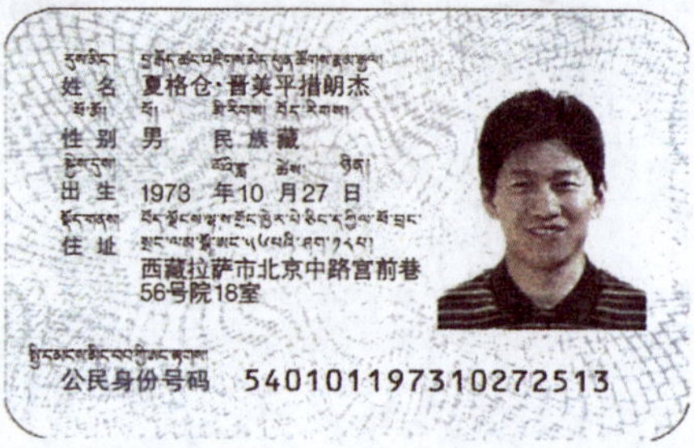

2. 二代身份证的登记内容

第二代居民身份证具备视读与机读两种功能。视读、机读的内容共有 9 项：姓名、性别、民族、出生日期、常住户口所在地住址、公民身份证号码、本人相片、证件的有效期限和签发机关。

3. 有关使用和查验“二代身份证”的规定

公民从事有关活动，需要证明身份的，有权使用居民身份证证明身份，有关单位及其工作人员不得拒绝。有下列情形之一的，公民应当出示居民身份证证明身份：

（1）常住户口登记项目变更；

（2）兵役登记；

（3）婚姻登记、收养登记；

（4）申请办理出境手续；

（5）法律、行政法规规定需要用居民身份证证明身份的其他情形。

依照《中华人民共和国居民身份证法》规定未取得居民身份证的公民，从事以上规定的有关活动，可以使用符合国家规定的其他证明方式证明身份。

人民警察依法执行职务，遇有下列情形之一的，经出示执法证件，可以查验居民身份证：

（1）对有违法犯罪嫌疑的人员，需要查明身份的；

（2）依法实施现场管制时，需要查明现场有关人员身份的；

（3）发生严重危害社会治安突发事件时，需要查明现场有关人员身份的；

（4）法律规定需要查明身份的其他情形。

对上述所列情形之一，拒绝人民警察查验居民身份证的，依照有关法律规定，分别不同情形，采取措施予以处理。

任何组织或者个人，不得扣押居民身份证。但是，公安机关依照《中华人民共和国刑事诉讼法》执行监视居住强制措施的情形除外。

公民在使用居民身份证时，有下列情况的，由公安机关处 200 元以上 1000 元以下罚款，或者处 10 日以下拘留，有违法所得的，没收违法所得：

（1）冒用他人居民身份证或者使用骗领的居民身份证的；

（2）购买、出售、使用伪造、变造的居民身份证的。

五、护照的种类

中国护照：外交护照（封皮红色），公务护照（封皮墨绿色），因公普通护照（封皮深棕色），因私普通护照（封皮红棕色）。

外国护照：外交护照，公务护照，普通护照等。

六、其他有效乘机证件的式样

1. 部队证件的式样

（1）中国人民解放军军官证：外观为红色人造革外套，封面正上方印有烫金的五角星，五角星下方为“中国人民解放军军官证”烫金字样，最下方印有“中华人民共和国中央军事委员会”字样。

军官证内芯内容分别为：相片、编号、发证机关、发证时间、姓名、出生年月、性别、籍贯、民族、部别、职务、军衔等内容。

（2）中国人民武装警察部队警官证：外观为深蓝色人造革外套。证件上方正中为烫金的警徽，警徽下为烫金的“中国人民武装警察部队警官证”字样，最下方是烫金的“中国人民武装警察部队”字样。

警官证内芯内容除增加了“有效期”和改“军衔”为“衔级”外，其他内容和填写要求等都与军官证相同。

（3）中国人民解放军士兵证：士兵证外套为油绿色人造革，证件上方正中为烫金五角星，在五角星下方有烫金的“中国人民解放军士兵证”字样，最下方为烫金的“中华人民共和国中央军事委员会”字样。

证件内芯填写持证人姓名、性别、民族、籍贯、入伍年月、年龄、部别、职务、军衔、发证机关、发证日期及证件编号（一律用阿拉伯数字填写），贴持证人近期着军衔服装的一寸正面免冠照片，加盖团以上单位代号钢印。

（4）中国人民武装警察部队士兵证：外套为红色人造革，证件中央正上方为烫金的警徽，警徽下为烫金的“士兵证”字样，最下方为烫金的“中国人民武装警察部队”字样。

其内芯各登记项目与解放军的士兵证的内容相同。

（5）中国人民解放军文职干部证：文职干部证外套封面为红色人造革，正上方为烫金的五角星，下方为烫金的“中国人民解放军文职干部证”字样，最下方为烫金的“中华人民共和国中央军事委员会”的字样。

文职干部证内芯的登记项目为：照片、编号、发证时间、姓名、出生年月、性别、籍贯、民族、部别、职务、备注等内容。

（6）军队离休干部证：外观为红色人造革封面，正中上方为烫金的“中国人民解放军离休干部荣誉证”字样，下方为烫金的五角星，最下方有烫金的“中华人民共和国中央军事委员会”字样。

证件内芯登记项目和内容分别为：照片、编号、发证日期、姓名、性别、民族、籍贯、出生年月、入伍（参加革命工作）时间、原部职别、离休时军衔、专业技术等级、现职级待遇、批准离休单位、批准离休时间、安置单位等。

（7）军官退休证：外观为红色人造革，上方正中为烫金的“中国人民解放军军官退休证”字样，下方为烫金的五角星，最下方为烫金的“中华人民共和国中央军事委员会”字样。

证件内芯的登记项目分别为：照片、编号、发证日期、姓名、性别、民族、出生年月、籍贯、参加工作时间、入伍时间、原部职别、原军衔、专业技术等级、批准退休单位、批准退休时间、安置单位等项目。

（8）中国人民解放军职工工作证：封面为红色人造革，正上方有烫金的五角星，下方为烫金的“职工工作证”字样。

职工证内芯登记项目分别为：照片、编号、发证机关、发证时间、姓名、籍贯、性别、出生年月、民族、工作单位、职务、职工证号等。

（9）军队学员证：解放军学员证和武警学员证分别为在校学习的解放军院校和武装部队院校学员的身份证件。外表规格式样不尽相同，但其证件的内容、登记项目应具备的要素为：照片、发证机关、编号、发证时间、学年、姓名、性别、民族、籍贯、出生年月、队别、专业，除此之外，还分别有各学年和各学期的登记，并有假期火车优待区间等登记项目，证件最后一页为备注栏。

七、旅客、客票与登机牌知识

1. 旅客的定义

指经承运人同意在民用航空器上载运除机组成员以外的任何人。

2. 客票的一般规定

（1）客票的定义：指由承运人或者代表承运人所填开的被称为“客票及行李票”的凭证，包括运输合同条件、声明、通知以及乘机联和旅客联等内容。

（2）客票种类：客票按旅客的年龄，可分为婴儿票、儿童票与成人票；按航程，可分为单程客票、联程客票与来回程客票；按航班和乘机时间确定情况，可分为定期客票（ok）与不定期客票（open）。

（3）客票内容：承运人名称、出票人名称、出票时间和地点、旅客姓名、航班始发地点、经停地点、目的地点、航班号、舱位等级、日期和离站时间、票价和付款方式、票号、运输说明事项。

（4）客票为记名票，只限客票上所列姓名的旅客本人使用，不得转让和涂改，否则客票无效，票款不退。

（5）旅客应在客票有效期内，完成客票上所列明的全部航程。旅客使用客票时，应交验有效客票，包括乘机航段的乘机联和全部未使用并保留在客票上的其他乘机联和旅客联，缺少上述任何一联，客票即为无效。

（6）国际和国内联程客票，其国内联程段的乘机联可在国内联程航段使用，不需换成国内客票；旅客在我国境外购买的用国际客票填开的国内航空运输客票，应换开成我国国内客票后才能使用。

（7）定期客票指列明航班、乘机日期和订妥座位的客票。

（8）客票自旅行开始之日起，一年内运输有效。如果客票全部未使用，则从填开客票之日起，一年内运输有效；有效期的计算，从旅行开始或填开客票之日的次日零时起至有效期期满之日的次日零时为止。

3. 登机牌的内容与使用规定

登机牌的内容：目前国内使用的登机牌其主要内容有航班号、日期、旅客姓名、座位号（国际航班分吸烟区和非吸烟区座位号，国内航班分前舱门和后舱门座位号）、目的地和登机门等。登机牌上有明显的头等舱（F）、公务舱（C）、经济舱（Y）字样及航空公司名称和航徽等。目前，登机牌分为电脑印制与手工填写两种。

使用规定：登机牌是旅客对号登机入座和地面服务员清点登机旅客人数的依据，和机票一起构成旅客乘机的凭证。旅客在接受安全检查时，登机牌应与本人身份证件、机票同时出示，由安检人员检查后在登机牌上加盖验讫章。登机时，由值机人员查验。

其中登机牌中分为“乘机联”和“旅客联”，“乘机联”指客票中标明“适用于运输”的部分，表示该乘机联适用于指定的两个地点之间的运输。“旅客联”指客票中标明“旅客联”的部分，始终由旅客持有。

【注意事项】

验证检查的注意事项：

1. 检查中要注意看证件上的有关项目是否有涂改的痕迹；

2. 检查中要注意发现冒名顶替的情况，注意观察持证人的外貌特征是否与证件上的照片相符。发现有可疑情况，应对持证人仔细查问；

3. 查验证件时要注意方法，做到自然大方、态度和蔼、语言得体，以免引起旅客反感；

4. 注意观察旅客穿戴有无异常，如：戴墨镜、戴围巾、戴口罩、戴帽子等有伪装嫌疑的穿着，应让其摘下，以便于准确核对；

5. 应注意工作秩序，集中精力，防止漏验证件或漏盖验讫章；

6. 验证中要注意发现通缉、查控对象；

7. 验证中发现疑点时，要慎重处理，及时报告；

8. 根据机场流量、工作标准以及验证、前传、引导、人身检查岗位的要求适时验放旅客。

第二章　证件检查的情况处置

第一节　涂改、伪造、变造、破损证件及冒名顶替证件的识别

【学习目标】

1. 掌握识别涂改、伪造、变造、破损证件及冒名顶替证件的方法。
2. 了解证件检查中的注意事项。

【基本操作】

一、证件识别的技术方法

1. 直观检查法

查验时，应先对证件外观、式样、规格、塑封效果、印刷颜色和相片等进行直观检查。

第一代居民身份证卡芯的规格为88毫米×60毫米，外面塑封套尺寸规格约95毫米×66毫米，单片厚度约0.17毫米，四角弧状。证件上持证人照片规格为32毫米×22毫米（某些省份或地区规格为30毫米×22毫米），临时身份证规格尺寸与居民身份证相同。居民身份证的签发机关是县公安局、不设区的市公安局和设区的公安分局，以及经国家和省级批准有户口管理权限的各类开发区公安局。目前大部分假证做工粗糙，颜色不正，证件有明显的“黏合”现象。有些假证虽然做工“精细”，但在外面多封了一层塑封套，将照片和花纹图案翻拍到塑料片上，与伪造的个人信息叠在一起，其厚度

比真证要厚。有的假证规格尺寸比真证小。

2. 类别检查法

（1）第一代居民身份证分为普通地区、经济特区和民族自治地方的居民身份证三种形式。按制证工艺区分又有用老工艺制作的证件和用新工艺制作的证件。普通地区和经济特区的居民身份证，登记项目、填写内容相同，普通地区和民族自治地方的居民身份证颜色相同。普通地区和经济特区证件背面5个登记项目内容的填写只用汉字；民族自治地方证件分为只填写汉字（例如广西壮族自治区和内蒙古自治区等的部分地区）和同时填写汉字和少数民族文字（例如新疆维吾尔自治区、西藏自治区、内蒙古自治区部分地区、吉林省延边朝鲜自治州和四川、云南、青海、甘肃、黑龙江、吉林、辽宁等省的部分民族自治地方）两类。同时填写汉字和少数民族文字的证件，少数民族文字在上，汉字在下（蒙古文字在前，汉字在后）。较常见的少数民族文字有：维吾尔文、哈萨克文、蒙古文、藏文、朝鲜文、壮文、彝文等。民族自治地方证件的“出生年月日”登记项目改为“出生日期”。另外，加入中国国籍的外国人，如本人的民族名称与我国民族名称不同，本人是什么民族就填什么民族，但民族名称后加注“入籍”二字，如“民族：乌克兰（入籍）”。

（2）第一代临时身份证为单页卡式，规格、登记项目均与居民身份证相同。临时身份证的有效期限为3个月和一年两种。应申领居民身份证而尚未领到证件的人和居民身份证丢失、损坏未补领到证件的人，发给有效期为3个月的证件；16周岁以上常住人口待定人员发给有效期为一年的证件。有效期为“3个月”的，使用阿拉伯数字填写；有效期为“一年”的，使用汉字填写。

3. 逻辑识别法

1）第一代居民身份证有效期限与持证人年龄、签发日期的关系

证件有效期限，按申领人的年龄确定为10年、20年和长期三个档次。16周岁至25周岁的人申领的证件有效期限为10年；26周岁至45周岁的人申领的证件有效期限为20年；46周岁以上的人申领的证件有效期限为长期。查验或核查时，应对照检查证件有效期限与持证人年龄、签发日期三者的关系。

2）第一代居民身份证编号与行政区划代码、出生日期和分配顺序号的关系

第一代居民身份证编号，证件编号由15位阿拉伯数字组成：第1至6位数字为行政区划代码，行政区划代码只表示公民第一次申领居民身份证时常住户口所在地；第7位至12位数字为出生日期代码；出生日期代码：第7位至第12位数字中，第7、8位代表年份（省略年份前面两位数）；第9、10位代表月份（月份为个位数的前面加0）；第11、12位代表日期（日期为个位的前面加0）。查验或核查时，应注意核对持证人出生日期与出生日期码的填写是否一致。

第13至15位数字为分配顺序代码。分配顺序代码：第13位至15位数字中，奇数分配给男性，偶数分配给女性。查验或核查时，应注意核对持证人证件编号以及性别对应关系是否符合男女性的分配顺序码分别为奇偶数的规则。

分配顺序码中“999、998、997、996”四个顺序号分别为男女百岁以上老人专用的特定编码。居民身份证编号为持证人终生号码，临时身份证编号与居民身份证编号要一致。

新的居民身份证使用18位数字编码，第7位至14位数字为出生日期码，在分配顺序码后加1位识别码，其他与15位编码身份证相同。

4. 图形识别法

普通地区的第一代居民身份证正面主体颜色为红、绿两色，印有环状、网状、团状花纹图案；经济特区证件主体颜色为海蓝色，背面印有中华人民共和国版图和网状花纹图案。经济特区证件背面右上角贴有一规格约为12毫米 ×9毫米的全息胶片制作的矩形标记。海南经济特区的全息胶片标记为五指山和太阳图案；深圳、珠海、汕头和厦门经济特区的为有“T”字的盾牌图案。

从1995年7月1日开始，用新工艺制作的居民身份证，采用透视全息图像防伪，证件不易伪造。经济特区使用全息标志，以示区别。透视全息图像由“长城烽火台图像、ID、CHINA、中国”等字样组成，“ID、长城烽火台图像、CHINA、中国”在“中国CHINA ID”组成的背景前由内向外依次排列。

临时身份证的正面印有蓝色的长城烽火台、群山和网纹图案；背面印有黄色的网状图案，并在右上角粘贴印有天安门广场图案的全息胶片标志。矩形全息胶片标志规格约为12毫米 ×9毫米，由拱形环绕的天安门广场、五星和射线组成。图案呈多种光谱色彩，全息胶片标志粘贴在证件背面右上角，分别距证卡上边和右边为3毫米。

5. 整体识别法

第一代居民身份证件的制作要求是：外观上人像及文字清晰，层次丰富；登记项目及相片准确，符合规范；印刷颜色反差适中，套印准确；塑封平整匀称，位置和方向准确。技术上：人像和文字反差符合证件标准的规定；照片和签发机关印章位置准确；印刷颜色符合色标要求，反差适合深浅的逻辑关系原则，套印的位置准确；证件尺寸规格符合标准的误差规定；塑封牢固，确保质量；使用的原材料必须是专用产品。

二、涂改证件的识别

在检查中要注意查看证件上的姓名、性别、年龄、签发日期等项目是否有涂改的痕迹。涂改过的证件笔画粗糙、字迹不清，涂改处及周围的纸张因为经过处理可能变薄或留下污损的痕迹。只要仔细观察，涂改证件通常可以用肉眼进行分辨。

三、伪造、变造证件的识别

检查中要注意甄别证件的真伪，认真检查证件的外观式样、规格、塑封、印刷和照片等主要识别特征是否与规定相符，有无变造、伪造的疑点。

真证规格统一，图案、暗记齐全清晰；假证规格不一，手感较差，图案模糊不清，暗记不清不全。

真证内芯纸质优质、字迹规范、文字与纸张一体；假证内芯纸张质地粗糙、笔画粗糙、字迹不清、排列不齐，文字凸现纸上。

真证印章边缘线宽窄一致、图案清晰、印章中字体大小一致、均匀规范、印油颜色深入纸张；而假证印章边缘线宽窄不一、图案模糊、印章中字体大小不一、粗细不一、印油颜色不均匀、发散。

对揭换过照片的证件，重贴的照片边缘有明显粘贴痕迹，薄厚不均，因为揭撕原照片时，很容易把照片底部表层纸撕去一部分，造成薄厚不均的现象，用透光检查很容易看到。

在紫光灯下，真的居民身份证的印章显示红色荧光，而伪假证件可能无荧光出现。

四、冒名顶替证件的识别

检查中要注意查处冒名顶替的情况。要先看人后看证，注意观察持证人的外貌特征是否与证件上的照片相符，主要观察其五官的轮廓、分布，如耳朵的轮廓、大小，眼睛的距离和大小形状，嘴唇的厚薄和形状，以及面型轮廓，主要是颧骨及下颌骨的轮廓等。发现有可疑情况，应对持证人仔细查问，弄清情况。

【相关知识】

一、一代居民身份证的一般防伪暗记

从 1995 年 7 月 1 日起在全国启用新的防伪居民身份证，与老的居民身份证相比较，主要是在原证件的基础上增加了“全息标志”和“透视全息图像”。

全息标志：经济特区证件背面的右上角有一个压模全息特殊标记，规格为 9mm×12mm。深圳、汕头、珠海、厦门经济特区的全息标志图案为带“T 字的盾牌符号；海南省经济特区的全息标志图案为五指山和太阳。

透视全息图像：透视全息图像由“长城烽火台图像、ID、CHINA、中国”等字样组成，“ID、长城烽火台图像、CHINA、中国”在“中国 CHINA ID”组成的背景前由内向外依次排列。

临时身份证塑封一律使用印有可显示荧光的长城烽火台图案的加密塑封套；证件背面（登记项目面）右上角粘贴印有天安门广场图案的全息胶片标志。

二、二代居民身份证的防伪措施

1. 直观防伪措施

（1）扭索花纹采用彩虹印刷。

（2）在底纹中隐含有微缩字符。微缩字符由“居民身份证”汉语拼音字头“JMSFZ”组成。

（3）正面写意“长城”图案采用荧光印刷。

（4）背面“长城”图案采用定向光变色膜。

（5）背面“中国 CHINA”字符采用光变光存储膜。

2. 数字防伪措施

证件机读信息进行加密运算处理后存储在证件专用集成电路（芯片）内。

第二节　在控人员的查缉与控制

【学习目标】

1. 掌握接控的程序及方法。
2. 掌握发现查控对象时的处理方法。

【基本操作】

一、查控工作的要求

查控工作是一项政策性较强的工作，是通过公开的检查形式，发现、查缉、控制恐怖分子、预谋劫机分子、刑事犯罪和经济犯罪分子、走私贩毒和其他犯罪分子的一种手段。因此，工作中要认真对待，不能疏忽。

二、发现查控对象时的处理方法

检查中发现查控对象时，应根据不同的查控要求，采取不同的处理方法。

发现通缉的犯罪嫌疑人时，要沉着冷静、不露声色、待其进入安检区后，按预定方案处置，同时报告值班领导，尽快与布控单位取得联系，将嫌疑人移交布控单位时，要做好登记，填写移交清单并双方签字。对同名同姓的旅客在没有十分把握的情况下交公安机关处理。

【相关知识】

接控的程序和方法：

1．公安、安全部门要求查控时应通过机场公安机关，安检部门不直接接控。

2. 接控时，应查验《查控对象通知单》等有效文书，查控通知应具备以下内容和要素：布控手续齐全，查控对象的姓名、性别、所持证件编号、查控的期限和要求、联系单位、联系人及电话号码。

3．接控后要及时安排布控措施。

4．如遇特殊、紧急、重大的布控而来不及到民航公安机关办理手续时，安检部门在查验有效手续齐全的情况下可先布控，但应要求布控单位补办民航公安机关的手续。

5．验证员应熟记在控人员名单和主要特征。

6．对各类查控对象的查控时间应有明确规定，安检部门要定期对布控通知进行整理，对已超过时限的或已撤控的进行清理。

第三章　人身检查的设备准备

第一节　通过式金属探测门的测试

【学习目标】

1. 了解金属探测门的工作原理及性能特点。
2. 了解影响金属探测门探测的因素。
3. 掌握金属探测门的测试方法。

【基本操作】

一、通过式金属探测门的试运行

1）当一种型号的金属探测门在机场首次安装或改变位置后，操作员都必须重新进行调试。

2）金属探测门应调节至适当的灵敏度，但不能低于最低安全设置要求。

3）安装金属探测门时应避免可能影响其灵敏度的各种干扰。

4）测试时将测试器件分别放置在人体的右腋窝、右臀部、后腰中部、右踝内侧等部位，通过金属探测门进行测试。实施测试的人员在测试时不应该携带其他金属物品。

二、通过式金属探测门的例行测试

1）金属探测门如果连续使用（即从未关闭过），应至少每天测试一次；在接通电源后和对旅客进行检查前，都应进行测试。

2）如果金属探测门的灵敏度与以前的测试相比有所下降，就应调高其灵敏度。

【相关知识】

一、金属探测门应有视觉警报和声音警报功能

1. 视觉警报

金属探测门应配备视觉警报显示装置，按通过的金属比例给出一个条形的视觉警报，无论环境光线情况如何，至少可以从 5 米外清晰地观察到，信号低于报警限界值时显示绿色，高于限界时显示红色。

2. 声音警报

金属探测门应配有声音报警信号调节装置，可以调节持续时间、音调和音量。在距离门体 1 米远，1.6 米高的地方测量警报的强度，至少可以从 80dBA 调节到 90dBA。

二、金属探测门的工作原理

金属探测门的工作原理是设备发生的一连串的脉冲信号产生一个时变磁场，该磁场对探测区中的导体产生涡电流，涡电流产生的次极磁场在接受线圈中产生电压，并通过处理电路辨别是否报警。

三、金属探测门的性能特点

金属探测门具有独特的性能，符合主要安全标准和客户安全标准。它是通过感应寄生电流及均化磁场的数字信号处理方式而获得很高的分辨率，但发射磁场厚度很低，对心脏起搏器佩带者、体弱者、孕妇、磁性媒质和其他电子装置无害。

四、影响金属探测门探测的因素

1）金属探测门本身的因素：探测场的场强、探测方法（连续场与脉冲场）、工作频率和探测程序是影响探测的最重要因素。

2）探测物的因素：探测物的质量、形状、金属种类或合金成分以及探测场的方向。

3）测试者的因素：测试者的人体特征、测试者通过金属探测器的速率以及测试物在测试者身上部位的不同都会对探测结果带来影响。

4）周围环境的因素：使用环境中存在的一些金属物品、环境温度、湿度和周围电

磁场的变化会影响探测器的功能。

五、脉冲安全门主要参数的调试

1. 灵敏度的调整（以意大利 02PN8 型安全门为例）

先按 PROG，然后按 ENTER 两次，用▲或▼选择 SE，最后按 ENTER 确认。一般灵敏度的确认，要根据民航局允许金属通过的大小来决定，其选择范围为 0~99。

2. 测试通过速度

选择到 DS 位置，可在 0~9 档范围内选择，正常选择到“7”，“7”档的速度为 25RM／小时，即 7M／秒。

3. 噪声的设置

选择到 NL 位置，范围 0~9 可调，在一般使用条件下，噪声设置正常值为 0 档，通过设置此值可改变外界噪声对设备的影响（这个噪声属离散脉冲，即瞬间出现，如电器开关后出现的噪声干扰），0 档属于自动剔除噪声。

第二节　手持金属探测器的测试

【学习目标】

1. 了解手持金属探测器的工作原理。
2. 掌握手持金属探测器的测试方法。

【基本操作】

一、安装（以下以 PDl40 为例）

PD140 金属探测器可由 9V 干电池或 VartaTR7／'8 型镍氢充电电池及相应类似产品供电。拧下手柄末端的盖，根据后盖上的极性指示插入电池，检查其安装正确与否。然后拧紧后盖，保证电池接触良好。

二、开机

位置开关可向左或右拨动，这取决于使用哪种操作状态：向左只有报警指示，向右为报警和音响同时进行。

探测器打开时报警指示灯将闪烁几秒。

报警指示灯连续闪烁，此时应使探测面离开任何金属物品，直至上述灯熄灭。

电源指示灯以 1 秒间隔闪烁，表明电池已充电。

电源指示灯快速闪烁时，表明需要更换电池或给电池充电。

三、灵敏度调节及操作指导

PD140 金属探测器配备有灵敏度调节钮，有三档（低、中、高）可供选择。若使用 PD140S 高灵敏度型号，调节钮为连续调节型，以确保精细校准。

一般情况下，灵敏度应设在中档 MEDIUM，使用其他档位取决于被测金属物体的尺寸和距离。PD140 金属探测器的敏感探测区域位于装置的下部平面区内，测量面积为 60×140 毫米。

用探测器感应区域靠近探测区进行扫描，固定截取金属物的信号，也就是说在探测区内的金属物体的报警信号始终保持激活状态，该特点有助于目标物体的准确定位。

如需隐藏音响报警，可使用特殊耳机插入探测器手柄下的耳机孔，该孔位于报警蜂鸣器的对面；或将开关设置到“仅视觉报警”位置。

金属探测器连续不用超过 180 秒，设备将自动切断。再开机时，先将开关拨到 OFF 的位置，然后再拨到相应的操作位置。

四、电池充电

将 PD140R 的手柄插入 BC140 充电器就可充电。

充电时探测器必须关闭。

打开充电器开关到 ON 位置，电源指示灯确认电源存在。完全充电所需时间为 16 小时。

BC140 充电器可与其他类似设备串联使用。

【相关知识】

一、手持金属探测器的工作原理

正常时手持金属探测器产生恒频率磁场，灵敏度调至频率哑点（中心频率）。当探测器接近金属物品时，磁场受干扰发生变化，频率漂移，灵敏度变化，发出报警信号；探测器离开金属物品，灵敏度恢复恒定频率，此时小喇叭无声响（哑点）。

二、手持金属探测器的使用和保管

1）手持金属探测器属小型电子仪器，使用时应轻拿轻放，以免损坏仪器。
2）手持金属探测器应由专人保管，注意防潮、防热。
3）手持金属探测器应使用微湿柔软的布进行清洁。

三、手持金属探测器各部位使用说明（以 PD140 为例）

1）visual alarm indicator l	可视报警指示灯 1
2）visual alarm indicator 2	可视报警指示灯 2
3）power indicator	电源开关指示器
4）sensitivity adjustment	敏感性调节按钮
5）on / off switch	打开 / 关闭开关
6）audible alarm	有声报警器
7）battery compartment cap	电池盒盖
8）sensitive detection area	敏感探测区域
9）audible alarm ear-piece socket	无声报警器

第四章　人身检查的实施

第一节　使用金属探测门和手持金属探测器实施检查

【学习目标】

1. 掌握使用通过式金属探测门、手持金属探测器实施检查的方法和程序。
2. 掌握移位人身检查法的操作程序。
3. 了解人身检查的重点对象和重点部位。

【基本操作】

一、人身检查的基本程序

由上到下，由里到外，由前到后。

二、人身检查的方法

对旅客进行人身检查有两种方法：仪器检查和手工检查。在现场工作中通常可采用仪器检查与手工检查相结合的方法进行检查。

仪器检查是指安检人员按规定的方法对旅客进行金属探测门检查或手持金属探测器等检查，发现危险品、违禁品及限制物品。

三、金属探测门检查的方法

所有乘机旅客都必须通过安全门检查（政府规定的免检者除外）。旅客通过安全门之前，引导检查员应首先提醒其取出身上的随身物品（包括香烟、钥匙、打火机、火柴等），然后引导旅客按次序逐个通过安全门（要注意掌握旅客流量）。如发生报警，应使用手持金属探测器或手工人身检查的方法进行复查，彻底排除疑点后才能放行。对未报警的旅客，可使用手持金属探测器或手工人身检查的方法进行抽查。

对旅客放入衣物筐中的物品，应通过 X 射线机进行检查，如不便进行 X 射线机检查的物品要注意采用摸、掂、试等方法检查是否藏匿违禁物品。

四、手持金属探测器检查的方法

手持金属探测器检查是通过金属探测器和手相结合的方法按规定程序对旅客人身实施检查。检查时，金属探测器所到之处，人身检查员应用另一只手配合摸、按、压的动作进行。如果手持金属探测器报警，人身检查员应配合触摸报警部位进行复查，以判断报警物质性质，同时请旅客取出物品进行检查。旅客取出物品后，人身检查员应对该报警部位进行复查，确认无误后，方可进行下一步检查。

五、手持金属探测器检查程序

从前衣领→右肩→右大臂外侧→右手→右大臂内侧→腋下→右前胸→右上身外侧→腰、腹部→左肩→左大臂外侧→左手→左大臂内侧→腋下→左前胸→左上身外侧→腰、腹部。

从右膝部内侧→裆部→左膝部内侧。

从头部→后衣领→背部→后腰部→臀部→左大腿外侧→左小腿外侧→左脚→左小腿内侧→右小腿内侧→右脚→右小腿外侧→右大腿外侧。

六、移位人身检查法的具体操作程序

1. 移位人身检查法的定义

移位人身检查法是指现场工作中，旅客在接受人身检查时，人身检查员按规定方法主动完成从前到后的人身检查程序，从而使旅客避免转身的不便，并且始终能面对自己行李物品的人身检查方法。

移位检查法是一种从考虑尊重旅客、方便旅客角度出发的人身检查方法。

2. 移位检查法的程序

（1）人身检查员面对或侧对金属探测门站立，注意观察金属探测门报警情况及动态，确定人身检查对象。

（2）当旅客通过金属探测门报警或需重点检查对象时，人身检查员指引旅客到指定位置接受人身检查。

（3）人身检查员请旅客面对行李物品方向站立，提醒旅客照看好自己的行李物品，并从旅客正面开始实施人身检查。

检查程序如下：

从旅客前衣领开始→右肩→右大臂外侧→右手→右大臂内侧→腋下→右前胸→右上身外侧→腰、腹部→左肩→左大臂外侧→左手→左大臂内侧→腋下→左前胸→左上身外侧→腰、腹部→右膝部内侧→裆部→左膝部内侧。

（4）人身检查员在完成旅客前半身的人身检查程序后，主动转至旅客身后，从旅客背面实施人身检查。

检查程序如下：

从旅客头部开始→后衣领→背部→后腰部→臀部→左大腿外侧→左小腿外侧→左脚→左小腿内侧→右小腿内侧→右脚→右小腿外侧→右大腿外侧。

（5）当人身检查员检查到旅客脚部有异常时或鞋子较厚、较大时，应让旅客坐在椅子上，请其脱鞋，用手持金属探测器和手相结合的方法对其脚踝进行检查，同时将旅客的鞋过 X 射线机进行检查。

（6）检查完毕后，提醒旅客拿好自己的行李物品，并回到原检查位置进入待检状态。

【相关知识】

一、人身检查的定义

采用公开的仪器和手工相结合的方式，对旅客人身进行安全技术检查，其目的是为了发现旅客身上藏匿的危险品、违禁品及限制物品，保障民用航空器及其所载人员的生命、财产的安全。

二、人身检查的重点对象

1）精神恐慌、言行可疑、伪装镇静者；
2）冒充熟人、假献殷勤、接受检查过于热情者；
3）表现不耐烦、催促检查或者言行蛮横、不愿接受检查者；
4）窥视检查现场、探听安全检查情况等行为异常者；

5）本次航班已开始登机、匆忙赶到安检现场者；
6）公安部门、安全检查站掌握的嫌疑人和群众提供的有可疑言行的旅客；
7）上级或有关部门通报的来自恐怖活动频繁的国家和地区的人员；
8）着装与其身份不相符或不合时令者；
9）男性青、壮年旅客；
10）根据空防安全形势需要有必要采取特别安全措施航线的旅客；
11）有国家保卫对象乘坐的航班的其他旅客；
12）检查中发现的其他可疑问题者。

三、人身检查的重点部位

头部、肩胛、胸部、手部（手腕）、臀部、腋下、裆部、腰部、腹部、脚部。

第二节　手工人身检查的方法及程序

【学习目标】

1. 掌握实施手工人身检查的方法和程序。
2. 掌握引导岗位的方法和程序。
3. 了解从严检查的相关要求。
4. 了解人身检查的重点对象和重点部位。

【基本操作】

一、手工人身检查的程序

人身检查员面对旅客，先从前衣领开始，至双肩、前胸、腰部止；然后从后衣领起，至双臂外侧、内侧、腋下、背部、后腰、裆部、双腿内侧、外侧和脚部止。

冬季着装较多时，可请旅客解开外衣，对外衣也必须进行认真的检查。

二、手工人身检查的方法

手工人身检查主要是顺旅客身体的自然形状，通过摸、按、压等方法，用手来感觉出藏匿的物品。按压是指在手不离开旅客的衣物或身体的情况下用适当的力量进行按压，以感觉出旅客身体或衣物内不相贴合、不自然的物品。对旅客取出物品的部位，应用手再进行复查，排除疑点后方可进行下一步检查。

手工人身检查一般应由同性别安检人员实施；对女旅客实施手工检查时，必须由女安检人员进行。

三、引导岗位的方法和程序

1）引导检查员将衣物筐放于安全门一侧的工作台上并站立于安全门一侧，面对旅客进入通道的方向保持待检状态。

2）当旅客进入检查通道时，引导检查员应提示并协助旅客将随身行李正确而有序地放置于 X 射线机传送带上，同时请旅客将随身物品及随身行李中的手提电脑、照相机等电器类取出放入衣物筐内。若旅客穿着较厚重的外套，应请其将外套脱下，一并放入衣物筐接受 X 射线机检查。

3）引导检查员应观察人身检查员的工作情况（即当人身检查员正在对旅客进行检查时，前传员应请待检旅客在安全门一侧等待），待人身检查员检查完毕，引导待检旅客有序通过安全门。引导检查员应合理控制过检速度，保证检查通道的畅通。

4）对不宜经过 X 射线机检查的物品，引导检查员应通知开箱检查员对其进行手工开箱检查。

5）对怀孕的、带有心脏起搏器的、坐轮椅的残疾或重病等不宜通过金属探测门检查的旅客，引导检查员应提醒人身检查员进行手工人身检查。

【相关知识】

一、手工人身检查的定义

手工人身检查是指人身检查员按规定的方法和程序对旅客身体采取摸、按、压等手工检查方法发现危险品、违禁品及限制物品。

二、从严检查的相关要求

对经过手工人身检查仍不能排除疑点的旅客，可带至安检室进行从严检查。

实施从严检查应报告安检部门值班领导批准后才能进行。从严检查必须由同性别的两名以上检查员实施。

从严检查应做好记录，并注意监视检查对象，防止其行凶、逃跑或毁灭罪证。

三、手工检查的注意事项

1）检查时，检查员双手要切实接触旅客身体和衣服，因为手掌面积大且触觉较敏锐，这样能及时发现藏匿的物品。

2）不可只查上半身不查下半身，特别要注意检查重点部位。

3）对旅客从身上掏出的物品，应仔细检查，防止夹带危险物品。

4）检查过程中要不间断地观察旅客的表情，防止发生意外。

5）对女性旅客实施检查时，必须由女检查员进行。

第五章　开箱（包）检查

第一节　开箱（包）检查的实施

【学习目标】

1. 掌握开箱（包）检查的程序及方法。
2. 掌握对常见物品进行检查的方法。

【基本操作】

一、开箱（包）检查的程序

1）观察外层。看它的外形，检查外部小口袋及有拉链的外夹层。

2）检查内层和夹层。用手沿包的各个侧面上下摸查，将所有的夹层、底层和内层小口袋检查一遍。

3）检查包内物品。按X射线机操作员所指的重点部位和物品进行检查；在没有具体目标的情况下应一件一件检查；已查和未查的物品要分开，放置要整齐有序；如包内有枪支等重大违禁物品，应先取出保管好，及时进行处理，然后再细查其他物品，要对物主采取看护措施。

4）善后处理。检查后如有问题应及时报告领导，或交公安机关处理。没有发现问题的应协助旅客将物品放回包内，对其合作表示感谢。

二、开箱（包）检查的方法

一般是通过人的眼、耳、鼻、手等感官进行检查，根据不同的物品采取相应的检查方法。主要有以下几种常用方法：看、听、摸、拆、掂、捏、嗅、探、摇、敲、开等。

看：对物品的外表进行观察，看是否有异常，包袋是否有变动等。

听：对录音机、收音机等音响器材通过听的方法，判断其是否正常，此法也可以用于对被怀疑有定时爆炸装置的物品进行检查。

摸：直接用手的触觉来判断是否藏有异常或危险物品。

拆：对被怀疑的物品，通过拆开包装或外壳，检查其内部有无藏匿危险物品。

掂：对受检查的物品用手掂其重量，看其重量与正常的物品是否相符，从而确定是否进一步进行检查。

捏：主要用于对软包装且体积较小的物品，如洗发液，香烟等物品的检查，靠手感来判断有无异常物。

嗅：对被怀疑的物品，主要是爆炸物、化工挥发性物品，通过鼻子的嗅闻，判断物品的性质。基本动作应注意使用“扇闻”的方法。

探：对有怀疑的物品如花盆、盛有物品的坛、罐等，如无法透视，也不能用探测器检查，可用探针进行探查，判断有无异物。

摇：对有疑问的物品，如用容器盛装的液体、佛像、香炉等中间可能是空心的物品，可以用摇晃的方法进行检查。

敲：对某些不易打开的物品如拐杖、石膏等，用手敲击，听其发音是否正常。

开：通过开启、关闭开关，检查手提电话、传呼机等电器是否正常，防止其被改装为爆炸物。

以上方法不一定单独使用，常常是几种方法结合起来，以便更准确、快速地进行检查。

三、开箱（包）检查操作

1）开箱（包）检查员站立在 X 射线机行李传送带出口处疏导箱包，避免受检箱包被挤、压、摔倒。

2）当有箱包需要开检时，开机员给开箱（包）检查员以语言提示，待物主到达前，开箱（包）检查员控制需开检的箱包，物主到达后，开箱（包）检查员请物主自行打开箱包，对箱包实施检查（如箱包内疑有枪支、爆炸物等危险品的特殊情况下需由开箱（包）检查员控制箱包，并做到人物分离）。

3）开包检查时，开启的箱包应侧对物主，使其能通视自己的物品。

4）根据开机员的提示对箱包进行有针对性的检查。已查和未查的物品要分开，放置要整齐有序。

① 检查包的外层时应注意检查其外部小口袋及有拉链的外夹层。

② 检查包的内层和夹层时应用手沿包的各个侧面上下摸查，将所有的夹层、底层和内层小口袋完整、认真地检查一遍。

5）检查过程中，开箱（包）检查员应根据物品种类采取相应的方法（看、听、摸、拆、捏、掂、嗅、探、摇）进行检查。

6）开箱（包）检查员将检查出的物品请开机员复核：

① 若属安全物品则交还旅客本人或将物品放回旅客箱包，协助旅客将箱包恢复原状。而后对箱包进行 X 射线机复检。

② 若为违禁品则交移交台处理。

7）若受检人员申明携带的物品不宜接受公开开包检查时，开箱（包）检查员应交值班领导处理。

8）遇有受检人员携带胶片、计算机软盘等不愿接受 X 射线机检查时，应进行手工检查。

【相关知识】

物品检查的范围：

物品检查的范围主要包括三个方面：一是对旅客、进入隔离区的工作人员随身携带的物品的检查；二是对随机托运行李物品的检查；三是对航空货物和邮件的检查。

第二节　常见物品的检查方法

【学习目标】

掌握对常见物品进行检查的方法。

【基本操作】

一、仪器、仪表的检查方法

对仪器、仪表通常进行 X 射线机透视检查，如 X 射线机透视不清，又有怀疑，可用看、掂、探、拆等方法检查。看仪器、仪表的外表螺丝是否有动过的痕迹；对家用电表、水表等可掂其重量来判断；对特别怀疑的仪器、仪表可以拆开检查，看里面是否藏有违禁物品。

二、各种容器的检查方法

对容器进行检查时，可取出容器内的东西，采取敲击、测量的方法，听其发出的声音，分辨有无夹层，并测出容器的外高与内深，外径与内径的比差是否相符。如不能取出里面的东西，则可采用探针检查方法或使用防爆探测仪进行安全检查。

三、各种文物、工艺品的检查方法

一般采用摇晃、敲击、听等方法进行检查，摇晃或敲击时，听其有无杂音或异物晃动声。

四、容器中液体的检查方法

对液体检查一般可采用看、摇、嗅及液态物品检测仪等方法进行。看容器、瓶子是否原始包装封口；摇液体有无泡沫（易燃液体经摇动一般产生泡沫且泡沫消失快）；嗅闻液体气味是否异常（酒的气味香浓，汽油、酒精、香蕉水的刺激性大），但要注意安全。

五、骨灰盒等特殊物品的检查方法

对旅客携带的骨灰盒、神龛、神像等特殊物品，如X射线机检查发现有异常物品时，可征得旅客同意后再进行手工检查；在旅客不愿意通过X射线机检查时，可采用手工检查或使用防爆探测仪进行安全检查。

六、衣物的检查方法

衣服的衣领、垫肩、袖口、兜部、裤腿等部位容易暗藏武器、管制刀具、爆炸物和其他违禁物品。因此，在安全检查中，对旅客行李物品箱（包）中的可疑衣物要用摸、捏、掂等方式进行检查。对冬装及皮衣、皮裤更要仔细检查，看是否有夹层，捏是否暗藏有异常物品，衣领处能暗藏一些软质的爆炸物品，掂重量是否正常。对衣物检查时应用手掌进行摸、按、压。因为手掌的接触面积大且敏感，容易查出藏匿在衣物内的危险品。

七、皮带（女士束腰带）的检查

对皮带（女士束腰带）进行检查时，看边缘缝合处有无再加工的痕迹，摸带圈内是否有夹层。

八、书籍的检查

书籍容易被人忽视，厚的书或者是捆绑在一起的书可能被挖空，暗藏武器、管制刀具、爆炸物和其他违禁物品。检查时，应将书打开翻阅检查，看书中是否有上述物品。

九、笔的检查

看笔的外观是否有异常，掂其重量是否与正常相符，按下开关或打开查看是否改装成笔刀或笔枪。

十、雨伞的检查

雨伞的结构很特殊，往往被劫机分子利用，在其伞骨、伞柄中藏匿武器、匕首等危险物品以混过安全检查。在检查中，可用捏、摸、掂直至打开的方法进行检查，要特别注意对折叠伞的检查。

十一、手杖的检查

注意对手杖进行敲击，听其发声是否正常，认真查看是否被改成拐杖刀或拐杖枪。

十二、玩具的检查

小朋友携带的玩具也有可能暗藏匕首、刀具和爆炸装置。对毛绒玩具检查时，通常要看其外观，用手摸查有无异物；对电动玩具检查时，可通电或打开电池开关进行检查；对有遥控设施的玩具检查时，看其表面是否有动过的痕迹，摇晃是否有不正常的声音，掂其重量是否正常，拆开遥控器检查电池，看是否暗藏危险品。

十三、整条香烟的检查

整条香烟、烟盒和其他烟叶容器一般都是轻质物品，主要看其包装是否有被重新包装的痕迹和掂其重量（每条香烟重量约为300克）来判断，对有怀疑的要打开包装检查。

十四、摄像机、照相机的检查

对一般类型的摄像机，可首先检查其外观是否正常，有无可疑部件，有无拆卸过的痕迹，重点检查带匣、电池盒（外置电源）、取景窗等部分是否正常，对有怀疑的可让旅客进行操作以查明情况。对较复杂的大型摄像机，可征得旅客的同意进行 X 射线机检查。如机内没有胶卷，可以询问旅客是否可以打开照相机；也可以掂其重量来判断，如机内装有爆炸物，其重量会不同于正常照相机。对有怀疑的照相机可以请旅客按快门试拍来判断。

十五、收音机的检查

一般要打开电池盒盖，抽出接收天线，查看其是否藏匿有违禁物品。必要时，再打开外壳检查内部。

十六、录音机（便携式 CD 机）等的检查

观察是否能够正常工作，必要时打开电池盒盖和带舱，查看是否藏有危险物品。

十七、手提电脑的检查

检查外观有无异常，掂其重量是否正常，可请旅客将电脑启动，查看能否正常工作。对电脑的配套设备（鼠标、稳压器等）也要进行检查。

十八、手机的检查

可用看、掂、开等方法进行检查。看外观是否异常，掂其重量，如藏匿其他物品会有别于正常手机。通过打开电池盒盖和开启关闭开关来辨别手机是否正常。

十九、乐器的检查

乐器都有发音装置。对弦乐器可采用拨（按）、听、看的方法，听其能否正常发音。对管乐器材可请旅客现场演示。

二十、口红、香水等化妆物品的检查

口红等化妆品易改成微型发射器，可通过掂其重量或打开进行检查。部分香水的外部结构在 X 射线机屏幕上所显示图像与微型发射器类似，在检查时观看瓶体说明并请旅客试用。

二十一、粉末状物品的检查

粉末状物品性质不易确定，应取少量粉末状物品进行炸药探测仪的防爆检测，已确保该物品的安全。

二十二、食品的检查

对罐、袋装的食品的检查，掂其重量看是否与罐、袋体所标注重量相符。看其封口是否有被重新包装的痕迹。觉察该物可疑时，可请旅客自己品尝。

二十三、小电器的检查

诸如电吹风机、电动卷发器、电动剃须刀等小型电器可通过观察外观，开启电池盒盖，现场操作的方法进行检查。对于钟表要检查表盘的时针、分针、秒针是否正常工作，拆开其电池盒盖查看是否被改装成钟控定时爆炸装置。

二十四、对鞋的检查

采用看、摸、捏、掂等检查方法来判断鞋中是否藏有违禁物品。看，观看鞋的外表与鞋的内层；摸，用手的触感来检查鞋的内边缘等较为隐蔽之处，检查是否异常；捏，通过手的挤压来感觉进行判断。掂，掂鞋的重量与正常是否相符。必要时可通过 X 射线机进行检查。

【相关知识】

一、开箱（包）检查的重点对象（重点物品）

1）用 X 射线机检查时，图像模糊不清无法判断物品性质的。

2）用 X 射线机检查时，发现似有电池、导线、钟表、粉末状、液体状、枪弹状物及其他可疑物品的。

3）X 射线机图像中显示有容器、仪表、瓷器等物品的。

4）照相机、收音机、录音录像机及电子计算机等电器。

5）携带者特别小心或时刻不离身的物品。

6）乘机者携带的物品与其职业、事由和季节不相适应的。

7）携带者声称是帮他人携带或来历不明的物品。

8）旅客声明不能用 X 射线机检查的物品。

9）现场表现异常的旅客或群众揭发的嫌疑分子所携带的物品。

10）公安部门通报的嫌疑分子或被列入查控人员所携带的物品。

11）旅客携带的密码箱（包）进入检查区域发生报警的。

二、开箱（包）检查的要求及注意事项

1）开箱（包）检查时，物主必须在场，并请物主将箱（包）打开。

2）检查时要认真细心，特别要注意重点部位如箱（包）的底部、角部、外侧小兜，并注意发现有无夹层。

3）没有进行托运行李流程改造的要加强监控措施，防止已查验的行李箱（包）与未经安全检查的行李相调换或夹塞违禁（危险）物品。

4）对旅客的物品要轻拿轻放，如有损坏，应照价赔偿。检查完毕，应尽量按原样放好。

5）开箱（包）检查发现危害大的违禁物品时，应采取措施控制住携带者，防止其逃离现场，并将箱（包）重新经X射线机检查，以查清是否藏有其他危险物品，必要时将其带入检查室彻底清查。

6）若旅客申明所携带物品不宜接受公开检查时，安检部门可根据实际情况，避免在公开场合检查。

7）对开箱（包）的行李必须再次经过X射线机检查。

第三节　危险品的国际通用标识

【学习目标】

1. 能够看懂危险品的国际通用标识。
2. 了解常见易燃、易爆、腐蚀性、毒害性物品的种类及性状。

【基本操作】

一、危险品国际代码知识

危险货物包装标签分为两大类，危险性标签和操作标签。

1. 危险性标签：

危险货物包装标志
1. 主要内容与适用范围： 本标准规定了危险货物包装图示标志（以下简称标志）的种类、名称、尺寸及颜色等。 本标准适用于危险货物的运输包装。 2. 引用标准 GB 6944《危险货物分类与品名编号》和 GB 12268《危险货物品名表》。 3. 标志的图形和名称： 标志的图形共 21 种，18 个名称，其图形分别标示了 9 类危险货物的主要特性（见表）。

标志号	标志名称	标志图形	对应的危险货物类项号
标志 1	爆炸品	 （符号：黑色，底色：橘黄色）	1.1 1.2 1.3
标志 2	爆炸品	 （符号：黑色，底色：橘黄色）	1.4
标志 3	爆炸品	 （符号：黑色，底色：橘黄色）	1.5
标志 4	爆炸品	 （符号：黑色，底色：橘黄色）	1.6
标志 5	易燃气体	 （符号：黑色或白色，底色：红色）	2.1

续表

标志号	标志名称	标志图形	对应的危险货物类项号
标志 6	非易燃，无毒气体	 （符号：黑色或白色，底色：绿色）	2.2
标志 7	毒性气体	 （符号：黑色，底色：白色）	2.3
标志 8	易燃液体	 （符号：黑色或白色，底色：红色）	3
标志 9	易燃固体	 （符号：黑色，底色：白色红条）	4.1
标志 10	自燃物品	 （符号：黑色，底色：上白下红）	4.2
标志 11	遇湿危险的物质	 （符号：黑色或白色，底色：蓝色）	4.3

续表

标志号	标志名称	标志图形	对应的危险货物类项号
标志 12	氧化剂	 （符号：黑色，底色：黄色）	5.1
标志 13 （旧）	有机过 氧化物 （此标志使用至 2010 年 12 月 31 日）	 （符号：黑色，底色：黄色）	5.2
标志 13 （新）	有机过 氧化物	 （符号：黑色或白色，底色：上红下黄）	5.2
标志 14	毒性物质	 （符号：黑色，底色：白色）	6.1
标志 15	传染性 物质	 （符号：黑色，底色：白色）	6.2
标志 16	一级 放射性 物品	 （符号：黑色，底色：白色）	7
标志 17	二级 放射性 物品	 （符号：黑色，底色：上黄下白）	7

续表

标志号	标志名称	标志图形	对应的危险货物类项号
标志 18	三级放射性物品	 （符号：黑色，底色：上黄下白）	7
标志 19	临界安全指数标签	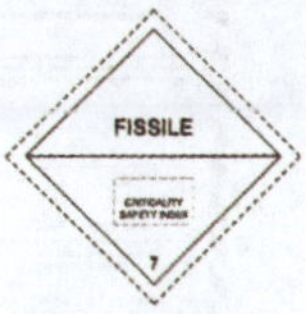 （符号：黑色，底色：白色）	7
标志 20	腐蚀性物品	 （符号：上黑下白，底色：上白下黑）	8
标志 21	杂项危险品	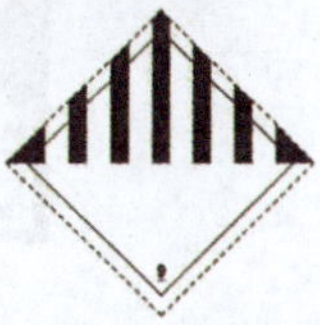 （符号：黑色，底色：白色）	9

2. 操作标签

操作标签包括“仅限货机”（Cargo Aircraft Only）“向上”（Package Orientation）“磁性物质”（Magnetized Material）标签“远离热源”（Keep Away from heat）标签“放射性物质例外数量包装件标签”（Radioactive Material—Excepted Package）“深冷液化气体标签”（Cryogenic Liquids）“锂电池标签”（Lithium Battery Label）“非放射性物质例外数量标签”“轮椅标签”。

 仅限货机（新）标签	 仅限货机（旧）标签 使用至 2012 年 12 月 31 日	 向上标签

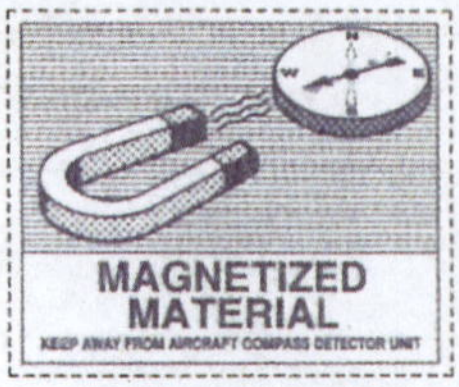

磁性材料标签

锂电池标签

远离热源标签

放射性物质例外数量包装件标签

非放射性物质例外数量包装件标签（旧）

非放射性物质例外数量包装件标签（新）

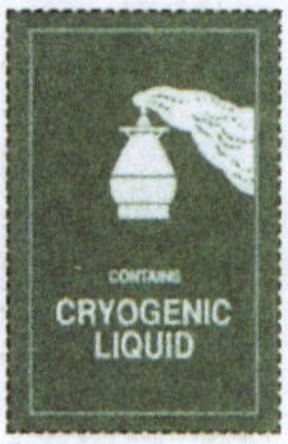

低温液体标签

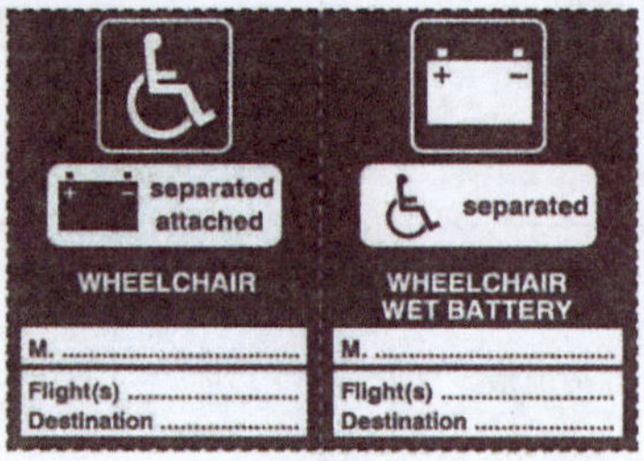

电动轮椅标签

【相关知识】

一、常见易燃易爆气体的种类、性状

易燃易爆气体一般指压缩在耐压瓶罐中的压缩和液化气体，通常经压缩或降温加压后，贮存于特制的高绝热或装有特殊溶剂的耐压容器中，在受热、撞击等作用时易引起爆炸，按化学性质一般分为易燃气体、不燃气体、助燃气体和剧毒气体四类。

常见的易燃易爆气体：

氢气：无色无嗅易燃气体，燃烧火焰为淡蓝色，液氢可作火箭和航天飞机的燃料。

氧气：无色无嗅助燃气体，液氧为淡蓝色，常见的有供急救病人用的小型医用氧气瓶（袋）、潜水用的氧气瓶等。

丁烷气：无色极易燃气体，常用作充气打火机的燃料。

氯气：黄绿色的剧毒气体，有强烈的刺激气味，危险性极大。

二、常见易燃液体的种类、性状

易燃液体是常温下容易燃烧的液态物品，一般具有易挥发性、易燃性和毒性。

闪点（即在规定条件下，可燃性液体加热到它的蒸汽和空气组成的混合气体与火焰接触时，能产生闪燃的最低温度）是衡量液体易燃性的最重要的指标，国家规定闪点低于45摄氏度的液体是易燃液体，闪点越低，燃爆危险性越大。易燃液体一般经摇动后，会产生气泡，气泡消失越快，则越易燃。常见的易燃液体有汽油、煤油、柴油、苯、乙醇、油漆、稀料、松香油等，它们遇到火星容易引起燃烧或爆炸。

汽油是一种无色至淡黄色、易流动的油状液体；苯是无色有芳香气味的易燃液体；纯净乙醇（酒精）是一种无色有酒味、易挥发的易燃液体；通常所说的各种稀料是指香蕉水等，是由各种有机化合物组成，例如，苯、甲苯、二甲苯、丁酯等等。

三、常见易燃固体的种类、性状

根据满足着火条件的不同途径，易燃固体分为自燃固体、遇水燃烧固体和其他易燃固体。

常见的自燃固体：黄磷，又称白磷，是无色或白色半透明固体；硝化纤维胶片，是微黄色或无色有弹性的带状或卷状软片；油纸，是将纸经浸油处理而成。

常见的遇水燃烧固体：金属钠、金属钾，是银白色有光泽的极活泼轻金属，通常贮存于脱水煤油中；碳化钙，俗称电石或臭煤石。其他易燃固体：硫黄、闪光粉、固体酒精、赛璐珞等，其中硫黄一般呈黄色结晶状；赛璐珞是一种有色或无色透明的片、板、棒状物，是用作制造乒乓球、眼睛架、玩具、钢笔杆及各类装潢等的原料。固体酒精并不是固体状态的酒精，而是将工业酒精（甲醇）中加入凝固剂使之成为固体型态。燃烧时无烟尘、无毒、无异味。

四、常见毒害品的种类、性状

毒害品进入生物体后，会破坏正常生理功能，引起病变甚至死亡，主要包括氰化物、剧毒农药等剧毒物品。

氢氰酸是毒害品的一种，是无色液体，极易挥发，散发出带苦杏仁气味的剧毒蒸气。

五、常见腐蚀品的种类、性状

常见的腐蚀品主要有硫酸、盐酸、硝酸、氢溴酸、氢碘酸、高氯酸、有液蓄电池、氢氧化钠、氢氧化钾等。

纯硫酸是无色、无嗅黏稠的酸性油状液体，具强腐蚀性。

盐酸是无色至微黄色液体，是氯化氢水溶液，属酸性腐蚀品。

硝酸俗称烧镪水，带有独特的窒息性气味，属酸性腐蚀品。

氢溴酸是无色或浅黄色液体，微发烟，属酸性腐蚀品。

氢碘酸有强腐蚀作用，其蒸气或烟雾对眼睛、皮肤、黏膜和呼吸道有强烈的刺激作用。

高氯酸又名过氯酸，助燃，具强腐蚀性、强刺激性，可致人体灼伤。

氢氧化钠俗称烧碱，是无色至白色固体或液体，是常见的碱性腐蚀品。

氢氧化钾是白色晶体，不燃，具强腐蚀性、强刺激性，可致人体灼伤。

有液蓄电池用22% ~ 28%的稀硫酸作电解质，它的工作原理就是把化学能转化为电能。

第六章　开箱（包）检查的情况处置

第一节　对开箱（包）检查中危险品、违禁品的处理

【学习目标】

1．能够处理枪支、弹药、管制刀具、军警械具等违禁物品。
2．能够处理走私物品、淫秽物品、毒品、赌具、伪钞、反动宣传品。
3．能够处理含有易燃物质的日常生活用品。

【基本操作】

一、对查出非管制刀具的处理

非管制刀具不准随身携带，可准予托运。
国际航班如有特殊要求，经民航主管部门批准，可按其要求进行处理。

二、对查出的走私物品、淫秽物品、毒品、赌具、伪钞、反动宣传品等的处理

对查出的走私物品、淫秽物品、毒品、赌具、伪钞、反动宣传品等，应做好登记并将人和物移交民航公安机关、海关等相关联检单位依法处理。

三、对携带含有易燃物质的日常生活用品的处理

对医护人员携带的抢救危重病人所必需的氧气袋等凭医院的证明可予以检查放行。

【相关知识】

一、枪支、弹药、军、警械具、管制刀具的定义和种类

1. 枪的定义

根据《中华人民共和国枪支管理法》第46条规定，所谓枪支是指以火药或者压缩气体等为动力，利用管状器具发射金属弹丸或者其他物质，足以致人伤亡或者丧失知觉的各种枪支。

2. 枪支的种类

（1）军用枪、公务用枪：手枪、步枪、冲锋枪、机枪、防暴枪。
（2）民用枪：气枪、猎枪、运动枪、麻醉注射枪、发令枪。
（3）其他枪支：样品枪、道具枪等。

3. 弹药的种类

主要包括各种炸弹、手榴弹、照明弹、燃烧弹、烟幕弹、信号弹、催泪弹、毒气弹和子弹等。

子弹按其弹头用途可分为普通弹和特种弹头，特种弹头中又有曳光弹（绿色色标）、穿甲弹、燃烧弹（红色色标）等；按枪的种类又可分为步冲枪弹、手枪弹等，按用途又可分为战斗弹、空包弹、教练弹等。

4. 军、警械具的种类

根据《中华人民共和国人民警察使用警械和武器条例》第3条，警械是指人民警察按照规定装备的警棍、催泪弹、高压水枪、特种防暴枪、手铐、脚镣、警绳等警用器械；所谓武器，是指人民警察按照规定装备的枪支、弹药等致命性警用武器。

5. 管制刀具

指经国务院批准由公安部颁布实施的《对部分刀具实行管制的暂行规定》中所列

出的刀具，包括匕首、三棱刀（包括机械加工用的三棱刮刀）、带有自锁装置的刀具和形似匕首但长度超过匕首的单刃刀、双刃刀以及其他类似的单刃、双刃、三棱尖刀等。少数民族由于生活习惯需要佩带、使用的藏刀、腰刀、靴刀等属于管制刀具，只准在民族自治地方销售、使用。

二、禁止旅客随身携带或交运的物品种类

1）枪支、军用或警用械具类（含主要零部件）：包括军用枪、公务用枪、民用枪、其他枪支、军械、警械、国家禁止的枪支、械具和上述物品的仿制品。

2）爆炸物品类：包括弹药、爆破器材、烟火制品和上述物品的仿制品。

3）管制刀具。

4）易燃、易爆物品：包括压缩、液化气体、易燃液体、易燃固体、自燃物品、遇水燃烧物品和各种有机、无机氧化剂等。

5）毒害品：包括氰化物、剧毒农药等剧毒物品。

6）腐蚀性物品：包括硫酸、盐酸、硝酸、有液蓄电池、氢氧化钠、氢氧化钾等。

7）放射性物品：包括放射性同位素等。

8）其他危害飞行安全的物品：如可能干扰飞机上各种仪表正常工作的强磁化物、有强烈刺激性气味的物品等。

9）国家法律法规规定的其他禁止携带、运输的物品。

三、禁止旅客随身携带但可作为行李交运的物品种类

可以用于危害航空安全的菜刀、大剪刀、大水果刀、剃刀等生活用刀；手术刀、屠宰刀、雕刻刀等专用刀具；文艺单位表演用的刀、矛、剑、戟等；以及斧、凿、锤、锥、加重或有尖钉的手杖、铁头登山杖和其他可用来危害航空安全的锐器、钝器。

第二节　暂存、移交的办理

【学习目标】

1. 掌握办理暂存、移交的程序和可以办理移交、暂存物品的范围。
2. 能够正确填写移交、暂存物品单据。

【基本操作】

一、办理暂存、移交的程序

由安检员将旅客及其物品带至受理台后，受理人员根据相关规定对旅客不能随身带上飞机的物品办理暂存、移交手续。

属于暂存、移交范围的物品包括以下几项。

1. 禁止旅客随身携带或者托运的物品

（1）勤务中查获的枪支、弹药、警（军）械具类、爆炸物品类、管制刀具、易燃易爆物品、毒害品、腐蚀性物品、放射性物品、其他危害飞行安全的物品等国家法律、法规禁止携带的物品应移交民航公安机关处理，并做违禁物品登记。

（2）对于旅客携带的限量物品超出部分，安检员可请旅客将其交给送行人带回或自行处理。如果旅客提出放弃，安检员将该物品归入旅客自弃物品回收箱（筐）中。

2. 禁止旅客随身携带但可作为行李托运的物品

勤务中查获的禁止旅客随身携带但可作为行李托运的物品，如：超长水果刀、大剪刀、剃刀等生活用刀；手术刀、雕刻刀等专业刀具；刀、矛、剑、戟等文艺表演用具；斧、凿、锤、锥、加重或有尖的手杖等危害航空安全的锐器、钝器）。

① 移交员应告知旅客可作为行李托运或交给送行人员。如果来不及办理托运，可为其办理暂存手续。办理暂存手续时，受理员应向旅客告知暂存期限为 30 天，如果超过 30 天无人认领，将视为自动放弃，交由民航公安机关处理。

a. 暂存物品收据一式三联；

b. 开具单据时必须按照单据规定的项目逐项填写，一联留存，一联交旅客，一联粘贴在“暂存物品袋”上；

② 填写《暂存物品登记表》。

③ 国际航班的移交员还可根据航空公司的要求为旅客办理移交机组手续。填写“换取物品单据”，并告知旅客下飞机时凭此单据向机组取回物品。

a. 换取物品收据一式三联。

b. 开具单据时必须按照单据规定的项目逐项填写，一联留存，一联交给旅客，一联贴于“移交袋”上，如“移交袋”不能容纳，可贴于被移交物品外包装上。

④ 如果旅客提出放弃该物品，移交员将该物品放入旅客自弃物品回收箱（筐）中。

3. 旅客限量随身携带的生活用品

（1）勤务中查获的需限量随身携带的生活用品，移交员可请旅客对超量部分送交送行友人带回或自行处理。对于携带的酒类物品，移交员可建议旅客交送行友人带回或办理托运。

（2）如果旅客提出放弃，安检员将该物品归入旅客自弃物品回收箱（筐）中。

4. 勤务中查出的走私物品、淫秽物品、毒品、赌具、伪钞、反动宣传品等，应做好登记并将人和物移交民航公安机关、海关等相关联检单位依法处理。

5. 对于旅客（工作人员）丢失的物品

（1）由捡拾人与移交员共同对捡拾物品进行清点、登记。

（2）捡拾物品在当日未被旅客取走的则上交失物招领处，并取回回执。

6. 每天在勤务结束后，移交员将暂存物品、旅客自弃物品及《暂存物品登记表》上交值班员兼信息统计员

7. 值班员兼信息统计员负责

（1）对移交员上交来的暂存物品进行清点、签收，并保留《暂存物品登记表》。

（2）值班员兼信息统计员还要负责将暂存物品按日期分类，分别放置在相应的柜层中，以备以后旅客提取暂存物品时方便查找。

（3）负责对旅客自弃物品收存。

8. 暂存物品的领取及处理

（1）旅客凭“暂存物品收据”联在30日内领取暂存物品。物品保管员根据“暂存物品收据”上的日期、序列号找到旅客的暂存物品，经确认无误后返还领取人，同时，物品保管员将旅客手中的“暂存物品收据”联收回。

（2）对于超过30天后无人认领的暂存物品应及时上交民航公安机关处理；对于已经返还的暂存物品，则在《暂存物品登记表》上注销，并将暂存表同无人认领物品一并上交。

（3）对于旅客自弃的物品应定期回收处理。

二、暂存、移交物品单据的填写和使用

1. 暂存物品单据的使用和填写

暂存物品是指不能由乘机旅客自己随身携带，旅客本人又不便于处置的物品。暂存物品单据是指具备物主姓名、证件号码、物品名称、标记、数量、新旧程度、存放期限、经办人和物主签名等项目的一式三联的单据。

在开具单据时必须按照单据所规定的项目逐项填写，不得漏项。暂存物品单据一式三联，第一联留存，第二联交给旅客，第三联贴于暂存物品上以便旅客领取。安检部门收存的暂存物品应设专人专柜妥善保管，不得丢失。

暂存单据有效期限一般为30天，逾期未领的，视为无人认领物品，交由民航公安机关处理。

2. 移交物品单据的使用和填写

移交是指安检部门在安全检查工作中遇到的问题按规定移交给各有关部门。这里所说的移交包括三个方面即移交民航公安机关，移交机组，移交其他有关部门。移交时，要办理好交接手续，清点所有物品。

移交单据是指具有旅客姓名、证件号码、乘机航班、乘机日期，起飞时间、旅客座位号、始发地、目的地、物品名称、数量、经办人、接收人等项目的一式三联的单据。安检部门在检查工作中遇有问题移交时，需要填写三联单，让接收人签名后，将第一联留存，第二联交给旅客，第三联交接收人。移交单据应妥善保管，以便存查。

对旅客遗留的物品，要登记清楚钱、物的数量、型号、日期，交专人妥善保管，方便旅客认领。

对旅客自弃的物品，安检部门要统一造册，妥善保管，经上级领导批准作出处理。

【相关知识】

一、移交的定义

移交分为三个方面即移交民航公安机关、移交其他有关部门和移交机组。

1）移交公安机关：安检中发现对可能被用来劫（炸）机的武器、弹药、管制刀具以及假冒证件等，应当连人带物移交所属民航公安机关审查处理。移交时，应填写好移交清单，相互签字并注意字迹清晰，不要漏项。

2）移交其他有关部门：对在安检中发现的被认为是走私的黄金、文物、毒品、淫秽物品、伪钞等，应连人带物移交相应的有关部门审查处理。

3）移交机组：旅客携带《禁止旅客随身携带但可作为行李托运的物品》所列物品来不及办理托运，按规定或根据航空公司的要求为旅客办理手续后移交机组带到目的地后交还。

二、暂存的定义

对旅客携带的限制随身携带物品，安检部门可予以定期暂存。办理暂存时，要开具单据并注明期限，旅客凭单据在规定期限内领取。逾期未领的，视为无人认领物品，交由民航公安机关处理。

四级民航安全检查员

第一章 使用仪器进行证件检查及证件检查的情况处置

第一节 利用仪器进行证件检查

【学习目标】

1. 掌握利用仪器进行证件检查的技能。
2. 了解证件材料等相关知识。

【基本操作】

一、利用紫光灯对第一代居民身份证件进行检查

1. 检查设备的准备

可利用一张真居民身份证或真人民币，通过其在紫光灯下所显现出的状态来测试紫光灯是否处于正常工作状态。

2. 利用紫光灯进行证件真伪的判断

准备好需进行真伪鉴别的证件，将证件背面的印章部分放入紫光灯下，在紫光灯下，真的居民身份证的印章显示红色荧光，而伪假证件可能无荧光出现。

二、利用票证鉴别仪对第一代居民身份证件进行检查

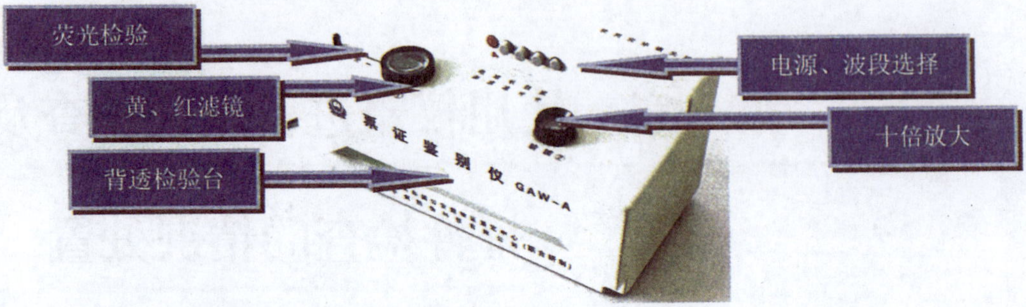

若采用票证鉴别仪进行检查，可在仪器上观察身份证件的暗记，实现真伪辨别。新工艺（有长城透视全息图案）身份证的鉴别方法如下。

1. 印章荧光检验

· 置开关 K1 为紫灯状态，将证件相片面朝上插入印章检验口：
用红滤镜观察：
真证——印章呈现红透亮；
假证——印章呈现暗红或看不见。
用黄滤镜观察：
真证——印章呈现橘黄色；
假证——印章呈现深红色或其他颜色。

2. 塑封套文字荧光检验

· 置开关 K1 为紫灯状态，将证件国徽面朝上平放于观察镜下：
真证——可见荧光文字“IDENTITY CARD”；
假证——不见荧光文字。

3. 背透检验

· 按住开关 K2 不放（背透灯亮），将证件国徽面朝上平放于背透观察板上：
真证——可清晰透视中国地图轮廓；
假证——不可透视中国地图轮廓。

4. 文字显微检验

·置开关 K1 为白灯状态，将证件相片面平放于显微镜下，观察文字：
真证——字迹边界模糊，黑度较淡；
假证——字迹边界清晰，黑度较浓，立体感强。

5. 头像网纹显微检验

·置开关 K1 为白灯状态，将证件相片面平放于显微镜下，观察相片：
真证——网纹暗淡，头像盖住网纹；
假证——网纹清晰，网纹盖住头像。

6. 新增语音报警功能

·将身份证相片面沿此平面竖向插到底，发出“嘀嘀……，注意！”语言提示，为可疑证件。

三、利用仪器设备鉴别第二代居民身份证件

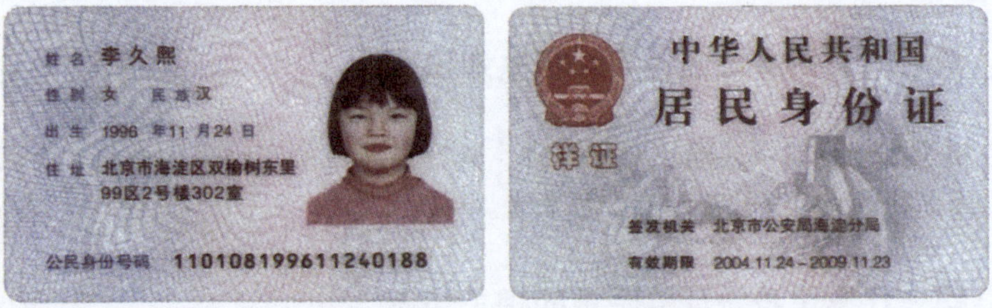

第二代居民身份证检查的基本步骤：

1）证件外形尺寸。

证件的尺寸是国际信用卡标准尺寸，即证件与我们日常使用的各种信用卡的大小一致。

2）证件相片。

判别证件相片与持证人的一致性。

3）彩虹印刷。

居民身份证底纹采用彩虹、精细、微缩印刷方式制作。颜色衔接处相互融合自然过渡，颜色变化部分没有接口。

4）底纹中微缩文字字符串。使用放大镜（10 倍及以上）观测。

5）荧光印刷的“长城”图案。使用紫外灯光观测。

6）定向光变色“长城”图案。自然光条件下，垂直观察看不到图案。

7）光变光存储“中国 CHINA”字符。可观测到“中国 CHINA”字样，字符串周围有渐变花纹，外观呈椭圆形。

8）数字防伪。通过专用阅读机具判别其真伪。

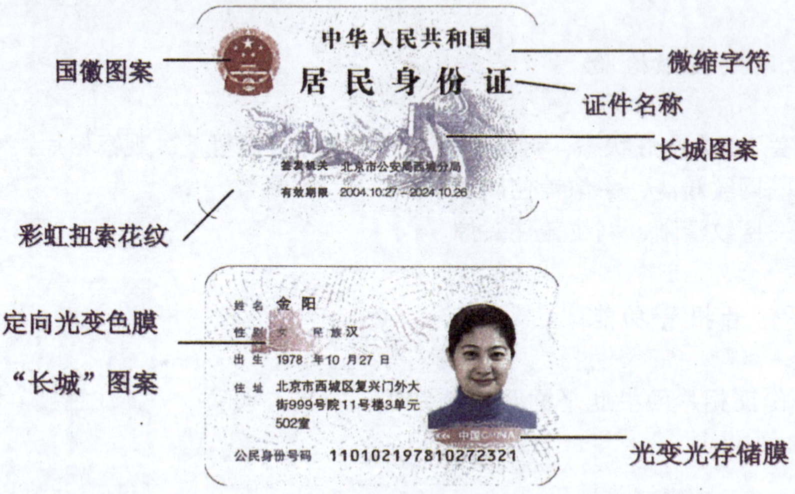

【相关知识】

一、第一代居民身份证件印油相关知识

公安机关制发的第一代居民身份证件，其背面印章的印油采用的是含有荧光成分的印油，因而在紫光灯下会显示出红色荧光。

二、第一代居民身份证件暗记的相关知识

公安机关制发的第一代居民身份证件，在其正背两面上有多个暗记点，利用票证鉴别仪可以更加清晰地观察其用肉眼不易或很难识别的暗记。

三、第二代居民身份证识别器介绍

1. 识别方式：TypeB 非接触 IC 卡阅读

1）产品简介

身份证核验终端是一种脱机式身份证核验设备，它将身份证阅读器与超微电脑主

板高度集成，配以彩色液晶显示器，可以实时阅读、显示身份证个人信息，包括文字、相片，能通过自带网络接口与人口、身份证等数据库进行远程数据交换，进行身份核验，还可以下载重点人员名单，用于网上追逃、重点人员布控等。

2）产品描述

主要技术指标：

符合居民身份证阅读器标准和 ISO14443（TypeB）国际标准。

可外接标准键盘、鼠标、显示器，提供 RS—232C、ECP、USB、LAN、MODEM 等多种计算机接口。

可加装指纹采集器，现场比对持证人的指纹，进行“人证同一性”认定。

可以外接数码采集设备，采集个人相片、文字等信息，作信息采集设备使用。

开机即进入阅读界面，阅读软件自动找卡和阅读。

四、证件防伪的技术方法介绍

1. 证件防伪技术主要方法

（1）防伪纸张：如设计具有水印、荧光纤维和荧光点、安全线的纸张等；

（2）防伪油墨：如荧光油墨、红外油墨、光（温）致变色油墨及防复印油墨等；

（3）防伪印刷技术：如背景印刷、凹版印刷、彩虹印刷等；

（4）物理学防伪技术：如激光全息防伪技术、光学可变色薄膜等；

（5）编码与证卡防伪：如条形码、机读码、磁码、智能卡和激光卡等；

（6）印章防伪：如印模上的图文防伪、印油与印泥防伪等；

（7）塑封防伪。

2. 伪假证件的特征

（1）纸页表面的花纹图案被破坏，这是经刮擦等机械涂改留下的痕迹。透光下观察，可见被刮过的部位因纸层变薄而较明亮。

（2）纸质纤维被扰乱，这是经化学涂改的痕迹。在斜光下可观察到这一特征。

（3）字体和笔画与原证件之间有差异。

3. 伪造证件的特征

（1）纸张质地粗糙低劣；
（2）花纹、图案略显模糊，颜色浓淡不均；
（3）字体、笔画较粗糙且排列不整齐；
（4）暗记不清不全。

4. 使用仪器识别伪假居民身份证的技术方法

（1）立体层次识别：将身份证置于专用的仪器中，通过放大镜和特别灯光照射，可以发现真证的网纹、照片、登记内容有明显的立体层次；而伪假证件的照片、网纹、登记内容却在同一个平面上，显得比较呆板。

（2）网纹识别：在专用仪器的放大镜及灯光照射下，可以明显地发现真证网纹流畅、粗细均匀一致，色标纯正；而伪假证件的网纹粗细不一，时续时断，色标浓淡不一等。

5. 护照的防伪方法

（1）纸张方面：在纸张上设计水印、荧光纤维和荧光点、安全线等防伪技术；
（2）印刷方面：采用背景印刷、凹印、暗影印刷、荧光印刷、微缩字母印刷、彩虹印刷、扭文印刷等；
（3）装订方面：有些国家采用荧光线，有的对所有护照页码都采用打孔的方式，打孔页码暗存含义；

（4）签发过程方面：签发机关的印章采用湿式、干式、钢印、荧光印等；对贴有持照人资料情况的一页采用塑封的形式；在照片的粘贴方式上采用铆钉固定、双面胶粘贴，目前最先进的是数字式照片。

【注意事项】

（1）利用仪器进行证件检查的定义：指对于用肉眼无法直接确认真伪的证件，通过仪器检查所提供的辅助识别信息来帮助检查员完成证件真伪的确认。

（2）通过仪器进行证件的真伪识别，只是证件检查中的一种辅助方式。身份证件的判伪仲裁权在机场公安机关。

（3）检查仪器是否处于正常工作状态是决定检查工作质量的一个非常重要的因素。

（4）不论采用何种仪器进行证件检查，只是利用设备为检查员提供证件某一方面的信息，此信息在这一方面是准确的，但不能以偏概全。例如：伪假证件的印章在紫光灯也可能显现红色荧光，因为其也是采用含有荧光成分的印油来印制的。再如：在票证鉴别仪下观察证件的防伪暗记，它所显示的信息与公安机关公布的防伪暗记一致，但不能就此下定结论说这张证件就是真证，因为在制作伪证时可能采用了部分真居民身份证件的材料。

第二节　证件检查的情况处置

【学习目标】

1. 掌握处理乘机证件存在问题旅客的处理方法。
2. 掌握各种证件检查情况的相关规定。

【基本操作】

一、情况处置程序

1）发现旅客的证件存在问题时，首先要将旅客的证件或机票掌握在检查员手中，并密切关注旅客。

2）在密切关注旅客的同时，应联系现场值班领导。

3）等现场值班领导到达后，向现场值班领导进行说明，并将相关手续及旅客转交值班领导进行处理。

二、涂改、伪造、冒名顶替证件的处理方法

1）旅客持涂改、伪造、变造、冒名顶替证件乘机是违法行为，发现后，立即报告值班领导，做好登记，移交机场公安机关审查处理。

2）如果是境外人员非法持有国内居民身份证件时，应将其移交机场公安机关处理。

3）如果上述旅客年龄已高（按法定离退休年龄掌握）、经机场公安机关查明真实身份且无前科的情况下，在收缴其非法证件并依法处罚后，可视情况由安检部门对其实施严格的安全检查，准予乘机。

三、过期证件的处理方法

1）旅客所持居民身份证过期时间不到 6 个月的，可予以放行，超过 6 个月的不予放行。

2）旅客所持临时居民身份证过期，15 天以内经安检部门值班领导批准放行，超过 15 天的不予放行。

四、旅客因故不能出示居民身份证件的处理方法

1）旅客因故不能出示居民身份证件，但旅客持有其他允许的乘机证件，可予以放行。

2）旅客因故不能出示居民身份证件，但又不具备其他允许的乘机证件，则交现场值班领导处理。

【相关知识】

允许乘机的其他证件种类：

1. 全国人民代表大会代表、全国政协委员，凭本届全国人民代表大会代表证、全国政协委员证放行。

2. 出席全国或省、自治区、直辖市的党代会、人代会、政协会、工、青、妇代会和劳模会的代表，凭所属县、团级（含）以上党政军主管部门出具的临时身份证明放行。

3. 省、部级（含副职）以上要客，如无居民身份证，凭省、部级（含）以上单位出具的临时身份证明信放行。

4. 解放军、武警部队官兵及其文职干部、离退休干部、院校学员和职工，可凭所在部队团以上单位出具的临时身份证明放行；退伍、转业军人凭退伍证、转业证，6 个月内可以放行。

5. 对持中华人民共和国外交护照、公务护照、因公普通护照和因私普通护照的，

在护照有效期内可以放行。

6. 18岁以下未办理居民身份证的，凭当地公安机关出具的临时身份证明放行。16岁以下未成年人，凭学生证、户口簿或者户口所在地公安机关出具的身份证明放行。12岁以下儿童，凭半票或十分之一客票，免验身份证件。

7. 旅客遗失居民身份证，凭户籍所在地派出所出具的临时身份证明放行。在户籍所在地以外被盗或丢失的，凭发案、报失地公安机关（地方公安机关或机场公安机关）出具的临时身份证明放行。

8. 旅客在申办居民身份证期间，可凭贴有本人照片并加盖户籍所在地派出所户籍专用章的申领居民身份证回执放行。

9. 境外人员在中国旅行期间遗失护照、证件的，凭公安机关出入境管理部门出具的遗失证明（须贴有本人照片、注明有效期）放行。

10. 对持机场公安机关出具的《乘坐民航飞机临时身份证明》的，在有效期内予以放行。

【注意事项】

检查员应依据《中国民用航空安全检查规则》《民用航空安全检查工作手册》及所在单位的勤务管理规定，按职责进行情况处置。例如：旅客所持居民身份证过期时间不到6个月的，可予以放行。

第二章　X 射线机设备准备及工作状态判断

第一节　X 射线机开关机规程及常见问题处理

【学习目标】

1. 掌握 X 射线机开关机规程。
2. 了解 X 射线机操作过程中问题的处理方式。

【基本操作】

一、X 射线机开关机规程

1）操作员使用仪器前应检查仪器外观是否完好。

2）首先开启稳压电源，观察电压指示是否稳定在 220±10%的范围内。

3）开启 X 射线机电源，观察运行自检测程序正常后，开始检查工作。

4）检查中，如遇设备发生故障，应立即报告现场值班领导。

5）工作结束后，应关闭 X 射线机电源及稳压电源。有些机型需要先退出 X 射线机操作平台，待图像存储完成后，再关闭 X 射线机电源及稳压电源。

6）按要求认真填写设备运行记录。

二、X 射线机开机过程中常见问题解决方法

1. 按下电源开关键机器无反应

（1）检查机器通道两侧及操作键盘上 3 个紧急断电按钮是否处于断开状态。
解决方法：复位紧急断电按钮，再进行开机操作。
（2）检查机器所有电源插头和接口是否连接正确。
解决方法：正确连接电源插头或接口，再进行开机操作。
（3）检查稳压电源或不间断电源开关是否开启。
解决方法：开启稳压电源或不间断电源的开关，再进行开机操作。
（4）如果按下电源开关键后机器无反应，且不是上述问题则立即报告现场值班领导，由专业技术人员排除故障。

2. X 射线机自检正常，但显示器不显示图像

（1）检查显示器开关是否打开。
解决方法：打开显示器开关。
（2）检查显示器电源线插头或接口是否连接正确。
解决方法：正确连接电源插头或接口。

3. X 射线机自检正常，但显示器显示偏色或图像比例失真

（1）检查显示器视频连接线接口是否松动。
解决方法：重新连接固定显示器视频连接线接口。
（2）检查显示器周围是否有磁性物质。
解决方法：移开磁性物质，显示器关闭后再打开。
（3）检查显示器调整设置是否正确。
解决方法：检查显示器的设置（参见显示器所附的操作手册）。

4. X 射线机自检过程中提示未清空通道或光障未对准的提示

解决方法：检查通道内有无异物或光障上有无遮挡物，如有异物或遮挡物则将其取出或移除后重新开机。

三、X 射线机检查操作过程中常见问题解决方法

X 射线机检查操作过程中 X 射线机停机：

1）传送带电机过热。

解决方法：X 射线机关机冷却 30 分钟，然后再开机使用。特别注意非常重的行李或货物，必须单独通过 X 射线机进行检查。

2）行李和行李之间的距离太短。

解决方法：每 15 分钟传送带上两件相邻行李之间的距离应至少保持 50 厘米。

3）X 射线机显示器图像受到干扰。

解决方法：如显示器周围有无法屏蔽无线电波的仪器或无线对讲机，应关掉这些设备或者无法关闭的设备则让其与显示器保持一定距离，直至显示器不受干扰为止。

4）X 射线机在无行李检查时一直发射 X 射线。

X 射线机光障被遮挡。

解决方法：停止传送带后，检查 X 射线机通道内光障上有无遮挡物，如有遮挡物则将其移除。如无遮挡物则立即报告现场值班领导，由专业技术人员排除故障。

【注意事项】

在现场工作中 X 射线机会出现各种故障，X 射线机操作员必须能排除简单的故障，碰到无法解决的故障则立即报告现场值班领导，由专业技术人员进行处理。

【相关知识】

一、X 射线及 X 射线机基本知识

1. X 射线是一种电磁波，它的波长比可见光的波长短，穿透力强

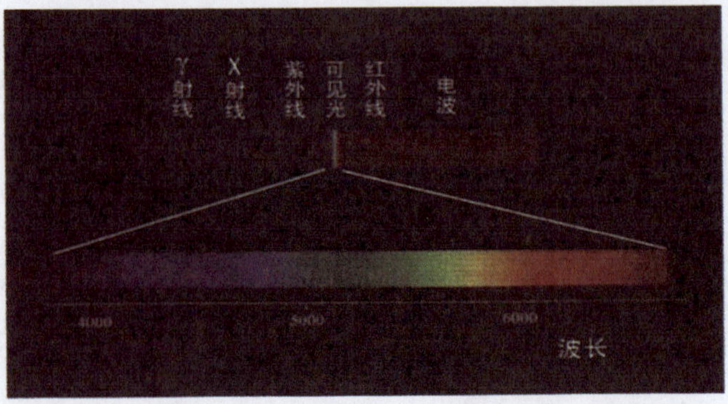

2. X射线机的工作原理

X射线机是利用X射线的穿透特性，由射线发生器产生一束扇形窄线对被检物体进行扫描。X射线穿过传送带上移动的行李，根据X射线对不同物质的穿透能力不同，发生衰减，探测器接收到经过衰减的X射线信号，通过信号处理，转变为图像显示出来。

二、X射线机分类

1）根据用途分为三类：

① 能量分辨型手提行李微剂量X射线安全检查设备。

CMEX-V6550 B 机型

Hi-scan6040i 机型

② 能量分辨型托运行李微剂量X射线安全检查设备。

CMEX-D7380/7880/8380 机型

③ 能量分辨型货物微剂量X射线安全检查设备。

CMEX–T100120 机型

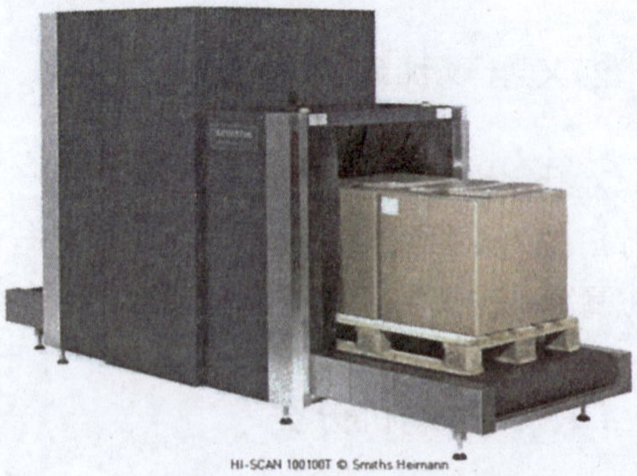

HI–SCAN 100100T 机型

2）按射线对物体的扫描方式分为：点扫描式、线扫描式和逐行扫描式 3 种。

3）按图像显示方式分为：隔行显示和 SVGA 逐行显示。

4）按机械结构分为：立式机（射线顶照或底照）、卧式机（射线侧照）、车载式 X 射线机。

5）按行李通道分为：单通道和双通道（用于行李托运检查）。

第二节　X 射线机工作状态检查及相关指标

【学习目标】

1．掌握 X 射线机工作状态的检查项目。

2．了解 X 射线机常用参数及参考值。

基本操作

一、X 射线机工作状态的检查项目

1）检查 X 射线机的外壳面板、显示器、键盘及电缆是否损坏。

2）检查通道入口及出口处的铅门帘是否缺损。

3）检查 X 射线机的传送带是否磨损或污脏。

4）检查电源接通指示灯。

5）检查等待指示灯。

6）检查射线指示灯。

二、X 射线机相关指标与标准值之间的关系

X 射线机操作员应在了解 X 射线机相关指标定义的基础上，掌握 X 射线机是否符合标准值的要求，以此判断 X 射线机是否处于正常工作状态。

【相关知识】

一、X 射线机相关指标的定义

1. *线分辨力*（wire display）

设备能分辨单根实心镀锡铜线的能力，一般用线的标称直径（mm）和线号（AWG）表示。

2. *有用穿透分辨力*（useful penetration）

设备能分辨在规定厚度合金铝阶梯下最细单根实心镀锡铜线的能力，一般用线的标称直径（mm）和线号（AWG）表示。

3. *穿透力*（simple penetration）

射线能穿透被照射物体的能力，一般用钢板的厚度（mm）表示。

4. *通过率*（throughput rate）

设备在 1 小时内能检查长度为 1 米的被检物的数量。

5. *材料分辨力*（organic / inorganic differentiation）

设备分辨有机物和无机物的能力。

6. *灰度分辨力*（gray level differentiation）

设备分辨同种材料、不同厚度被检物品的能力，一般用合金铝阶梯的阶梯数表示。

7. 有用有机物分辨力（useful organic differentiation）

设备在射线穿过钢阶梯后，区分不同等效原子序数的有机物的能力。

8. 空间分辨力（spatial resolution）

设备能分辨金属线对的能力。
注：一般用线的标称直径（mm）表示。

9. 单次检查吸收剂量（absorption dose）

被辐照物质接受一次辐照所吸收的 X 射线能量。
注：吸收剂量单位是 Gy（Gy=J/kg）。

10. 泄漏射线量率（leakage radiation rate）

单位时间内穿过辐射屏蔽防护，泄漏到设备外部的电离辐射。
注：泄漏射线量率单位是 Gy / h。

11. 薄有机物分辨力（thin organic differentiation）

设备显示薄有机物图像的能力。

12. X 射线安全检查设备（x-ray security inspection system）

通过检测穿过被检物品的或被散射的 X 射线的强度分布或能谱分布，生成被检物品的 X 射线机图像，据此对被检物品进行判识的安全检查设备。

二、微剂量 X 射线机的性能指标

1. 线分辨力

设备的线分辨力应符合表 2-2-1 的规定。

表 2-2-1　设备的线分辨力

设备类别	线分辨力
手提行李微剂量 X 射线安全检查设备	应能分辨测试箱线号为 38AWG 的单根实心镀锡铜线
托运行李微剂量 X 射线安全检查设备	应能分辨测试箱线号为 36AWG 的单根实心镀锡铜线
货物微剂量 X 射线安全检查设备	应能分辨测试箱线号为 34AWG 的单根实心镀锡铜线

2. 穿透分辨力

设备的穿透分辨力应符合表 2–2–2 的规定。

表 2-2-2　设备的穿透分辨力

设备类别	穿透分辨力
手提行李 X 射线安全检查设备	应能分辨测试箱所有铝阶梯下线号为 30AWG 的单根实心镀锡铜线
托运行李 X 射线安全检查设备	应能分辨测试箱所有铝阶梯下线号为 24AWG 的单根实心镀锡铜线
货物 X 射线安全检查设备	应能分辨测试箱所有铝阶梯下线号为 24AWG 的单根实心镀锡铜线。

3. 空间分辨力

设备的空间分辨力应符合表 2–2–3 的规定。

表 2-2-3　设备的空间分辨力

设备类别	空间分辨力
手提行李 X 射线安全检查设备	应能分辨测试箱 1.3 的线对
托运行李 X 射线安全检查设备	应能分辨测试箱 1.6 的线对
货物 X 射线安全检查设备	应能分辨测试箱 1.6 的线对

4. 穿透力

设备的穿透力应符合表 2–2–4 的规定。

表 2-2-4　设备的穿透力

设备类别	穿透力
手提行李 X 射线安全检查设备	应能分辨测试箱不小于 30mm 厚的钢板

续表

托运行李 X 射线安全检查设备	应能分辨测试箱不小于 30mm 厚的钢板
货物 X 射线安全检查设备	应能分辨测试箱不小于 30mm 厚的钢板

5. 单次检查吸收剂量

设备的单次检查吸收剂量不应大于 5μGy。

6. 泄漏射线剂量率

在距设备外表面 5 厘米的任意处（包括设备的端口处），X 射线泄漏剂量应小于 5μGy / h。

7. 设备噪声

在距设备外表面 1m 的任意处，设备噪声不应大于 65dBA。

8. 通过率

设备的检查通过率应符合表 2-2-5 的规定。

表 2-2-5　设备的检查通过率

设备类别	通过率
手提行李 X 射线安全检查设备	每小时应能通过不少于 700 件行李
托运行李 X 射线安全检查设备	每小时应能通过不少于 500 件行李
货物行李 X 射线安全检查设备	每小时应能通过不少于 400 件货物

9. 材料分辨力

设备应能对等效原子序数小于 10 的有机物赋予橙色，对等效原子序数大于 18 的无机物赋予蓝色，对介于两类材料之间的物质或这两类材料的混合物赋予绿色。

第三章　X 射线机图像的基本概念及识别方法

第一节　X 射线机功能键的使用

【学习目标】

1. 掌握 X 射线机各功能键的含义。
2. 掌握 X 射线机开关机程序。
3. 了解 X 射线机功能键的使用目的。

【基本操作】

一、X 射线机功能键介绍（以公安部一所 CMEX-V6550B 机型为例）

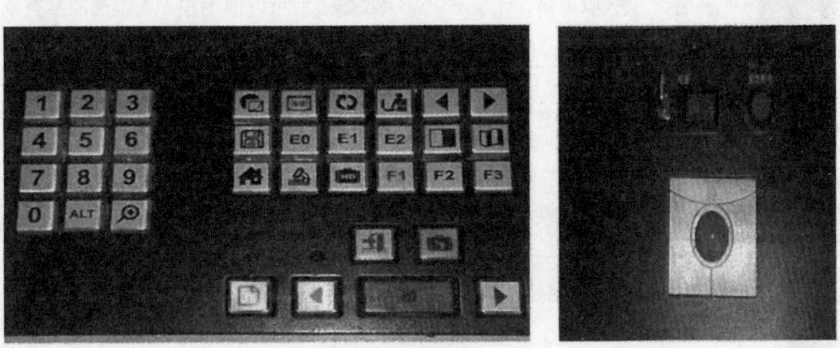

操作面板整体布局

1. X 射线机开关机程序

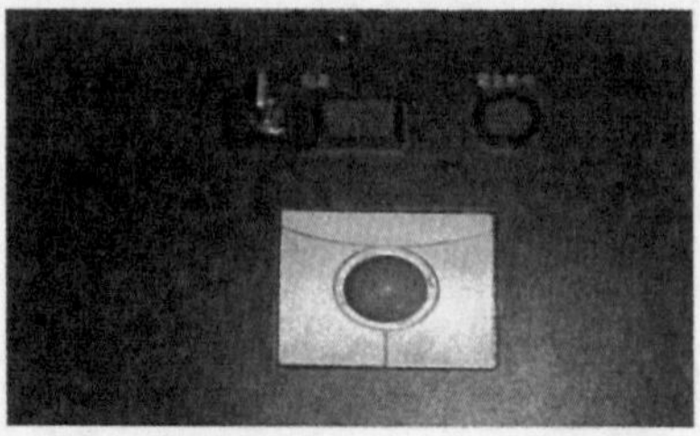

开机步骤：

（1）首先将钥匙插入钥匙孔，然后将钥匙顺时针方向旋转 90°；

（2）按下电源键，X 射线机自检程序完成后机器即处于待检状态。

关机步骤：

将钥匙逆时针旋转 90° 后拔出钥匙即完成关机操作。

2. 各种功能键的含义

功能键实物图	功能键名称	功能键作用
	紧急断电按钮	在出现紧急情况时，按下这个按钮可以使系统立即关闭。
	图像边缘增强键	默认状态下为有效状态。
	有机物无机物剔除键	按一次为无机物剔除，按两次为有机物剔除，按三次为恢复原始图像。
	图像回拉键和可变吸收率键	按下图像回拉键后可以使用左、右键回查已检行李图像，按下可变吸收率键后可以使用左、右键逐渐加亮或加暗图像。
	图像存储键	按下图像存储键即把当前图像存储在系统中，以便后期调阅，默认状态下为无效。
	图像处理键	E0 为图像加亮键；E1 为图像加暗键；E2 为图像反转键。这些功能键是 X 射线机操作员识别图像过程中最常用的功能键。
	黑白彩色图像转换键	按下黑白彩色转换键后彩色图像转换成黑白色图像。

续表

功能键实物图	功能键名称	功能键作用
	亮度扫描键	按下亮度扫描键后图像颜色会依次由浅至深循环变化。
	复原键	按下复原键后，恢复到最后检查行李原始图像界面。
	超级增强键	按下此功能键实现低吸收率和高吸收率物体同屏显示最佳对比度，即图像中颜色浅的区域加暗，颜色深的区域加亮。
	高吸收率报警键	按下此键后图像呈黑色区域会一直闪烁。
	自定义功能键	管理员可根据 X 射线机操作员实际需要设置这些按键。默认状态 F1 设置为图像加亮键，F2 设置为图像加亮键加黑白转换键，F3 设置为图像加亮键加有机物剔除键。
	退出登录键	持续按下此键后退出待检状态，回到登录窗口。
	危险物品注入应答键	如果危险物品注入功能处于有效状态，X 射线机操作员在检查旅客行李图像过程中，系统会随机将危险物品图像自动注入行李图像中，此时 X 射线机操作员按下此功能键后危险物品自动消失，系统会自动记录 X 射线机操作员判断结果，此结果可作为 X 射线机操作员考核依据。
	传送带控制键	左上方为传送带前进键；下方红色为传送带停止键；右上方为传送带倒退键。
	连续扫描键	在传送带运转状态下，持续按下该按钮后屏幕显示连续的空白图像。
	放大键及放大选区键	按下放大键后放大 2 倍当前行李图像，再按放大键后恢复到其原始尺寸，在放大 2 倍状态下按 1 至 9 键可显示对应区域。

二、X 射线机功能键介绍（以史密斯海曼 Hi-scan6040i 机型为例）

1. X 射线机开关机程序

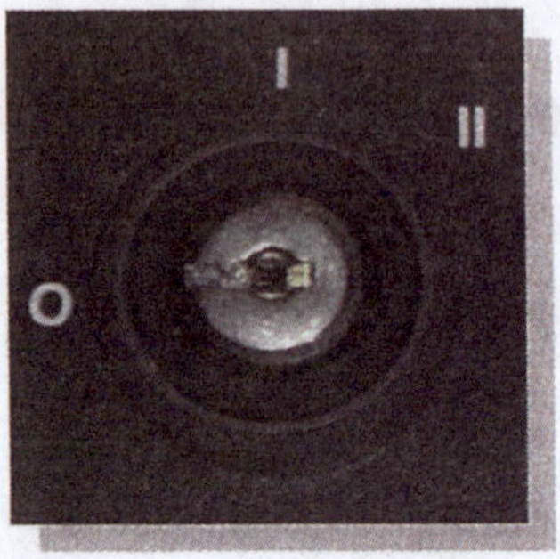

开机步骤：首先将钥匙插入钥匙孔，然后将钥匙顺时针方向旋转 140° 至第二档，然后放手后钥匙自动回到第一档。

关机步骤：将钥匙逆时针旋转 90° 后拔出钥匙即完成关机操作。

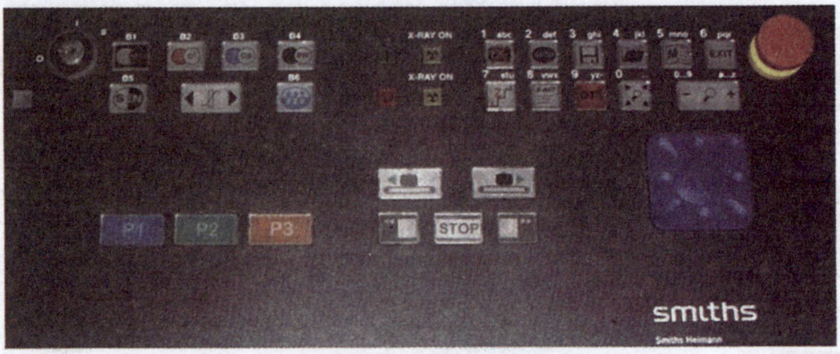

操作面板整体布局

2. 各种功能键的含义

功能键实物图	功能键名称	功能键作用
	紧急断电按钮	在出现紧急情况时，按下这个按钮可以使系统立即关闭。重新开机时，只要拨出这一按钮并按上电开关即可。
	反转键	按下反转键后原始图像深色变浅色，而浅色则变深色。
	有机物无机物剔除键	左边为无机物剔除键，右边为有机物剔除键，按下两个功能键能实现无机物及有机物的剔除。

续表

功能键实物图	功能键名称	功能键作用
	黑白彩色图像转换键	按下黑白彩色转换键后彩色图像转换成黑白图像，再按一次恢复彩色图像。
	超级增强键	按下此功能键实现低吸收率和高吸收率物体同屏显示最佳对比度，即图像中颜色浅的区域加暗，颜色深的区域加亮。
	改变吸收率范围键	按下左侧按钮则图像会逐级加暗，而按下右侧按钮则图像会逐级加亮。
	图像加亮键	按下图像加亮键后图像会加亮。
	图像回拉键	持续按下图像回拉键后使屏幕滚动显示已被扫描的行李图像。
	自定义功能键	管理员可根据 X 射线机操作员实际需要设置这些按键。默认状态 P1 设置为黑白彩色转换键加超级增强键，P2 设置为黑白彩色转换键加图像加亮键，P3 设置为选取对象框。
	传送带控制键	左上方为传送带前进键；右上方为传送带倒退键；下方为传送带停止键。根据机器通道放置位置不同，前进和倒退键随之不同。
	放大倍数选择键	按下放大倍数选择键后，可逐级选择图像放大倍数，可放大 1 ~ 8 倍，放大步进为 0.1。
	放大还原键	按下放大还原键可将放大图像还原成原始比例图像。
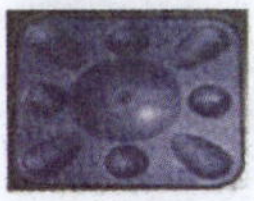	放大键及放大选区键	按下此功能键后放大 2 倍当前行李图像，再按此键后可选择需要放大识别的图像。如放大倍数不够，可结合放大倍数选择键选择放大倍数。

三、X 射线机功能键使用概述

X 射线机操作员应根据检查要求，使用图像加亮键、图像加暗键、有机物及无机物剔除键、图像反转键等图像处理功能键来辅助帮助识别图像中物品的特征和性质，以提高识别物品的准确性，确保安全。

四、X 射线机功能键的应用

1）当识别密度较大的物品或图像颜色较暗的部分时，应使用图像加亮键来帮助识别。

2）当识别密度较小的物品或图像颜色较浅的部分时，应使用图像加暗键来帮助识别。

3）当识别既有颜色浅又有颜色深的图像时，应使用超级增强键来帮助识别。

4）当识别图像中物品的不同成分时，应使用有机物及无机物剔除键来帮助识别。

5）当识别图像中模糊不清或非常小的物品时，应使用放大键及放大选区键来帮助识别。

6）使用传送带前进键、倒退键控制传送带时，X射线机操作员必须合理控制传送带前进和倒退，防止被检物品挤压、滑落等情况发生。

7）当被检物品图像需要进一步识别时，应使用传送带停止键停止传送带。

【相关知识】

一、X射线机图像颜色的含义

1. X射线机图像颜色的含义（包括公安部一所和史密斯海曼机型）

（1）橙色——有机物（食品、纸张、塑料、炸药、毒品等原子序数小于10的物质）；

（2）蓝色——无机物（重金属、原子序数大于18的物质）；

（3）绿色——混合物（有机物与无机物的重叠部分和原子序数10至18的物质）；

（4）黑色——非常厚、X射线穿不透的物体。

2. 物质对照显示颜色表

物质类别	有效原子序数	颜　色	典型物质元素
有机物	1～9		氢，碳，氮，氧
混合物	10～18		铝，钠，硅，硫
无机物	>18		钙，铁，铜，银

3. 化学元素周期表

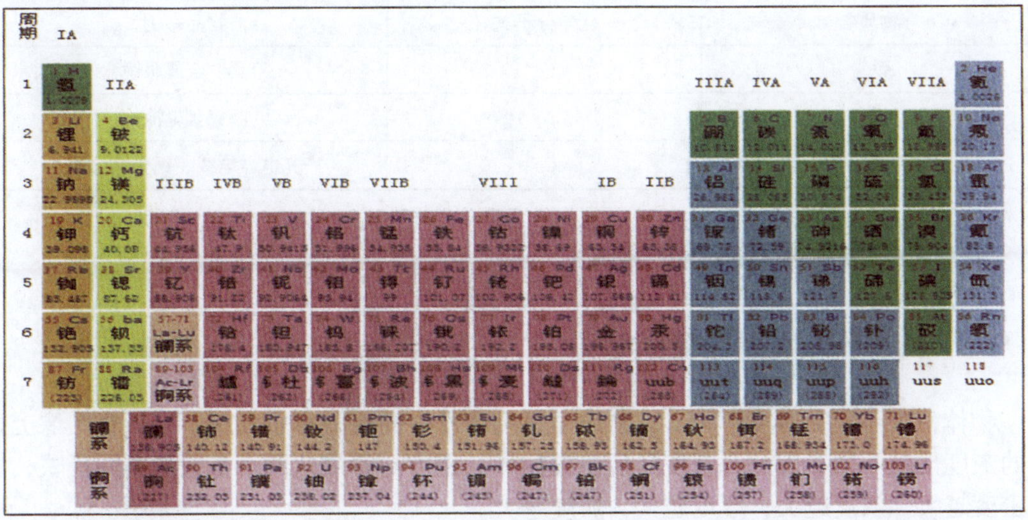

4. 呈不同颜色物质举例

（1）呈橙色的常见物质举例见表 3-1-1。

表 3-1-1　呈橙色的常见物质表

物质	化学分子式	物品举例
水	H_2O	饮料、茶水、牛奶
酒精（乙醇）	C_2H_5OH	酒、医用酒精
甲基苯丙胺	$C_{10}H_{15}N$	冰毒、摇头丸、麻古
2-4-6 三硝基甲苯	$CH_3C_6H_2(NO_2)_3$	TNT

（2）呈绿色的常见物品举例见表 3-1-2。

表 3-1-2　呈绿色的常见物品表

物质	化学分子式	物品举例
铝	Al	摩丝瓶、铝制易拉罐
二氧化硅	SiO_2	玻璃制品、玻璃瓶
硫	S	硫磺、黑火药
氯化钠	NaCl	食盐

（3）呈蓝色的常见物品举例见表 3-1-3。

表 3-1-3　呈蓝色的常见物品表

物质	化学分子式	物品举例
铁	Fe	刀具、金属眼镜盒
镍	Ni	镍氢电池
铜	Cu	充电器电线、铜壳打火机

二、X 射线机图像灰度的含义

1. X 射线机图像灰度的含义

物体密度不同，厚度不同，X 射线通过物体发生的衰减率也相应不同，在图像上显示的灰度也就不同，因此，灰度是所扫描物体的密度与厚度这两个参数的共同反映，物体密度越大，灰度越大；厚度越大，灰度越大。

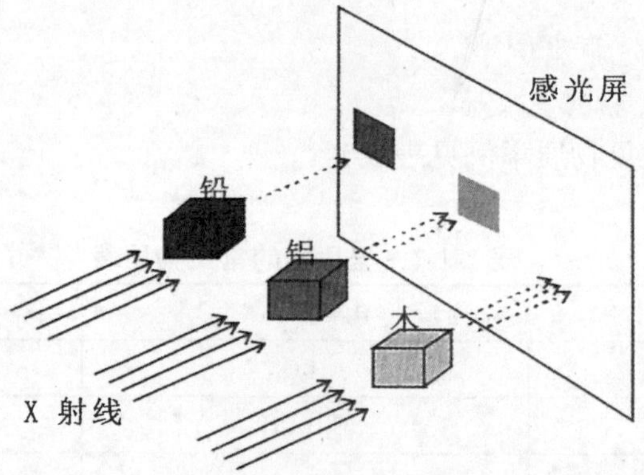

2. 显示器的色饱和度、亮度和对比度的含义

色饱和度又称色浓度，是指彩色光所呈现出的彩色的深浅程度。

亮度是光作用于人眼所引起的明亮程度的感觉。

对比度是显示器画面黑与白的比值，也就是从黑到白的渐变层次。比值越大，从黑到白的渐变层次就越多，从而色彩表现越丰富。

【注意事项】

X 射线机显示器亮度和对比度等设置参数是影响 X 射线机操作员识别图像的一个

重要因素，要求X射线机操作员会调整显示器设置参数，并使显示器处于最佳显示状态。

第二节　识别X射线机图像的主要方法

【学习目标】

1. 掌握识别X射线机图像的基本步骤。
2. 掌握X射线机图像的识别方法。

【基本操作】

一、识别X射线机图像方法概述

X射线机操作员在识别一幅X射线机图像时应做到：

1）从图像中间向周围进行识别；

2）按照图像颜色的不同来进行识别；

3）按照图像所呈现的层次来进行识别；

4）结合图像识别方法来辅助进行识别。

二、X射线机图像识别的重点及处理

1）X射线机图像模糊不清无法判断物品性质的，应调整箱包角度重新通过X射线机检查；

2）X射线机图像内发现疑似有电池、导线、钟表、粉末状、块状、液体状、枪弹状物及其他可疑物品的，应采用重点分析结合综合分析等方法；

3）X射线机图像内发现有容器、仪表、瓷器等物品的，应在利用功能键辅助帮助分析的情况下进一步识别，如仍不能确定性质，应结合开箱（包）检查；

4）X射线机图像内含有照相机、摄像机及笔记本电脑等电器，应仔细分析内部结构是否存在异常，如存在异常或不能判明性质的物质，应结合开箱（包）检查；

5）如遇旅客声明不能用X射线机检查的物品时，应按相应规定或具体情况处理，在了解情况后，如可以采用X射线机进行检查时，应仔细分析物品的内部结构是否存在异常。

【相关知识】

一、物品摆放角度与 X 射线机图像显示的关系

卧式 X 射线机物品立放，立式 X 射线机物品平放，显示的图像较佳。在卧式 X 射线机中，物体离 X 射线源越近，X 射线机图像显示比例越大。

二、识别 X 射线机图像的主要方法

1）整体判读法：即由中间到四周整幅图像进行识别。观察图像的每个细节，判读图像中的物品是否相联系，有无电源、导线、定时装置、起爆装置和可疑物品。

2）颜色分析法：即根据 X 射线机对物质颜色的定义，通过图像呈现的颜色来判断物品的性质。如书本是橙色的，裁纸刀片是蓝色的。

3）形状分析法：即通过图像中物品的形状轮廓判断物品。有些物品虽然 X 射线穿不透，但轮廓清晰，可直接判断其性质。如铜质手铐虽然 X 射线穿不透，但其形状轮廓非常明显。

4）功能键分析法：即充分利用功能键的分析功能对图像进行综合分析比较。图像加亮键能识别颜色较深的图像；图像加暗键能识别颜色较浅的图像；有机物无机物剔除键能判断物品的性质。

5）重点分析法：即抓住图像中难以判明性质、射线穿不透的物品及有疑点的地方进行重点分析。主要针对于电器、电池、容器的检查。

6）对称分析法：即根据图像中箱包结构特点找对称点，主要针对箱包结构中不对称的点状物体或线状物进行分析比较，发现可疑物品。如拉杆箱中的拉杆和拉杆中的定位扣。

7）共性分析法：即举一反三法，抓住某个物品的结构特征来推断其他同类物品。如打火机一般有液体打火机和气体打火机，都可通过其点火装置的特征来判断。

8）特征分析法：即结构分析法，抓住某个物品的结构中的一些特征进行判断。如电动剃须刀内含有马达、剃须刀头或电池等物品。

9）联想分析法：即通过图像中一个可判明的物品来推断另一个物品。如图像中识别出水果，其旁边可能会有水果刀等利器类物品。

10）观察分析法：即通过观察旅客性别、年龄、着装、表情等信息来判断其所携带物品。如发现旅客神情紧张、眼神慌乱或着装不符合季节等情况，X 射线机操作员必须仔细识别其所带行李物品。

11）常规分析法：即图像中显示的物品违反常规。如图像中形状、颜色与常见物品图像有较大区别的物品。

12）排除法：即排除已经判定的物品，其他物品需要重点分析检查。如将图像中已

经确认的安全物品（手机、充电器、硬币等）排除，剩下的图像进行重点分析。

13）角度分析法：即联想物品各种角度的图像特征加以分析判断。如管制刀具图像正放角度特征比较明显，而直放角度相对不明显。

14）综合分析法：即利用上述方法中的几种同时对图像进行分析识别。如识别手提电脑时，可使用重点分析法、联想分析法、特征分析法等进行识别。

注意事项：

在实际的X射线机检查工作中，可单独或综合利用上述14种识别X射线机图像方法来帮助X射线机操作员识别图像。上述14种识别X射线机图像方法并非完全独立，而是互相关联、互为补充的，识别图像时应灵活运用。

三、综合识别X射线机图像的两种方法

1. 由深至浅法

由深至浅法是利用14种识别方法进行综合识别X射线机图像的方法，对图像按颜色由深至浅、形状由大至小和区域由里至外的顺序进行综合识别的一种方法。

（1）第一步，观察X射线机图像颜色最深的部分，利用整体判读法、特征分析法和功能键分析法等先排除颜色深的非违禁品，剩下的图像用重点分析法和特征分析法判断是否有违禁品，这些图像中可能藏匿电击器、警鞭、手铐、民族刀等违禁物品。

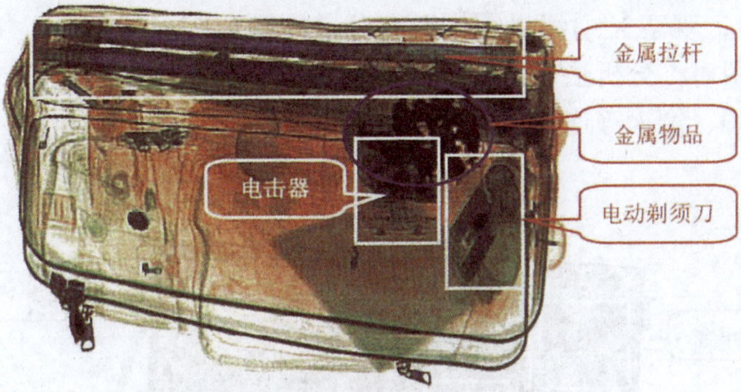

图 3.2.1

如图3.2.1：

① 图像右侧的黑色团状物体通过形状分析法判断其没有违禁品的明显特征，但须经过开箱检查予以确认。

② 图像右侧中部的蓝色物体通过特征分析法判断是电动剃须刀，通过联想分析法可判断其旁边的玻璃瓶可能是须后水或香水。

③ 图像上侧的两条蓝色条状物体通过对称分析法判断是两根金属拉杆。

④ 图像右侧有两个黑色点状物体通过特征分析法判断是电击器。

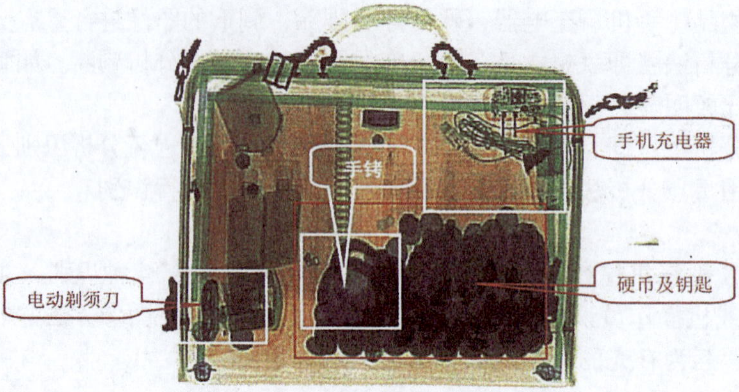

图 3.2.2

如图 3.2.2：

① 图像右下侧的大面积蓝黑色金属物体通过形状分析法判断是硬币和钥匙，必须经过开箱确认其内部没有藏匿违禁物品。

② 图像左下侧的蓝色物体通过特征分析法判断是电动剃须刀，上侧则可能为若干化妆品。

③ 图像右上侧的线状和块状物体通过特征分析法判断是手机旅行充电器和座充充电器以及一块手机电池。

④ 图像中部的两个模糊的蓝色圆环通过形状分析法和特征分析法判断是一副手铐。

（2）第二步，观察 X 射线机图像所有分散的颜色较深的部分（特别是点状、线状和小块状），利用对称分析法、特征分析法和形状分析法等来判断，这些图像可能是子弹、雷管、拉火管、烟火等违禁品。

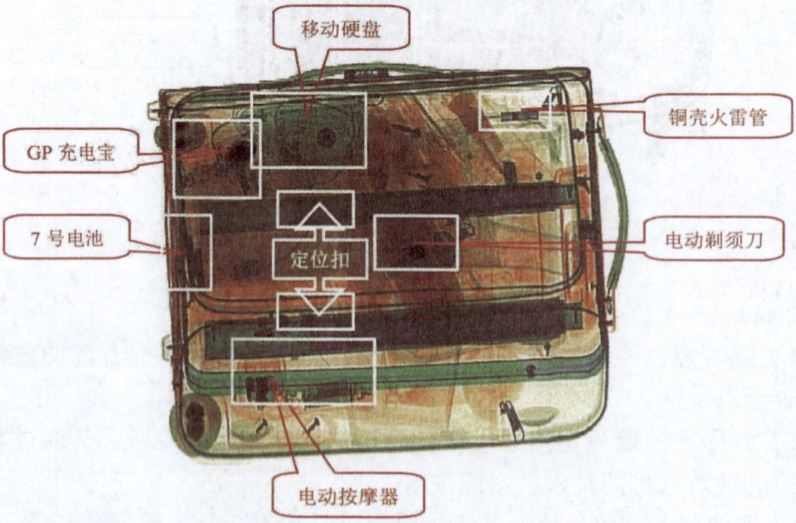

图 3.2.3

如图 3.2.3：

① 图像左上侧的黑色物体通过形状分析法和特征分析法判断是三眼插头的 GP 充电宝。

② 图像中部的黑色物体通过特征分析法判断是电动剃须刀，还重叠了一瓶液态物品，上部还有很多化妆品。

③ 图像左侧的两根细长条状物体通过形状分析法判断是两节 7 号电池。

④ 图像左下侧的黑色和绿色物体通过特征分析法判断是电动按摩器。

⑤ 图像中部的两根蓝绿色物体通过特征分析法判断是两根金属拉杆，其中每根拉杆中下部有两个黑色点状物体通过对称分析法判断是金属定位扣。

⑥ 图像右上侧的一根蓝色细长条状物体通过特征分析法和形状分析法判断是铜壳火雷管，其中内部黑色点状物体是雷管加强帽。

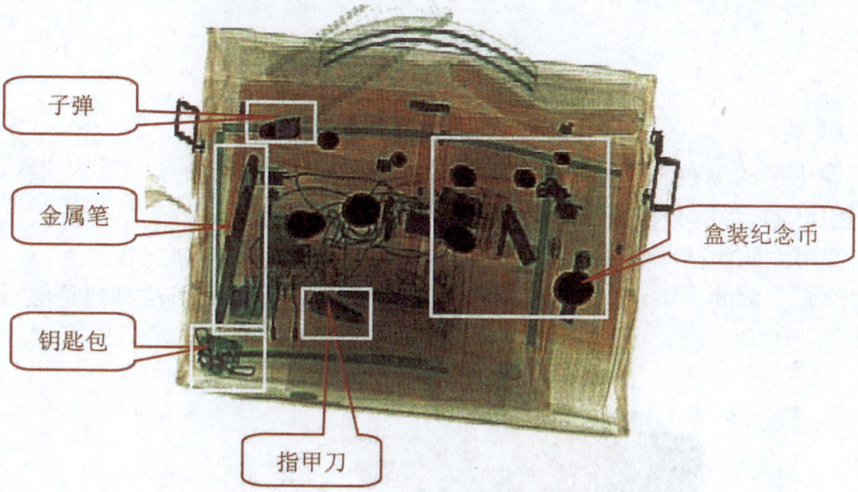

图 3.2.4

如图 3.2.4：

① 图像右侧的几个黑色圆形物体，通过特征分析法判断是盒装纪念币，在其左侧还有一盒纪念币。

② 图像左下侧的绿色物体，通过形状分析法判断是钥匙包，在其上侧还有一个钥匙包。

③ 图像中下侧的绿色物体，通过形状分析法判断是指甲刀，在其左侧两根黑色线状物体通过特征分析法判断是充电器。

④ 图像左侧的绿色细长条状物体通过形状分析法判断是金属笔，在其右侧绿色长方形物体通过形状分析法判断是手机电池。

⑤ 图像左上侧的蓝黑色物体通过形状分析法判断是一发子弹。

（3）第三步，观察 X 射线机图像内浅色部分，即有机物（呈黄色至浅黄色）。利用常规分析法、特征分析法和角度分析法等判断是否为违禁物品，这些图像可能是炸药、导火索、导爆索、塑料仿真枪、催泪瓦斯等违禁物品。

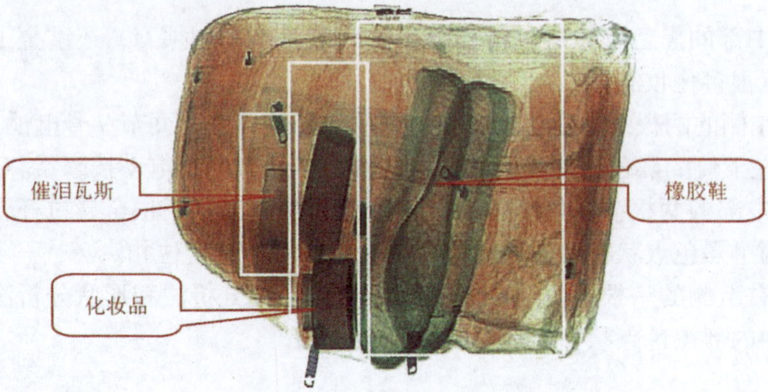

图 3.2.5

如图 3.2.5：

① 图像中部的绿色物体通过形状分析法和颜色分析法判断是一双橡胶鞋，其左侧绿色圆柱物体通过形状分析法判断是照相机专用锂离子电池。

② 图像中左侧的两个瓶体状物体通过形状分析法判断是两瓶化妆品。

③ 图像左下侧的一个瓶体状物体通过形状分析法和特征分析法判断是催泪瓦斯。

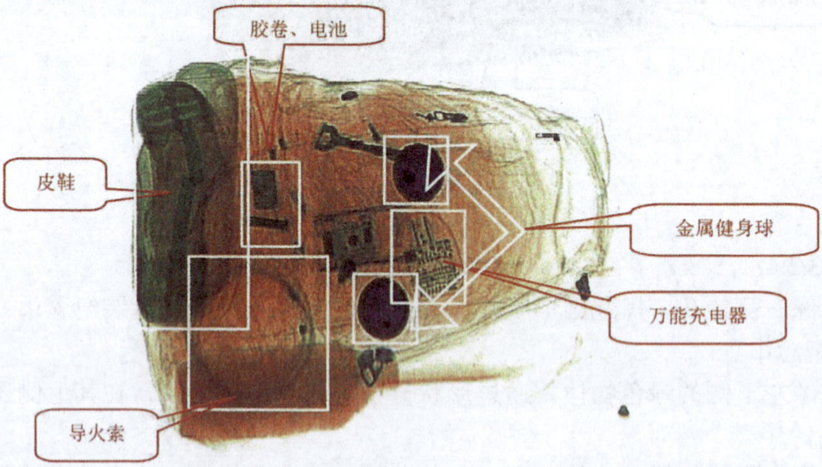

图 3.2.6

如图 3.2.6：

① 图像右侧的两个蓝色圆形物体通过形状分析法和特征分析法判断是两个金属健身球，在上侧球体旁边有绿色长条状物体通过形状分析法判断是刮胡刀。

② 图像右侧中部的浅绿色颗粒状物体通过特征分析法判断是万能充电器，其左侧

物体通过特征分析法判断是胶卷相机，其中没有胶卷和电池，电池和胶卷位于其左侧。

③ 图像左侧的绿色物体通过特征分析法和颜色分析法判断是皮鞋。

④ 图像下侧的淡绿色圆形绳索状物体通过颜色分析法和常规分析法判断是导火索，其下侧的黄色瓶体状物体通过形状分析法判断是液态物品。

注意事项：

X 射线机操作员在现场检查工作中运用由深至浅法必须掌握各种旅客经常携带物品图像特征、各种行李箱包结构图像特征及各种违禁物品图像特征。如果检查到 X 射线机图像中没有块状颜色较深图像时，直接到第二步进行图像识别；如果图像中没有点状颜色较深图像时，直接到第三步进行图像识别。

2. 井字开机法

井字开机法是将被检物品通过 X 射线机后形成大小不同的图像划分成 4 个或 9 个区域（每个区域赋予相应的编号），然后依次对每个区域内的图像进行识别，判断有无违禁物品。如图 3.2.7。

4 个区域划分示意图

9 个区域划分示意图

图 3.2.7

（1）根据井字开机法下图被分成 4 个区域进行识别，其中 1 号区域通过形状分析法和特征分析法判断是塑料瓶打火机气体。如图 3.2.8。

（2）根据井字开机法下图被分成 9 个区域进行识别，其中在 6 号区域通过特征分析法判断是鞭炮。如图 3.2.9。

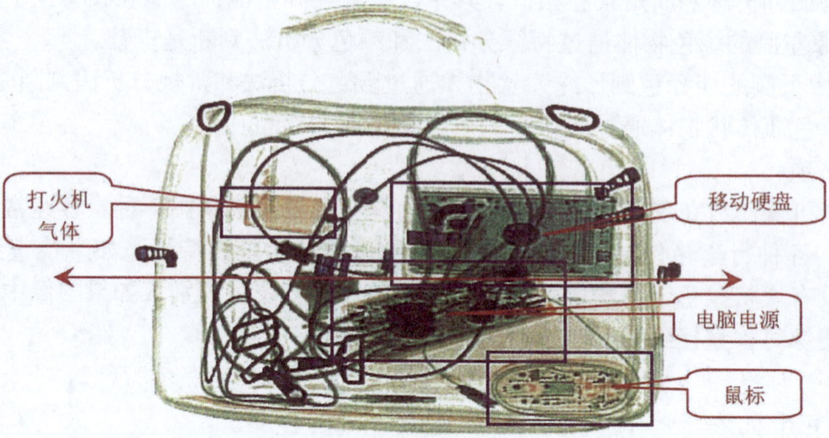

图 3.2.8

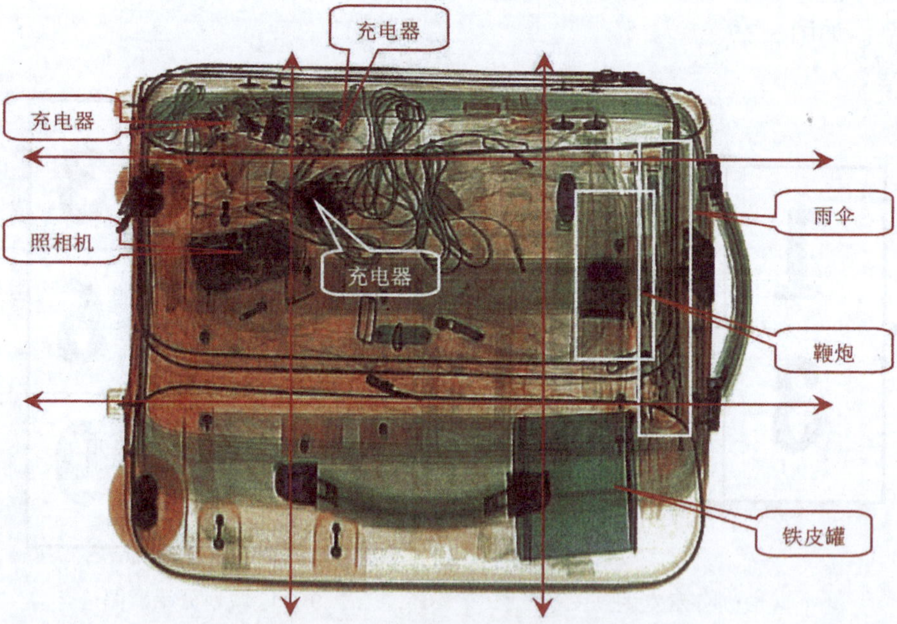

图 3.2.9

【注意事项】

X 射线机操作员在现场检查工作中运用井字开机法可以弥补判图时易遗漏某些区域的缺点，同时有利于开箱（包）检查员直观掌握需要开箱（包）的区域，以提高检查的准确率和速度，最终提高安全检查效率。X 射线机操作员要灵活运用井字开机法，同时要求开箱（包）检查员也要掌握井字开机法才能发挥该方法的作用。

第四章　常见违禁物品的图像特征及各类违禁物品的介绍

第一节　常见违禁物品的图像特征

【学习目标】

1．掌握常见违禁物品 X 射线机图像基本特征。
2．了解常见违禁物品基本知识。

【基本操作】

一、枪支弹药类的 X 射线机图像基本特征

1. 枪支

枪支一般由金属或塑料材质制成，金属枪图像轮廓明显且颜色较深，正放、直放或斜放图像都可通过结构和外观特征识别，如握柄、枪管、护环和准星等。塑料枪材质密度较小，其图像颜色较浅且轮廓不明显。正放图像可通过轮廓和内部金属特征来识别，如螺旋形弹簧、金属铁块、金属螺丝和铁丝等；直放图像可通过外形和内部特征识别，如螺丝、弹簧等；斜放时根据摆放角度不同，呈现的图像形状各异，但仍能看到金属螺丝、弹簧等。如图 4.1.1。

实物图	正放	直放	斜放
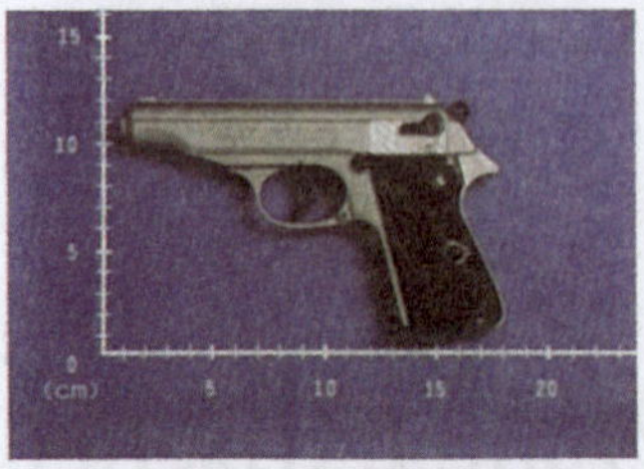 金属手枪			
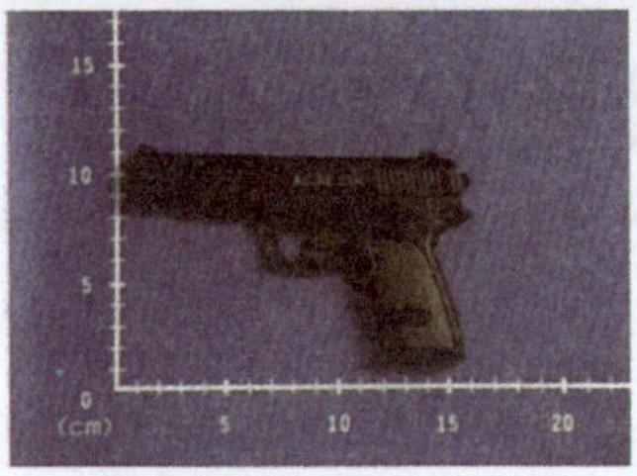 塑料仿真枪			

图 4.1.1

2. 普通子弹

普通子弹正放图像轮廓明显，弹头呈黑色，形状为尖头或圆头，弹壳呈蓝色，弹壳底部呈较粗直线状。直放图像呈黑色圆形，可利用图像加亮键识别。斜放图像呈圆锥状，综合其外观结构特征较易辨别。识别普通子弹可寻找图像中的最黑点，利用结构及比例大小特征来综合识别。如图 4.1.2。

实物图	正放	直放	斜放
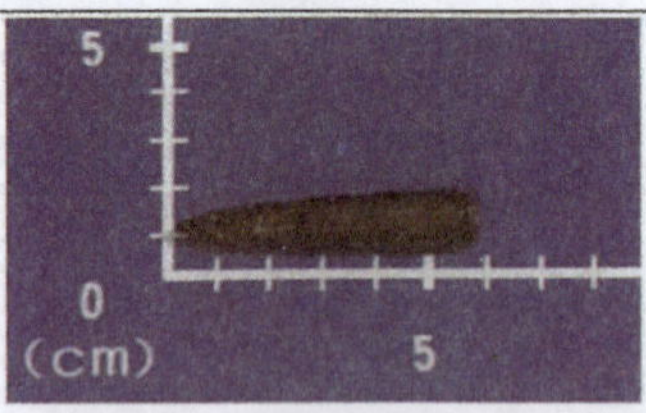 步枪子弹			
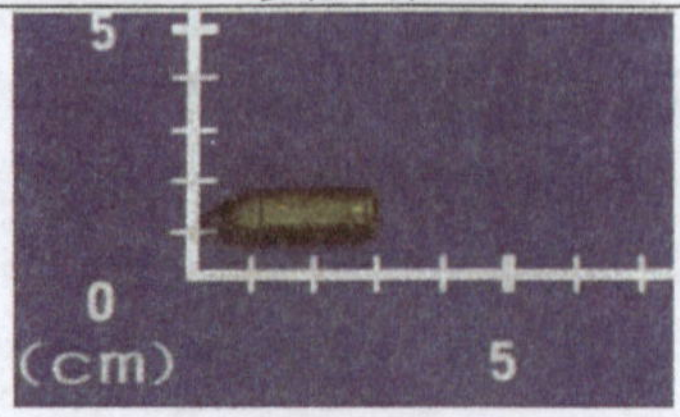 手枪子弹			

图 4.1.2

3. 散弹和 901 防暴弹

散弹与普通子弹区别较大，外观可看到红色或蓝色塑料弹壳和银色底部。由于弹壳为塑料材质所以在图像中不明显，正放图像弹头呈黑色块状，中间火药呈淡黄色，底部呈绿色。直放图像弹头呈黑色圆形，弹头外部有绿色圆环。斜放图像呈圆柱状，弹头呈黑色，边缘可见颗粒状钢珠，底部呈绿色圆形，其圆心是底火部分。

901 钢珠防暴弹外观与散弹相似，呈圆柱状，一头较粗。正放图像呈黑色长条形，中部颜色较深，图像加亮后可看到中部钢粒及尾部底火。直放图像呈黑色圆柱体。斜放图像与正放图像相似。如图 4.1.3。

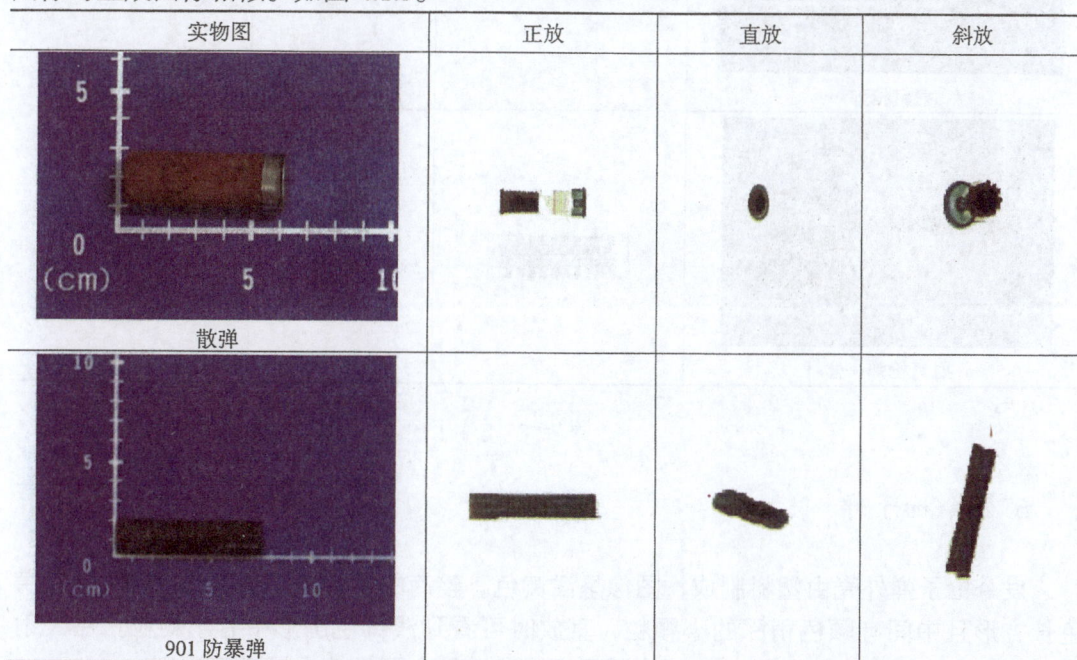

实物图	正放	直放	斜放
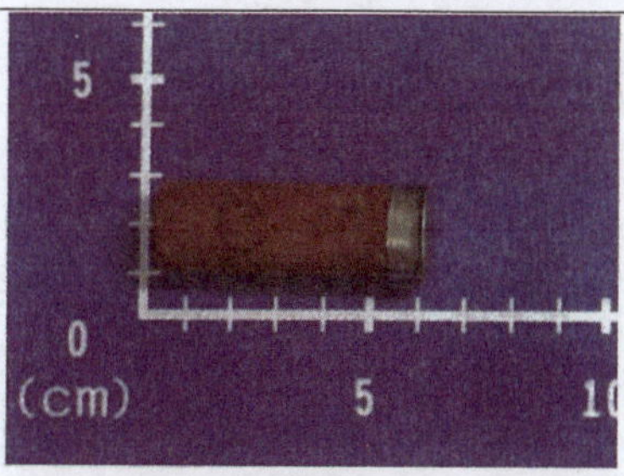 散弹			
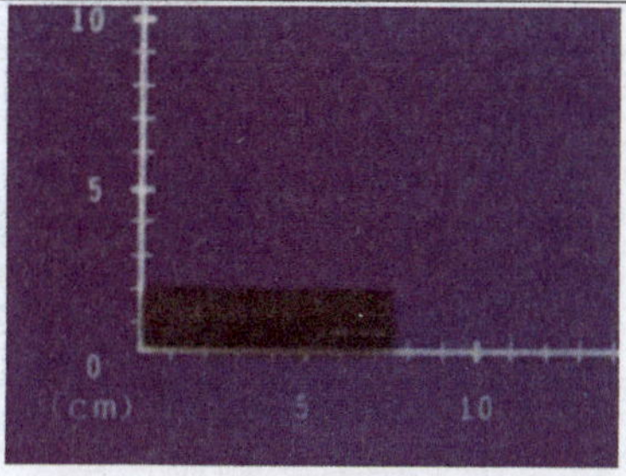 901 防暴弹			

图 4.1.3

4. 打火机枪弹和射钉枪弹

打火机枪弹是用于打火机型防暴枪或笔型防暴枪上的弹药，外观呈银色或金黄色细长条圆柱体，与雷管相似。正放、直放和斜放图像都呈蓝色细长条形，图像加亮后可看到中部钢珠及尾部底火。

射钉枪弹外观呈黄色圆柱体，弹壳为金属材质，尺寸较小。正放图像一般通过轮廓识别，因其无弹头，所以较难识别。直放图像呈圆形，中间颜色较浅，与衣物或箱包中的金属圆扣相似，应注意区别。斜放图像呈蓝色圆柱状，底火部分颜色较深。整盒射钉枪弹图像特征比较明显，可通过常规分析法识别。如图 4.1.4。

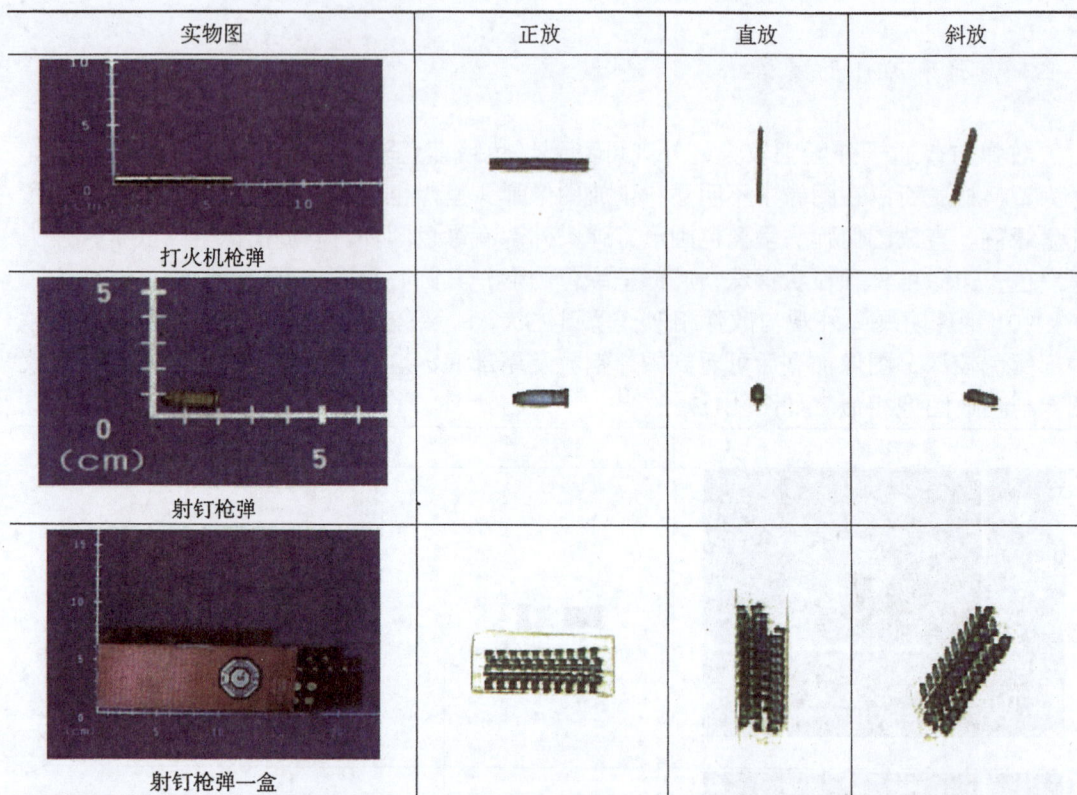

实物图	正放	直放	斜放
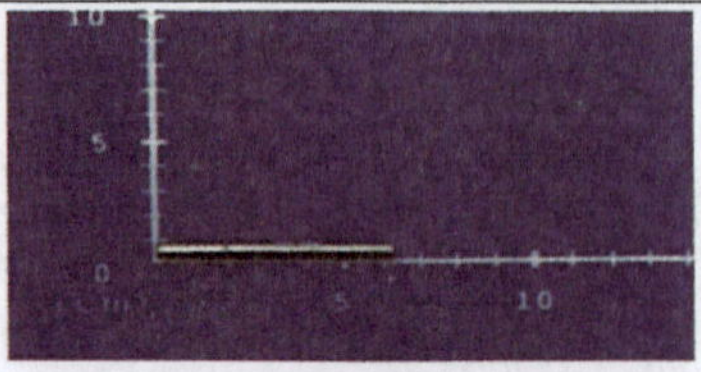 打火机枪弹			
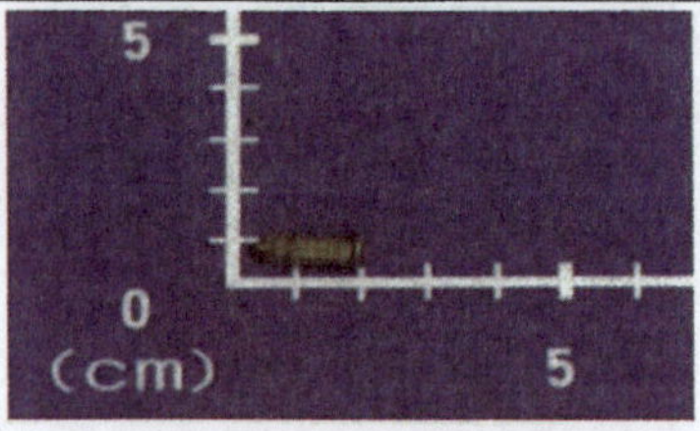 射钉枪弹			
 射钉枪弹一盒			

图 4.1.4

5. 发令枪子弹

发令枪子弹外壳由塑料制成，图像呈浅黄色。整筒的发令枪子弹，在图像中呈浅黄色长方形且中间有颜色稍深的小颗粒，直放时可看到浅黄色圆形中有小颗粒。在 X 射线机图像中识别发令枪子弹时，可使用图像加暗键结合图像放大键进行识别。

二、军（警）用械具类的 X 射线机图像基本特征

1. 电击器

电击器外形一般为长方体或圆柱体，尺寸有大有小，外壳一般都由塑料制成。正放图像可看到蓝色电池、升压装置及黑色电击点或电击环。直放图像可通过黑色圆环状电击点或点状电击点识别，两者中间图像颜色大部分呈黑色。斜放图像可通过电池、升压装置和电击点的部分特征识别。X 射线机操作员在图像识别过程中应特别注意某些小电器与电击器的区别，如电动剃须刀、数码相机、收音机等。如图 4.1.5。

实物图	正放	直放	斜放
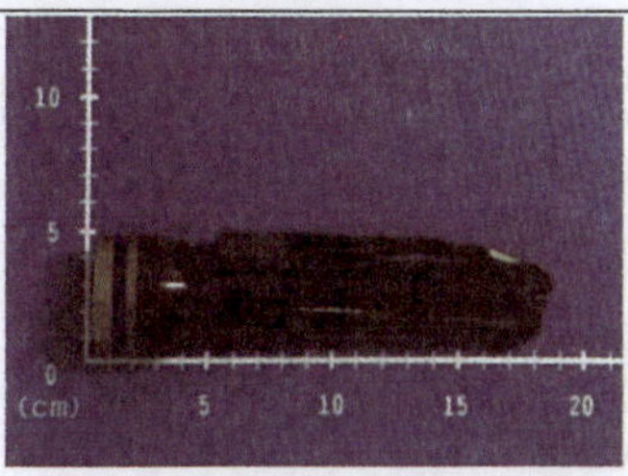 电击器 1			
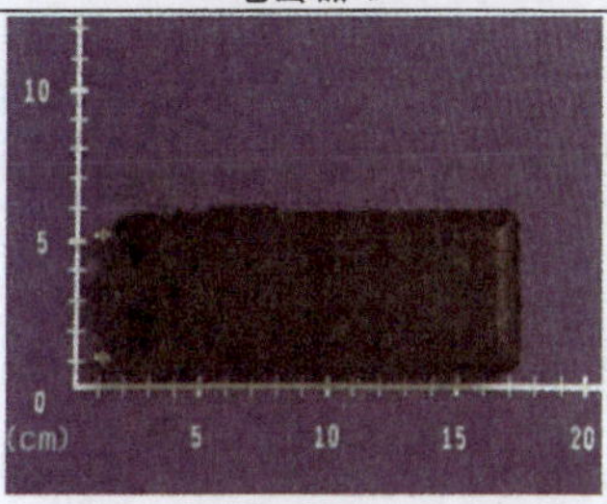 电击器 2			
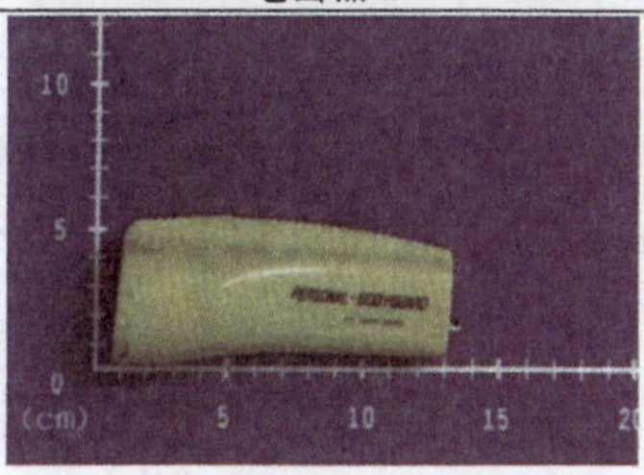 电击器 3			

图 4.1.5

2. 手铐和拇指铐

手铐和拇指铐外观呈银色或黄色，结构主要由扣环和锁头组成。正放图像容易识别。直放图像，手铐扣环和锁头呈两条黑色直线，中间由圆环相连，扣环有间隙；拇指铐呈一条黑色直线状，扣环有间隙。斜放图像，手铐较易识别，拇指铐与金属柄折叠刀图像相似，但两端都有间隙。如图 4.1.6。

实物图	正放	直放	斜放
 手铐			

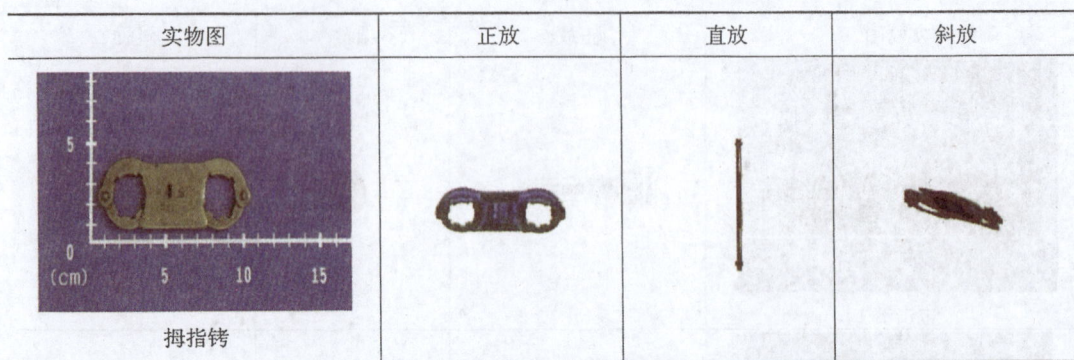

实物图	正放	直放	斜放
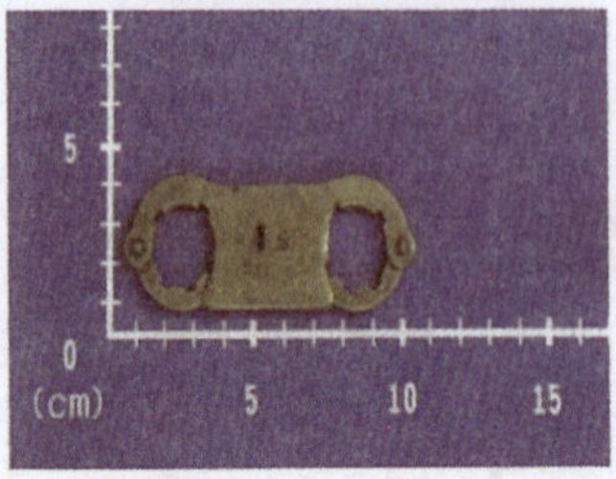 拇指铐			

图 4.1.6

3. 催泪瓦斯

催泪瓦斯外观为圆柱状瓶体，一般由铝制成，尺寸各异。正放图像可通过淡绿色瓶体和瓶口中心绿色金属喷头识别，大瓶催泪瓦斯瓶口有蓝色密封盖。直放图像瓶体呈绿色圆形，瓶口中心可看到由金属喷头形成的空心圆。斜放图像呈圆柱体，同时能看到由金属喷头形成的空心圆。X 射线机操作员在图像识别过程中应特别注意某些瓶装化妆品和生活用品与催泪瓦斯的区别，如发胶、剃须泡、口气清新剂、哮喘喷雾等，检查过程中如发现类似图像需通过开箱（包）检查进一步确认。如图 4.1.7。

实物图	正放	直放	斜放
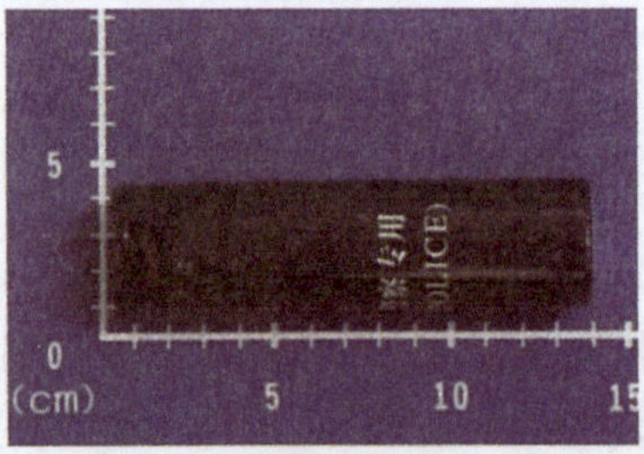 催泪瓦斯 1			
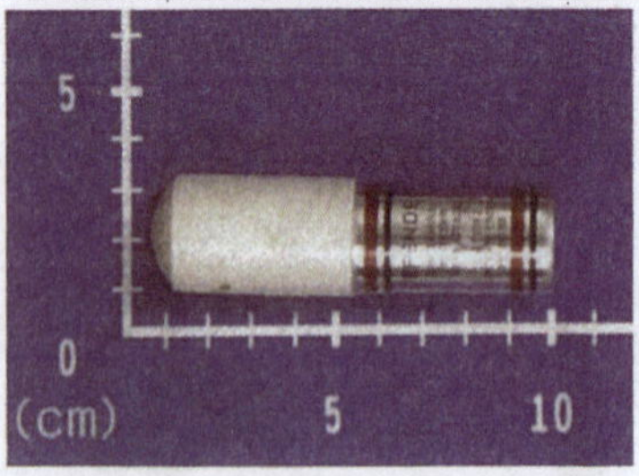 催泪瓦斯 2			

图 4.1.7

4. 警鞭

警鞭外观一般为黑色圆柱体，由金属或橡胶制成，有伸缩式和非伸缩式两种。金属伸缩式警鞭正放图像轮廓明显且颜色较深，容易识别。直放图像呈黑色不规则圆形。斜放图像呈黑色圆柱体，较易识别。如图 4.1.8。

实物图	正放	直放	斜放
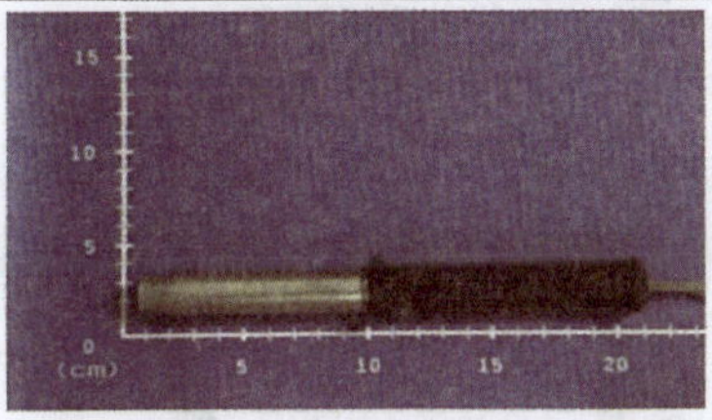 警 鞭			
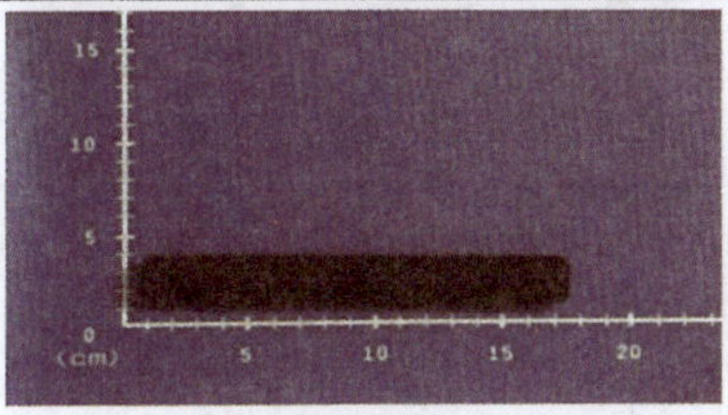 警 鞭			

图 4.1.8

三、管制刀具的 X 射线机图像特征

1. 匕首

匕首刀身由金属制成，刀柄由金属或其他材质制成，一般都带有金属或其他材质的刀鞘。正放图像能看到蓝色刀身和黑色刀柄，容易识别。直放图像刀身呈黑色线状，刀柄根据材质不同呈黑色或黄色块状。斜放图像根据实际摆放角度不同形状各异，但仍能看到刀身和刀柄的特征。如图 4.1.9。

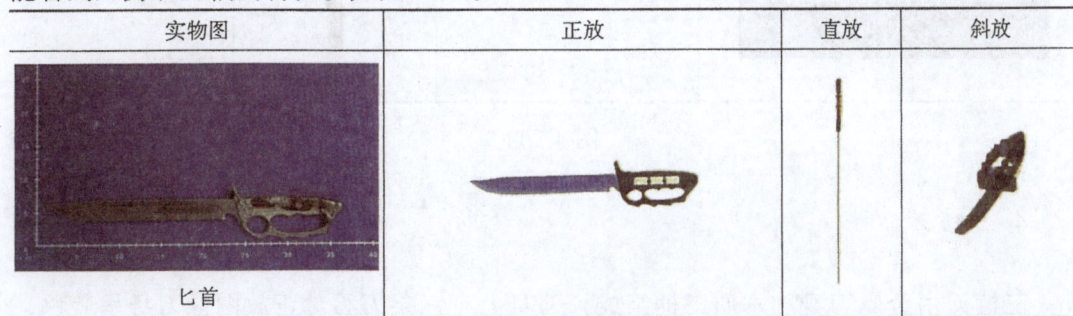

实物图	正放	直放	斜放
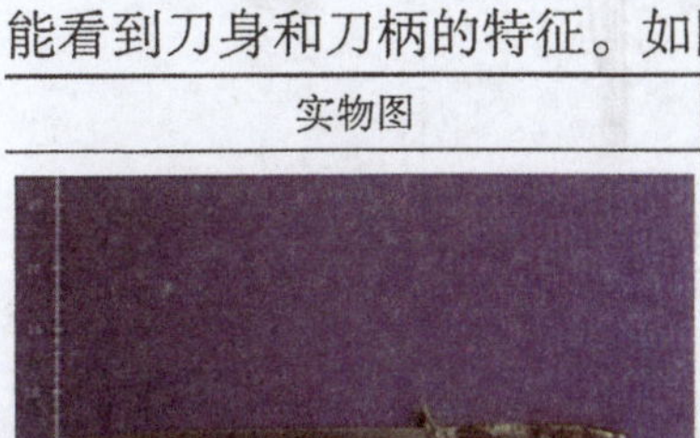 匕首			

图 4.1.9

2. 弹簧刀

弹簧刀由金属或其他材质制成，刀身隐藏在刀柄内。正放图像能看到蓝色或黑色刀柄，刀柄形状明显，容易识别。直放图像呈长条状，刀柄周围呈黑色，中间有间隙，刀柄外侧能模糊看到黄色开关。斜放图像根据实际摆放角度不同形状各异，但仍能看到刀柄的特征。如图 4.1.10。

实物图	正放	直放	斜放
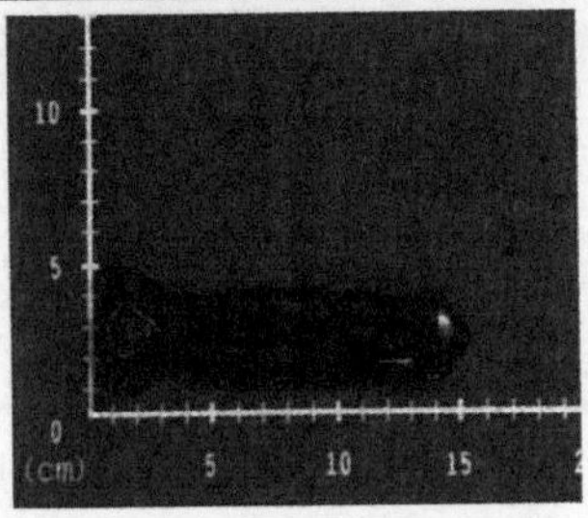 弹簧刀			

图 4.1.10

3. 跳刀

跳刀由金属或其他材质制成，刀身位于刀柄内部。正放图像能看到蓝色刀柄和刀身及黑色点状开关。直放图像能看到若干黑线，同时能看到黑色铆钉和点状开关。斜放图像根据实际摆放角度不同形状各异，但仍能看到刀柄的特征。如图 4.1.11。

实物图	正放	直放	斜放
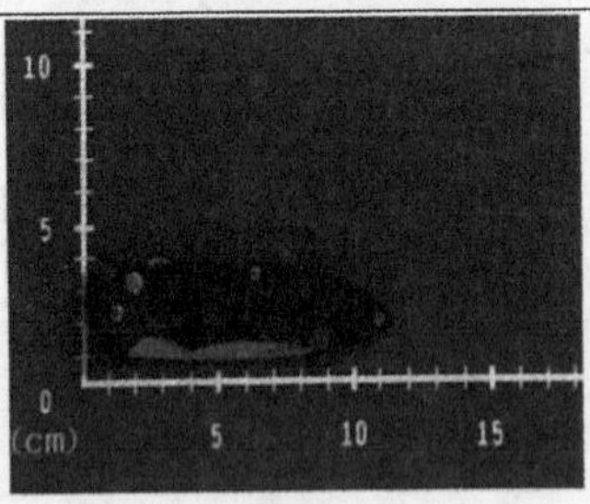 跳刀			

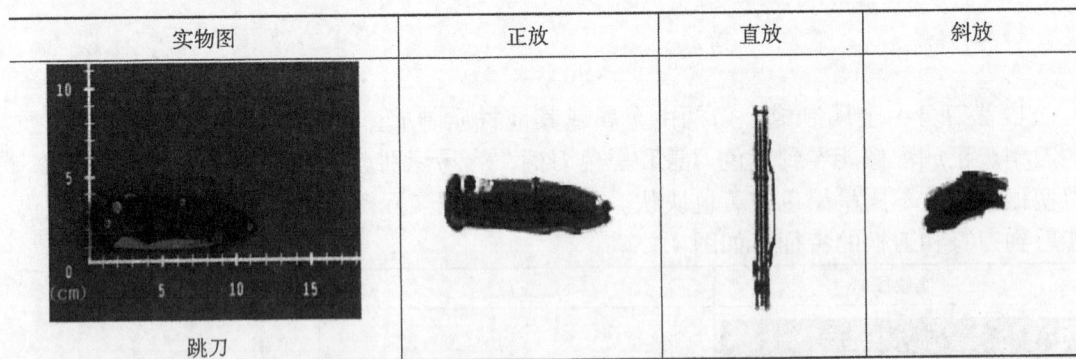

图 4.1.11

4. 三棱刀

三棱刀由金属刀身和木质刀柄组成，刀身上有三条刀刃。正放图像刀身呈蓝色，中间第三条刀刃因直放角度呈黑色细线，刀柄呈黄色。直放图像刀身颜色稍深。斜放图像与正放图像相似。如图 4.1.12。

实物图	正放	直放	斜放
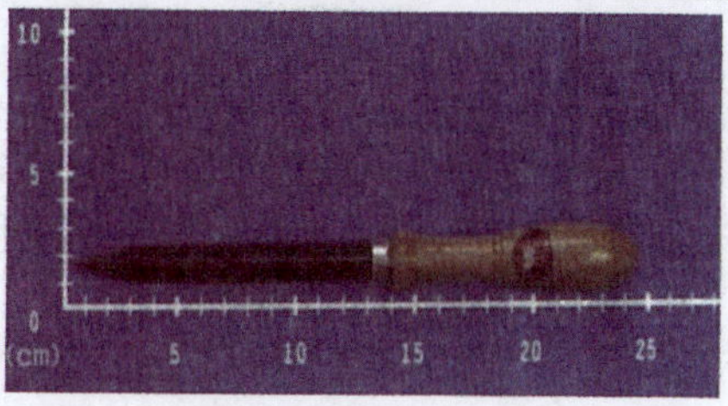 三棱刀			

图 4.1.12

四、爆炸物品的 X 射线机图像基本特征

1. 铁、铜壳电雷管

铁、铜壳电雷管管体外观为银色或黄色细长条圆柱体，管体尾部有压痕并与电线相连。正放图像管体呈蓝色长方形，铜壳电雷管内部有黑色加强帽，铁壳电雷管内部加强帽颜色较浅，尾部有电线与之相连。直放图像呈黑色点状，有绿色电线与之相连。斜放图像与直放图像相似。如图 4.1.13。

实物图	正放	直放	斜放
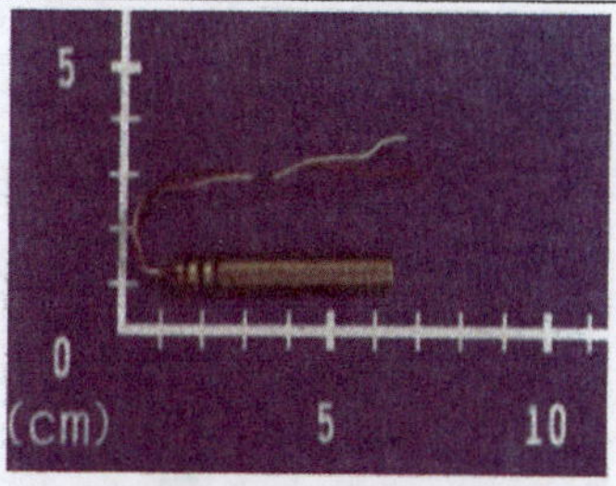 铜壳电雷管			
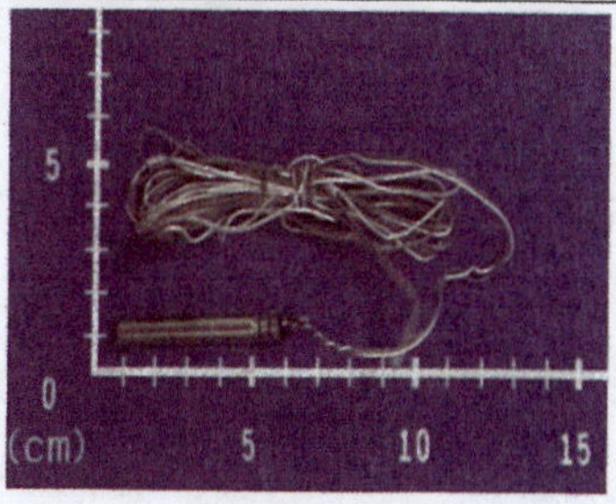 铁壳电雷管			

图 4.1.13

（二）纸壳电雷管

纸壳电雷管管体外观为黄色细长条圆柱体，管体尾部有金属压条并与电线相连。正放图像管体呈极淡的黄色，内部加强帽呈黑色块状，头部炸药呈黄色，尾部有蓝色金属压条与电线相连。直放图像呈黑色点状，金属压条呈蓝色圆形，与电线相连。斜放图像与正放图像相似。如图 4.1.14。

实物图	正放	直放	斜放
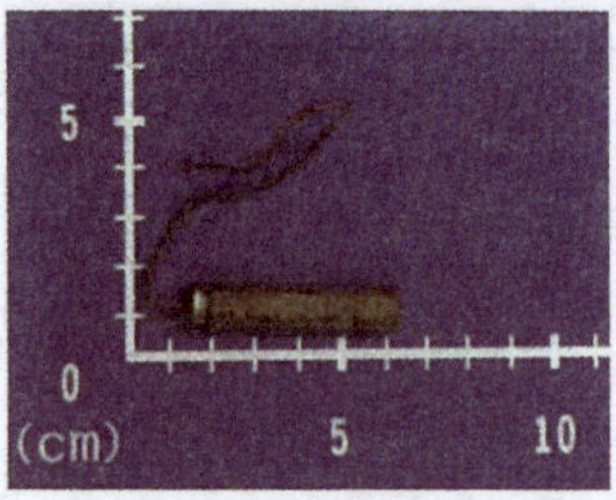 纸壳电雷管			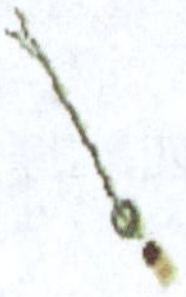

图 4.1.14

3. 铝、纸壳火雷管

铝、纸壳火雷管管体外观为银灰色或黄色细长条圆柱体。铝、纸壳火雷管图像与纸壳电雷管相似（除电线部分），铝壳火雷管外壳颜色为淡绿色。如图 4.1.15。

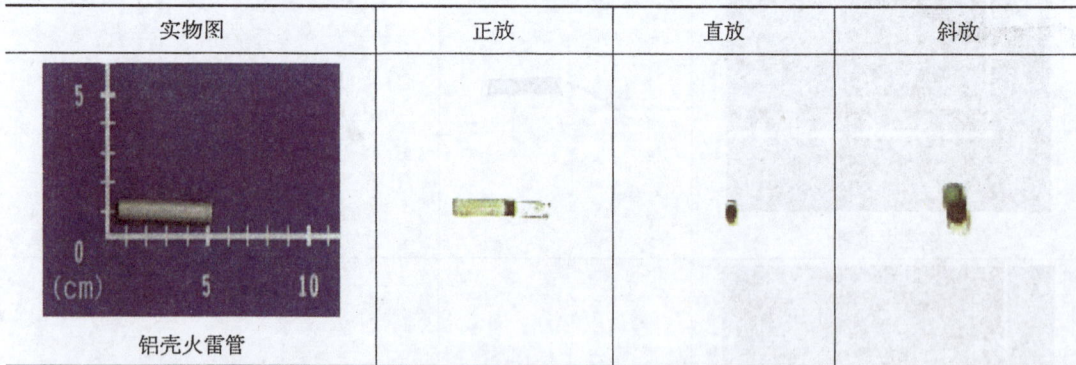

实物图	正放	直放	斜放
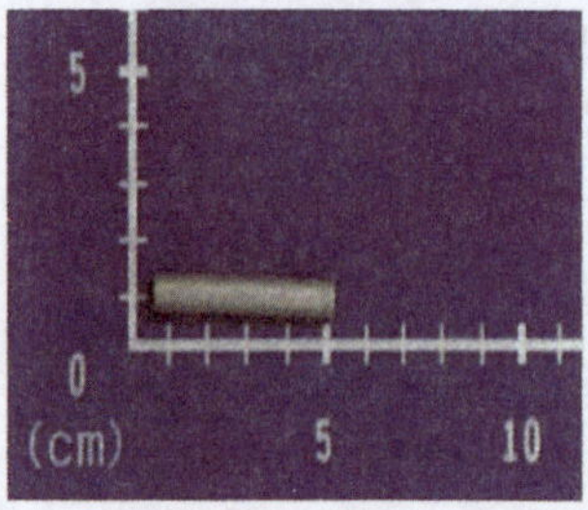 铝壳火雷管			

图 4.1.15

4. 导火索和导爆索

导火索外观为白色绳索状。正放、直放和斜放图像呈淡绿色线状。

导爆索外观为红色绳索状。正放、直放和斜放图像呈淡黄色线状。

X 射线机操作员在图像识别过程中应特别注意导火索、导爆索和电线之间的区别，电线一般为绿色或蓝色且较细，绝大部分电线都有与之相连的电器，如有线鼠标、电吹风、各类充电器等。如图 4.1.16。

实物图	正放	直放	斜放
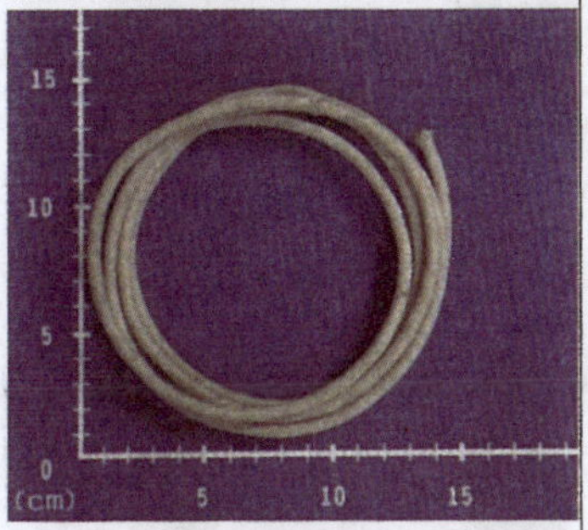 导火索			
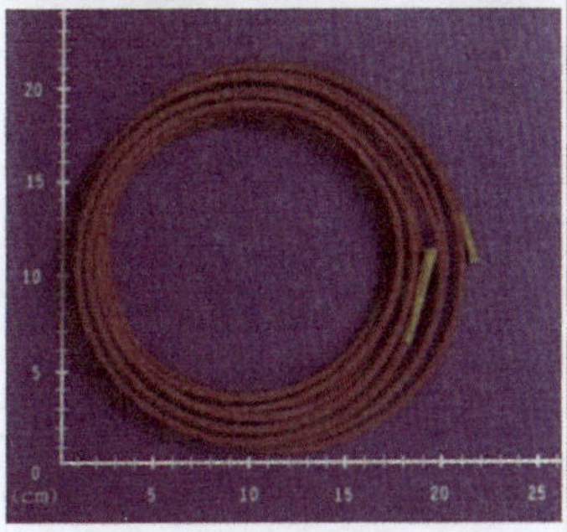 导爆索			

图 4.1.16

5. 梯恩梯和塑性炸药

梯恩梯外观为淡黄色或黄褐色，常见有块状、柱状和鳞片状。块状梯恩梯正放图像呈黄色长方形，一端中部有用于放置雷管的凹槽，直放图像呈深黄色长方形，中间有圆形凹槽，斜放图像呈黄色立方体；柱状梯恩梯正放图像与块状梯恩梯相似，直放呈深黄色圆形，斜放呈黄色圆柱状；鳞片状梯恩梯个体大小类似麦片，图像呈黄色。

塑性炸药外观为白色或略带黄色，可被捏成各种形状，图像没有固定形状，呈黄色。如图 4.1.17。

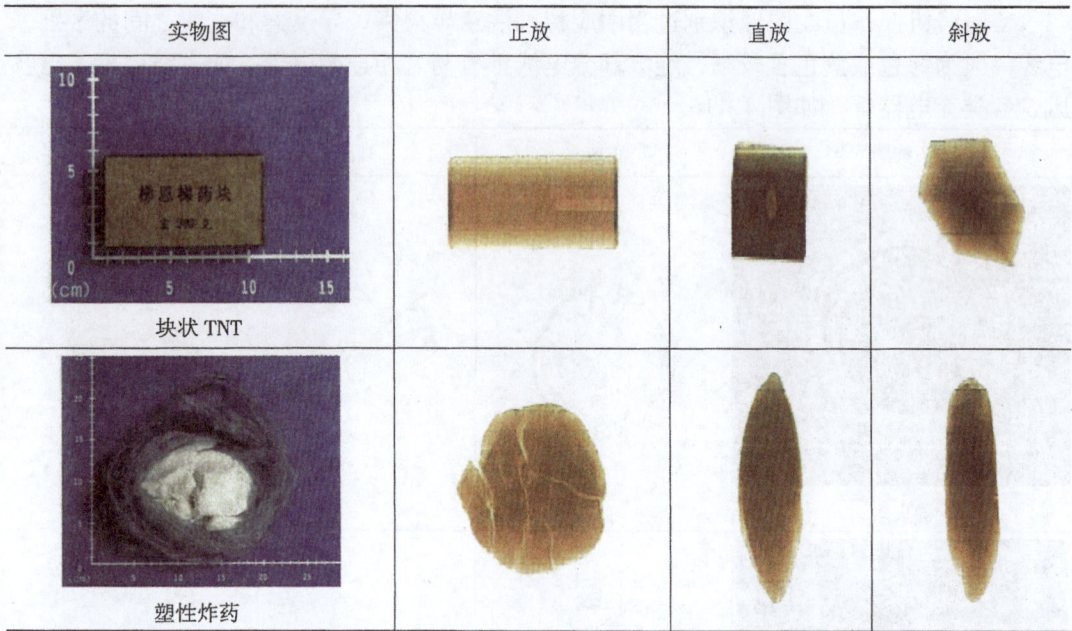

实物图	正放	直放	斜放
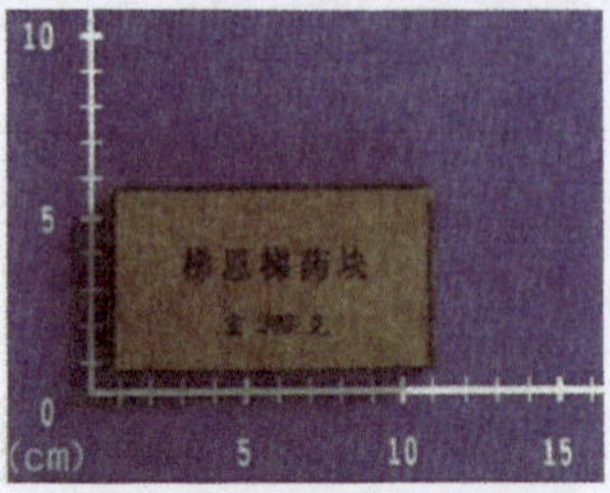 块状 TNT			
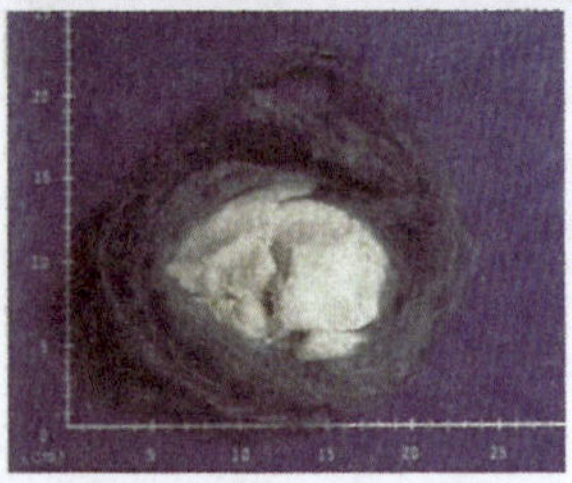 塑性炸药	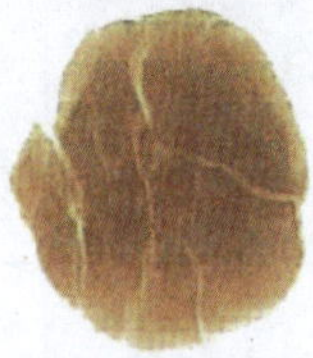		

图 4.1.17

6. 烟花

烟花形状、尺寸、颜色各异，图像特征也不尽相同，内部含有火药，火药在图像中通常呈绿色，有些烟花火药内含有金属颗粒（燃烧后产生不同颜色），图像呈黑色。如图 4.1.18。

实物图	正放	直放	斜放
 烟花 1			
 烟花 2			

图 4.1.18

6. 鞭炮

鞭炮可分为大鞭炮和小鞭炮。大鞭炮外壳由纸或有机材料制成，图像主要呈黄色，内部有两块蓝色火药和一块绿色填充物。直放图像外壳呈深黄色，火药和填充物重叠呈深绿色。斜放图像与直放图像相似。小鞭炮正放图像呈绿色，鞭炮间有细小间隙。直放时鞭炮呈连续深绿色点状。斜放图像呈深绿色不规则形状。如图 4.1.19。

实物图	正放	直放	斜放
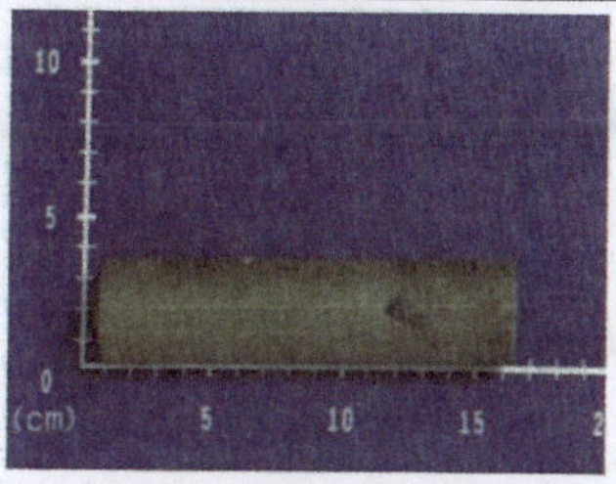 鞭炮 1			
 鞭炮 2			

图 4.1.19

五、易燃易爆物品的 X 射线机图像特征

1. 打火机气体

打火机气体瓶体由金属或塑料制成，内含有压缩丁烷气体。金属瓶体打火机气体正放图像轮廓明显，头部有金属充气管，较易识别；直放图像瓶体呈圆形，最外层瓶体呈黑色，内部呈绿色，圆形中心有黑点；斜放图像与直放图像相似。塑料瓶打火机气体正放图像瓶体轮廓不明显呈淡黄色，头部有蓝色金属充气管，较难识别；直放图像瓶体呈圆形，最外层瓶体呈黑色，内部呈黄色，中心有黑点；斜放图像与正放图像相似。如图 4.1.20。

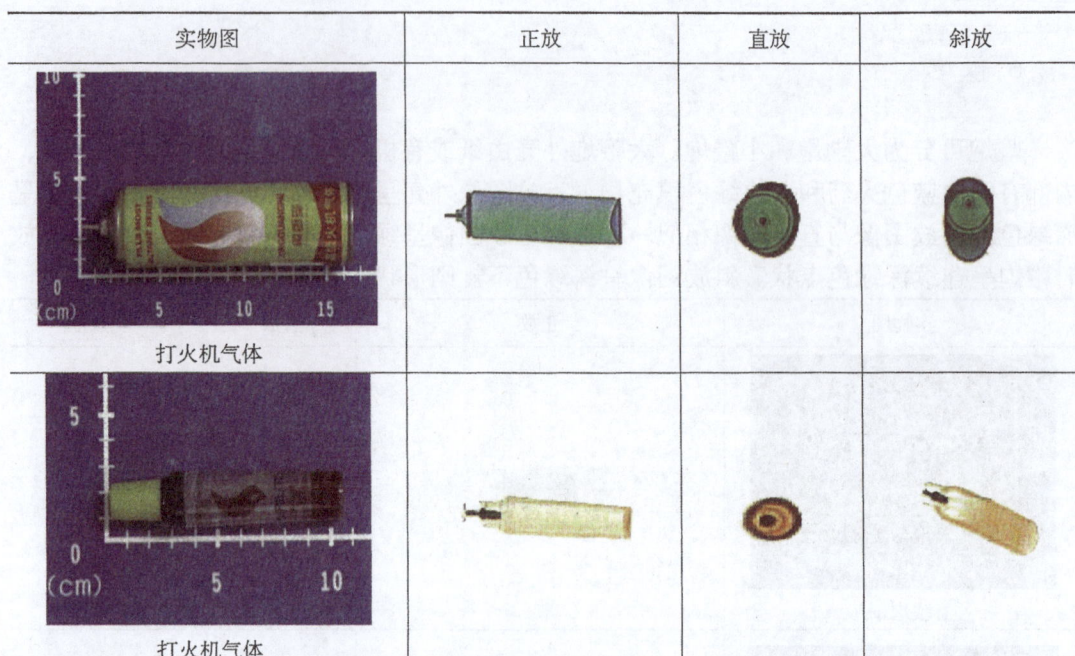

实物图	正放	直放	斜放
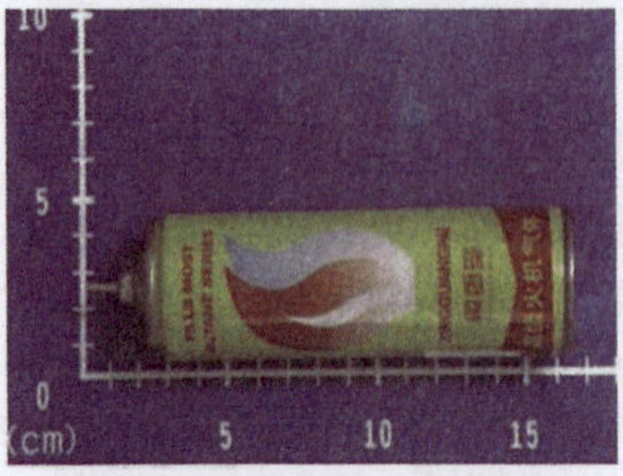 打火机气体			
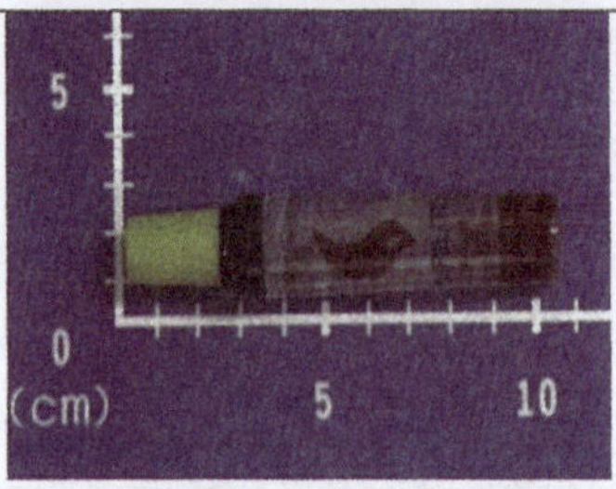 打火机气体			

图 4.1.20

2. Zippo 煤油

Zippo 煤油瓶身由金属制成，瓶体头部由塑料制成。正放图像瓶体呈绿色长方形，头部有突出的瓶口；直放图像瓶体呈长方形，最外层呈黑色，内部呈黄绿色，中心有模糊的圆形瓶口；斜放图像瓶体呈立方体，外部呈蓝色，内部呈绿色。如图 4.1.21。

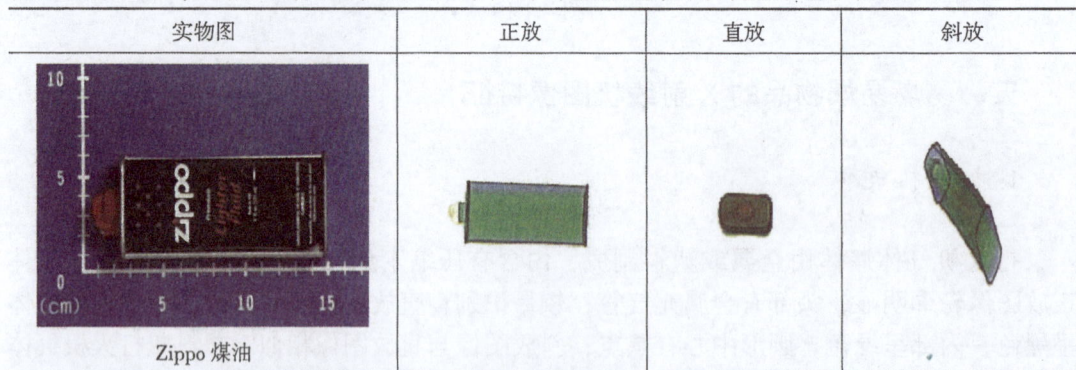

实物图	正放	直放	斜放
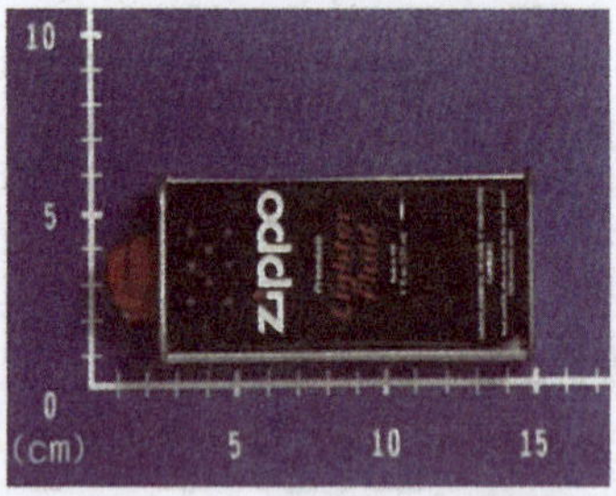 Zippo 煤油			

图 4.1.21

六、各类微型防暴枪的 X 射线机图像特征

各类微型防暴枪在 X 射线机图像上外观轮廓与一些日常生活用品相似，但具有日

常生活用品所没有的击发装置和弹槽。

1. 打火机型防暴枪

打火机型防暴枪类似普通金属打火机。正放图像呈蓝色长方形，一边是金属打火机，另外一边有明显的两条弹槽。直放图像呈黑色块状，加亮后能模糊看到两个弹槽孔。斜放图像与正放图像相似。如图 4.1.22。

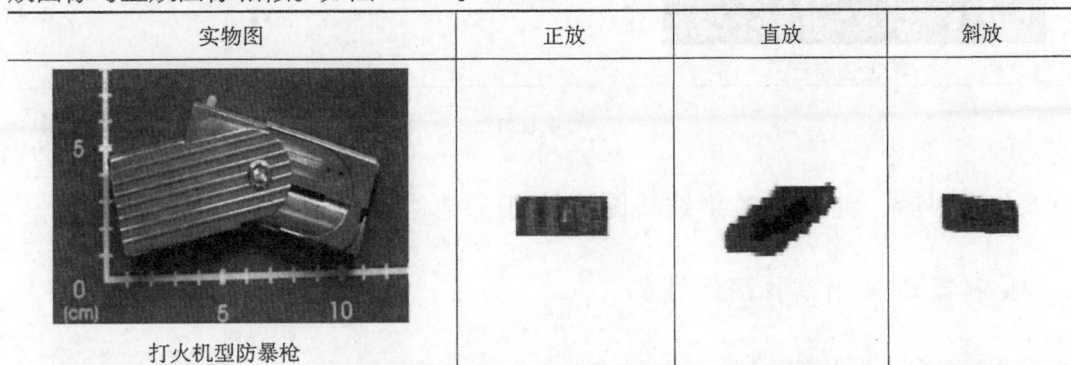

实物图	正放	直放	斜放
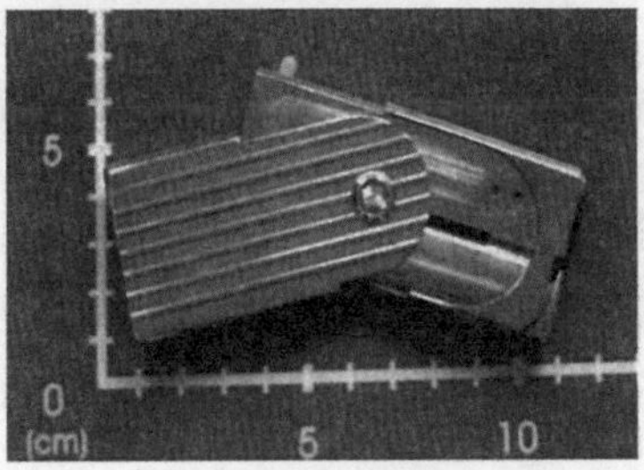 打火机型防暴枪			

图 4.1.22

2. 笔型防暴枪

笔形防暴枪类似普通金属钢笔或圆珠笔。正放图像笔体颜色较深，中部可看到明显的弹槽。直放图像与正放图像相似。斜放图像比普通金属笔颜色深，尤其是笔体中部。如图 4.1.23。

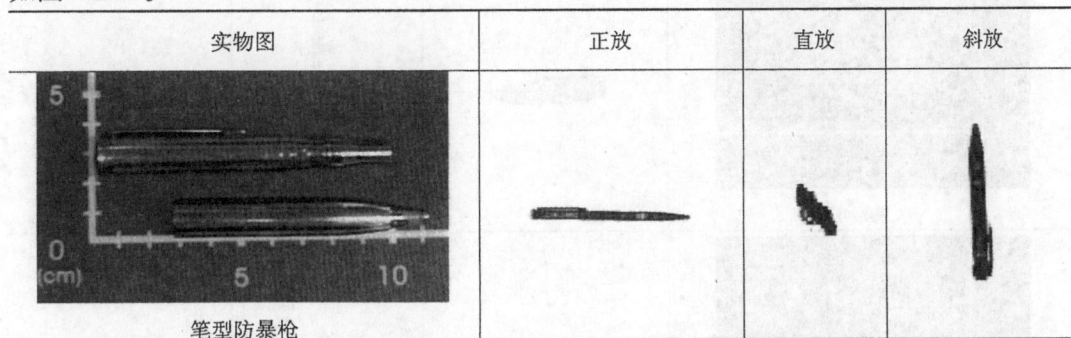

实物图	正放	直放	斜放
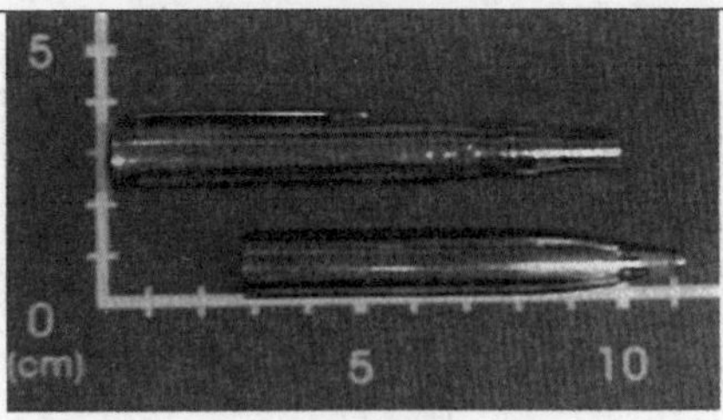 笔型防暴枪			

图 4.1.23

3. 口红型防暴枪

口红型防暴枪基本由塑料制成，正放图像外壳呈黄色长方形，内部有淡绿色弹槽及黑色击发电极和金属片。直放图像呈黄色正方形，内部可看到模糊的淡绿色弹槽。斜放图像与正放图像相似。如图 4.1.24。

实物图	正放	直放	斜放
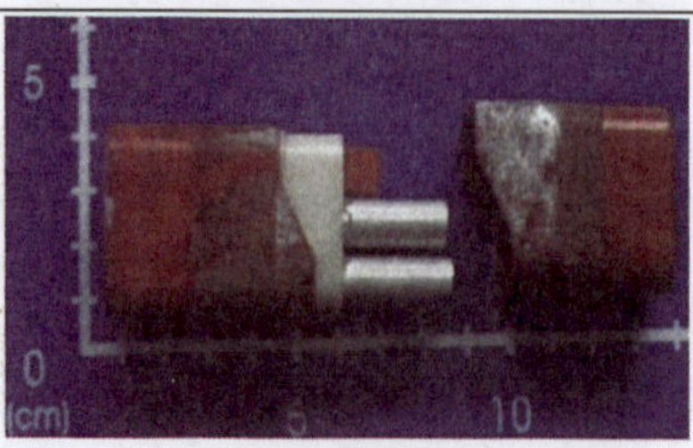 口红形防暴枪			

图 4.1.24

七、利器、钝器的 X 射线机图像特征

1. 利器的 X 射线机图像特征

水果刀大小、形状各异，种类繁多，由金属和其他材质制成，可分为折叠式和非折叠式。塑料或木质刀柄的水果刀正放图像刀身呈蓝色，较易识别，折叠式金属水果刀刀柄与刀身重叠轮廓明显，也较易识别。直放图像刀身呈黑色细线，金属刀柄的水果刀则较粗，折叠水果刀能看到黑色金属铆钉。斜放图像根据实际摆放角度不同形状各异，但仍能看到刀柄或刀身的特征。如图 4.1.25。

实物图	正放	直放	斜放
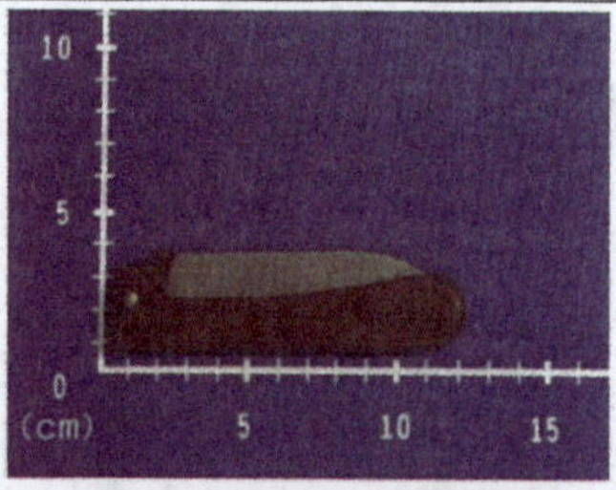 水果刀 1			
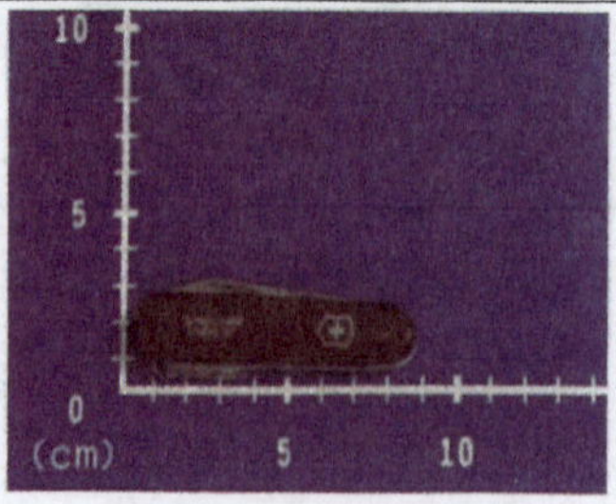 水果刀 2			

图 4.1.25

裁纸刀的外壳根据材质可分为金属和塑料两种。正放时，塑料外壳裁纸刀能看到蓝色平行四边形刀片及尾部圆孔，金属外壳裁纸刀图像不明显，但能看到特殊形状的外壳。直放时，刀片或外壳呈黑色细线。斜放图像根据实际摆放角度不同形状各异，但仍能看到刀片或外壳的特征。

整盒裁纸刀片正放图像塑料盒呈淡黄色，刀片呈深蓝色平行四边形，尾部有圆孔。直放图像盒子边缘呈黄色，刀片呈黑色细线。斜放图像与直放图像相似。如图 4.1.26。

实物图	正放	直放	斜放
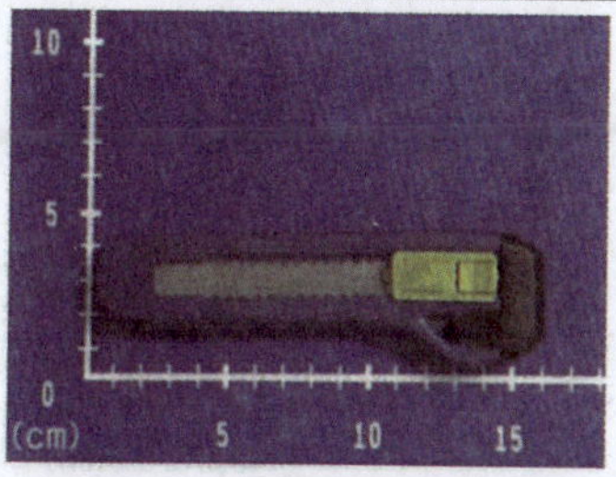 裁纸刀	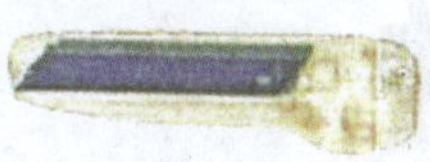		
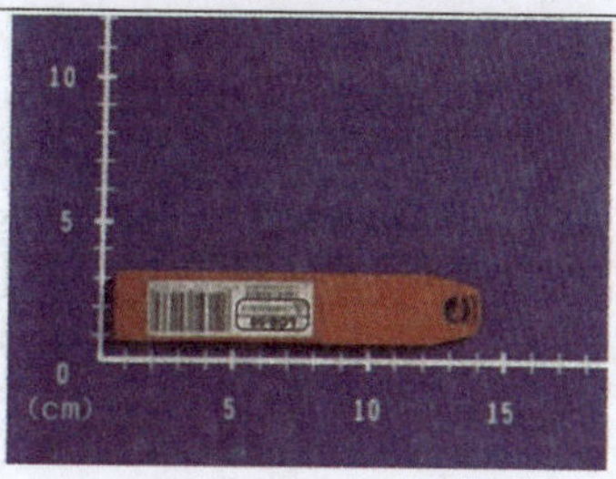 裁纸刀片一盒			

图 4.1.26

剪刀刀身由金属制成，刀柄由塑料或其他材质制成。正放图像刀身呈蓝色，轮廓明显，刀柄呈黄色，较易识别。直放图像刀身呈黑色线状，刀身末端有凸出的黑色铆钉，刀柄呈深黄色。斜放图像根据实际摆放角度不同形状各异，但仍能看到刀身的特征。如图 4.1.27。

实物图	正放	直放	斜放
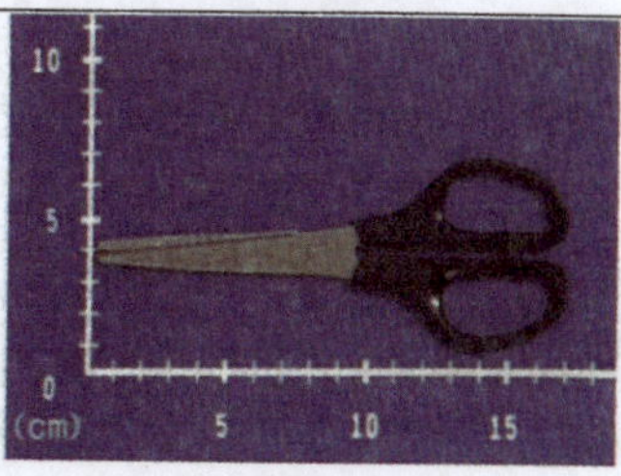 剪刀	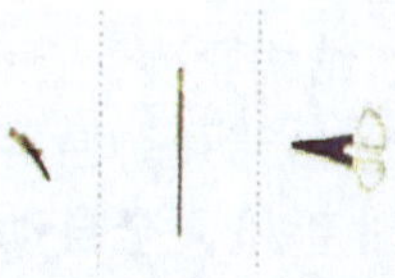		

图 4.1.27

2. 钝器的 X 射线机图像特征

钝器（铁锤、扳手、钳子等）材质大部分由金属制成，图像轮廓特征明显，较易识别。

铁锤头部由金属制成，锤柄由木材或其他材质制成。正放、直放及斜放的锤头图像轮廓特征非常明显，极易识别，木质锤柄呈黄色。如图 4.1.28。

实物图	正放	直放	斜放
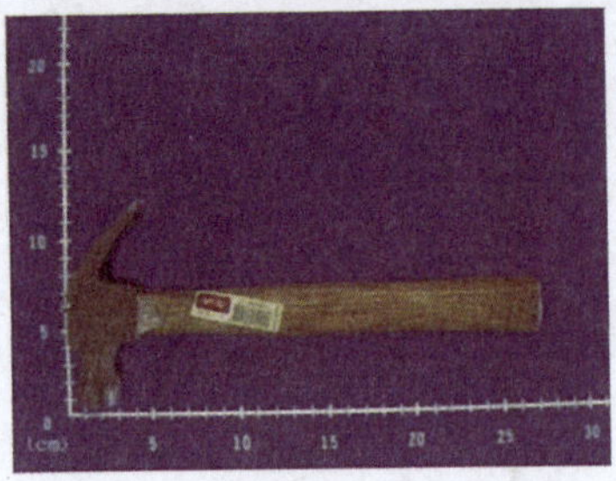 铁锤			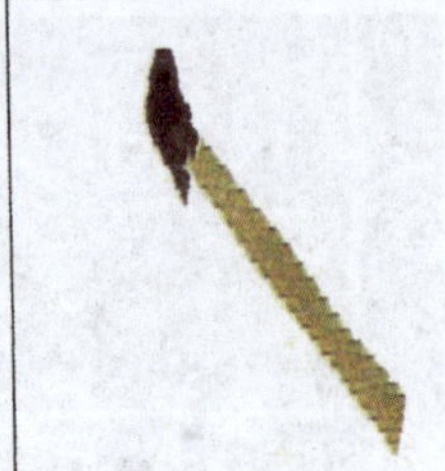

图 4.1.28

【相关知识】

一、枪支弹药的基本知识

1. 枪支的种类

（1）按口径分类：分为小口径枪、大口径枪和普通口径枪。口径小于 6 毫米 的称为小口径枪；口径大于 12 毫米 的称为大口径枪；口径为 6 ~ 12 毫米 的称为普通口径枪。

（2）按用途分类：分为军（警）用枪械和民用枪械两大类。军（警）用枪械包括军用手枪、步枪、冲锋枪、机枪、防暴枪。民用枪械包括气枪、猎枪、运动枪、麻醉注射枪、发令枪、样品枪、道具枪，另外还有钢珠枪、催泪枪、电击枪、微型防卫器以及上述物品的仿制品。

① 制式手枪

手枪是一种单手握持瞄准射击或本能射击的短枪管武器。手枪的基本特点是：变换保险、枪弹上膛、更换弹匣方便，结构紧凑，自动方式简单。军用手枪主要有自卫手枪和冲锋手枪。自卫手枪射程一般为 50 米，弹匣容量 8 至 15 发，发射方式为单发，重量在 1 公斤左右。冲锋手枪亦叫战斗手枪，全自动，一般配有分离式枪托，弹匣容量 10 至 20 发，平时可当冲锋枪使用，有效射程可达 100 ~ 150 米。现代手枪主要有左轮手枪、自动手枪（实际是半自动手枪）、全自动手枪三种类型。

我国的军队和公、检、法、司等部门大部分配备的是 54、59、64、77 式手枪，另外还有为基层军官配备的大威力全自动 80 式冲锋手枪，专门为特种兵及侦察兵配备的 91 式匕首手枪，为各种警卫、保卫人员配备使用的 84 式特种微型手枪，又称“反劫机手枪”，及中国第一代小口径战斗手枪 92 式手枪，目前在北京、上海等部分公安系统进行了警用配备。

54 式手枪	59 式手枪	64 式手枪	77 式手枪
	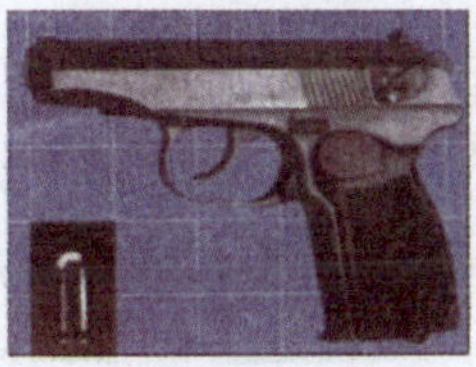		
80 式冲锋手枪	84 式微型手枪	91 式匕首手枪	92 式小口径战斗手枪
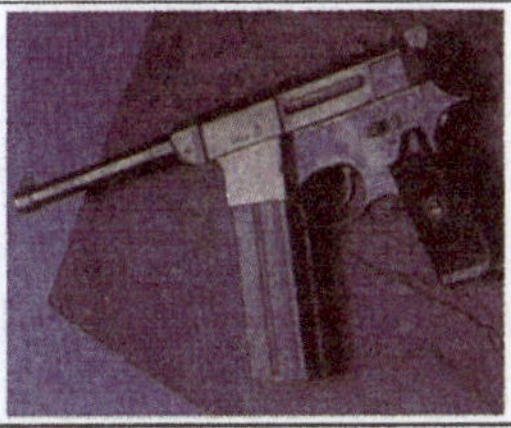		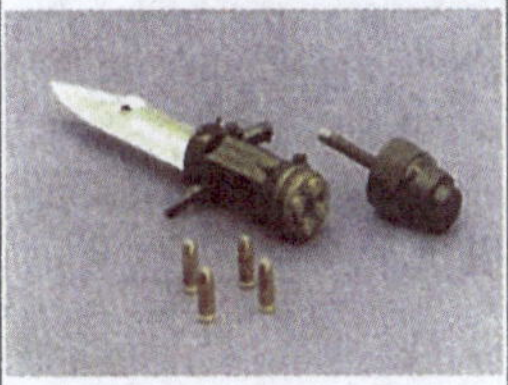	

② 制式步枪

步枪、来复枪是指有膛线（又称来复线）的长枪，单兵肩射的长管枪械。主要用于发射枪弹，杀伤暴露的有生目标，有效射程一般为 400 米，也可用刺刀、枪托格斗，有的还可发射枪榴弹，具有点面杀伤和反装甲能力。步枪按自动化程度分为非自动、半自动和全自动 3 种，现代步枪多为自动步枪。步枪按用途分为普通步枪、骑枪（卡宾枪）、突击步枪和狙击步枪。

我国配备的步枪有 56 式自动步枪、56 式半自动步枪、63、81 式自动步枪及将会取代 81 式成为现役标准装备的新款 95 式和 03 式自动步枪。我国主要装备的狙击步枪有 79、85、88、99 式等。

56 式半自动步枪	56 式自动步枪

63 式自动步枪	81 式自动步枪

95 式自动步枪	03 式自动步枪

③ 民用枪

民用枪械包括气枪、猎枪、运动枪、麻醉注射枪、发令枪、样品枪、道具枪，另外还有钢珠枪、催泪枪、电击枪、微型防卫器以及上述物品的仿制品和外形似真枪的玩具枪。包括其他通过爆炸或压缩气体而发射带有金属弹丸并具有一定杀伤力的武器、器材等。

④ 国外非制式枪

国外非制式枪包括手杖枪、天线枪、螺栓枪、钥匙链式微型手枪等。此类非制式枪外表和普通生活物品类似，但经过改装，具备击发机和扳机，可发射子弹。

2. 枪支的基本结构

大部分制式手枪基本由枪管、套筒、套筒座、复进簧、击发机、弹匣和瞄准装置七大部分组成。制式步枪由枪管、导气装置、护盖、枪机、复进簧、击发机、枪托、机匣和弹匣、瞄准装置、刺刀等 11 部分组成。枪支分解后便于隐藏且难以辨认，需要安检人员熟悉和掌握制式枪支各部件的特点及其在 X 射线机屏幕上显示图像的形状、尺寸、密度、色彩等，才能更有效地实施检查，充分发挥 X 射线机的作用。

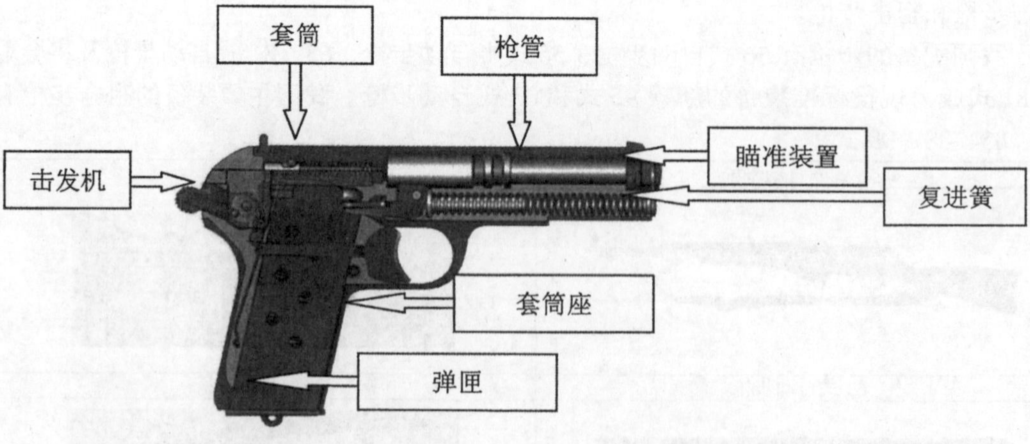

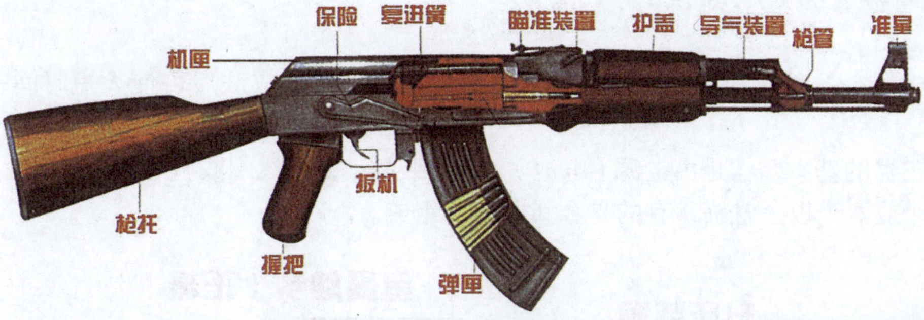

3. 子弹的种类

（1）按弹头用途分为：普通弹和特种弹头。特种弹头中又有曳光弹、穿甲弹、燃烧弹、瞬爆弹等。

（2）按配用武器分为：手枪弹、步枪弹、大口径枪弹、其他枪弹（供射击比赛、射击运动、防暴等武器发射使用）。

（3）按用途又分为：战斗弹、空包弹、教练弹。

枪弹弹头的性能用途可根据弹头上的不同色标来辨别，如曳光弹为绿色，燃烧弹为红色，瞬爆弹为白色。

（4）子弹的基本结构：

制式子弹由弹头、弹壳、底火和发射药组成。发射时底火受到撞针撞击后燃烧，点燃发射药，发射药燃烧产生气体将弹头推出。

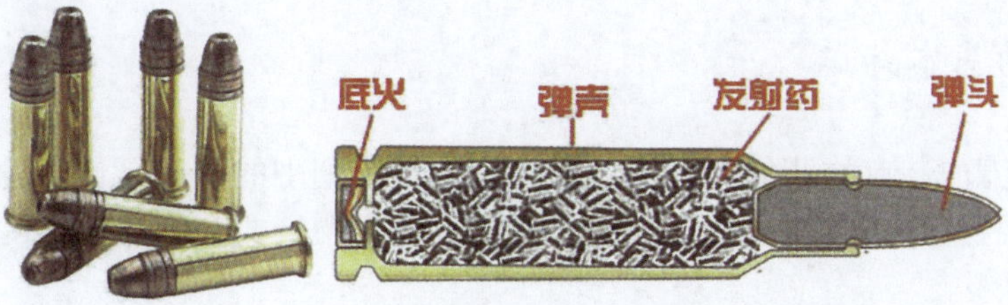

二、警械具类的基本知识

警械是指警察按照规定装备的警棍、催泪弹、高压水枪、特种防暴枪、手铐、脚镣、警绳、警用瓦斯等警用器械。警械是警察履行职责时依法所使用的专门器械，是保障警察履行职责的一种基本装备。

1. 电击器的基本知识

电击器是一种瞬间即可产生高强度电流的器械，接触皮肤后可使人短时间丧失反抗能力。

电击器的基本结构是由电源（电池）、升压装置（变压线圈或电容）、金属触头（有的是两个或两个以上触头，有的是金属圆环）组成。

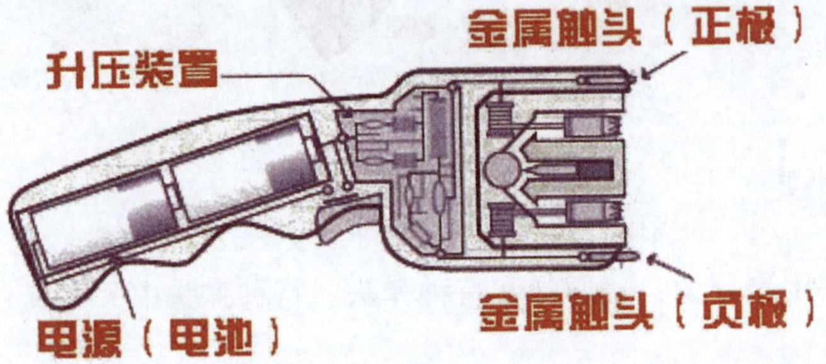

2. 催泪瓦斯的基本知识

催泪瓦斯一般由刺激剂和溶剂等成分组成，外观呈圆柱状瓶体，由铝制成，尺寸各异。催泪瓦斯可刺激人的眼、耳、鼻、喉，使人产生流泪、咳嗽、打喷嚏等症状。

三、爆炸物品类的基本知识

1. 雷管的基本知识

雷管是管壳内装有炸药的一种火工品，为传爆序列中的一个元件，输出爆炸冲能，用来引爆其后的猛炸药装药，也可使火药或烟火药爆燃，或利用其输出的爆轰能量直接做功。

1）雷管的分类

① 按用途分为：引信雷管、工业雷管、特种雷管。

② 按激发能种类分为：电雷管、非电雷管。

③ 非电雷管又按输出能量的不同分为：火雷管、导爆管雷管、化学雷管和激光雷管。

④ 电雷管按作用时间分为：瞬发雷管和延期雷管。

2）雷管的基本构造

雷管主要由管壳、装药和加强帽三部分组成。

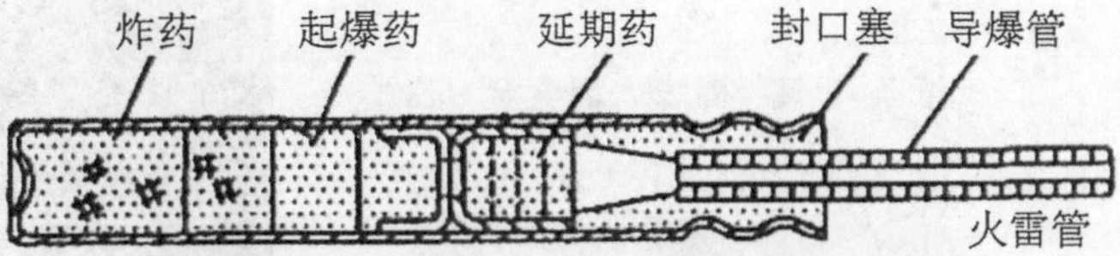

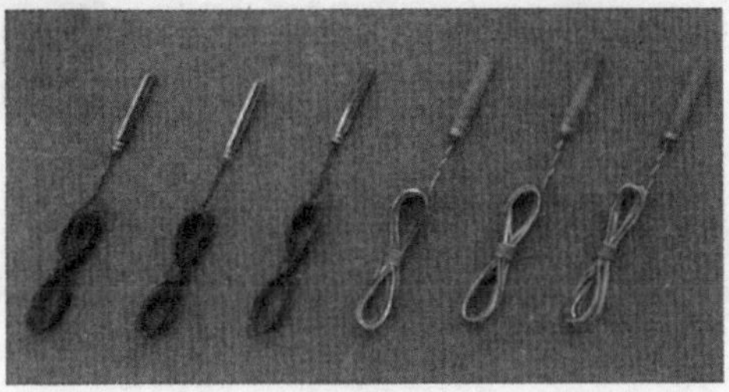

电雷管

2. 导火索基本知识

导火索是以黑火药为药芯，以棉线、纸条、沥青防潮剂等材料所组成的圆索状点火器材，表层外观为白色包线和土黄色的外层纸，外径一般为 5.2 ~ 5.8 毫米，燃速通常为每秒 1 厘米，通常用火柴或拉火管点燃，用于手榴弹或地雷等爆炸物品内作为延期的部件。

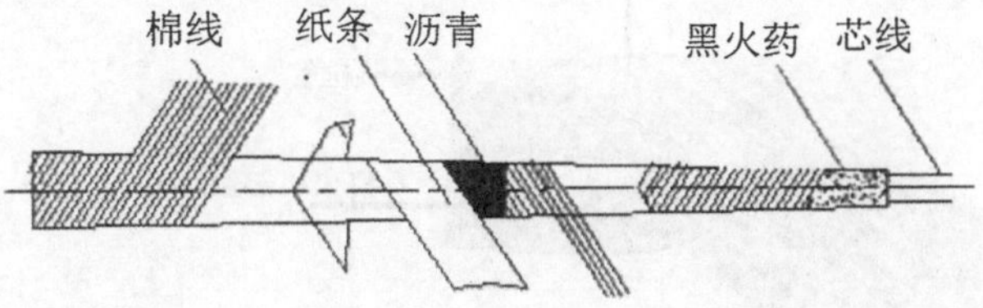

3. 导爆索的基本知识

普通导爆索用黑索金做药芯，以棉麻纤维及导火索纸为包缠物，以沥青和涂料为防潮剂制成的起爆器材。外形与导火索相似，但外观为红色、绿色或两条红螺旋形线，通常外径为 5.2 ~ 6.2 毫米，是起爆装药的高速起爆器材，本身需其他起爆器材（如雷管）引爆，爆速为 6500 米 / 秒。导爆索不吸湿，在水中浸泡 24 小时也不影响传爆。

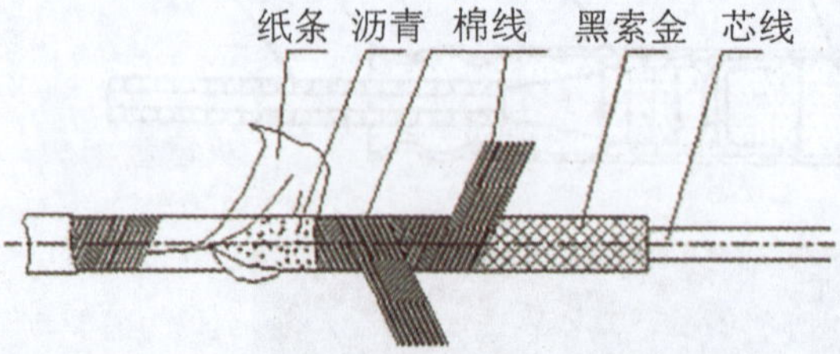

四、微型防暴枪的基本知识

1. 微型防暴枪的种类

常见的微型防暴枪有打火机型防暴枪、笔型防暴枪、口红型防暴枪、手机防暴枪等，外观与日常生活用品很相似。

2. 常见微型防卫器的相关知识

（1）打火机型防暴枪：外观比普通金属打火机稍大，一边是普通的打火机，另一边是可击发两发防暴弹的发射器。

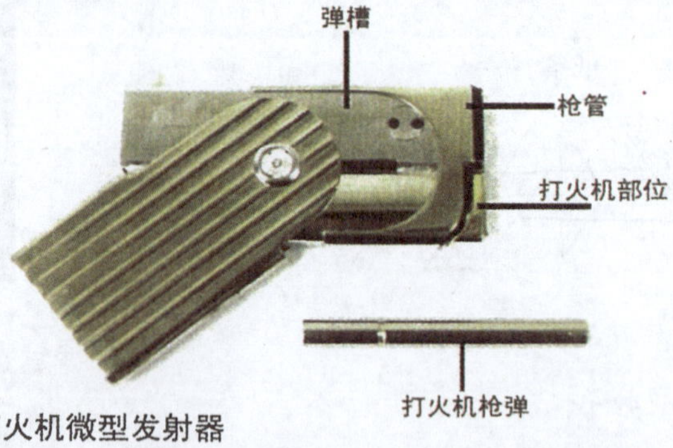

（2）笔型防暴枪：外观比普通金属笔稍粗，笔头部分可以正常书写，拔出笔头部分就能看到弹槽部分。

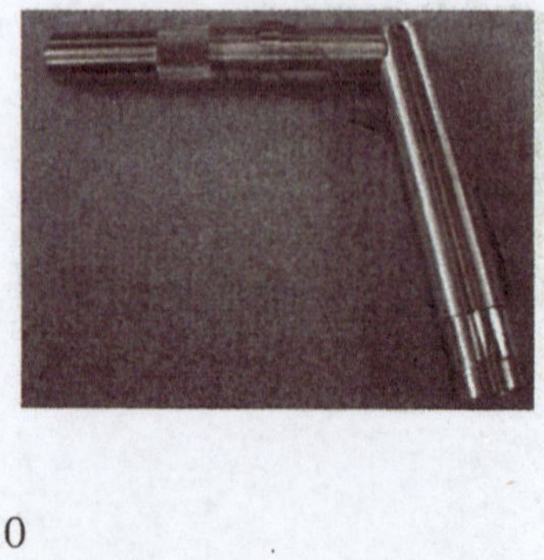

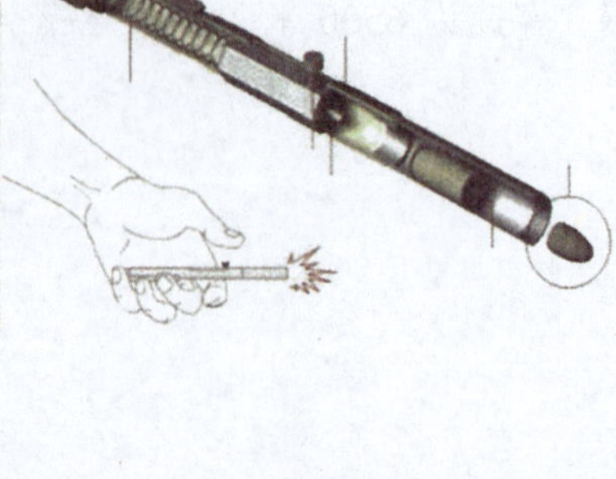

（3）口红型防暴枪：外观比塑料口红稍大，打开盖子就能看到铝制的弹槽。根据型号不同，分为单发、双发或四发等。

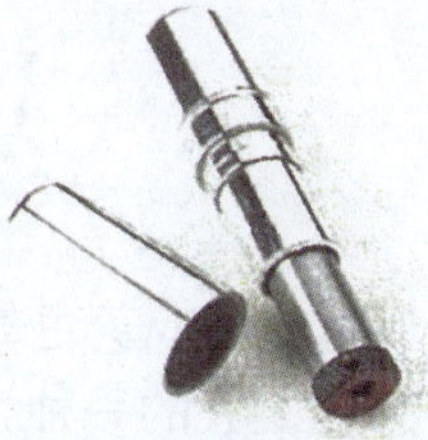

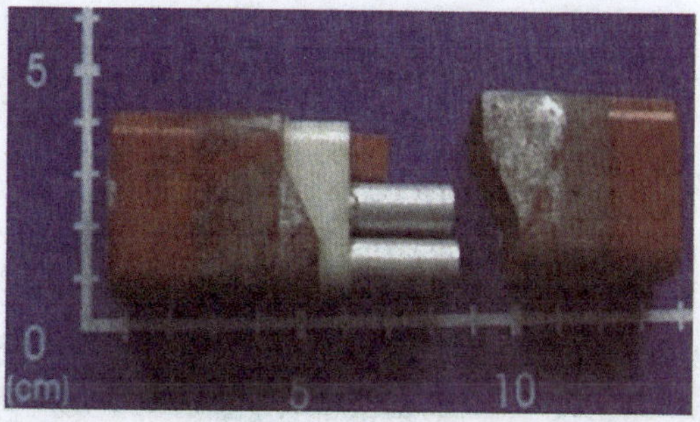

（4）手机防暴枪：外观和普通手机相似，但可以通过底部的压簧杆辨别，内装四个弹槽，通过手机防暴枪上 5 至 8 的触发按钮击发。

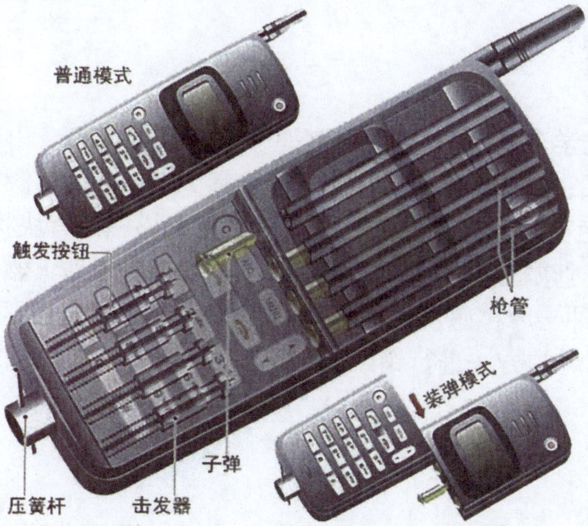

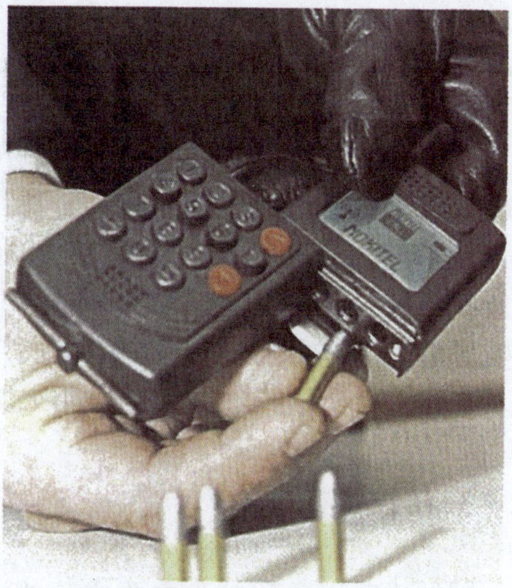

第二节　各类违禁物品介绍

【学习目标】

1. 掌握爆炸装置基本部件的识别方法及处置爆炸物的原则。
2. 了解各类违禁物品的相关知识。

【基本操作】

一、常见炸药的种类和识别方法

1. 雷汞

雷汞化学名称是雷酸汞，化学式为 Hg（ONC）$_2$。外观为白色或灰色的结晶体（灰色的含杂质，但爆炸性能相似），难溶于水，是起爆药中感度最大的一种，遇轻微的冲击、摩擦、火花、火焰影响都能引起爆炸。装有雷汞的雷管外壳用铜或纸，而不用其他金属制作。雷汞有甜的金属味，有毒，其毒性与金属汞相似。销毁方法是戴好防毒面具和手套，充分浸湿后在不断搅拌下加入 20%~25%的硝酸钠使其完全溶解。

2. 梯恩梯（TNT）

梯恩梯属于芳香族硝基化合物，化学名称为 2-4-6 三硝基甲苯，代号 TNT，由甲苯用硝硫混酸分段硝化而制得，化学式：$CH_3C_6H_2(NO_2)_3$，分子量 227。外观为淡黄色或黄褐色结晶体，受阳光照射后，颜色变暗，撞击感度也提高。常见的梯恩梯有块状、鳞片状和柱状三种。常温下对酸稳定，对碱敏感。可以长期储存，一般条件下遇火燃烧产生黑烟，带苦杏仁味，但不爆炸，对冲击摩擦感度迟钝，枪弹贯穿一般不燃烧也不爆炸。有毒。对少量的 TNT 炸药可用火燃烧的方法进行销毁。

3. 硝铵炸药

硝铵炸药以硝酸铵为主要成分的混合炸药。外观常为浅黄色或灰白色。纯硝酸铵为无色结晶，工业品中常带有淡黄色。吸湿性很大。易溶于水，易结块。常用沥青和石蜡为防潮剂。在注装硝铵炸药时，通常用铝做工具器材。硝酸铵是强氧化剂。硝酸铵—尿素溶液可形成爆炸混合物。硝铵炸药有毒，腐蚀性很强。

4. 塑性炸药

塑性炸药的种类很多，如塑 1、2、4 炸药（在国际上通常以“C 族炸药”作代称）。它是以黑索金为主要成分，与非爆炸性的黏合剂、增塑剂而成。塑性炸药为白色或略带黄色，吸湿性小，具有良好的可塑性。炸速极快，威力相当 TNT 当量的 112% ~ 123%。塑性炸药的摩擦感度比 TNT 灵敏，但枪弹贯穿不爆炸、不燃烧，在 -40℃至 60℃时可用 8 号雷管直接起爆，可以捏成不同形状使用，便于伪装。正是由于它的这些特性而被恐怖分子广为使用。

5. 黑火药

黑火药也称黑药或黑色药。由硝石（硝酸钾）、硫磺（既是黏合剂又是可燃剂）和木炭按一定比例组成的机械混合物，是一种弱性炸药。在燃烧时产生大量的烟，故亦称烟火药。具有较大的吸湿能力，含水量超过5%就完全失去引燃能力，主要用于制造导火索、各种枪炮发射药引信、延期药、火工品等。

6. 黑索金

黑索金也称为“旋风炸药”，也属于猛炸药。形状为白色结晶粉末，无臭无味，有毒。遇明火、高温、撞击、震动及摩擦便可引起燃烧爆炸的危险。如吸入其粉末量过多或长期接触，能引起皮肤中毒。对少量的可以采用加热分解来对其销毁。

7. 液体炸药

液体炸药可分为单质液体炸药和混合液体炸药两种。液体炸药按成分不同，又分为很多种。早期的液体炸药是由62.6%硝酸、24.4%硝基苯及13%水组成，具有良好的爆轰特性。液体炸药一般具有良好的能量特性、流动特性、安全特性及使用特性。该炸药特别适用于野外流动作业及海洋工程作业，在军用、民用工程爆破及特殊工程爆破中也得到了广泛应用。

二、处置爆炸物的基本原则

发现爆炸物品，应设法将人、物分离，将爆炸物品放到防爆筐、罐内，然后报机场公安机关处理，对反抗者应将其制服。

1）爆炸装置是具有较大杀伤力的装置，万一爆炸，将引起严重的后果。因此，在处置爆炸装置时（包括可疑爆炸物）要慎重。

2）要尽可能不让爆炸物在人员密集的候机楼内爆炸，万一爆炸也要尽可能最大限度地减少爆炸破坏的程度，要千方百计保障旅客、民航工作人员和排爆人员的安全。

3）发现爆炸装置（包括可疑爆炸物）后，应禁止无关人员触动，只有经过专门训练的专职排爆人员才可以实施排爆。

【相关知识】

一、各类违禁物品及危险品的危险特性

1. 易燃易爆气体的危险特性

（1）容器破裂甚至爆炸的危险。本类物品都是灌装在耐压容器中，由于受热、撞击等原因造成容器内压力急剧升高，或由于容器内壁被腐蚀，容器材料疲劳等原因使容器耐压强度下降，都会引起容器破裂或爆炸。

（2）由于气体物质本身的化学性质引起的危险。此类气体有的易燃易爆，有的有毒，有的具腐蚀性等，一旦溢漏，因其本身的化学性质，可能引起火灾、爆炸、中毒、灼伤、冻伤等事故。即使化学性质不活泼的惰性气体和二氧化碳的溢漏，也会引起窒息死亡。

2. 易燃液体的危险特性

这类液体的蒸汽与空气混合到一定比例时，就形成爆炸性混合物，遇到火星即能引起燃烧或爆炸。而且易燃液体一般或多或少具有麻醉性和毒性，人体吸入可能会引致麻醉，重者甚至死亡。

3. 易燃固体的危险特性

燃点较低，遇明火即可点燃；遇火、受热、撞击、摩擦或与氧化剂接触后，极易引起燃烧；粉尘有爆炸性。

4. 自燃物品的危险特性

自燃物品化学性质活泼，燃点低，易氧化，氧化分解时能放出大量的热，当热达到自身燃点时即自行燃烧。如白磷的燃点为 34℃，在空气中极易自燃，硝化纤维素的燃点为 120℃ ~ 160℃，在存放较久、通风不善、大量堆放的条件下也可能发生自燃。

5. 遇水燃烧物品的危险特征

遇水燃烧物品吸收空气中水蒸气或接触到水分时能迅速分解产生高温，并放出易燃气体而引发燃烧乃至爆炸，遇上酸和氧化剂也会发生剧烈反应，有更大的危险性。

6. 氧化剂的危险特性

具有强烈的氧化性，遇酸、碱，或遇潮湿、高热、摩擦、冲击或与易燃物、有机物还原剂等接触，能发生分解并可能引起燃烧或爆炸。

7. 毒害品的危险特性

少量侵入人体或接触皮肤，能与机体组织发生作用，破坏正常生理功能，引起机体产生暂时或永久性病变、中毒、甚至死亡；有机毒害品具有可燃性，遇明火、高热或与氧化剂接触会燃烧爆炸，毒害品燃烧时，又会放出有毒气体，加剧其危害性；氰化物遇酸或水反应会放出剧毒的氰化氢气体；不少毒害品对人体和金属还具有较强的腐蚀性，强烈刺激皮肤和黏膜，甚至发生溃疡加速毒物经皮肤入侵。

8. 腐蚀品的危险特性

腐蚀品具有强烈的腐蚀性，对人体会造成化学烧伤，对物品会形成腐蚀，假如被带上飞机，如果包装破损则极有可能造成机毁人亡的事故。另外很多腐蚀品同时还具有毒性、易燃性或氧化性等性质中的一种或数种。

9. 放射性物品的危险特性

放射性物品所放射的射线分为 α 射线、β 射线、γ 射线和中子流四种。放射性同位素按物理状态可分为固体、粉末状、晶体状、液体、气体等数种，它们都有不同程度的毒性。如果人体在短时间内受到放射性物品 50 伦琴以上的大剂量照射时，会产生急性放射性病，重者休克或死亡。

二、防爆技术常识

1. 火工品、点火器材、起爆器材的定义和种类

火工品指的是受外界很小能量激发即可按预定时间、地点和形式发生燃烧或爆炸的元件装置，用以产生各种预期效应（声、光、电、波、热、气体等）。

2. 火工品的种类

根据火工品作用时产生爆炸的不同形式，分为点火器材和起爆器材。在外界激发

冲击作用下，释放出火焰冲能的火工品称为点火器材。

3. 常见的点火器材种类

点火器材常见的有：火帽、拉火管、导火索和点火具（电、机械的）。

4. 起爆器材的定义

在外界激发冲能作用下，释放出爆轰冲能的火工品称为起爆器材。

5. 常见的起爆器材种类

常见的起爆器材有：引信雷管、工程雷管（火雷管、电雷管、延期雷管和瞬发雷管）、导爆索等。

6. 爆炸物引信的种类

引信按发火原理分为机械引信、化学引信和电引信；按受外力分为压发引信、拉发引信和松发引信等。

7. 炸药的分类

按炸药的组成，可将炸药分为单质炸药和混合炸药两大类。
按炸药的用途，可分为起爆药、猛炸药、火药（或称发射药）及烟火剂四大类。
按炸药的物理状态，可分为固体炸药、液体炸药和塑性炸药。

第五章　特殊物品的检查及情况处置

第一节　特殊物品的检查及违禁物品的处理

【学习目标】

1. 掌握特殊物品的检查方法。
2. 掌握特殊情况检查的方法。

【基本操作】

一、特殊物品的检查方法

1. 对不易确定性质的粉末状物品的检查方法

对不易确定性质的粉末状物品，可用试烧的方法，观察其燃烧程度来判断是否属易燃物品。

2. 对外形怪异、包装奇特的物品的检查方法

对外形怪异、包装奇特的物品，应请旅客对其功能、用途和操作方法进行说明；应进行 X 射线机检查，弄清楚其内部结构及有无藏匿违禁物品；对有疑问的可进行拆、捏、摸等手工检查方法进行检查。

二、旅客和机组人员携带的危险品

依据 IATA《危险品规则》50 版（下称《危规》）2.3.2 ~ 2.3.5 具体内容如下：

1. 禁止携带的危险品

公文箱、现金箱/现金袋：内装有锂电池和/或烟火装置等危险品的公文箱、现金箱、现金袋等保密型设备禁止携带。

致残器具：禁止在随身携带物品、手提行李和托运行李中携带诸如催泪毒气喷射器、胡椒喷雾器等刺激性或使人致残的器具。

液氧装置：禁止在随身、托运行李中或在手提行李中携带将液氧作为主要或次要氧气源的医用氧气装置。

2. 经营运人批准，只能作为托运行李接收的物品

运动子弹：包装坚固的 1.4S 项（仅限 UN0012 或 UN0014），仅供自用条件下，每人携带毛重不超过 5kg（11 磅），且不包括爆炸性或燃烧性弹药。两名或两名以上旅客所携带的弹药不得合并成一个或数个包装件。

装有防漏型电池的轮椅/代步工具：装有防漏型电池的轮椅或其他电池驱动的代步工具，电池必须处于未连接状态，电池两极必须加以保护以防止短路，并且电池已经牢固安装在轮椅或代步工具上。

装有非防漏型电池的轮椅/代步工具：装有非防漏型电池的轮椅或其他电池驱动的代步工具，要求在装载、放置、固定或装卸过程中均保持直立，电池处于断路状态，电池两极应加以保护以防止短路，且电池牢固地固定在其上。否则，必须卸下电池。卸下电池的轮椅或代步工具可按普通货物运输，卸下的电池必须按下列要求运输：

（1）包装必须防漏，并且不受电解液的影响，必须将其固定在货舱内或集装板上，以防止倾倒。

（2）电池必须防其短路，保证电池在包装内稳固向上，在电池周围填充能吸收全部电解液的且与之相容的吸附材料。

（3）这些包装必须标有："BATTERY、WET、WITH WHEELCHAIR（轮椅用湿电池）"或"BATTERY、WET、WITH MOBILITY AID（代步工具用湿电池）"，并应粘贴"腐蚀性标签"和"方向标签"。

（4）必须通知机长其装机位置。

野营炉及装有易燃液体的燃料容器：在获得运营人批准的情况下，野营炉及用于野营炉的装有易燃液体燃料的燃料容器仅能作为托运行李托运。但前提是容器必须完全排空了所有液体燃料，并采取相应的措施消除了危险。

3. 经运营人批准，仅允许作为手提行李的物品

水银气压计及水银温度计：政府气象局或类似官方机构的代表每人只能携带一支水银气压计或水银温度计。必须将其装入坚固的外包装，且内有密封或坚固的防漏和防穿透材料制成的袋子，此种包装应能防止水银从包装件中渗漏。有关水银气压计或水银温度计的情况必须通知机长。

放热器具：放热器具（如潜水灯和焊接设备这类一旦被意外启动即可产生高热和起火的电池驱动设备）必须将能产生热量的部件或能源装置拆下，防止运输中意外被启动。

4. 经运营人批准，允许作为行李运输的物品

医用氧气：供医用的小型氧气瓶或空气瓶。每个气瓶的毛重不得超过5kg，且充装的气瓶、阀门和调节器必须加以保护，防止损坏造成内容物的泄露。

装在救生衣内的非易燃气瓶：为自动充气救生衣充气而配备的二氧化碳或属于2.2项的其他气体的小型气瓶，每人携带最多2个，装入自动充气的救生衣内以便充气。另可携带2个备用气瓶。

含冷冻液氮的隔热包装（液氮干装）：液氮全部被多孔性物质吸收，并且用于在低温下运输非危险品。只要隔热包装的设计能确保该隔热包装不会因放置的方向性而导致容器内压力增加和冷冻液氮逸出，则不受《危规》限制。

雪崩救援背包：每人可携带一件雪崩救援包，可内装有净重不超过200毫克的1.4项烟火引发装置及净重不超过250毫克的2.2项压缩气体，这种雪崩救援背包的包装方式必须保证不意外启动，背包内的空气袋必须安装减压阀。

化学武器监控设备：禁止化学武器组织（OPCW）成员在执行公务旅行时，携带的含有活度值不超过《危规》表10.5A中活度限值的放射性物质的化学武器仪器和/或报警装置，安全包装并且不含有锂电池。

固体二氧化碳（干冰）：用于包装易腐蚀物品的固体二氧化碳（干冰），每人携带不超过2.5千克（5磅），并且包装件可以释放二氧化碳气体。每一个含有干冰的包装件必须标注："固体二氧化碳"或"干冰"以及干冰的净重或标注净重为2.5千克或少于2.5千克。

产生热量的物品：能产生大量热量的以锂电池组为动力的设备，例如：潜水灯（如启动可能引起火灾），假如发热部件或电池组分开包装，以避免在运输过程中启动，就可以运输。任何卸下的电池组必须妥加保护，以免短路。

5. 无须运营人批准可接收的物品

药品或化妆品：非放射性药品或化妆品（包括气溶胶）。"药品或化妆品（包括

气溶胶）”指发胶、香水、科隆香水及含酒精药品。

2.2 项危险品中的气溶胶：用于体育运动或家庭，2.2 项无次要危险性的气溶胶仅作为托运行李运输。

注：以上两项，每一旅客或机组人员携带这类物品的总净重数量不得超过 2 千克或 2 升，且每一单件物品净数量不得超过 0.5 千克或 0.5 升。气溶胶释放阀必须加有保护盖或有其适当的手段保护以防止因疏忽而释放内装物。

用于机械假肢的气瓶：为操作机械假肢而携带的 2.2 项小气瓶。为保证旅途中的需要，可携带同样大小的备用气瓶。

心脏起搏器 / 放射性药剂：放射性同位素心脏起搏器或其他装置，包括那些植入人体内以锂电池为动力的装置或作为治疗手段置于人体内的放射性药物。

医用 / 临床用水银温度计：置于具防护性盒内供个人使用的含水银的小型医用或临床用体温计一支。

安全火柴或打火机：可随身携带一小盒安全火柴或一只打火机自用，但液体燃料（非液化气）未被吸收的打火机、打火机燃料和打火机充气罐不允许随身携带，也不允许放入托运行李或手提行李中。

注：禁止空运“非安全火柴”。

酒精饮料：在零售包装内体积浓度在 24% 以上但不超过 70%，盛装在不超过 5 升容器内的含酒精饮料，每人携带的总净数量不超过 5 升。

注：含酒精体积浓度小于 24% 的酒精饮料不受任何限制。

卷发器：含烃类气体的卷发器，每位旅客或机组人员可携带一支，但其安全盖必须紧扣于电热元件上，在任何时候卷发器都不得在飞机上使用。此种卷发器用的充气罐不得装入托运行李或手提行李中。

作为消费品使用的、内含锂金属或锂离子电池或电池组的电子装置：旅客或机组人员作为个人消费品使用的、内含锂金属或锂离子电池或电池组的电子装置（手表、计算器、照相机、手机、手提电脑、便携式摄像机等），它们应在手提行李中携带。备用电池组必须单个做好保护以防止短路（例如，可以放到原包装件中，用胶带缠好暴露出的接线端子，把每块电池放在单独的塑料袋或保护袋内），并且仅能在手提行李中携带。另外，每一备用电池组不得超过以下数量：

（1）对于锂金属电池或锂合金电池，锂含量不超过 2 克；

（2）对于锂离子电池组，瓦时额定值不超过 100Wh。

消费品电子设备中含有的燃料电池系统：为便携式电子设备（如照相机、手机、手提电脑，以及便携摄像机等）提供电力的燃料电池系统，以及备用燃料盒，其携带必须满足以下条件：

（1）燃料电池盒可以只含易燃液体、腐蚀性物质、液化易燃气体、水反应物质或金属氢化物形式的氢。

（2）燃料电池盒不得由用户重新充，但若该燃料电池系统专门安装一个备用燃料盒则不在此例。不得携带用于为燃料电池系统重新充燃料，但不是设计成打算安装于设备的燃料电池盒。（用户禁止自行填充燃料电池匣。电池组只能更换独立电池匣，禁止再填充。用于填充电池组，但不被设计为或不会被安装的燃料电池匣（燃料电池填充物），禁止携带。）

（3）任何燃料盒电池盒中燃料的最大数量不得超过：

① 液体：200 毫升；

② 固体：200 克；

③ 液化气：非金属燃料电池盒 120 毫升，金属燃料盒 200 毫升；

④ 金属氢化物中的氢：燃料电池盒必须有 120 毫升或不到 120 毫升的水容量。

（4）燃料电池系统和燃料电池盒均必须符合 IEC PAS 62282–6–1 Ed.1 的要求，且必须标上制造商符合此标准的合格证。此外，每个燃料电池盒上必须标记盒中燃料的最大数量和类型。

（5）每一旅客携带的燃料电池盒不得超过 2 件。

（6）带有燃料和燃料电池盒（包括备用盒）的燃料电池系统只能在手提行李中运输。

（7）燃料电池与设备中集成电池组之间的相互作用必须符合 IEC PAS 62282–6–1 Ed.1 的要求。仅用作为设备中电池组充电的燃料电池系统不能运输。

（8）燃料电池系统的设计必须使其在便携式电子设备不使用的时候不能为电池组充电；同时，生产商必须有牢固的标识：“只允许在飞机舱内运输（APPROVED FOR CARRIAGE IN AIRCRAFTCABIN ONLY）。

（9）除了须标注始发国要求的语言外，必须同时以英文标注。

三、对可能隐含有危险品的物品和货物进行识别

以下物品为可能隐含有危险品的物品，安检人员应在检查工作中加强识别。

以下是可能含危险品的典型例子：

1）AOG 航材

参见飞机零件 / 飞机设备。

飞机零备件 / 飞机设备

可能含有爆炸物品（照明弹或其他烟雾弹）、化学氧气发生器、不可使用的轮胎装置、钢瓶或压缩气瓶（氧气瓶、二氧化碳气瓶、氮气瓶或灭火器）、油漆、黏合剂、气溶胶、救生器材、急救箱、设备中的油料、湿电池或锂电池、火柴等。

2）汽车、汽车零配件（轿车、汽车、摩托车）

可能含有磁性物质，虽然它不符合磁性物质定义，但由于对飞机的仪器有影响而需要特殊装载。也可能含有发动机、化油器、含有或含过燃料的油箱、湿电池、轮胎充气装置中的压缩气体、灭火器、含氮气的震荡 / 支架、气囊冲压泵 / 气囊组件等。

3）呼吸器

可能含有压缩气瓶或氧气瓶，化学氧气发生器或深冷液化氧气。

4）野营用具

可能有易燃气体（丁烷、丙烷等）、易燃液体（煤油、汽油等）、易燃固体（己胺、火柴等）或其他危险品。

5）轿车、轿车零配件

参见汽车。

6）化学物品

可能含有符合所有类别 / 项别的危险品，尤其是易燃液体、易燃固体、氧化剂、有机过氧化物、毒性或腐蚀性物质。

7）公司物资

如飞机零件可能含有危险品，如：旅客服务设施（PSU）中的化学氧气发生器，各种压缩气体（如：氧气、二氧化碳和氮气）、气体打火机、气溶胶、灭火器、易燃液体（如油料、油漆和黏合剂）、腐蚀性物质（如电池）、急救器材、照明弹、救生设备、火柴、磁性材料等。

8）集运货物

可能含有任何类别 / 项别的危险品。

9）低温液体

可能含有冷冻液化气体，如液氮、液氦、液氖、液氩等。

10）钢瓶

可能含有压缩或液化气体。

11）牙医设备

可能含有易燃树脂或溶剂、压缩或液化气体、汞和放射性材料。

12）诊断标本

可能含有感染性物质。

13）潜水设备

可能含有压缩气体（空气、氧气等）的钢瓶（如自携式潜水缸、潜水装气瓶等）。也可能含有高强光潜水灯，当在空气中运转时可能产生极高的热量。为安全运输，灯泡或电池必须保持断开。

14）钻探及采掘设备

可能含爆炸物品或杂项危险品。

15）敞口液氮容器

可能含有游离液氮。只有在包装以任何朝向放置液氮都不会流出的情况下，才不受《危规》限制。

16）电器设备

开关盒或电子管内可能含有磁性的物质或汞，也可能含有湿电池。

17）电动器械

（轮椅、割草机、高尔夫车等）可能含有湿电池。

18）探险设备

可能含爆炸物品（照明弹）、易燃液体（汽油）、易燃气体（丙烷、野营用燃气），或杂项危险品。

19）摄影和媒体设备

可能含有爆炸性烟火装置、内燃机发电机、湿电池、燃料、发热物品等。

20）冷冻胚胎

可能含有冷冻液化气体或固体二氧化碳（干冰）。

21）冷冻水果、蔬菜等

可能包装在固体二氧化碳（干冰）中。

22）燃料

可能含有易燃液体、易燃固体或易燃气体。

23）燃料控制器

可能含有易燃液体。

24）热气球

可能含装有易燃气体的钢瓶、灭火器、内燃机、电池等。

25）家庭用品

可能含有符合任一危险物品标准的物品，包括易燃液体如溶剂性油漆、黏合剂、上光剂、气溶胶、漂白剂、腐蚀性的烤箱或下水道清洁剂、弹药、火柴等。

26）仪器

可能含有压力计、气压计、水银转换器、整流管、温度计等含有汞的物品。

27）实验室 / 试验设备

可能含有符合任一危险品标准的物品，特别是易燃液体、易燃固体、氧化剂、有机氧化物、毒性或腐蚀性物质。

28）机械部件

可能含有黏合剂、油漆、密封胶、溶剂、湿电池和锂电池、汞、含有压缩或液化气体的钢瓶。

29）磁铁或类似材料

其单独或积累效应可能符合磁性物质定义。

30）医疗用品

可能含有符合任一危险品标准的物品，特别是易燃液体、易燃固体、氧化剂、有机过氧化物、毒性或腐蚀性物质。

31）金属建筑材料，金属栅栏，金属管材

可能含有由于可能影响飞机仪器而需要特殊装载要求的铁磁性物质。

32）汽车零部件（轿车、机动车、摩托车）

可能装有湿电池。

33）旅客行李

可能含有符合任一危险品标准的物品。例如：烟花、家庭用易燃液体、腐蚀性烤箱或下水道清洁剂、易燃气体或液态打火机储罐、野营炉的气瓶、火柴、弹药、漂白剂、根据国际航协《危险品规则》2.3不允许携带的气溶胶等。

34）药品

可能含有符合任一危险品标准的物品，特别是放射性物质、易燃液体、易燃固体、氧化剂、有机过氧化物、毒性或腐蚀物质。

35）摄影用品

可能含有符合任一危险品标准的物品，特别是热发生装置、易燃液体、易燃固体、氧化剂、有机过氧化物、毒性或腐蚀性物质。

36）促销物质

参见“旅客行李”。

37）赛车或摩托车队设备

可能装有发动机、化油器、含燃料或残余燃料的油箱、易燃气溶胶、压缩气体钢瓶、硝基甲烷、其他燃料添加剂或湿电池等。

38）电冰箱

可能含有液化气体或氨溶液。

39）修理箱

可能含有有机过氧化物和易燃黏合剂、溶剂型油漆、树脂等。

40）试验样品

可能含有符合任一危险品标准的物品，特别是感染性物质、易燃液体、易燃固体、氧化剂、有机过氧化物、毒性或腐蚀性物质。

41）精液

可能用固体二氧化碳（干冰）或制冷液化气体包装。请参看“敞口液氮容器”。

42）船舶零备件

可能含有爆炸品（照明弹）、含压缩气体的钢瓶（救生筏），油漆、锂电池（应急发射器）等。

43）演出、电影、舞台与特殊效果设备

可能含有易燃物质、爆炸物品或舞台发烟的干冰。

44）游泳池化学物品

可能含有氧化性或腐蚀性物质。

45）电子设备或仪器开关

可能含有汞。

46）工具箱

可能含有爆炸物品（射钉枪）、压缩气体或气溶胶、易燃气体（丁烷气瓶或焊炬）、易燃黏合剂或油漆、腐蚀性液体等。

47）焊炬

小型焊炬和通用点火器，可能含有易燃气体，并配有电打火器。较大的焊炬可能包含安装在可燃性气体容器或气瓶上的焊头（常带有自动点火开关）。

48）旅客的无人陪伴行李 / 私人物品

可能含有任一危险品标准的物品，如烟花、家庭用的易燃液体、腐蚀性的烤箱或下水道清洁剂、易燃气体或液体打火机燃料储罐或野营炉的气瓶、火柴、漂白剂、气溶胶等。

49）疫苗

可能包装在固体二氧化碳（干冰）中。

【相关知识】

一、特殊物品检查

1. 机要文件、密码的检查方法

对装有机要文件的航空专用文件箱，凭中办机要交通局的《机要交通专用证》和铅封免予检查；不能铅封的箱（包），凭《专用证》和贴有的金黄色五角星标志免予检查。

密码（密码机）列为“绝密资料，精密设备”，免检代号为“567”（全国通用），凭各省、市、自治区保卫部门或军队军以上保卫部门开具的“567”号免检证明书（全国统一）免予检查。

2. 机密尖端产品的检查方法

对机密以上重要国防军工产品及文件资料，凭国防科工委保卫部门统一出具的《国防尖端保密物品航空运输安全免检介绍信》《国防尖端保密物品航空运输安全检查验收表》、铅封，到启运机场的机场公安机关办理物品免检手续，免予检查。

3. 装有外汇箱（袋）的检查方法

对装有外汇的箱（袋），凭中国银行、中国工商银行、中国建设银行、交通银行或中信实业银行保卫部签发的《押运证》和所在银行开具的证明信及专用箱（袋）并铅封免予检查。

4. 携带黄金的检查方法

根据局公发〔2002〕156号文件规定：对装有黄金的箱（袋）凭企业经营执照副本和单位介绍信查验放行。

5. 外交、信使邮袋的检查方法

凭外交信使护照和使领馆出具的证明，对具有明显标志并加封的外交信使邮袋免予检查。

二、危险品的分类及判定

1. 危险品的分类

危险品按其性质不同分为 9 大类，有的类别又进一步细分为项别。9 大类的具体名称如下：

第 1 类：爆炸品。

爆炸品按其危险程度的不同分为 6 个小项。

1.1 项——具有整体爆炸危险性的物质和物品。

1.2 项——具有喷射危险性而无整体爆炸危险的物质和物品。

1.3 项——具有起火危险性、较小的爆炸和较小的抛射危险性而无整体爆炸危险性的物质和物品。

1.4 项——不存在明显爆炸危险的物质和物品。

1.5 项——具有整体爆炸危险而敏感度极低的物质。

1.6 项——无整体爆炸危险且敏感度极低的物质。

第 2 类：气体。

2.1 项——易燃气体

2.2 项——非易燃无毒气体

2.3 项——毒性气体

第 3 类：易燃液体。

第 4 类：易燃固体、自燃物质及遇水放出易燃气体的物质。

4.1 项——易燃固体

4.2 项——自燃物质

4.3 项——遇水释放易燃气体的物质

第 5 类：氧化剂和有机过氧化物。

5.1 项——氧化剂

5.2 项——有机过氧化物

第 6 类：毒性物质和感染性物质。

6.1 项——毒性物质

6.2 项——感染性物质

第 7 类：放射性物质。

第 8 类：腐蚀性物质。

第 9 类：杂项危险品。

2. 危险品的判断相关知识

依据《国际民用航空公约》附件 18 中规定，凡具有爆炸、燃烧、毒害、腐蚀、放射等性质，在航空运输中，可能明显地危害人身健康、安全或对财产造成损害的；并且列于 IATA《危险品规则》中，或依据 DGR 分类的物质或物品都称为危险品。

这一定义包含了三层含义：

（1）危险品是一类具有爆炸、燃烧、毒害、腐蚀、放射性等特殊性质的物质或物品。这些性质是容易造成运输中发生火灾、爆炸、中毒等事故的内在因素和先决条件。

（2）危险品容易造成人身伤亡和财产损毁。这一点指出了危险货物在一定条件下，比如由于受热、摩擦、撞击、与性质相抵触物品接触等，发生化学变化所产生的危险效应。这种危险不仅使货物本身遭到损失，更主要的是危及周围环境，对人员、设备、建筑造成一定程度的损害。

（3）危险品在运输装卸和存储过程中需要特别防护。这里所指的特别防护，不仅是指一般所要求的轻拿轻放、谨防明火等，更主要的是指针对各类危险品本身的特性所必须采取的“特别”的防护措施。例如，有的危险品需避光；有的危险品需要控制温度；有的危险品需控制湿度；有的危险品需添加抑制剂等。

以上三点，缺一都不成为危险品。

三、主要危险品的特性及处理方法

危险品	危险类别	危险特性	处理方法
苦味酸（三硝基苯酚）	爆炸品	受热，接触明火或受到摩擦、震动、撞击时可发生爆炸。与强氧化剂接触可发生化学反应。	用大量水灭火，遇大火须远离以防炸伤。禁止用沙土盖压。
氢气	易燃气体	与空气混合能形成爆炸性混合物，遇热或明火即会发生爆炸。遇火星会引起爆炸。氢气与氟、氯、溴等卤素会剧烈反应。	灭火剂：雾状水、泡沫、二氧化碳、干粉。
一氧化碳	易燃气体	与空气混合能形成爆炸性混合物，遇明火、高热能引起燃烧爆炸。	灭火剂：雾状水、泡沫、二氧化碳、干粉。
液化石油气（压凝汽油）	易燃气体	极易燃，与空气混合能形成爆炸性混合物。遇热源和明火有燃烧爆炸的危险。	灭火剂：雾状水、泡沫、二氧化碳。
氮气	不燃气体	若遇高热，容器内压增大，有开裂和爆炸的危险。	用雾状水保持火场中容器冷却。

续表

危险品	危险类别	危险特性	处理方法
氯气	有毒气体	不会燃烧，但可助燃。能与许多化学品如乙炔、松节油、乙醚、氨、燃料气、烃类、氢气、金属粉末等猛烈反应发生爆炸或生成爆炸性物质。几乎对金属和非金属都有腐蚀作用。	灭火剂：雾状水、泡沫、干粉。
乙醇（酒精）	易燃液体	易燃，其蒸汽与空气可形成爆炸性混合物，遇明火、高热能引起燃烧爆炸。与氧化剂接触发生化学反应或引起燃烧。	灭火剂：抗溶性泡沫、干粉、二氧化碳、沙土。
苯	易燃液体	易燃，其蒸汽与空气可形成爆炸性混合物。遇明火、高热极易燃烧爆炸。与氧化剂能发生强烈反应。易产生和聚集静电，有燃烧爆炸的危险。	灭火剂：泡沫、干粉、二氧化碳、沙土。用水灭火无效。
钠	遇湿易燃物品	遇水或潮气猛烈反应放出氢气，大量放热，引起燃烧或爆炸。与卤素、许多氧化物、氧化剂和酸类会反应剧烈。	不可用水、卤代烃（如1211灭火剂）、碳酸氢钠、碳酸氢钾作为灭火剂。而应使用干燥氯化钠粉末、干燥石墨粉、碳酸钠干粉、碳酸钙干粉、干沙土等灭火。
双氧水（过氧化氢）	氧化剂	爆炸性强氧化剂。其本身不燃，但能与可燃物反应放出大量热量和氧气而引起着火爆炸。与许多有机物如糖、淀粉、醇类、石油产品等形成爆炸性混合物，在撞击、受热或电火花作用下能发生爆炸。	灭火剂：水、雾状水、干粉、沙土。
高锰酸钾	氧化剂	强氧化剂。遇硫酸、铵盐或过氧化氢能发生爆炸。遇甘油、乙醇能引起自燃。与有机物、还原剂、易燃物如硫、磷等接触或混合时有引起燃烧爆炸的危险。	灭火剂为水、雾状水、沙土。
硫酸	酸性腐蚀品	遇水大量放热，可发生沸溅。与易燃物（如苯）和可燃物（如糖、纤维素等）接触会发生剧烈反应，甚至引起燃烧。遇电石、高氯酸盐、硝酸盐、苦味酸盐、金属粉末等猛烈反应，发生爆炸或燃烧。有强烈的腐蚀性和吸水性。	灭火剂：干粉、二氧化碳、沙土。避免水流冲击物品，以免遇水会放出大量热量发生喷溅而灼伤皮肤。
盐酸	酸性腐蚀品	能与一些活性金属粉末发生反应，放出氢气。遇氰化物能产生剧毒的氰化氢气体。与碱发生中合反应，并放出大量的热。具有较强的腐蚀性。	用碱性物质如碳酸氢钠、碳酸钠、消石灰等中和。也可用大量水扑救。
硝酸	酸性腐蚀品	强氧化剂。能与多种物质如金属粉末、电石、松节油等猛烈反应，甚至发生爆炸。与还原剂、可燃物如糖、木屑、棉花、稻草或废纱头等接触，引起燃烧并散发出剧毒的棕色烟雾。具有强腐蚀性。	灭火剂：雾状水、二氧化碳、沙土。
氢氧化钾（苛性钾）、氢氧化钠（烧碱）	碱性腐蚀品	与酸发生中和反应并放热。不易燃，氢氧化钾遇水和水蒸汽大量放热，氢氧化钠遇潮时对铝、锌和锡有腐蚀性，并放出易燃易爆的氢气。不会燃烧，遇水和水蒸汽大量放热。同时两者形成腐蚀性溶液，具有强腐蚀性。	用水、沙土扑救，但须防止物品遇水产生飞溅，造成灼伤。

第二节　对国家法律法规规定的其他限制携带、运输的物品处理及货物检查

【学习目标】

1. 了解限制携带、运输物品的处理方法。
2. 掌握托运行李、货物、邮件的检查方法。
3. 了解不同旅客装箱（包）及携带物品的特点。

【基本操作】

一、对查出携带枪支、弹药的处理

1）经国家警卫部门确定的警卫对象的警卫人员携带枪支乘坐民航班机，应持有中共中央办公厅警卫局、公安部警卫局、中央军委办公厅警卫局、总政保卫部、大军区保卫部和省（自治区、直辖市）公安厅（局）的证明信（详列持枪人姓名、枪型、枪号、枪支和子弹数量、往返地点、有效期限）和本人的持枪证。安全检查部门核对无误后，登记放行，并书面通知公共航空运输企业。

2）除前项规定情况外，其他执行公务人员携带枪支、弹药在安检前主动申报，并且手续齐全的，告其不能携带登机。

3）境外人员和我国运动员参加国际比赛携带的枪支、弹药（包括狩猎枪支、弹药），凭公安部门或边防检查部门出具的《枪支、弹药携带证》，或者外交部、总政保卫部、省级体育行政管理部门出具的证明信，并符合《公共航空运输企业航空安全保卫规则》第73条允许托运的枪支弹药，安全检查部门在查验凭证，确认枪支、弹药分离后，准予托运。

4）其他旅客携带枪支、子弹的，交机场公安机关处理。

二、对查出携带军、警械具的处理

1）军人、政法人员因执行公务携带手铐、警绳的，可办理托运，不得随身携带。

2）非军人、政法人员携带军、警械具的，交机场公安机关审查处理。

3）军人、政法人员隐匿携带军、警械具的，交机场公安机关处理。

【相关知识】

一、托运行李的检查方法

1）对旅客托运行李的安全检查应在旅客办理乘机手续时同步进行，检查无问题后方准其托运。

2）对尚未实施托运行李检查与值机手续同步进行的机场，应将已检查的托运行李实行封包或加贴封条，并实施有效监控，防止验讫的行李被夹塞物品或与未经检查的行李相混。

3）对已办理登机手续并托运行李而未登机的旅客，其行李不得装进或留在航空器上。旅客中途中止旅行时，应将其行李卸下。

二、货物、邮件的检查方法

1）对货物、邮件进行安全检查是指利用安全检查仪器对空运的货物、邮件进行检查，防止伪报、虚报品名或者在货物、邮件中夹带危险品。

2）对空运的货物应当经过仪器检查或隔离存放等民航主管部门认可的其他安全措施。

3）对空运的急救物品、鲜活货物、航空快件等有时限的货物，应及时进行安全检查或采取民航主管部门认可的安全措施。

4）对无法用仪器进行检查的货物应至少在货运仓库隔离存放规定时间后方可启运。

5）对空运货物、邮件进行检查时，应查验托运书或路单填写的各项内容是否完整规范，核对所申报的品名与实际货物是否一致。

6）对经安全检查仪器检查发现疑点的货物应会同货主或托运人共同开包检查，直至排除疑点后方可放行。

7）对航空邮件应进行安全检查。发现可疑邮件时，安检部门应会同邮政部门开包查验或退回邮政部门处理。

8）对特殊部门托运的保密货物，不宜安全检查的精密仪器和其他物品，按规定凭免检证明予以免检。

三、不同旅客携带行李物品的特点及检查方法

1. 乘机旅客的差异分类

主要包括地区差异、气质差异、年龄差异、性别差异、职业差异、职务差异、散客与团体旅客的差异以及初次乘机旅客与经常乘机旅客的差异。

2. 掌握旅客及其行李物品差异的意义

（1）有助于维护空防安全，提高安检工作的质量。
（2）有助于掌握旅客心理，提高服务质量。
（3）有助于正确地了解自己，提高自身的心理素质。

3. 旅客行李分类

（1）旅客携带的行李按大小可分大中小三类。
① 小型包包括：手包、电脑包、腰包、女士单肩包、手提袋等。
② 中型包包括：双肩背包、旅行包、礼品箱、工具箱、手提箱等。
③ 大型包包括：拉杆箱等。
（2）旅客携带的行李按材料分软体、硬体两类。
① 软体包包括：手包、电脑包、腰包、女士单肩包、手提袋、双肩背、旅行包、礼品箱。
② 硬体包包括：拉杆箱、工具箱等。

4. 旅客生活物品分类

（1）有机物：书本杂志类、食品类、衣服类、饮料类、水果类、药品及化妆品等。
① 饮料、药品和化妆品由于大部分是瓶装，注意药品中有无医用酒精或酒精棉花，化妆品中有无指甲油或洗甲液。
② 水果类需要注意有无水果刀。
③ 注意有无小动物如小鸟、乌龟、蜥蜴等。
（2）无机物：电器类、工具类、刀具类、金属工艺品、其他生活类物品。
其中电器类包括：
① 笔记本电脑类：笔记本电脑及充电器等。
② 手机类：手机及充电器、手机电池。
③ 随身听：收音机、CD 机、MP3、MP4 等及充电器。
④ 相机类：胶卷相机、数码相机、专业相机等及充电器和电池。
⑤ 摄像机类：磁带摄像机、数码摄像机等及其充电器和摄像机电池。
⑥ 其他类：电吹风、电动牙刷、电动按摩器等。
其他生活类物品包括：钥匙、雨伞、水杯、眼镜、餐具、手表、硬币、打火机、笔等。

5. 按旅客具体情况进行物品检查

1）按性别分类

① 男性旅客：大多会携带打火机，打火机根据材质不同可分为金属打火机和塑料打火机。打火机根据点火原理不同分为电子点火和摩擦点火两种。个别男性旅客会携带具有攻击性的防身物品，如电击器、警鞭、手钉等。

② 女性旅客：大多会携带各类化妆品，一般都会集中在化妆包内，很多化妆品中含有易燃物品，如指甲油和洗甲液等。有些女性旅客会携带用来防身的催泪瓦斯，一般会把催泪瓦斯放在随身小包内。

2）按职业分类

① 警务人员：因其职业关系携带枪支、弹药、手铐（拇指铐）、警鞭、警用催泪瓦斯等违禁物品的情况较多，一般可通过其着装或包内金属警徽图像进行辨认。如发现枪支等重大违禁品，安全检查员必须控制好旅客及行李，做到人物分离，再根据不同情况进行处理。其他物品按正常开箱（包）检查程序进行。

② 医务人员：因其职业关系可能会携带医用酒精或酒精棉花、碘酒等易燃液体、医用剪刀、手术刀（刀片）等利器及水银血压计和水银体温计等含汞的物品。酒精或酒精棉花一般会装在瓶装容器内。水银体温计按照《危险品规则》规定，水银体温计每人限带一支，但必须放在保护盒内。

③ 摄影师：因其职业关系可能会携带专业摄像机或专业照相机，并会携带大量电池（镍氢电池和锂离子电池）。镍氢电池在航空运输中没有具体要求，而锂离子电池则必须按照《危险品规则》规定携带或托运。

④ 化妆师：因其职业关系可能会携带大量化妆品，包括发胶、摩丝等压缩罐及香水、指甲油、洗甲水等易燃液体。乘坐国内出发航班旅客的处理方法参照《关于禁止旅客随身携带液态物品乘坐国内航班的公告》（2008）；乘坐国际及地区出发航班旅客的处理方法参照《关于限制携带液态物品乘坐民航飞机的公告》（2007）。

⑤ 运动员：乒乓球运动员可能会携带易燃的专用胶水；射击运动员可能会携带各类射击运动用枪支或子弹；球类运动员可能会携带云南白药气雾剂等压缩气体；登山运动员可能会携带铁头登山杖及各类多功能刀具或野营使用的便携式瓦斯炉等物品。

3）按不同年龄分类

① 老年旅客：可能会携带的违禁品有水果刀、剪刀、剃须刀片、酒精棉花等。因为老年人牙齿不好，所以大多会携带水果刀。因其使用习惯不同，剪指甲都用剪刀而非指甲刀，男性老年旅客仍喜欢用老式的剃须刀（内含有双面的剃须刀片）。因为老年人体弱多病，特别是患糖尿病患者，其会携带胰岛素注射器，在使用时需要用酒精棉花消毒。

② 儿童旅客：男孩可能携带塑料仿真枪、烟花、鞭炮等物品，一般会放在自己或父母的随身行李内。学生可能在文具袋（盒）内携带剪刀和裁纸刀等利器。

4）按不同国家旅客分类

① 日本旅客：日本商务旅客因为比较讲究细节，可能携带裁纸刀和剪刀。因为在日本国内催泪瓦斯和警鞭都不属于管制物品，所以女性旅客可能在随身包内携带催泪瓦斯和防身蜂鸣报警器；男性旅客可能携带警鞭。

② 韩国旅客：韩国人喜欢饮酒，特别喜欢携带韩国的烧酒，其中包括利乐包装的烧酒。尤其是韩国旅行团，女性旅客随身包内也会携带。韩国人喜爱吃水果，所以可能携带水果刀。

③ 欧美旅客：美国商务旅客携带电脑和电子产品比较多，安全检查员必须认真仔细检查。因为其比较注重形象，所以洗漱包内会有香氛喷雾、剃须泡、摩丝、发胶、洗浴用品等液态类物品。背包族旅客可能会携带各类野营使用的便携式瓦斯炉、多功能刀具等物品，其箱包内物品比较多且杂乱，如果发现难以识别包内物品，可取出一些物品进行复检。

④ 中东旅客：大多中东旅客来中国是采购中国商品回国销售，所以他们携带的东西种类多，基本以小商品为主，这些小商品可能有烟火棒、有液蓄电池用电解液、多功能工具、磁性玩具等物品。

5）按不同团体旅客分类

① 旅行团体：旅行团体分国内团体和国际团体。国内出发团体部分旅客会携带水果刀及矿泉水、八宝粥等物品。国内和国际回程团体会携带磁浮玩具、碰碰吸等磁性玩具。

② 劳务输出团体：中国劳务输出人员大多没乘坐过飞机，所以根据职业不同会携带不同的违禁品，如纺织工人会携带剪刀、锥、裁纸刀等；建筑工人会携带铁锤、扳手、钳子等工具及胶水、油漆、涂料等易燃液体。

③ 竞技及文艺团体：竞技团体一般由运动员、教练及辅助人员组成，其中随队医务人员会携带各种药品，包括止痛消炎喷雾剂、酒精、碘酒等液态物品及剪刀、手术刀等利器类物品；有些文艺团体会有刀、剑、矛、戈等表演用器具。

三级民航安全检查员

第一章　物品检查的设备准备

第一节　爆炸物探测设备正常工作状态的判断

【学习目标】

1. 掌握爆炸物探测设备的准备方法。
2. 了解爆炸物探测设备的操作规程。
3. 了解爆炸物探测设备的使用范围。

【基本操作】

一、爆炸物的主要技术检查方法

爆炸物的技术检查方法主要有：X 光技术检查法、炸药探测器检查法（气化物和痕量探测）、核探测系统技术检查法、化学喷显法和电子听诊器（钟控定时装置探测器）检查法等。现在国内采用较为广泛的是 X 光技术检查法和炸药探测器检查法。

二、爆炸物探测设备使用前的准备

1. X 射线机使用前的准备工作

（1）操作员使用仪器前应检查仪器外观是否完好；
（2）开启稳压电源，观察电压指示是否稳定在 220 ± 10% 的范围内；
（3）开启 X 射线机电源，观察自检测程序是否正常。

2. 炸药探测器使用前的准备工作（以 IONSCAN 400B 为例，下同）

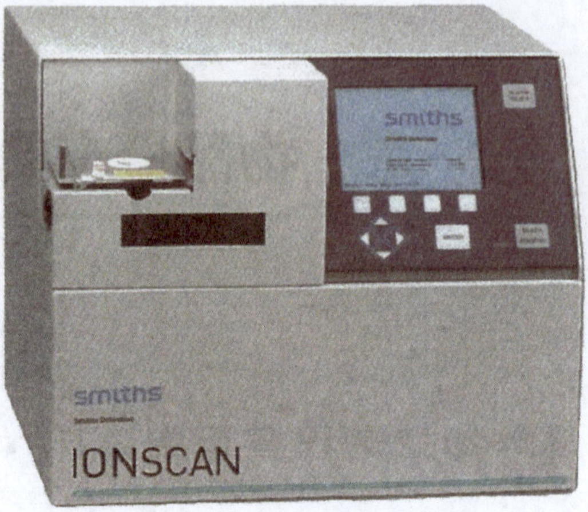

（1）操作员使用仪器前应检查仪器外观是否完好；

（2）开启稳压电源，观察电压指示是否稳定在 220 ± 10% 的范围内；

（3）确保环境温度在 0℃ ~ 40℃之间，相对湿度小于 95%，仪器后面干燥剂瓶中粉色（上面）和蓝色（下面）试剂之间的分界线与黑色木炭区的距离大于 2.5 厘米（否则，请管理员更换干燥剂后才能开机）。

注意：新的干燥剂是蓝色的，使用后的干燥剂是粉色的。

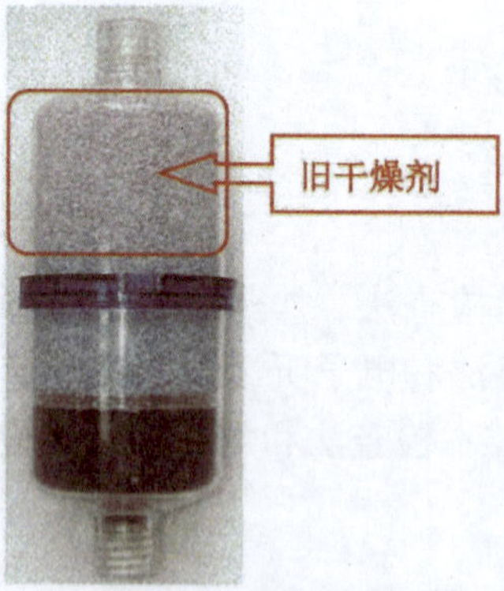

旧干燥剂

新干燥剂

三、爆炸物探测设备的自检程序

1）打开仪器后面的电源开关。

2）打开电源后，仪器进行一系列自检。自检完成后，根据提示按 READY /

STANDBY 键一次，然后等待约 15 分钟，仪器准备就绪（绿色 READY 指示灯停止闪烁）。

【相关知识】

一、爆炸物探测器操作规程

以 IONSCAN 400B 为例：爆炸物探测器操作程序分为确认、取样、分析和关机。

1. 确认

确认即校验，在仪器准备好后进行，目的是确保系统干净、功能正常、能正确报警。一般正常情况下，确认分为三步：

（1）分析空白取样布（干净取样布）：若无报警，进行下一步；若有报警，继续分析空白取样布，直到连续两次无报警为止。

（2）分析确认标准（口红）：将口红轻轻涂抹在取样布中心，然后将取样布放在仪器上进行分析，正常情况下仪器报警且 VERIFIC 出现在报警列表中才算确认通过；否则，涂抹更多口红继续分析，直到获得 VERIFIC 报警。如果多次测试后无法得到 VERIFIC 报警，则需要做自动校准。

校准标准样

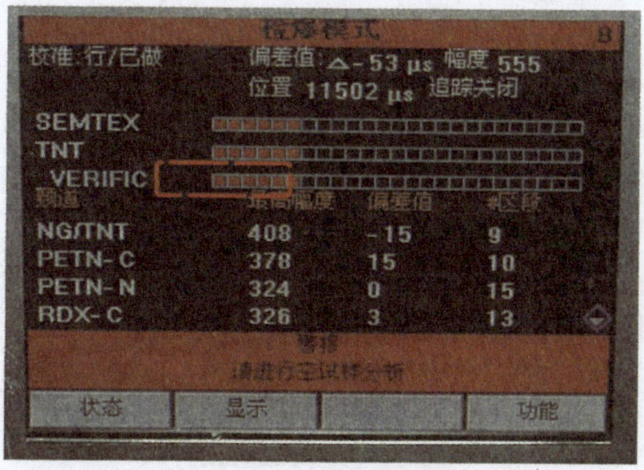

VERIFIC 报警界面

（3）再次分析空白取样布：按“报警复位”（ALARM RESET）键将报警声音关掉，移出取样托盘，将刚才涂抹口红的取样布处理掉，然后再次分析空白取样布，直到不再产生报警。

【注意事项】

确认是检测仪器是否功能正常的非常关键的操作步骤，所以每次开机后、每个班次开始前、有疑问时都必须进行确认操作。

2. 取样

使用取样器夹住取样布，对被检行李或人员容易可能接触到爆炸物的地方像擦灰尘一样进行取样，也可直接使用取样布进行取样。

取样布

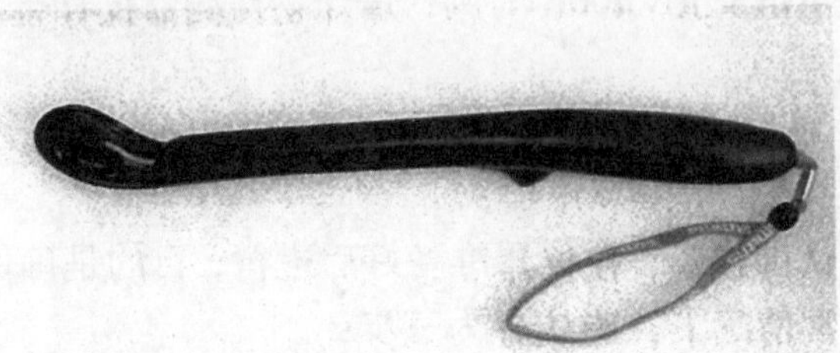

取样器

（1）被取样的地方面积不要超过 0.5 平方米。

（2）取样完成后，如取样布上能看到明显颗粒，要用手指把颗粒弹掉，否则会造成仪器污染。

（3）取样布只要没有被污染，不是太脏或没有弄湿，一般情况下可反复使用 5 次。

3. 分析

将所取样品放进仪器中，仪器自动进行检测和分析，并给出分析结果。

（1）放入样品：根据显示屏提示，将取样布放入仪器中。放入取样布时，“脏”的一面朝上，将盖子盖上，使取样布上有样品的部分正好暴露在白色取样环下。将取样托盘一直推到最右边，仪器自动开始进行分析。

（2）分析过程：分析过程自动进行，不需要操作员干预，分析时间为 6.6 秒。

（3）移走样品：分析完成后，应根据提示将样品移走，即将取样托盘向左推回原处。

4. 关机

连续快速两次按下 READY / STANDBY 键，使仪器进入“待机状态”（STANDBY），3 分钟后等仪器高压降到一定程度后，关掉仪器后面的电源开关。

二、爆炸物探测器的应用范围

1）帮助建立无毒品的工作场所；

2）阻止毒品运输；
3）航空行李的安全检查；
4）监狱中各种设备的检查；
5）对怀疑是爆炸物或违禁药品的未知成分的物质进行识别；
6）检查货物、邮件及行李中是否有爆炸物或违禁药品；
7）政府机关所在地的安全检查及重要人物的保护；
8）对重大活动现场的保护、检查。

第二节　网络型行李检查设备正常工作状态的判断

【学习目标】

1．掌握网络型行李检查操作规程及常见故障分析。
2．了解网络型行李检查设备工作原理及系统构成。
3．了解计算机应用基础知识。

【基本操作】

一、网络型行李检查设备操作规程

以公安部一所产品为例：

1. 系统上电

首先开启交换机或集线器的不间断电源以使交换机或集线器上电，然后开启服务器系统的不间断电源，再依次开启磁盘柜、主域控制器和备份域控制器（单服务器仅开启主域控制器），检查控制服务器和交换机或集线器是否运行正常。

2. 开启管理员工作站

由管理员输入各自的 ID 号，进入工作状态。

3. 开启操作员工作站

由操作员输入各自的ID号，进入工作状态。

4. 开启值机岛X射线机工作站

选择输入各通道将要办理的航班号（适用于需要手工输入航班号的系统），进入工作状态。

5. 开启托运行李X射线机工作站

由值机安检人员输入各自的ID号，进入工作状态。

6. 开启大件及中转X射线机工作站，进入工作状态

二、网络型行李检查系统常见故障

1. 计算机

（1）开机上电，屏幕无信息出现；
（2）工作过程中，在文件读写时突然死机。

2. 控制服务子系统

（1）服务器打开后，没有任何反应；
（2）SBB硬盘出现错误。

3. 显示器

（1）屏幕无信息且“电源”指示灯不亮；
（2）屏幕无信息但“电源”指示灯显示为省电模式；
（3）屏幕图像有不规则区域性色斑。

4. 计算机插卡

（1）接口卡；
（2）不采集图像；

（3）所采集图像与原机图像不相同；

（4）报警指示不对；

（5）传送带工作不正常；

（6）传送带控制信号长时间复位，对各种操作均不影响；

（7）视频切换卡不能正常切换和显示计算机图像或 X 射线机传输的图像；

（8）网络接口卡：某一工作站与其他工作站之间不能通讯，而交换机、网络电缆工作正常。

5. 交换机

（1）Core Builder 3500 系统处理器（System Processor）模块系统无法上电——PWR LED 灭；

（2）RUN LED 等指示灯显示不正常。

6. 不间断电源

（1）UPS 不能启动；

（2）供电系统有电时，UPS 工作在电池供电状态；

（3）UPS 上的电源指示灯显示不正常。

【相关知识】

一、网络型行李检查分层管理系统概述

以公安部第一研究所的产品为例：安全检查分层管理系统（简称分层管理系统）是基于局域网，采用 FISCAN 系列 X 射线安全检查设备，具有现代安全检查技术手段及管理模式的计算机网络系统。其充分利用数字化技术的优势，大大减少安检操作人员，实现一人操作多机，分层优化管理的思想，使机场安全检查跨入现代化计算机网络时代。

二、网络型行李检查分层管理系统工作原理

X 射线机工作站在采集 X 射线机产生的图像数据后，通过访问控制服务器中的数据库，将图像数据传输给相应的操作员工作站以供其图像判读，并将文件传输至控制服务器存储。X 射线机和传送带系统将受相应的判断结果控制完成对旅客行李符合安检流程的运输。另外，可以和行李处理系统并网以提取时钟信息和航班信息的柜台分配信息，以便图像文件的存储和检索。

三、网络型行李检查分层管理的系统构成、数据备份及网络结构

1）系统由 X 射线机工作站（单、双通道 X 射线机不含操作台）、操作员工作站、管理员工作站、控制服务器子系统及网络部分组成。

2）行李检查分层管理系统将所有被检包裹的图像数据以及对其的判断结果按照对应航班号的从属关系存盘，并提供给管理员进行图像检索，以便在紧急事件发生时对某一航班的图像进行复检。

3）目前，民航机场行李检查分层管理系统网络结构主要分为交换式快速以太网和共享式快速以太网两种。交换式快速以太网可以为每个节点提供专用的以太网连接，不和其他节点发生冲突，配合全双工模式进行操作，提供优异服务质量，在网络设备合理配备的情况下，其性能大大优于共享式快速以太网。

四、计算机应用基础知识

1. WINDOWS 操作系统使用方法

Windows 是一个多任务、多窗口的操作系统，它提供了友好的人机界面和自己的应用程序。其版本不断升级，有 Windows 3.X、Windows95、Windows98、Windows2000、Windows XP、Windows vista、Windows 7，而且还在不断升级之中。其基本操作包括窗口操作、鼠标的操作、选定对象、执行命令等。

2. 常用办公软件

常用办公软件主要有 Word、Excel、PowerPoint 等，它们都是基于 Windows 环境下的办公应用软件。Word 是集文字处理、电子表格、传真、电子邮件、HTML 和 Web 页制作功能于一身的应用软件，主要用于编辑文档；Excel 是一种强有力的电子表格处理软件，主要用于对数据的处理、统计分析与计算；PowerPoint 是编制演示文稿的应用软件，可用它制作出集文字、图形、图像、声音以及视频剪辑等多媒体元素于一体的演示文稿。

3. 数据库软件的种类

数据库软件自诞生至今的 30 多年中经历了第一代的网状、层次数据库系统，如 IBM 的 IMS 系统；第二代的关系数据库系统，主要有 FoxBASE、FoxPro 等；第三代是以面向对象模型为主要特征的数据库系统，如 Power Builder、Delphi 等。

4. 汉字输入方法

汉字输入方法主要有：整字编码输入方式，如区位码等；字形分解编码输入方式，如五笔型码等；型音结合编码输入方式，如自然码等；单纯拼音编码输入方式，如全拼音码等。

5. 网络操作系统的操作方法

计算机网络是将分布在不同地理位置的具有独立功能的多台计算机和附属设备用通信和通信线路连接起来，再配以相应的网络软件，以实现资源共享及互相通信的系统。按所连接的计算机之间距离的远近又分为局域网（局部网）和广域网（远程网）。

在国内上网一般有专线连接和拨号上网两种方法。其中拨号上网的主要操作步骤是：安装调制解调器（MODEM），安装拨号网络适配器，安装配置 TCP/IP 协议，安装拨号网络，接通互联网服务提供商（Internet Service Provider）。

第二章　物品检查的情况处置

第一节　危险品国际代码及违禁品英文品名

【学习目标】

1. 掌握危险品国际代码及其标志。
2. 能看懂违禁品英文品名。
3. 能借助词典读懂物品英文说明书。
4. 了解危险品品名及包装知识。

【基本操作】

安全检查员对危险品检查的技能要求：

1. 安全检查员在实际工作中应能看懂危险品国际代码、违禁品英文品名。
2. 安全检查员经培训应能借助词典读懂物品英文说明书。
3. 本节的具体操作应结合本机场实际工作情况。

【相关知识】

一、危险品包装标签知识

危险货物包装标签分为两大类；一种是危险性标签；另一种是操作标签。

1. 危险性标签如下所示

危险货物包装标志

1. 主要内容与适用范围：
本标准规定了危险货物包装图示标志（以下简称标志）的种类、名称、尺寸及颜色等。
本标准适用于危险货物的运输包装。
2. 引用标准 GB 6944《危险货物分类与品名编号》和 GB 12268《危险货物品名表》。
3. 标志的图形和名称
标志的图形共 21 种，18 个名称，其图形分别标示了 9 类危险货物的主要特性（见表）。

标志号	标志名称	标志图形	对应的危险货物类项号
标志 1	爆炸品	 （符号：黑色，底色：橘黄色）	1.1 1.2 1.3
标志 2	爆炸品	 （符号：黑色，底色：橘黄色）	1.4
标志 3	爆炸品	 （符号：黑色，底色：橘黄色）	1.5
标志 4	爆炸品	 （符号：黑色，底色：橘黄色）	1.6
标志 5	易燃气体	 （符号：黑色或白色，底色：红色）	2.1

续表

标志号	标志名称	标志图形	对应的危险货物类项号
标志 6	非易燃，无毒气体	 （符号：黑色或白色，底色：绿色）	2.2
标志 7	毒性气体	 （符号：黑色，底色：白色）	2.3
标志 8	易燃液体	 （符号：黑色或白色，底色：红色）	3
标志 9	易燃固体	 （符号：黑色，底色：白色红条）	4.1
标志 10	自燃物品	 （符号：黑色，底色：上白下红）	4.2
标志 11	遇湿危险的物质	 （符号：黑色或白色，底色：蓝色）	4.3

续表

标志号	标志名称	标志图形	对应的危险货物类项号
标志 12	氧化剂	（符号：黑色，底色：黄色）	5.1
标志 13（旧）	有机过氧化物（此标志使用至 2010 年 12 月 31 日）	（符号：黑色，底色：黄色）	5.2
标志 13（新）	有机过氧化物	（符号：黑色或白色，底色：上红下黄）	5.2
标志 14	毒性物质	（符号：黑色，底色：白色）	6.1
标志 15	感染性物质	（符号：黑色，底色：白色）	6.2
标志 16	一级放射性物品	（符号：黑色，底色：白色）	7
标志 17	二级放射性物品	（符号：黑色，底色：上黄下白）	7

续表

标志号	标志名称	标志图形	对应的危险货物类项号
标志 18	三级放射性物品	（符号：黑色，底色：上黄下白）	7
标志 19	临界安全指数标签	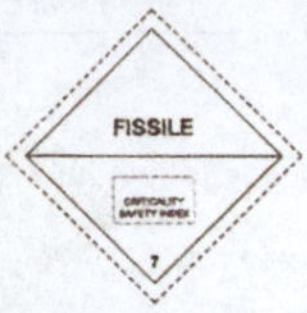（符号：黑色，底色：白色）	7
标志 20	腐蚀性物品	（符号：上黑下白，底色：上白下黑）	8
标志 21	杂项危险品	（符号：黑色，底色：白色）	9

2. 操作标签

操作标签包括“仅限货机”（Cargo Aircraft Only）“向上”（Package Orientation）“磁性物质”（Magnetized Material）标签“远离热源”（Keep Away from heat）标签“放射性物质例外数量包装件标签”（Radioactive Material—Excepted Package）“深冷液化气体标签”（Cryogenic Liquids）“锂电池标签”（Lithium Battery Label）“非放射性物质例外数量标签”“轮椅标签”。

仅限货机（新）标签	仅限货机（旧）标签 使用至 2012 年 12 月 31 日	向上标签

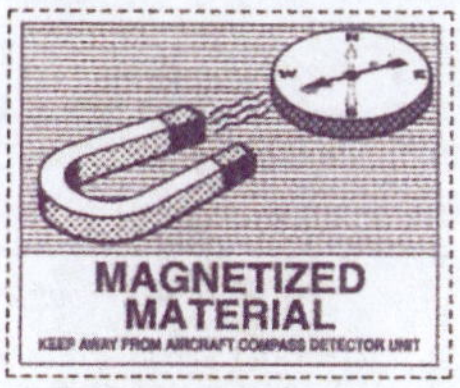

磁性材料标签

锂电池标签

远离热源标签

放射性物质例外数量包装件标签

非放射性物质例外数量包装件标签（旧）

非放射性物质例外数量包装件标签（新）

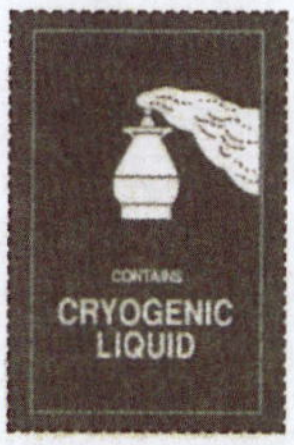

深冷液化气体标签

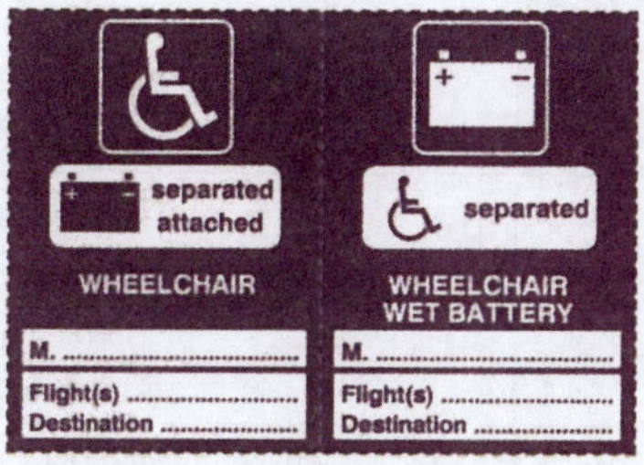

电动轮椅标签

二、危险品代码

英文代码	英文名称	中文名称
REX、RCX、RGX	Explosive （Divisions 1.1,1.2,1.3）	爆炸物品 （1.1，1.2，1.3 项）
RXB、RXC、RXD RXE、RXG、RXS	Explosive （Divisions 1.4）	爆炸物品 （1.4 项）
REX	Explosive （Divisions 1.5，1.6）	爆炸物品 （1.5，1.6 项）
RFG	Flammable Gas （Divisions 2.1）	易燃气体 （2.1 项）
RNG 或 RCL	Non-flammable, non-toxic Gas （Division2.2）	无毒不可燃气体 （2.2 项）
RPG	Toxic Gas （Division2.3）	毒性气体 （2.3 项）

续表

英文代码	英文名称	中文名称
RFL	Flammable Liquids (Class 3)	易燃液体 （第 3 类）
RFS	Flammable Solid (Division 4.1)	易燃固体 （4.1 项）
RSC	Spontaneously Combustible (Division 4.2)	自燃物质 （4.2 项）
RFW	Dangerous When Wet (Division 4.3)	遇水释放易燃气体的物质（4.3 项）
ROX	Oxidizer (Division 5.1)	氧化剂 （5.1 项）
ROP	Organic Peroxides (Division 5.2)	有机过氧化物 （5.2 项）
RPB	Toxic (Division 6.1)	毒性物质 （6.1 项）
RIS	Infectious Substances (Division 6.2)	感染性物质 （6.2 项）
RPW	Radioactive (Category I–White)	放射性物质 （第 7 类、一级）
RRY	Radioactive (Category II–Yellow、III–Yellow)	放射性物质 （第 7 类、二级、三级）
RCM	Corrosive (Class 8)	腐蚀性物品 （第 8 类）
RMD、RSB、ICE	Miscellaneous Dangerous Goods (Class 9)	杂项危险物品 （第 9 类）
MAG	Magnetized Material (Class 9)	磁性材料 （第 9 类）

第二节　爆炸装置的识别与处置

【学习目标】

（1）掌握爆炸装置的识别方法。

（2）掌握爆炸装置的处置方法。

（3）了解爆炸物的相关知识。

【基本操作】

一、制式爆炸装置的识别

1. 爆炸装置的识别方法

（1）人工检查法：一般通过眼、耳、手等感官的感觉和借助简单工具，检查可疑物品和可疑部位有无暗藏的爆炸装置。

（2）技术检查法：利用仪器对可疑爆炸装置进行检查。

2. 制式爆炸装置的识别

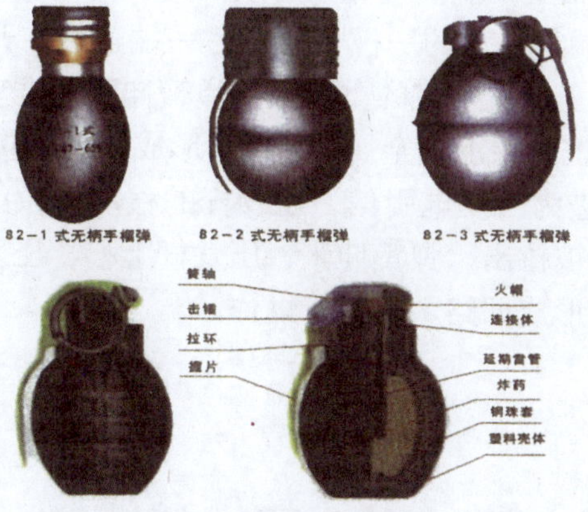

82－2 式全塑无柄钢珠手榴弹

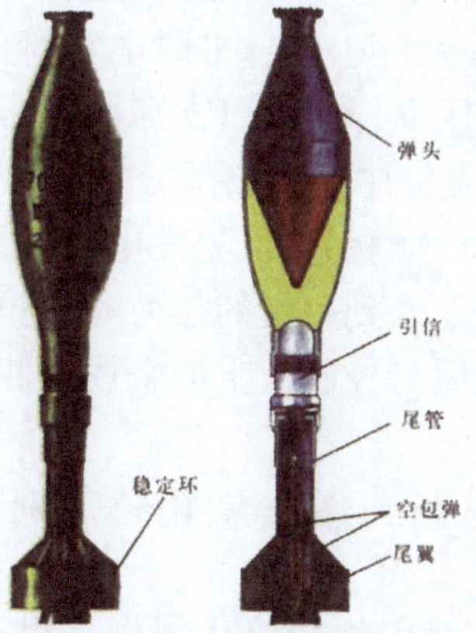

制式爆炸装置主要从爆炸装置的基本构造、发火原理来分类，主要有：机械发火引信装置、化学引信和电发火引信等。

1）机械发火引信爆炸装置

① 压发引信：压发引信由引信体、压帽、触角、压发杆、击针、击针簧、火帽保险销等组成。控制装置使击针的细部被压发杆的卡槽卡住，击针簧被压缩呈待发状态，当压帽或压帽上的触角受到 9 公斤以上的压力时，压发杆下降圆孔对正击针时，击针失去控制，在击针簧伸弹力的作用下，冲击火帽而发火。

② 拉发引信：拉发引信由引信体、拉火杆、击针、击针簧、火帽和上、下保险销等组成。设置后，抽出上、下保险销，由于拉火杆的尾部插在击针杆的裂叉头内，使裂叉头张开被引信体的束孔卡住，击针被压缩，击针不能下降，成待发状态。当拉火环受到 2 ~ 2．5 公斤的拉力时，将拉火杆的尾部从击针杆的裂叉头内拉出。此时裂叉头收缩，击针失去了束孔的控制，在击针簧伸张了的作用下，冲击火帽而发火。

③ 松发引信：松发引信由引信体、固定座、击发杆、弹簧、击针、火帽和上、下保险销等组成。设置时，引信上部的活闩一端挑起击发杆。另一端用上保险销控制在固定座上，压上 1 公斤以上的重物时，击发杆失去活闩的控制，在弹簧的弹力作用下打击击针，冲击火帽而发火。

2）化学引信

化学延期引信由引信体、酸液玻璃瓶铜管、支撑金属丝、击针、击针簧、火帽和指示保险片等组成，正常状态下，击针被支撑金属丝控制，弹簧成压缩状态。使用时，用钳子将铜管夹扁，以致玻璃破裂，酸液开始腐蚀支撑金属丝，当支撑金属丝腐蚀很细而不能适应击针簧的张力时被拉断，击针失去控制，冲击火帽而发火。其延长时间的长短，根据所用酸液的浓度和气温而定，延期时间最短的为 3 分钟，最长的可达 23 昼夜。

3）电发火引信

① 压发电引信：平时电雷管的一端与电池的一极相连，另一端连接在开闭器的控制板上，电池的另一极连接在开闭器，中间用弹簧支撑，电路断开。当上板受到一定压力时，上板下降，上板上的金属片与底板上的金属片相接形成回路，电雷管爆炸。

② 松发电引信：平时电雷管的一端与电池的一极相连，另一端连接在开闭器的控制板上，压发杆由弹簧支撑，当压发杆上放置一定的重物时，弹簧伸张，推动压发杆上移，使压发杆中间突出部分的金属片与控制板上的金属片相接，形成回路，电雷管爆炸。

③ 拉发电引信：松发电引信可改进为拉发电引信，压发杆的移动由拉火栓控制。当拉火栓上受到一定的拉力时，拉火栓被拉出，弹簧伸张，压发杆上移，压发杆中间突出部的金属与控制板上的金属片相接，形成回路，电雷管爆炸。

3. 非制式爆炸装置的识别

非制式爆炸装置从制作来讲可分为两类：一类是利用制式的枪（弹）、炸药、雷管等做成，另一类是因地制宜，就地取材制作的。常见的有书本炸弹、电筒炸弹、钟表定时爆炸物、收录机爆炸物和瓶子自制爆炸物等。

（1）书本炸弹：将一本书中间挖空，安装上电池、雷管、弹簧圈及炸药，装上松发或拉发引信，当打开书封面时它便爆炸。

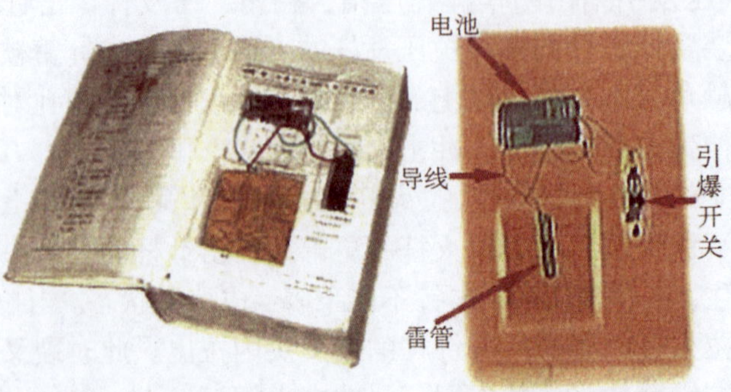

（2）电筒炸弹：一种是电点火，是将电池和电雷管连接在电筒开关上，装上炸药，当推电筒开关时便爆炸；另一种是点火引爆，是在电筒内装上炸药、导火索，打开电筒的反光镜，用火柴可点燃导火索进行爆炸。

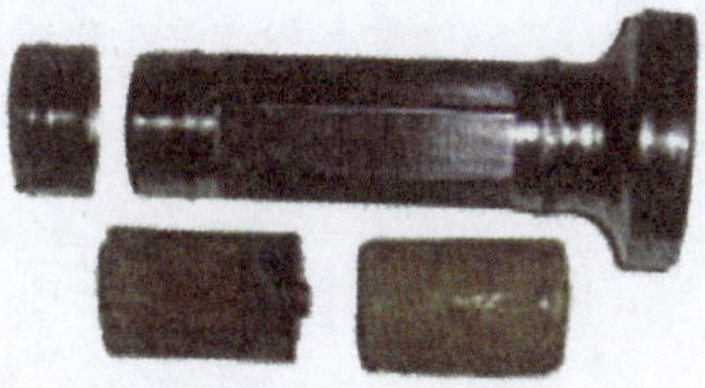

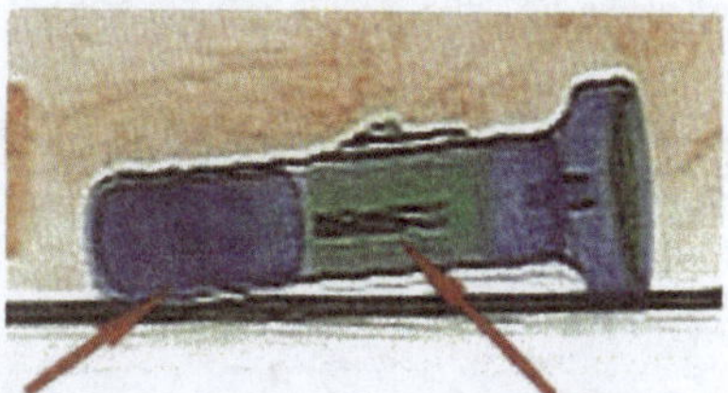

（3）钟表定时爆炸物：将两块导电金属片和钟表分别固定在一块木板上，两块金属片分别接通电池及雷管，并连接装药。用一根细绳捆结在一块金属片上和钟表的上闹铃发条的旋钮，拉紧绳子，两块金属片相接导电而引起爆炸。

将电点火爆炸物线路的一端接在闹钟壳体上，另一端插在表蒙适当位置，当指针转动接触到后端时，沟通电路产生爆炸。

将电点火爆炸物线路的一端接在闹钟壳体上，另一端接在闹钟的闹铃发条旋钮上或闹钟上，当闹钟响铃时，两端接通，产生爆炸。

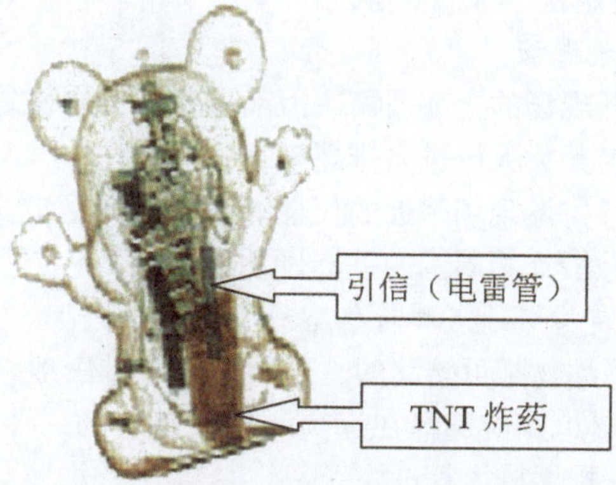

（4）收录机爆炸物：电雷管分别与录放音头上的电极片、机体内的水银开关、机盖上的反拆卸电开关接连在一起。机体内装有电池供收录机广播和起爆电雷管，当录音胶带放完打开机盖或搬动机体造成倾斜时，均会沟通电路而引起爆炸。

（5）瓶子自制爆炸物：瓶内装有液体炸药，将拉发摩擦引信连接在木塞上，当打开瓶子时引起爆炸。

制造非制式爆炸物可利用的东西很多，如水壶、食品铁皮盒、烟斗、钢笔等。在检查中要特别注意非制式爆炸装置的处置方法。

二、制式、非制式爆炸装置的处置方法

1. 处置爆炸物的准备工作

1）建立排爆组织

如确定对爆炸装置进行处置，要成立排爆组，除领导指挥外，要由有防爆专业知识和有经验的专职排爆人员实施。另外，还要组织医护、消防抢救小组，使其处于待命状态。

2）准备器材

排除爆炸装置是一项危险性极大的工作，为保障排爆人员生命安全，应尽可能利用一些防护器材和排爆工具。防护器材主要有机械手、防爆筐（箱）、防爆毯、防爆服、防爆头盔等，也可用砂袋将爆炸物围起来。排爆工具主要有钳子、剪子、刀具、竹签、长棍、高速水枪、液态氮等。

3）清理现场

① 打开现场的全部门窗，万一爆炸，冲击波能得到充分的释放；

② 严禁无关人员进入排爆现场；

③ 转移排爆现场附近的仪器等设备，为了减少损失可将爆炸物用沙袋围起来；

④ 清除爆炸物周围的铁器硬质物体。

4）确定排爆地点和转移路线

如果爆炸物是可转移的，要事先确定排爆地点。

① 排爆地点应选择在远离飞机、建筑物、油库、管道、高压线等地方，排爆地点应事先筑好排爆掩体等设施；

② 转移路线应尽量避开人员聚集、重要设施、交通要道等地方；转移时应尽量使用防爆罐，如转移的路线较长时，应用防爆车或特别的车辆进行运输转移。还要画好勤务警戒转移路线和排爆现场。

5）疏散无关人员

即使用最有经验的排爆人员，用最有效的排爆器材和工具去处置爆炸物，也难以百分之百地保证爆炸物不爆炸。因此，在处置之前应考虑疏散无关人员。

疏散之前大致判断爆炸物，首先判断真假，以决定是否疏散人员，然后判断威力，以决定在多大程度、多大范围内疏散人员。疏散方式有三种：

① 不撤离。当某件被怀疑为爆炸物的物品有明显的证据是非爆炸物，判断其几乎没有多大杀伤力时，可不疏散旅客和其他人员，只做适当的警戒。

② 局部撤离。当某件物品被确认为爆炸物，但威力不很大时，可对旅客和其他人员在一定范围内进行疏散。

③ 全部撤离。当判断爆炸物的威力很大时，要撤离在飞机和建筑物内的全部人员。

2. 处置爆炸物的程序

（1）对爆炸物的判断。主要包括真假的判断、威力的判断、是否有定时装置的判断、是否有水平装置的判断、是否有松、压、拉等机械装置的判断、是否有其他防卸装置的判断等。

（2）对爆炸装置进行处置。

3. 在人身检查过程中，发现犯罪嫌疑人身上带有爆炸物时的处理方法

（1）果断将犯罪嫌疑人双手控制，使其无法引爆爆炸物，迅速发出信号，通知其他岗位人员，协作配合，并向带班领导报告。认真搜查犯罪嫌疑人其他部位有无引爆装置。如犯罪嫌疑人反抗，立即将其制服。如爆炸物是捆在犯罪嫌疑人身上，必须严格控制。

（2）立即将情况向公安、现场指挥中心、航安办及有关单位通报。

（3）对犯罪嫌疑人携带的行李进行严格开包检查，并检查犯罪嫌疑人有无托运行李，如有托运行李，立即告知值机部门。

（4）迅速关闭通道，各岗位人员密切配合，验证员、前传检查员守住通道口，控制人员进出，维持好秩序，疏散待检旅客。人身检查员、开箱（包）检查员、开机检查员迅速行动，控制犯罪嫌疑人。

（5）将犯罪嫌疑人和爆炸物移交公安或专职排爆人员处置。

（6）险情过后，清理现场，恢复正常安检工作。

（7）写出详细专题情况材料向上级有关部门报告。

4. 隔离区监控人员在清场时发现可疑爆炸物时的处理方法

（1）确认可移动可疑爆炸物的前提下，立即将可疑爆炸物放入就近的防爆桶（筐）内，盖上防爆装置附件，退出安全线。

（2）立即将情况报告带班领导，并将情况向公安、现场指挥中心、航安办及有关单位通报。

（3）指派专人负责警戒保护现场，在有人员活动的区域，立即组织人员疏散。

（4）组织人员采取措施关闭各个通道，搜寻可疑人员和其他可疑物。

（5）加强对候机厅、停机坪、飞机的监控、警戒。

（6）通知公安或专职排爆人员进行处置。

（7）险情排除后，清理现场，恢复正常勤务。

（8）写出详细专题情况材料向上级有关部门报告。

5. X射线机操作员在检查旅客行李时发现爆炸物的处理方法

（1）保持沉着冷静，立即停机关闭通道，确定“行李”持有者并对其进行控制，开箱（包）检查员立即将行李放入防爆桶（筐），盖好防爆装置附件。

（2）立即向带班领导报告情况，并通报公安、现场指挥中心、航安办及有关单位。

（3）在确认“行李”持有者后，严格对其人身控制和搜查，防止犯罪嫌疑人逃离，如犯罪嫌疑人反抗将其制服，对犯罪嫌疑人的其他行李进行严格开箱（包）检查。如有托运行李，立即告知值机部门。

（4)验证员、前传检查员守住通道，维持好秩序，疏散待检旅客、已进入隔离区旅客。开箱（包）检查员密切注视周围情况，观察有无犯罪嫌疑人同伙和可疑人员，一旦发现，立即组织力量将其控制，以防犯罪嫌疑人同伙逃窜和伺机制造其他意外。

（5）将犯罪嫌疑人和爆炸物移交公安民警或专职排爆人员处理。

（6）险情过后，清理现场，恢复正常安检工作。

（7）写出详细专题情况材料向上级有关部门报告。

6. 开箱（包）过程中发现爆炸物时的处理方法

（1）迅速将爆炸物放入防爆桶（筐）内，盖好防爆装置附件，控制嫌疑人，关闭通道，并向带班领导报告。

（2）立即将情况向公安、现场指挥中心、航安办及有关单位通报。

（3）对嫌疑人进行严格搜身检查并将其控制，并对其携带的其他行李进行严格检查，如有托运行李，立即告知值机查出并严格检查。如犯罪嫌疑人反抗，果断将其制服。

（4）验证员、前传检查员守住通道口，维持好秩序并疏散待检旅客、已进入隔离区旅客。开箱包检查员密切注视周围情况，注意观察有无犯罪嫌疑人同伙和可疑人员，一旦发现立即组织力量将其控制，以防犯罪嫌疑人同伙制造其他意外。

（5）将犯罪嫌疑人和爆炸物移交公安或专职排爆人员处置。

（6）险情过后，清理现场，恢复正常安检工作。

（7）写出详细专题情况材料向上级有关部门报告。

【相关知识】

一、爆炸物的组成

常用的爆炸装置（即爆炸物）种类很多，性能各异。形状、尺寸、重量不同，但各种爆炸装置主要由主装药、发火装置（引信）、外壳三部分组成。

1. 炸药爆炸的基本特征

炸药爆炸过程具有三个基本特征：放出大量的热、反应速度极快、产生大量的气体生成物。

2. 炸药的感度、猛度、爆速

1）炸药的感度与威力

炸药在外界作用下发生爆炸变化的难易程度，称为炸药的感度。容易爆炸的称为感度大或敏感，不容易爆炸的称为感度小或钝感。炸药感度的大小，以引起炸药爆炸所需的最小起爆能量来表示。炸药的感度愈小，所需的起爆能量愈大。

炸药的威力是炸药爆炸时做功的能力。炸药的威力越大，破坏的范围和体积就越大。威力取决于炸药爆炸时所产生的热量和气体的多少。

2）炸药的猛度

炸药的猛度是指爆炸时粉碎与它接触的物体或介质的能力。如爆破岩石猛度通常表现为粉碎岩石的能力，炸药猛度越大，破坏的岩石就越碎。猛度主要与炸药的爆速有关。爆速愈大，猛度也愈大。

3）炸药的爆速

爆轰波沿炸药传播的直线速度称为爆速。爆速主要与炸药的性质有关，同时还受许多因素的影响，如密度等。单质炸药的爆速是随着炸药密度的增加而增加的。硝铵炸药类机械混合炸药在通常条件下，起初爆速随密度的增加而增加，当密度增加达到某一极限时，爆速也达到某一最大值，以后，如果密度再继续增加爆速反而下降。

二、引信的识别方法

引信是爆炸物的发火装置。机械压发引信的最显著特征是引信体上部有压帽；识别松发引信的最直接有效的方法是检查引信体上是否有松发板。

三、防爆器材

目前在国内唯一可以在高空间室使用的防爆器材是防爆罐。一般为圆筒形，上面开口并配有沙袋、防爆毯，用以将爆炸装置临时存放，暂时控制爆炸威力和减少损伤。

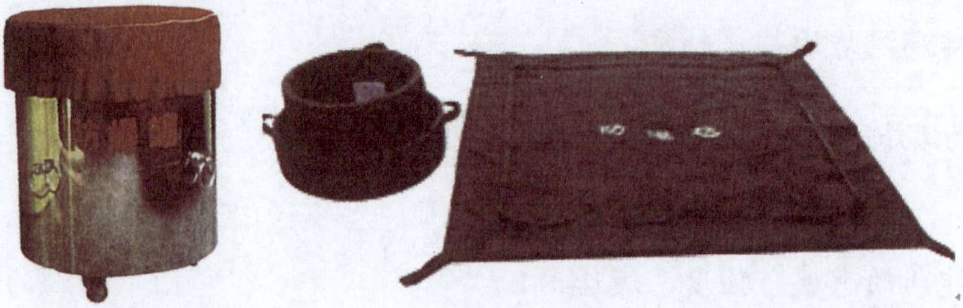

使用注意事项如下：

1）对防爆罐进行正确的操作，可保护人身、财产安全，但如在室内使用，一旦爆炸，仍会造成天花板、门窗、玻璃、吊灯以及其他物品震坏而伤人，因此应注意避开这些部位。

2）防爆罐虽有一定消声性能，但在近距离和室内爆炸，声音仍较大应注意拉开距离保护耳膜。

3）注意不要把防爆罐放在承重梁和圆孔板下以及其他不坚固结构棚顶下，也不要放在承重墙（柱）旁。

4）放在安全检查场所附近，以利于发现爆炸装置后，能尽快投入其中。加上抗爆盖后使用所附 10 米尼龙绳，挂在罐环上拉向室外，不要人推。因此要选择一条近而无障碍的通道，不能从阶梯上向下拉，防止罐倒伤人。

5）发现爆炸装置后，应由有经验的授权人员将爆炸物用手轻拿轻放入罐内，松手同时，要立即躲开，特别注意避开头部。要注意疏散群众。

6）“组合抗爆盖”可根据当地条件，放在罐上方，也可放在罐旁（不能被人拿走或损坏）以利于在放入爆炸装置后能尽快把盖盖好。放置抗爆盖的正确方法是双手拿两条带（或边），让抗爆盖能挡住操作人员的头、胸和手，然后迅速放在罐上躲开，即可确保安全。同时，注意抗爆盖有“上”字面应向上。

四、处置爆炸物的基本原则及注意事项

1）发现爆炸物品，应设法将人、物分离，将爆炸物品放到防爆筐、罐内，然后报机场公安机关处理。对反抗者应将其制服。爆炸装置是具有较大杀伤力的装置，万一爆炸，将引起严重的后果。因此，在处置爆炸装置时（包括可疑爆炸物）要慎重。

2）要尽可能不让爆炸物在人员密集的候机楼内爆炸，万一爆炸也要尽可能最大限度地减少爆炸破坏的程度，要千方百计保障旅客、民航工作人员和排爆人员的安全。

3）发现爆炸装置（包括可疑爆炸物）后，应禁止无关人员触动，只有经过专门训练的专职排爆人员才可以实施排爆。

第三节　运用爆炸物探测设备进行检查

【学习目标】

1．掌握运用爆炸物探测设备进行检查的程序与方法。
2．了解爆炸物探测设备的相关知识。

【基本操作】

一、运用 X 射线机对爆炸物进行检查的方法

X 射线对密度不同的物质穿透的强度不同，在显示器上会呈现明暗、颜色不同的影像，对暗藏爆炸物的物品进行 X 射线透视检查时，由于爆炸装置外壳、引信、雷管、电池、导线等部件的物质密度较大，而且各个形状与一般物品不同，在显示器上会出现较暗的影像，可运用操作键盘各功能键对可疑物品进行分析并根据各个影像的形状、颜色、明暗度和它们的相互位置关系，查明爆炸装置的种类构造和在物品内的位置。

二、运用爆炸物探测器对爆炸物进行检查的方法

以 IONSCAN 400B 为例：该设备未检测到可疑物质时，仪器显示“通过”（PASS）。

通过界面

检测到可疑物质时，仪器会发出报警声音（可选择将报警声音关掉，即可选择在报警时不发出报警声音），同时在屏幕上显示报警结果。按“报警复位”键将声音关掉，同时记录屏幕上显示的报警结果，也可通过打印机将报警结果打印出来（如果仪器连接打印机）。报警结果包括以下主要项目：

报警名称：通常为所检测到的物质名称。

相对强度：用条形图表示，红色格子越多，表示检测强度越大。

频道名称：有些报警可能是一个以上频道的检测结果。

频道参数：包括最高幅度、偏差值和区段数。最高幅度和区段数越大、偏差值越小，表示检测强度越大。

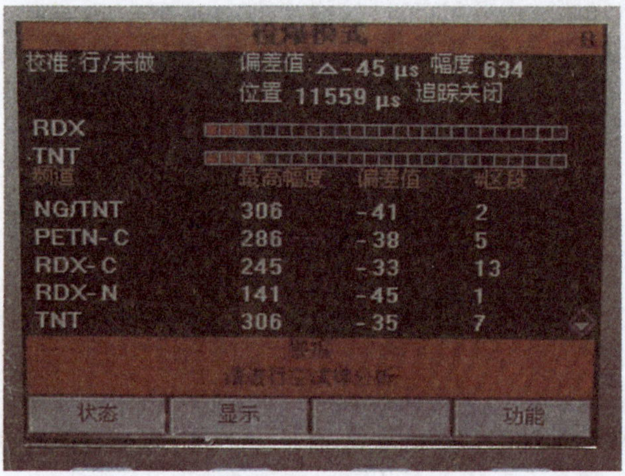

报警界面

待仪器准备就绪后，分析一块干净的取样布，如结果为“通过”（PASS），表示仪器内部已经干净；如结果仍有报警，说明仪器内部尚残留有上次的样品，可通过维护菜单中的“清洗循环”来加快清洗过程，再用干净取样布测试，直到获得“通过”结果。

三、取样方法

1. 对人员的取样

首先使用夹着取样布的取样器对被检人员的衣服和裤子的口袋进行取样；其次对其双手进行取样；再次对其腰部的皮带进行取样；最后将取样布放入取样托盘进行检测。

2. 对行李的取样

首先使用夹着取样布的取样器对被检行李的提手、拉链、拉杆及锁具等手指经常接触的地方进行取样；其次特别注意对明显磨损或撕裂的地方进行取样；最后将取样布放入取样托盘进行检测。

3. 对物品的取样

对证件、容器、电器等物品取样可通过夹着取样布的取样器对其进行擦拭，擦拭主要集中在手指经常接触的地方。最后将取样布放入取样托盘进行检测。

【注意事项】

1．痕量爆炸物探测仪是非常灵敏（皮克级别 10^{-12}）的痕量分析仪器，因此操作环境和操作人员都必须非常“清洁”（未接触过爆炸物）。

2．操作员在取样和分析等操作过程中必须戴着棉质手套。

3．操作员在使用校准标准样（口红）后，必须保管好校准标准样，并及时处理已经使用的取样布，防止交叉污染。

4．操作员在使用仪器时，要注意仪器内部的放射源、高温及高压。

【相关知识】

一、X 射线机的工作原理

见四级安全检查员培训教材第二章第一节。

二、爆炸物探测器的工作原理

IONSCAN 400B 采用 IMS（离子迁移光谱）检测技术，这种技术的工作原理如下：

1）很多化学物质会散发出蒸汽或颗粒，这些蒸汽或颗粒会被它们与之接触的材料（衣服、行李、皮肤、容器、纸张等）表面吸附或黏附。

2）可通过真空吸附或擦拭表面的方式来收集这些痕量的蒸汽或颗粒。

3）所收集的样品被加热变成气体。

4）汽化后的样品与放射源（63Ni）发出的β－离子碰撞后变成带电离子。

5）这些离子在电场作用下沿 IMS 管“漂移”，“漂移”的速度取决于离子的大小和结构。

6）每种离子都有一个特征“漂移”速度，这一速度就像指纹一样，可用来识别产生每种离子的原始物质。

7）爆炸物探测器就是利用计算机软件对不同物质离子“漂移”所产生的一系列峰值进行识别，检验行李物品是否存在爆炸物的可能。

三、爆炸物探测器的日常维护

1. 更换干燥剂

新干燥剂是蓝色的，使用后会变成粉色。当剩余蓝色的干燥剂距离黑色木炭区 2.5 厘米时，整个干燥剂瓶必须更换。更换步骤如下：

（1）在关机状态下，将干燥剂瓶旁安装在仪器上的两个空气管快速连接头断开；

（2）解开尼龙带，把干燥剂瓶取出；

（3）拧下干燥剂瓶顶部和底部的铝制接头；

（4）取出新干燥剂瓶并将封盖打开，将铝制接头接到顶部和底部并拧紧。

（5）将干燥剂瓶按正确方向放入仪器背部，用尼龙带固定住，重新接好快速接头即可。

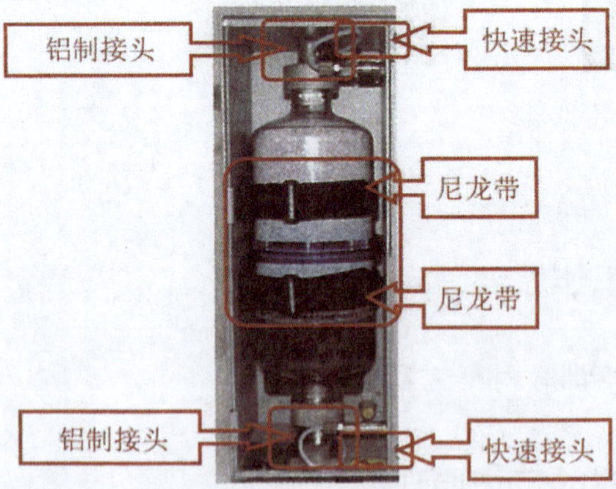

爆炸物探测物

2. 清洁空气过滤器

仪器的后面有两个烧结的气流输入过滤器，其位置在干燥剂瓶的后边。这个过滤器可能会蒙上一层灰尘，可用棉布蘸上酒精进行清洁。

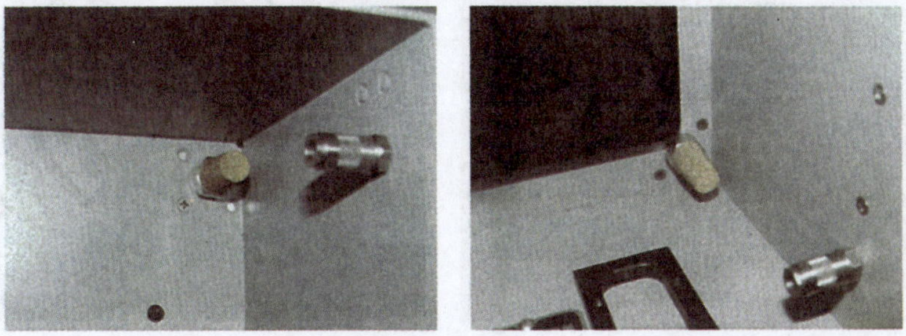

两个烧结

3. 清洁防尘过滤器

仪器的后面有两个防尘过滤器，其上面有两块过滤海绵。当其变脏时将其卸下后放在清水里面进行清洗，完全晾干后装回原位。

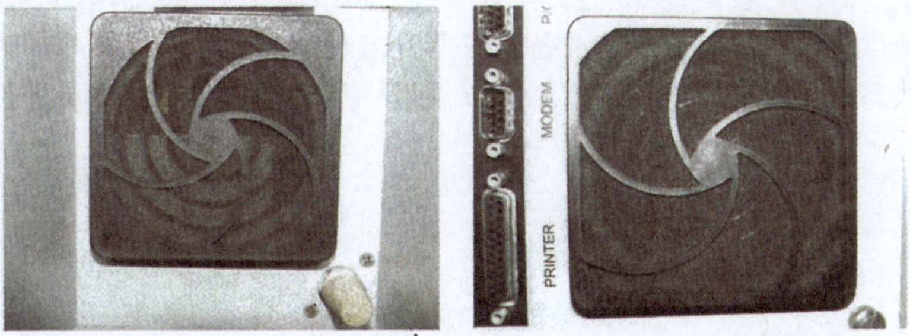

两个防尘过滤器

4. 清洁取样托盘和解析器

当仪器发生报警后需对其进行空白样本分析，如持续报警说明仪器被污染，则需要对仪器进行清洗循环操作。如果清洗循环十次以上仪器还是报警，则说明其被严重污染，外部需要清洁取样托盘和解析器，内部则需要烘焙才能使仪器恢复正常工作。

（1）清洗循环：仪器处于就绪状态，按下功能键后，选择清洗循环后回车，即开始清洗循环。

（2）清洁取样托盘和解析器：首先更换取样托盘上的白色特氟隆环；其次用一块蘸有甲醇或异丙醇的干净取样布来擦拭取样托盘；最后去掉前盖，用一块蘸有甲醇或异丙醇的干净取样布来清洁解析器（注意解析器高温）。

取样托盘

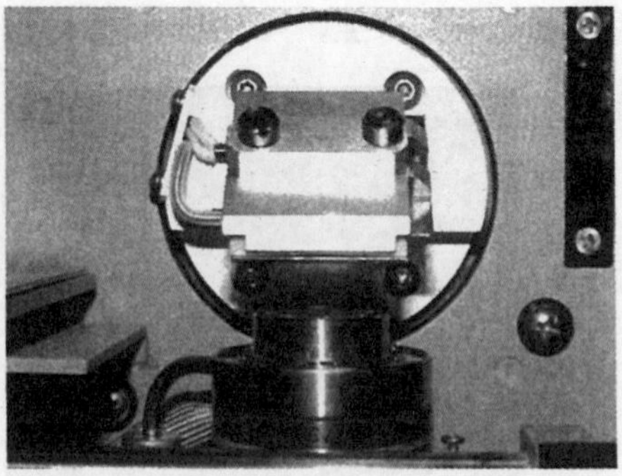
解析器

（3）烘焙：烘焙是以增加仪器温度和气体流量来加快仪器内部污染的清理过程。如果仪器长期未使用及检测时发生严重污染后，则需要对仪器进行烘焙。首先将仪器处于待机状态；其次按功能键进入系统维护菜单选择烘焙功能；最后根据提示将取样托盘推入后按回车。

注意：烘焙时间可设定在 15 分钟至 8 小时之间，以 15 分钟为增加单位。默认时间是 120 分钟，烘焙时间不包括烘焙准备前仪器升温时间和完成后仪器冷却时间。因为仪器处于烘焙状态就不能进行检测工作，所以烘焙一般由管理员或维修员进行，操作员不需要使用。

第三章　勤务的组织与实施

第一节　勤务准备

【学习目标】

1．掌握勤务组织的程序及方法。

2．掌握勤务组织的要求。

3．了解勤务组织的原则。

【基本操作】

一、勤务准备的程序

1）安检各部门执勤人员应于当日第一个航班起飞前与值机部门同步到达现场（或按照规定的交接班时间）。

2）安全检查开始前各部门应当做好各项准备工作。对候机隔离区进行清场，做好X射线检查仪、安全门和手持金属探测器的调试工作以及其他检查用具的准备工作。

3）收集相关勤务安排所需资料：主要是收集上级的通知及指示、当前空防安全形势情况及信息、工作调研情况、现场发生的问题、航班预报信息、人员休假等情况。

4）编写勤务安排方案：根据收集信息及资料编写出勤务安排方案，分配勤务任务。

二、点名及讲评

1）安检部门实行上班点名和下班讲评制度。

2）点名和讲评一般由安检科队值班领导组织实施。

3）点名的内容包括：检查安检人员到岗情况；检查安检人员着装情况；传达上级文件和指示；按照航班预报，合理安排勤务；提出工作要求。

4）讲评的主要内容包括：安检人员在位情况、小结当天执勤情况、表扬好人好事，批评不良现象、对下一班勤务提出具体要求、对工作中发生的问题及时上报。

【相关知识】

一、安检勤务组织的原则

1）安检部门在安排各项工作中，要以勤务为中心，兼顾教育、培训和学习，完成以勤务为中心的各项工作。

2）勤务的组织和实施中，应当以科、队（或班、组）等建制单位安排，采取分级指挥，分级负责的方法，使各级职、责、权分明。

3）组织勤务应当把工作程序作为一个整体，合理使用执勤人员，安排组织好上、下勤务交接，保持勤务的连续性。

4）安检部门各单位应当结合自身担负的任务，制定正常情况和特殊情况勤务方案，作为实施勤务和处置情况的依据，时刻做好转入紧急情况的准备，以应付各类突发性事件。

5）安检部门应当加强与联检单位的联系配合，制定协同方案，互相支持，确保检查、监护、管理等各项勤务的顺利进行。

6）安检部门在勤务实施过程中，应当做好检查仪器、通讯器材、勤务用品、机动车辆的保障工作。

二、交接班制度的要求

1）交接班应同级对口书面交接。

2）交班的主要内容包括上级的文件、指示；执勤中遇到的问题及处理结果；设备使用情况；遗留问题；需要注意的事项等。

第二节　勤务实施

【学习目标】

1．掌握不同情况勤务实施的程序及方法。

2．了解勤务实施的相关知识。

【基本操作】

一、正常勤务实施的程序

1）做好交接班工作，由部门负责人具体组织实施，并监督交班情况，防止发生漏洞。

2）在勤务实施当中，检查各岗位人员的在岗情况和准备工作的落实情况，跟班作业，掌握检查情况，领导和指挥勤务工作。

3）按分级处理的原则处理安检工作中发生、发现的各种情况和问题。遇有紧急情况或突发性事件，根据特别工作方案处置。

4）航班结束后，做好勤务的各项善后工作。

5）关闭、锁好各种仪器、设备，清点、存放检查器材、执勤用具，打扫卫生。

6）上报勤务中发生、发现的问题、数字和处理结果，做好执勤情况的整理、登记、归档工作。

二、安全检查特别工作方案的实施

1）加强检查力量。抽调业务熟练的检查员执行检查，必要时对乘坐重点航线班机的旅客设立专门通道，从严检查。

2）加强查控工作。掌握被查控人员情况，及时将查控名单与当天航班舱单进行核对。

3）加强仪器检查。开机检查员应当充分发挥X射线安全检查仪的功能作用；对行李经开包检查取出违禁物品后，必须重新经过X射线安全检查仪检查；调高安全门灵敏度，增加复查率。

4）增大开箱（包）和手工人身检查率。开箱（包）率、手工人身检查率不得低于50%，必要时可以对特定航班的旅客人身及其手提行李全部进行仪器和手工双重检查。

5）将防爆器材置于安检现场并处于良好状态，做好防爆事件准备工作。

6）对登机旅客及装入货舱的行李、货物的数量应当仔细核对，发现可疑人员或物品必须禁止登机或装机。

7）加强对航空器和候机隔离区的监护工作。对登机和接近飞机人员以及进入客机坪车辆严格控制，对机场设施以及接近飞机的车辆严格进行检查。

8）加强各级值班和现场组织指挥。

9）增加在安检现场执勤的公安民警数量。

10）对机上供应品（食品）应当派专人检查并监装。

11）对所有进入候机隔离区的工作人员及其携带的物品一律进行安全检查。

12）禁止旅客携带任何刀具乘坐飞机。

13）当接到某航班可能遇劫（炸）等敌情通报，而该航班旅客已经安检或已登机时，对已登机或准备登机的旅客及运载的货物要重新进行彻底检查。

【相关知识】

一、安检的勤务制度

1）勤务值班制度：安检各部门应当建立值班室，根据航班动态安排值班。掌握上报和处理勤务中发生的重大问题。

2）勤务记录制度：航班结束，详细填写各种执勤登记表并整理归档，按期上报。

3）执勤日记记载上级的命令、指示、通知和执勤情况、部署调整以及发现的问题、处理的结果等。

4）勤务研究制度：研究内容主要是有关业务文件、上级指示和通知，当前敌情、社情及犯罪分子活动规律，执勤中的经验与教训。

5）保密制度：安全检查人员应当严守秘密，除应严格遵守国家工作人员的保密规定外，根据安全检查的情况，还应当做到不在外国人、外部人员面前谈论安全检查的具体情况，不准将内部文件、资料带到执勤现场，加强对执勤文书、表册等资料的保管，以防丢失。

二、安全检查日常工作方案的内容

1）机场的位置和周围的地形、敌情、社情及机场保卫工作状况、航班情况、飞机型号、停机位置、飞机起飞到达时间、本单位编制情况。

2）各科、队、班组的具体任务及区分。

3）勤务编组，交接班的时间、方法，各检查人员的任务、职责和执勤位置，主要器材和装备，机动人员的任务、位置、使用时机、方式等。

4）安检机构各部门领导的分工、权限、指挥位置、正常和特殊情况下的组织指挥。

5）值班领导、勤务班（组）长、检查员之间的联络以及友邻单位的联络方式，出现特殊情况的报告程序及规定。

6）对一般问题的处理方法、权限，各部门与友邻单位的协调配合。

第三节　勤务小结

【学习目标】

1. 掌握勤务小结的编写要求及方法。
2. 了解勤务小结的相关知识。

【基本操作】

一、勤务小结的编写方式

根据小结的内容和写作的特点，小结的写法不拘一格，常见的有条文式、小标题式和贯通式三种。

1）条文式，即将小结的内容按性质和主次轻重逐条排列，行文简要，眉目清楚；

2）小标题式，就是正文部分按照逻辑关系，分成几个小标题，逐层深入地进行总结。这种写法，条理清楚，一目了然。

3）全文贯通式，是为了前后贯通，可以不列条款，不分章节，按时间或事物发展顺序，全文贯通，一气呵成。

二、相关范文

范文 1：

× 年 × 月份安全工作总结

1．根据上级领导要求，在下一阶段，我们要将工作重点转入查安全漏洞和抓质量落实上，深入抓问题解决和隐患整改上，确保安全生产质量。同时， 更要高度重视，严密勤务、加强管理，细查细验、把好关口，确保空防安全、消防安全和内保工作的有效落实。

2．工作重点一是要加强对台账的梳理，规范台账记录内容，保持台账清晰和整洁，确保台账符合审计各项要求和标准，尤其是员工会议记录的台账；二是加强对员工应知应会的检查督促，要求员工熟练掌握危险品运输知识，确保应知应会内容人人过关。

3．本月，克服气候变化大、大雾天气等造成的航班延误较多的情况，严把安检护卫关口，取得了较好的成绩。

4．为配合公安部开展的打击“金新月”毒品专项行动，根据行动相关要求及带毒案件主要特点，通过加强宣传教育、加大检查研究力度、强化事件处理，采取了一定的防范措施，以杜绝贩毒分子利用机场转运毒品。

×科×队

×年×月×日

范文2：

×年×月份查获违禁物品突出事例

弹药：

1. ×年×月×日07：53，国内科检查员史某查获旅客随身携带行李中的手枪子弹一发。经查该旅客名为刘某，欲乘MU5613航班前往哈尔滨，其称子弹为亲戚所赠，放在行李中用以辟邪。

2. ×年×月×日13：30分，国际科检查员汪某查获旅客随身携带行李中的手枪子弹一发。经查该旅客名叫DENNISMR，欲乘KA805航班。

3. ×年×月×日10：35分，国内科检查员奚某查获旅客随身行李中携带的小口径子弹一发。经查该旅客名叫祁某某，欲乘CZ6544航班前往长春，其自称，这发子弹是朋友送给他留作纪念，被其遗忘在随身行李内的。

最后，在对上述三名旅客重新检查确认其未携带其他违禁品，并逐级请示领导后，移交机场公安处理。

管制刀具：

×年×月×日，国际科检查员蔡某某查获旅客随身行李中的管制刀具一把，消除了一起安全隐患，具体情况如下：

当日22：00，国际科检查员蔡某某发现一名旅客随身携带的包内有刀具，经开箱确认为带自锁装置的跳刀一把，属于管制刀具。经查该旅客名为LAEVSKYY，欲乘坐MU219航班前往法兰克福。最后，逐级上报领导后，移交机场公安处理。

毒品：

×年×月×日，国内科检查员顾某某查获旅客携带的毒品一件，消除了一起安全隐患，具体情况如下：

当日11：05左右，国内科人身检查员顾某在对一名旅客进行正常的人身检查时，发现该旅客左脚踝的袜子内有异物，随即从其袜子内找出一包白色粉末，便询问该旅客为何物，旅客自称是治鼻炎的药，顾某便追问其为何将药藏在袜子内，旅客无语且神情慌张。旅客的不安和慌张等引起了顾某的警觉，便对该旅客再次进行人身检查和开箱（包）检查，同时上报带班分队长，带班分队长接报后到场按紧急预案进行了处置，再次复查未发现其它异常情况。

经查，该旅客名叫王某，男，乘坐 MU2158 航班，该旅客称白色粉末为 K 粉，是自己花 300 元买来吸食用的。最后，逐级请示领导后，移交公安处理。

易燃、易爆、腐蚀、毒害品：

× 年 × 月 × 日，货检科检查员王某查获易燃液体 5 瓶，消除了一起安全隐患，具体情况如下：

当日 17：30，货检科开机员王某在执行 8C8288 航班货物检查任务时，查获一票沪深货运代理公司代理的，品名报为配件的快件货物（运单号：883 — 00565655，分单号：516001379795）中夹带 5 瓶液体状罐装物品，经开箱检查确认其中的 2 罐液体品名为二甲苯的易燃液体，每瓶容量约 550 毫升，另 3 罐液体品名为油漆的易燃液体，每瓶容量约 750 毫升。最后移交机场公安空防处处理。

走私货币：

× 月 × 日，国际科检查员查获旅客随身行李中携带的大量货币，具体情况如下：

× 月 × 日 09：20，国际科检查员黄某某查获旅客行李中携带的港币 60 万元。经查，旅客名叫彭某某，乘坐 MU505 航班前往香港。

× 月 × 日 09：05，国际科检查员方某某查获旅客行李中携带的人民币 22 万元。经查，旅客名叫董某某，乘坐 MU567 航班前往新加坡。

最后，对上述旅客及其行李物品重新进行了细致的安全检查，未发现异常情况，并逐级请示领导后，移交海关处理。

警械警具：

× 年 × 月 × 日，货检科检查员龚某某查获单发捕捉网发射器一件，消除了一起安全隐患，具体情况如下：

当日 09：40，货检科开机员龚某在执行 5X0181 航班货物检查任务时，发现类似枪支的不明物品，经开箱检查查获品名报为手动电钻，目的地为泰国的货物，实际为单发捕捉网发射器一件。最后，逐级请示领导后，移交机场公安空防处处理。

无证无关人员：

× 年 × 月 × 日，机坪科 × 号观察哨队员王某查获一名无证人员，后被证实为到达旅客，消除了一起安全隐患，具体情况报告如下：

当日 20：30 分左右，机坪科 × 号观察哨队员王某在执勤时，发现机坪内近 × 机位有一名未佩带证件的步行人员，立即对其进行盘问，经确认是吉祥航空的到达旅客，该旅客名叫苟某某，乘坐 HO1120 航班，便立即报告分队带班、科值班到场处理。最后，报领导后，将该人移交上航工作人员杨某处理。

【相关知识】

一、小结的相关知识

1. 小结的含义

小结是作为一种回顾与思索的手段。当做了一个阶段的工作或完成了一项任务之后，进行回顾、检查和研究，找出合理经验、教训，并把它条理化、系统化，写出一些规律性的书面材料。

2. 小结的作用

（1）积累经验、提高认识、改进工作；
（2）鼓舞教育员工、调动员工的积极性；
（3）交流信息、汇报工作、提供经验；
（4）加强科学管理、提高干部素质。

3. 小结的组成要素

小结一般有标题、正文、署名和日期三部分组成。

（1）标题：小结的单位和小结的内容，一般都通过标题表现出来，给读者以鲜明的印象。小结的标题不同于其他文体，它一定要标明时间和概括写明小结的内容。

（2）正文：这是小结的中心部分。一般有以下几个方面的内容：

① 基本情况概述。首先简略地记述所要小结内容的基本情况，包括生产、工作、学习的时间、地点、过程等方面，必要时，还应介绍背景，这样可给读者以总体认识。

② 主要成绩、经验。这是全文的主要内容和重点，也是小结的目的所在。要对成绩和经验进行细致的分析，并把感性认识上升到理性认识的高度，从中找出规律性的东西。这部分要写得详细、扎实、具体。观点鲜明，重点突出，条理分明。

③ 存在问题和教训。在总结成绩、经验的基础上，找出工作中的差距；对存在的问题和教训作认真地分析，找出原因，以期达到吸取教训，改进工作的目的。总结存在的问题和教训，不是为了走过场，而是要及时发现问题，解决问题。

④ 今后的工作方向。经过总结经验教训，明确了任务和方向，提出今后的打算。

（3）署名和日期：一般在正文的右下方写明小结的单位和年月日，也可以在标题下面署名。这些是小结不可缺少的部分。因为署名和日期是当事者在某一阶段工作的标记，是今后开展工作的重要依据，不可忽视。

4. 小结的种类

（1）按内容可分为综合性小结和专题性小结。综合性小结也叫全面性小结，专题性小结也叫经验小结。
（2）按时限分为全过程小结和阶段性小结。
（3）按功用分汇报工作的小结和侧重推广经验的小结。
（4）按范围分单位小结和个人小结。

二、请示报告制度的要求

1）安检人员在一般情况下遇到超越处理权限的问题时，必须及时向上级领导请示后方可处理。
2）通常情况下，请示报告应逐级进行；遇有重要情况和重大涉外问题以及突发情况可越级报告，但事后应当报告直属领导。
3）遇有强行登机、劫机以及发现爆炸物等特别紧急情况，来不及请示报告时，应当根据当时情况按照预案予以处置，处置后必须及时逐级报告。
4）上报情况应当包括时间、地点、人物、事件情况、处理结果。
5）下级向上级请示报告问题时，应当提出自己的处理意见。
6）请示报告必须作出详细记录，重大问题作出专题报告。

三、日常工作情况报告

1）日常工作情况报告是指安检部门、安检人员对工作中遇到的情况、问题和阶段性工作情况及时或定期向上级领导或主管部门报告。
2）安检人员对执勤中遇到的旅客证件不符、隐匿携带危险品和违禁物品、扰乱安检现场秩序等问题应及时向科队（班组）值班领导报告。
3）安检科队（班组）值班领导遇到无权处理的问题应向本安检部门值班领导报告。
4）安检部门除定期向上级业务主管部门填写报表外，应每月报告一次业务工作情况，每半年报告一次综合情况。
5）安检部门应将日常工作情况定期通报本机场公安机关，民航各级公安机关应主动了解本地区安检部门的工作情况。

四、特殊情况报告的知识

1. 特殊情况报告的含义

特殊情况报告是指接到预谋劫持、爆炸民用航空器的情报或发生劫、炸机、机场爆炸等突发事件时的情况报告。

2. 特殊情况报告的要求

凡所接到的情报中威胁目标直接针对民用航空器，并具有下列情况之一的，应立即报告：

（1）有明确预谋作案时间。

（2）有明确作案目标，如针对某航空公司、某机场、某航线、某航班、某航空器等。

（3）有作案人姓名、国籍、证件号码。

（4）接到民用航空器遇劫、炸的信息后，安检部门应立即将基本情况电话报告民航局公安局，然后再将详细情况以书面形式传真上报。

（5）特殊情况在报告民航局公安局的同时，应按程序及时逐级上报。

3. 特殊情况报告的内容

（1）当日安检过程有无发现可疑情况；全部旅客是否均经过安全检查；是否按照规定实行开包和手工人身检查；安检仪器设备的技术状态；安全门在检查过程中所使用的技术参数等。

（2）当日检查旅客人数、手提行李数量；手工人身检查、开包检查数量；查出危险品、违禁物品数量及处理情况；移交机组保管的限量携带物品件数、品名及物主座位号；X 射线安全检查仪、安全门查出疑点和报警情况；验证时发现证件不符的情况。重点是劫、炸机嫌疑人的检查情况。

五、物品管理制度

1）物品管理包括对旅客、货主暂存、自弃和遗留物品的管理。

2）物品管理应由专人负责，并建立台账。

3）禁止随身携带但可作为行李托运的物品，以及限量携带物品的超量部分，在来不及办理托运手续或移交机组时，可作暂存处理。安检人员应给物主开具《暂存物品凭单》。

4）对旅客、货主自动放弃的物品应当统一登记造册，记录收到的时间、地点、数量及品名。

5）发现旅客、货主遗留在安检现场的物品，应由两名以上安检人员共同清点和登记，并及时交给专人保管。贵重物品应及时报告值班领导，尽可能地寻找失主。

6）对旅客暂存、遗留且在 30 天内无人认领的物品以及旅客自弃的物品，应当统一造册，交民航公安机关处理。

第四章　勤务实施中的情况处理

第一节　特殊旅客的处置方法

【学习目标】

1. 掌握特殊旅客检查及情况的处置方法。
2. 了解特殊旅客检查情况处置的相关规定。
3. 了解《刑法》《民法》等相关法律知识。

【基本操作】

一、免检对象检查方法

根据《中国民用航空安全检查规则》第 1 章第 7 条规定，经国务院批准的免检范围的人员，可免于安全检查。但任何部门和个人都不得擅自扩大免检范围。凡属免检范围的人员乘坐民航班机或迎送贵宾，应事先与当地机场公安机关联系，办理免检手续。对不属免检范围而要求免检的人员，机场公安民警和安全检查人员要做好耐心解释工作；凡不听劝阻，拒不接受安全检查者，不准进入隔离区和乘坐飞机，损失自负。

二、要客检查方法

由有关接待部门出具证明，安检部门凭要客通知单检查放行。非免检对象的要客也要经过安全检查，但通过安全门时如未报警可不对其人身进行手工检查；其随身手提行李通过 X 射线机检查时，如无违禁物品可不进行开箱包检查。如要客到达安检现场正值旅客较多的高峰时，应优先安排要客通过。

三、对伤、病、残、孕旅客的检查方法

1. 对伤、病旅客的检查方法

伤、病旅客一般都有亲友或医护人员护送，对护送人员及所有行李，应通过安全门和X射线机透视检查，对确实不能通过安全门的重伤、重病旅客，可安排一至两名与其同性别的检查员对其进行手工检查。对坐轮椅、躺担架的旅客可用探测器检查，身体两侧及身后应尽量采取用手触摸的方法，必要时可请陪同人员或亲友协助，直到查清为止。对打有绷带或石膏的受伤旅客，应在医务人员的配合下进行检查，并查看其有关证件和医院的诊断及治疗说明。

2. 对残疾旅客的检查方法

残疾旅客是指在心理、生理、人体结构上，某种组织、功能丧失或者不正常，全部或者部分丧失以正常方式从事某种活动能力的人。残疾旅客包括肢体残疾、视力残疾、听力残疾、言语残疾等。残疾旅客与其他公民一样享有航空运输服务的权利，在为残疾人提供安全检查时，应保障安全、尊重隐私、尊重人格。如残疾旅客请求作私下安全检查时，安检人员应及时安排。

（1）对肢体残疾旅客的检查方法：应注意避开其他旅客，特别是对其假肢进行拆卸检查时，更要注意，尽量不要损伤其自尊心或使其感到难堪。肢残旅客的电动轮椅，其电瓶应符合民航局关于危险品运输管理规定（CCAR-276TR）。

（2）对言语残疾、听力残疾旅客的检查：因其语言、听觉障碍，如检查人员不懂哑语，可用文字或手势告知其应该怎么做，但不能用手或探测器推拉、拨带旅客。

（3）对盲人旅客的检查：盲人乘机一般有亲友随同，检查时，可在其随同人员的配合下进行。

（4）对残疾旅客助残设备的检查：对助残设备进行安全检查过程中，安检人员判断该助残设备可能藏有武器或其他违禁物品的，可进行特殊程序的检查。

（5）对残疾旅客“服务犬”的检查：“服务犬”是指为残疾旅客生活和工作提供协助的特种犬，包括辅助犬、导听犬、导盲犬。经承运人同意，满足乘机条件（身份证明和检疫证明）的残疾旅客“服务犬”经安全检查后，予以放行。

（6）可带进客舱的助残设备：

类 别	助残设备	
肢体残疾旅客	助行器	拐杖、折叠轮椅、假肢
听力残疾旅客	助听设备	电子耳蜗、助听器

续表

类　别	助残设备	
视力残疾旅客	盲杖	多功能、简易盲杖
		助视器、盲人眼镜

3. 对孕妇及患有某些疾病旅客的检查

首先应诚恳地向其说明检查仪器对胎儿及旅客的健康均无影响，尽量动员旅客自觉接受安全门检查。如不能使其解除顾虑，可改用手工检查。

四、对保密客人的检查方法

按照有关规定，保密客人凭中央对台领导小组办公室出具的乘机介绍信免验身份证件，但仍要进行安全检查。

五、拒不接受安全检查的旅客的处理方法

对不接受安全检查的旅客，应向其讲明有关法律、法规，经说明仍不接受者，拒绝登机，损失自负。

六、对持《侦察证》乘机执行任务的国家安全机关人员的检查方法

对持《侦察证》乘机执行任务的国家安全机关工作人员，可按正常安检程序对其实施安全检查，经过仪器检查未发现疑点的，不再进行手工人身检查和开箱检查。

七、工作人员不按规定佩戴证件进入隔离区的处置

工作人员进入隔离区时，必须佩戴或出示通行证件。对未带证、有证不戴的，检查员要予以制止。对冒用他人证件者要通知其所在单位或送交机场公安机关处理。对不服从管理的工作人员要进行批评教育，做好登记，上报领导。对态度蛮横、性质恶劣的，通报有关部门。

八、机场工作人员捎带物品进入隔离区的处置

根据《中华人民共和国民用航空安全保卫条例》的规定：严禁利用工作之便将未经安检的物品装上航空器或带入隔离区。对违反规定者，安检人员应予以制止，对故意

捎带危险物品进入隔离区拒不接受安检人员检查的，拒绝进入，因拒绝检查而影响工作的责任自负。无理取闹或漫骂、殴打执勤人员的，交机场公安机关处理。

九、发现无机票、登机牌人员的处置

无机票、登机牌的情况，一般多为小孩，过安检时由大人背着或抱着进入隔离区或经其他途径进入隔离区。安检人员一经查获，应立即将其控制起来，报告值班领导。

十、对机组携带的物品的检查

对机组携带的行李物品，应按要求经过X射线机检查，对难以用仪器检查的物品，检查人员可视情况经手工检查后放行；对机组携带电器或较大的超过携带规定的行李物品，应要求其托运，不得带上航空器；对机务部门携带的航材，不便过安检或来不及过安检的，凭航空公司证明信并经安检部门值班领导批准，检查人员凭证明放行。

十一、发现未办理出境手续的人员的处理

发现未办理出境手续的人员欲乘坐国际航班时，交机场边防检查部门处理。

十二、航班延误、备降后，旅客强行登机的处置

航班延误、备降后，旅客强行登机现象时有发生。这种情况多为旅客对天气、通讯、飞行要求等原因不予理解和配合造成的。出现强行登机，监护人员要耐心劝阻，讲明有关安全的规定。劝阻无效时，及时报告值班领导，通知公安值班人员及有关部门处理。监护人员负责监视旅客在机坪停留情况，防止无关人员混入旅客中。

十三、抢修飞机或执行紧急任务加入机组的人员未经安检的处置

抢修飞机或执行紧急任务而加入机组的人员，来不及过安检的情况比较特殊。遇到这种情况，监护检查员要检查其登机手续是否齐备，核对其航班、飞机号、前往地点、姓名等是否属实，对其进行检查，并将情况报告值班领导。

十四、特殊旅客检查时的注意事项

对特殊旅客的检查是一项关系到安检工作质量和服务质量的特殊任务，为了做好这项工作，安检人员必须做到：一是态度诚恳热情，举止大方庄重，语言文明礼貌；二是主动周到地尽可能提供方便；三是尊重旅客，对盲、聋、哑和残疾旅客检查时，不可

催促或显得不耐烦；四是重要旅客乘机时要注意保密，在国家保卫对象乘坐航班时，注意对其他旅客的严格检查，严禁押送犯人、精神病患者乘坐。

十五、其他特殊情况的处置

1）对有下列情形之一者，应带至安检值班室进行教育，情节严重的，交由民航公安机关处理：

①逃避安全检查的；

②妨碍安检人员执行公务的；

③携带危险品、违禁品又无任何证明的。

④扰乱安检现场工作秩序的。

2）有下列威胁航空安全行为之一的，交由民航公安机关审查处理：

①携带枪支、弹药、管制刀具及其仿制品进入安检现场的；

②强行进入候机隔离区不听劝阻的；

③伪造、冒用、涂改身份证件乘机的；

④隐匿携带危险品、违禁品企图通过安全检查的；

⑤在托运货物时伪报品名，弄虚作假或夹带危险物品的；

⑥其他威胁航空安全的行为。

【相关知识】

一、免检对象范围

1）国家保卫对象的免检范围：

对已列入国家保卫对象的中共中央书记、政治局常委、委员、候补委员，书记处书记、候补书记，国家主席、副主席；中央纪律检查委员会第一书记、第二书记和常务书记；全国人大常委会委员长、副委员长；国务院总理、副总理、国务委员；中央军事委员会主席、副主席、委员；全国政协主席、副主席；最高人民法院院长；最高人民检察院检察长，免予检查。对上述领导人率领的出访代表团全体成员，也免予检查。我国中央各部正部长率领代表团出访时，部长本人免予检查。

2）对应邀来访外宾的免检范围：

对应邀来我国访问的非执政党领导人和我国按相当于正部长级以上规格接待的重要外宾，凭中共中央、国务院、中央军委有关部、委或省、自治区、直辖市党委、人民政府出具的证明免予检查。

应邀来我国访问（包括过境、非正式访问）的副总统、副总理、副议长以上领导人率领的代表团全体成员以及我国相当于副总理、副委员以上领导人率领的代表团全体成员，免予检查。

应邀来我国访问的各国正部长级官员及我国中央各部正部长率领的代表团出访，部长本人免予检查。

大使或各国际组织驻华代表机构代表夫妇如在中国境内机场乘坐民航班机，在向机场安检部门出示外交身份证和登机牌后，其人身及随身携带的手提行李物品免予安全检查。

3）对随同国家保卫对象乘坐民航班机的首长随身工作人员和我方接待属免检范围外宾的陪同人员，凭中共中央、全国人大常委会、国务院、中央军委有关部、委或省、自治区、直辖市党委、人员政府出具的证明免予检查。

二、要客范围

1）省、部级（含副职）以上的负责人；

2）军队在职正军职少将以上的负责人；

3）公使、大使级外交使节；

4）由各部、委以上单位或我驻外使、领馆提出要求按重要旅客接待的客人；

5）有关部门邀请进行正式访问的香港、澳门特区政府官方高层人士按重要旅客给予礼遇。

三、保密客人的范围

指中央对台领导小组安排的秘密来大陆办事的台胞。

四、法律相关知识

1. 刑法的适用范围

（1）对地域的适用范围。我国是一个主权独立的社会主义国家，我国刑法普遍适用于我国全部领土。

刑法规定：“凡在中华人民共和国领域内犯罪的，除法律有特别规定的以外，都适用本法”，“凡在中华人民共和国船舶或者航空器内犯罪的，也适用本法”，“犯罪的行为或者结果有一项发生在中华人民共和国领域内的，就认为是在中华人民共和国领域内犯罪。”本条所规定的就是我国刑法对地域的管辖范围。这里所讲的领域，是指国境以内的领陆、领空、领海、领水（包括内河、内湖、内海和国际之间的河流属于我国管辖的部分）。此外，我国驻外使馆也在本国法律管辖之内。本条所讲的“法律有特别规定的”，主要是指以下三种情况：①享有外交特权和豁免权的外国人的刑事责任问题，通过外交途径解决。②民族自治地方不能全部适用本法规定的，可以由自治区或者省的国家权力机关根据当地的政治、经济、文化的特点和本法的基本原则，制定变通或者补充规定，报请全国人民代表大会常务委员会批准施行。③在其他法律中有特别规定的，按照特别规定执行。

（2）对人的适用范围。刑法对人的适用范围可以分为以下两个方面：

一是对本国公民的适用范围：中华人民共和国公民无论在国内还是在国外，都受到我国法律的保护，同时也有遵守我国法律的义务。我国公民在国内犯罪的，一律适用我国刑法。我国公民在我国领域外犯下列各罪的，适用我国刑法：危害国家安全罪，伪造国家货币罪，伪造有价证券罪，贪污罪，受贿罪，泄露国家机密罪，冒充国家工作人员招摇撞骗罪，伪造公文、证件、印章罪。如果犯上列各罪以外的罪，而按我国刑法规定的最低刑为 3 年以上有期徒刑的，也适用我国刑法。但是按照犯罪地的法律不受处罚的除外。

二是对外国人的适用范围：第一，我国刑法对在中国领域内犯罪的外国人，除享有外交特权与豁免权的以外，都适用我国刑法。第二，外国人在外国针对我国或我国公民的犯罪，如果是按我国刑法规定的最低刑为 3 年以上有期徒刑的，可以适用我国刑法，但是按照犯罪地的法律不受处罚的除外。

（3）在时间上的适用范围。凡在刑法施行以后实施的犯罪，均适用刑法，而对刑法施行以前实施的未经审判的犯罪，则有条件地适用本刑法。

2. 行政诉讼的法律知识

（1）行政诉讼的概念：行政诉讼是解决行政争议的重要法律制度。所谓行政争议，是指行政机关和法律法规授权的组织因行使行政职权而与另一方发生的争议。行政争议有内部行政争议和外部行政争议之分。行政诉讼与行政复议是我国解决外部行政争议的两种主要法律制度。

行政诉讼是指公民、法人或其他组织认为行政机关和行政机关工作人员的具体行政行为侵犯其合法权益，依法向人民法院提起诉讼，由人民法院依法进行审理并作出裁决、裁定的活动。

（2）行政诉讼法是关于行政诉讼的法律。它是调整人民法院和行政诉讼参加人在诉讼过程中所形成的诉讼关系的法律规范的总称。

（3）行政行为的概念：行政行为是指国家行政机关及其工作人员依法行使行政管理权的公务行为。行政行为有两个条件：一是实施行政行为的主体，必须是行政机关及其工作人员，法律规定行政机关授权的组织为例外；二是行政行为必须是行使行政管理权的公务行为。

（4）行政复议的概念：行政复议是解决行政争议的一种行政执法监督制度，即公民、法人或其他组织对行政机关的具体行政行为不服，依法向上一级行政机关申请复议，由上一级机关对下级行政机关所作具体行政行为是否合法和是否适当进行复查，并作出复议裁决。

3. 民法基本知识

（1）民法是调整平等主体的公民之间、法人之间、公民和法人之间的财产关系和人身关系的法律规范的总称。

（2）民法的基本原则。

① 平等原则，当事人在民事活动中的地位平等。

② 民事活动应遵循自愿、公平、等价有偿、诚实信用的原则。

③ 保护合法民事权益原则。

④ 遵守国家法律和政策的原则。

⑤ 维护国家和社会公共利益原则。

（3）民事法律关系主体：我国民事法律关系是发生在公民之间、法人之间、公民与法人之间的一种社会关系，其主体是公民或法人。

（4）人身权：人身权可分为人格权和身份权，是指与权利主体（公民或法人）的人身不可分离的，没有直接财产内容的民事权利。

4.《国家保密法》的有关规定

（1）《国家保密法》第二条规定，国家秘密是指关系国家的安全和利益，依照法定程序确定，在一定时间只限一定范围的人员知悉的事项。

（2）《国家保密法》第九条规定，我国国家秘密按等级划分可分为：绝密、机密、秘密三个密级。

（3）《国家保密法》关于遵守国家秘密的规定：

《国家保密法》第二十四条规定："不准在私人交往和通信中泄露国家秘密。携带属于国家秘密的文件、资料和其他物品外出不得违反有关保密规定。不准在公共场所谈论国家秘密。"

5. 行政处罚法的相关知识

（1）行政处罚的种类有以下 7 种：

① 警告。警告是指国家行政机关对违反行政管理法律、法规或规章的规定、情节比较轻微、危害不大的行为人，给予警示，提出告诫的一种行政处罚方式，是行政处罚方式中最轻微的一种。

② 罚款。罚款是指国家行政主管机关对违反行政管理法律、法规规定的行为，由违法行为人缴纳一定数额的金钱来承担法律责任的一种行政处罚方式。

③ 没收违法所得，没收非法财物。没收违法所得，没收非法财物，是指国家主管行政机关对违反行政法律、法规或规章的行为所获取的非法经济利益和非法财物强制无

偿地没收归国有的一种行政处罚方式。

④ 责令停产停业。责令停产停业是指国家行政机关对违反行政法律、法规的生产单位或从事生产、经营性活动的行为人，令其停止生产或营业活动的一种行政处罚方式。

⑤ 暂扣或者吊销许可证。暂扣或者吊销许可证，是指国家行政机关对持有某种许可证而实施与该种有关的违法行为的主体给予暂时性扣留或取消其许可证的行政处罚方式。

⑥ 行政拘留。行政拘留是公安机关对违法行为人在法定期限内剥夺其人身自由的一种行政处罚方式。行政拘留是对违反行政管理的公民一种十分严厉的行政处罚手段，目前在我国的立法中，对行政拘留适用作了比较严格的限制，设定行政拘留的法律为数不多，而且大多数是针对严惩违反社会治安行政管理的违法行为。

⑦ 法律、行政法规规定的其他行政处罚。

（2）行政处罚的实施机关：

根据《行政处罚法》规定，行使行政处罚的实施机关有四类：一是公安机关；二是具有行政处罚权的行政机关；三是法律、法规授权的具有管理公共事务职能的组织；四是行政机关依照法律、法规或者规章的规定，在法定权限内委托符合条件的事业组织。

6.《枪支管理法》关于枪支运输的规定

（1）根据《枪支管理法》第三十条规定，任何单位或者个人未经许可，不得运输枪支。需要运输枪支的，必须向公安机关如实申报运输枪支的品种、数量和运输的路线、方式，领取枪支运输许可证件。在本省、自治区、直辖市内运输的，向运往地设区的市级人民政府公安机关申请领取枪支运输许可证件；跨省、自治区、直辖市运输的，向运往地省级人民政府公安机关申请领取枪支运输许可证件。

对于没有枪支运输许可证件的，任何单位和个人都不得承运，并应当立即报告所在地公安机关。公安机关对没有枪支运输许可证件或者没有按照枪支运输许可证件的规定运输枪支的，应当扣留运输的枪支。

（2）根据《枪支管理法》第三十一条规定，运输枪支必须依照规定使用安全可靠的封闭式运输设备，由专人押运；途中停留住宿的，必须报告当地公安机关。运输枪支、弹药必须依照规定分开运输。

（3）根据《枪支管理法》第三十二条规定，严禁邮寄枪支，或者在邮寄的物品中夹带枪支。

第二节　勤务中对特殊情况的处置方法

【学习目标】

1. 掌握特殊情况的处置方法。
2. 掌握旅客投诉的处理方法。
3. 了解与特殊情况处置有关的知识。
4. 了解旅客投诉的基本知识。

【基本操作】

一、案例分析

1）一名旅客因为航班延误离开了隔离区，重新安检时才发现登机牌与机票都在他的同行人那里，而其他随行人员均在隔离区内，此旅客随身只有身份证。应如何处理？

解决方法：让其用移动电话联系其他随行人员；

通知广播室进行广播寻找其他随行人员；

暂扣其身份证件，检查其人身及携带物品后派员随其进入隔离区寻找其他随行人员。

2）发现一名内部人员携带管制刀具进入隔离区，应如何处理？

处理方法：查问其携带原因并对其进行控制；

报告值班领导；

交民航公安机关作进一步审查。

3）遇有商品货物需要送入隔离区内的商场，应如何处理？

解决方法：运送人员必须是持有隔离区通行证件的商场内部人员；

对运送人员进行正常检查；

对照商品货物清单是否有误；

对商品货物进行正常检查。

4）遇有公安人员乘坐航班押送500克海洛因作为案件证物。应如何处理？

解决方法：查验其工作证件；

查验有关单位开具押送毒品的证明信；

报告值班领导；

做好登记后按正常程序检查放行。

5）开包员在请旅客开包检查过程中，旅客转身就跑。应如何处理？

解决方法：对其行李进行监看；

立即追赶该旅客并对其进行控制，如遇反抗马上将其制服；

对其人身及其他行李物品进行从严检查；

报告值班领导；

交机场公安机关作进一步审查处理。

6）发现隔离区内一无人认领包裹，应如何处理？

解决方法：对包裹进行监看；

报告值班领导；

在确定包裹不属危险品后作进一步检查；

寻找失主。

7）在证件检查岗位上执行任务，发现一名男性青年旅客证件上的资料与布控人犯完全一样，应该如何处理？

解决方法：不动声色，通知其他人对嫌疑人人身及其他行李物品进行从严检查；

报告值班领导；

通过检查发现无异常情况后对其身份作进一步核实；

交民航公安机关处理。

8）在检查岗位上遇有旅客声称携带炸弹。应如何处理？

解决方法：首先制服嫌疑人并报告值班领导；

对其人身及其他行李物品进行从严检查；

做好登记交民航公安机关处理。

9）在证件检查岗位上执行任务，发现一名外籍旅客持一张公安机关出入境管理处签发的有效期内的遗失护照证明，证明上项目齐全有效，应该如何处理？

解决方法：查看证明项目无误后放行处理。

10）在前传岗位上执行任务，一名旅客坚持不肯用射线机检查胶卷，应该如何处理？

解决方法：耐心解释 X 射线机对 ISO800 感光度以下的胶卷无害；

旅客仍坚持手工检查时，通知开包人员对胶卷进行手工检查。

11）一名旅客声称自己装有心脏起搏器。应该如何处理？

解决方法：请其出示医院证明；

对其人身进行正常手工检查。

12）在前传岗位上执行任务，在一名旅客放在篮子内的钱包里面发现一小包白色粉末，应该如何处理？

解决方法：查问其物品性质；

对其人身及其他行李物品进行从严检查；

将物品送交公安机关进一步检验，对旅客做好监控措施。

13）在人身检查岗位上执行检查任务，有一位小孩子通过安全门时发生报警，小孩的家长一再声称小孩身上没有东西，认为不应该检查小孩，应该如何处理？

解决方法：耐心向旅客做好解释工作；

对小孩进行正常检查。

14）在检查岗位上查出一位男性青年旅客身上携带电击器一个。应该如何处理？

解决方法：人、物分离，对旅客采取监控措施；

报告值班领导；

对其人身及其他行李物品进行从严检查；

登记后交民航公安机关处理。

15）在执行X射线机检查时，X射线机操作员在进行正常检查，突然听到前传检查员说："旅客的水杯倒了，里面的水全部洒出来了。"X射线机操作员应如何处理？

解决方法：马上停机并切断电源；

取出杯子并用干布将水擦干；

重新合上电源进行正常检查。

16）在执行开包检查时，开包员在检查一旅客的行李内发现了几本"法轮功"书籍。此时开包员应如何处理？

解决方法：对其人身及其他行李物品进行从严检查；

报告值班领导；

无发现异常情况并做好登记后将书籍及旅客交民航公安机关处理。

17）在执行开包检查时，遇有一名旅客意图动手抢回被开包员检查出来的管制刀具。开包员应如何处理？

解决方法：立即制止旅客，并对刀具和旅客实施监管措施；

如遇反抗即将其制服；

报告值班领导；

对其人身及其他行李物品进行从严检查；

做好登记交民航公安机关处理。

18）在执行开包检查时，在一名公安人员的行李内查获藏于茶杯内的拇指铐一副，这时开包员应如何处理？

解决方法：请其出示有效证件；

无论其能否出示有效证件均对其人身及其他物品进行严格检查；

报告值班领导；

做好登记交民航公安机关处理。

19）在执行开包检查时，开包员在一名旅客的行李内检查出有液蓄电池。开包员应如何处理？

解决方法：告知其属腐蚀品；

不许携带或退回处理。

20）执行开包检查时，有一名旅客携带的骨灰盒经射线机检查发现有异常物品，开包员应如何处理？

解决方法：在征得旅客同意后进行开包检查或退回处理。

二、处理投诉的步骤

遇有旅客投诉，千万不可置之不理，更不能认为旅客是在“多事”或有意“找麻烦”，和我们过不去。要知道，旅客来投诉是因为我们工作上出现了差错或服务态度不好，并且相信我们能够正确处理，希望我们能够改进。无论旅客的投诉动机如何，客观效果上是有利于我们工作的。

如果旅客投诉合理，确实是工作人员的过错，应马上当面向旅客赔礼道歉，同时对他们的投诉表示欢迎和感谢。这样做会使旅客感到我们重视他们的投诉，自尊心得到满足，为圆满处理好投诉铺平了道路。

三、有效处置旅客投诉的方法

1）“一站式服务法”，就是旅客投诉的受理人员从受理旅客投诉、信息收集、协调解决方案到处置旅客投诉全过程跟踪服务。很多时候旅客是因为我们在处理投诉时流程繁琐、职责不畅、推诿扯皮、手续过多等因素不情愿投诉或是投诉后又放弃了，这部分旅客对投诉是否能够解决一直持有怀疑的态度。“一站式服务法”就是为了消除旅客这种疑虑，从受理到处理完毕都由专人负责的投诉处理方法，它能够减少投诉处理中间环节以提高处理效率、避免推诿扯皮、缩短处置时间，让旅客体验到贴心、高效的优质服务。

2）“服务承诺法”，是本着为旅客负责、以旅客为本的服务精神，为缓和矛盾进一步升级的一种策略，进行分步解决旅客投诉的措施，它能够给受理和处理人员一个缓冲时间，充分了解和掌握投诉的始末和真相，给出更公正的解决方案。同时也给那些投诉时情绪不稳定和提出过高期望的旅客一个冷静思考的时间，平静下来协调解决，是缓解矛盾进一步升级的一种策略。

3）“补偿关照法”，是体现在给予旅客物资或精神上补偿性关照的一种具体行动，其目的是让旅客知道你认为你所犯的错误、不管什么都是不能原谅的，也让旅客知道这种事情不会再发生。

4）“变通法”适用于非单位的责任所造成的旅客投诉，并且单位没有权限满足旅客的要求时。这种方法立足于满足旅客的要求，维护公司的声誉和诚信，所采取的对公司和旅客都有利的投诉处理方法。

5）“外部评审法”，可以使投诉在未向外界公开前得到解决，避免了旅客采取进一步行动向媒体、其他机构施加压力，使事件陷入无法收拾的地步。对于旅客来说，更容易接受外部评审程序作出的处理结果，而向旅客建议选择外部评审程序也体现出我们对旅客负责和解决问题的诚意，可以取得旅客的信任。

四、平息旅客投诉的沟通技巧

1）“移情法”，就是通过语言和行为举止的沟通方式向旅客表示遗憾、同情，特别是在旅客愤怒和感到非常委屈的时候的一种精神安慰。其目的就是使旅客敞开心灵，恢复理智，和旅客建立信任。这种沟通的方法通常适用于旅客在情绪激动，正在发泄不满时。对此而言，移情与同情的区别就在于，同情是你认同他人的处境，而移情是你明白他人的心。

2）“谅解法”，要求受理人在接受旅客投诉时，迅速核定事实，并向旅客表示歉意，安抚其情绪，尽量用旅客能够接受的方式取得旅客谅解的办法。其技巧在于沟通时以同意取代反对，以更好地与旅客沟通取得旅客的认同。

3）“3F 法”，就是对比投诉旅客和其他旅客的感受差距，应用利益导向方法取得旅客谅解的一种沟通技巧，是心理学中从众心理的一种应用。这种方法针对不完全了解单位工作职责和服务就投诉的旅客。

顾客的感受（Feel）：我理解您为什么会有这样的感受。

别人的感受（Feel）：其他旅客也曾经有过同样的感受。

发觉（Found）：不过经过说明后，他们发觉这种规定是保护他们的利益，您也考虑一下好吗？

4）“引导征询法”，是一种为了平息旅客不满，主动了解旅客需求和期望，取得双方认同和接受的共同技巧。

【相关知识】

一、安检现场紧急情况的种类

1）不法分子携带凶器、炸药，劫持人质，强行闯隔离区。

2）遇劫飞机迫降本机场或不法分子在本场停机坪强行登机。

3）候机室发生爆炸、火灾或强烈地震。

4）航空器失事、相撞。

5）机场设施、旅客随身行李及托运行李有爆炸物威胁。

6）控制区无证人员或车辆强行闯入。

二、紧急情况处置的原则及要求

1. 紧急情况处置的原则

（1）树立安全第一的原则。

（2）临危不惧，机警灵活的原则。

（3）迅速报告，及时处置的原则。

（4）听从指挥，协同作战的原则。

（5）和平解决与武力解决相结合的原则。

2. 紧急情况处置的要求

应根据紧急情况处置预案，结合当时的具体情况，果断、灵活地处置。应做到：

（1）判明性质、迅速报告、统一指挥、协调作战。

（2）坚守岗位、沉着冷静、机智灵活、果断处置。

三、公共关系概述

1. 公共关系的概念

公共关系是社会组织运用双向传播手段，通过媒介使自己与公众相互理解和适应的一种现代管理职能。

2. 公共关系的构成要素

1）社会组织

社会组织是人们有计划、有组织地建立起来的一种社会机构，它有领导、有目标，成员间又有明确的分工和职责范围，还有一套工作制度。社会组织是公共关系的主体。在公共关系活动中处于主动一方。

2）公共关系媒介

公共关系媒介是指使社会组织与公众发生联系的人或事物。

3）公众

公众是有着共同的利害或面临某个共同问题并与社会组织的运行发生一定关系的人群或组织。公众是社会组织生存和发展的社会环境，是公共关系的客体。公众对社会组织产生制约和影响。

3. 信息传播的作用

（1）信息传播可以使公共关系主体准确地把握自身与现实环境及其关系的真实状况。

（2）信息传播可以使公共关系主体增加选择能力，扩大选择范围，从而提高决策的可行性。

（3）信息传播可以使公共关系主体的预定目标易于实现。

四、旅客的投诉处理的基本知识

1. 旅客投诉的方式

1）书信投诉

接到旅客的投诉信以后，应立即向有关人员了解情况。如果确实是工作人员的过错，应尽快回信赔礼道歉，以取得旅客的谅解。如果其中有误会，也应回信向旅客做出合理的解释。

2）上门投诉

旅客上门投诉时，首先必须做到诚恳、耐心地倾听，不可还没有听完旅客的投诉就开始解释或辩解，这很容易引起投诉者心理上的反感和情绪上的对立，反而使事态进一步扩大。旅客心中有怨气才来投诉，不通过发泄，他们的心理不会平静，不会舒服。我们的耐心倾听，可能会使本来暴跳如雷的旅客自然平静下来。同时，也可以借此机会弄清事情真相，整理思路，以便恰当地处理。

2. 旅客投诉时的心理

（1）求尊重的心理，旅客采取投诉行动总希望别人认为他的投诉是对的和有道理的，渴望得到同情、尊重，向他表示道歉并立即采取相应行动等；

（2）求发泄的心理，旅客利用投诉的机会把自己烦恼、怒气、怒火发泄出来以维持心理上的平衡；

（3）求补偿的心理，希望能补偿他们的损失。

3. 旅客沟通的要求

（1）与旅客沟通时不要欺骗旅客，以诚相待，真诚是打动旅客、拉近与旅客间距离的最好办法。

（2）以和平、积极的心态与旅客沟通，不要因为旅客的情绪激动或说出过激的话而情绪低落，要知道我们和旅客的目标是一致的，都是为了解决问题，要戒急戒躁。

（3）与旅客沟通切忌中途打断旅客的谈话，要学会当听众，做旅客的顾问。

4. 处理旅客投诉的原则

（1）把握客户投诉处理的“理解”原则，想方设法平息抱怨，消除怨气。

（2）把握客户投诉处理的“克制”原则，耐心倾听顾客的抱怨，坚决避免与其争辩。

（3）把握客户投诉处理的“真诚”原则，要站在顾客立场上将心比心。

（4）把握客户投诉处理的“快捷”原则，迅速采取行动。

第五章　业务培训及考核

第一节　民航安全检查员业务培训

【学习目标】

1. 能够拟定业务培训计划。
2. 能够组织实施业务培训计划。

【基本操作】

一、业务培训计划的制订

1. 本单位业务计划制订前的调查研究

1）本单位员工状况的调查研究

首先要了解本单位员工的学历结构、职称结构、知识结构。其次要了解本单位不同层次的员工是否具备了不同层次业务所具备的知识和能力。此外，还要了解本单位不同层次的员工是否具备了不断接受新任务、新工作所应具备的知识和能力等等。为此，可以通过组织分析、任务分析、个人分析来进行，具体方法可以采用观察法、问卷调查法、约见面谈法、会议调查法、工作表现评估法和报告审评法等等。

2）本单位服务对象状况的调查研究

安全检查工作的核心是为了防止劫炸机和其他危害航空安全事件的发生，保证旅客、机组人员和飞机的安全。安全检查从业人员的素质应该能够适应旅客、货主和航空公司的需要。所以，从这个角度来说，对安检工作对象的需求，有必要进行深入的调查研究。根据本单位工作对象的状况决定自己的工作方针和策略，并相应地进行业务培训。

2. 有针对性的拟订短期、中期、长期培训计划

有了明确的目标以后，就要把这个目标具体化、操作化，制订出有针对性的计划。培训计划一般分为两类，一类是短期、中期、长期培训计划；一类是具体培训计划。短、中、长期培训计划的具体要求如下所示。

1）短期计划

一般是指最近一个时期，如 3 个月、5 个月、半年或一年的工作安排，主要是针对本单位近期发展的要求和可能进行的安排。内容一般比较具体，无论是派出人员去学习，还是自己组织学习，一般都会涉及培训的内容和安排、培训的对象和参加人员、培训的时间等等。

2）中期计划

一般是指较长一段时间的工作安排，主要是针对本单位下一步发展的要求来进行安排的。内容有些不太具体，只是一些设想和打算；有些是比较具体的，诸如派出人员去学习，但目的还是为了下一步发展的要求。

3）长期计划

一般是指更长一段时间的工作安排，主要是针对本单位未来发展的要求进行安排。内容更多的是一些设想和打算，但对具有长远战略眼光的单位来说，也会做出一些具体安排，诸如对一些具有培训前途人员的学历教育，目的是为了单位未来发展的要求。

3. 培训计划的具体内容

具体培训计划要确定培训的目的、对象、内容、方式及经费预算等。这里可以采用国际上一种“5W1H 法”来加以说明。所谓“5W1H 法”，即 Why（目的性、必要性）、What（目标）、Who（主体和客体）、Where（地点）、When（时间）、How（方式方法）。

Why：为什么要培训，培训的目的是什么。

What：要说明培训什么，欲达到何种目标。通过培训，是要员工掌握一些基本技能，还是要达到较高的技能水平。

Who：确定哪些人员为培训对象，以及聘请什么人为教员。

Where：在什么地方培训，是在单位内部，还是在单位外部。

When：何时开始培训，需要多长时间，属短期、中期还是长期培训。

How：采取什么方式进行培训（How to）和提出经费预算报告（How much）。

安全检查人员培训计划的制订与实施是一个非常复杂的过程，没有统一的模式可以套用。培训计划的制订与实施，关键是要符合实际工作的需要，能够满足各类人员的要求，根据培训的具体目标，灵活机动地安排具体计划和实施方案，使培训能够达到预期的目的。

二、业务培训计划的实施

1. 上报业务培训计划

具体业务培训计划制订出来以后，要上报给公司领导和有关部门批准，特别是对一些重要问题要集体讨论通过。比如，培训计划，特别是培训的内容是否符合公司发展的要求；培训的安排是否恰当，会不会影响公司的正常业务；人员的安排是否恰当；资金是否可以落实等等。

2. 安排具体的培训程序、日程表

培训的方式虽然比较多，但总体来说无非是两大类，一类是派出人员学习；一类是自己组织。如果是派出人员学习，一般来说比较简单，主要是了解培训的内容是否符合公司发展的要求，然后按照轻重缓急做好人事安排，并且落实资金。如果是自己组织学习，那么就要拟订好详细的培训计划，正如前面所述，包括培训的项目、培训的内容、培训的方式、培训的教师和教材、培训的对象和参加人员、培训的时间等等，并且按照时间的顺序，做好准备工作。特别是教师的聘任和落实，教材和有关文件资料的准备等等。

3. 通知有关参加人员并提出具体要求

按照培训的计划和安排，应该及时通知有关参加人员，并对他们提出具体要求。如果是普及型的教育，应该通知每一个参加人员，按时参加。如果是属于骨干培训，可以采取个人申请、领导批准的办法，也可以由领导直接指定。

4. 总结业务培训效果

每一次培训工作结束后，或者每一个阶段（半年或一年）对整个培训工作都要进行认真的总结。总结的内容是多方面的，但特别应该注意总结的是培训的项目是否符合公司整体的发展要求，培训内容的具体安排是否达到了预期的目的；通过培训，员工有什么收获或提高，表现在什么地方；培训工作本身有什么经验和教训，特别是有什么疏漏和不足，在今后工作中需要注意的问题等等。

三、安全检查理论培训

1）国家及民航局有关职业技能培训的法规、文件。
2）民航安全检查员国家职业标准（鉴定规范）和指定的培训教材。

3）民航局颁布的安全检查员职业技能鉴定教学大纲。

4）民航局公安局指定的安全检查员计算机培训课件。

5）依据安检员国家职业标准，制订培训计划，确定培训的重点内容。

6）结合安检工作的实际需要，以安检统编教材和相关法律法规、上级文件、电报为依据进行针对性培训。

7）依据《危险品运输管理规定》（CCAR-276）及国际航空协会的《危险品运输手册》相关规定，结合相关培训机构制定危险品运输知识教材。

四、安全检查技能培训

1. 五级安全检查员

验证岗位：通过培训能熟悉各种有效证件，及时准确识别伪造证件，并熟记查控对象的姓名特征。

开箱（包）岗位：熟悉物品的种类、性能和特征，能熟练地实施对受检箱（包）的检查，并熟记重点检查部位，严防错、漏检；能按规定正确处理违禁物品并掌握对爆炸装置和其他危险品的处置方法。

人身检查岗位：能熟练掌握人身检查的要领、程序和方法，保证不漏检违禁物品，并掌握应急情况处置方法。

2. 四级安全检查员

X光机岗位：熟悉仪器构造、性能和操作规程，能充分发挥仪器的功能作用，准确识别违禁物品，将需要开包的行李及重点部位准确无误地通知开箱（包）检查员进行开箱（包）检查。

【相关知识】

一、员工培训基本知识

1. 培训内容

1）思想建设

安全检查是一项政策性很强的工作，又具有非常强的服务特点，每一个从事安全检查工作的人员都必须树立起全心全意为旅客、货主和航空公司服务的意识，要有奉献精神。思想建设就是要引导和教育员工学习党的方针政策，进行职业道德教育，提高员工的精神境界。

2）作风建设

作风是反映单位的形象、检验员工队伍管理和服务质量的一个重要尺度。因此，在对员工进行培训的过程中，作风建设应该作为一个重要问题来加以强化。平时可以通过严格的纪律来加以约束，对特殊情况和特殊工种也可以通过军训的方式来集中地进行培训。使员工们在日常工作中养成纪律严明、雷厉风行、求真务实的作风。

3）业务建设

业务建设是培训教育的主要内容，目的是提高安全检查人员的素质，使他们了解安全检查工作的性质和要求，熟悉和掌握本职工作所必备的知识、技能及能力，同时要了解现代科学技术发展的要求，不断更新知识，不断提高自己的知识和能力。对不同员工有不同的业务要求。

2. 培训形式

1）岗前培训

这是针对新聘用安全检查人员的培训。无论原来从事什么样的工作或者是新参加工作的年轻人，当他们被聘用为安全检查人员以后，都要进行岗前培训。要让他们更快地了解安全检查行业，熟悉自己的单位，适应实际工作的要求。

2）在职培训

这是为不断提高在职人员的知识和技能所进行的培训。安全检查是一个所涉及的知识和技能非常宽泛的行业，而且随着科学技术的发展又是一个不断更新、不断接受新知识和新技能的行业。这就要针对员工的需要不断地进行知识更新和技能提高的培训。形式一般多种多样，如举办短期培训班、举行专题讲座等等。

3）外送培训

这是安全检查工作根据实际工作的需要，经常进行的一项专项性培训。方式一般是参加国内或国外单位、教育机构开设的短期培训班。通过这类培训，受训人员可以更好地掌握某一项必要的知识，有效地提高工作效率和工作质量。安全检查部门应当重视这一方面的培训工作，并注意选拔工作表现出色、有发展潜力的人才，对其进行外派培训。

4）交叉培训

这是为了帮助员工增长本职工作以外的知识或者为了吸取其他方面的经验，进一步改进本职工作而进行的一种培训。它可以在单位内部各部门之间进行，也可以把员工派到其他部门工作，一边工作一边学习。对于普通员工来说，通过这种培训，不仅可以增长知识和本领成为多面手，也可以成为人力资源的后备力量。

5）强制培训

对岗位复训或质量控制中未通过考核的安检人员，需要采取强制培训的方式，强化员工的专业技能水平，以保证其专业技能维持在相对稳定的状态。

二、培训的方法

1. 案例教学法

案例教学通过明确问题、探讨成因、提出多种可选择的方案、找出最佳方案等步骤，达到训练员工解决及处置现场工作问题的目的。在案例教学中，要求受训员工扮演案例中的角色，全体员工面对同一案例，在教员的引导下，各抒己见，已引起争论并经过充分讨论，取得可行的最佳方案。

2. 研讨会法

研讨会法是一种事先调查，然后通过报告与其他受训者交换信息、研究问题的培训方法，它在培训中起着重要的作用。

3. 角色扮演法

角色扮演法是先设计一项任务，完成这项任务需要各种人物出场。培训时，要求受训员工扮演不同的角色并进入角色情景，去处理各种问题和矛盾，其他受训员工当观众。当扮演角色的学员表演结束后，“观众”对扮演者完成任务的情况进行评价。运用这种方法，可以帮助学习者站在不同的位置上思考问题，可以体验各类人物的心理感受，训练其自我控制能力和随机应变能力，从而提高管理人员处理各类问题的能力。

4. 实际操作训练方法

根据培训大纲要求，在培训期间和一线岗位上进行岗位需求的实际操作培训，并将理论知识运用于实践，具备一定的实际操作能力。

5. 计算机多媒体教学方法

充分利用安检计算机培训测试系统的硬件、软件资源和程序设计，以完成教学中多种媒体信息传递（教授、演示或模拟）。进行切合实际的、广范围、全方位、标准化的培训工作，通过课件制作、试卷制作、图库管理、人事管理，编制不同的教学计划和考核方案。

三、安检多媒体培训系统

民航安检多媒体培训系统是民航局为提高安检部门员工业务水平、促进同行业内业务交流而开发的多媒体培训系统。该系统包括课件制作、试卷制作、图库管理、教学计划和人事管理等程序。利用该软件，可以制作多媒体教学课件，编制试题、试卷、建立试卷库；可以存储图像资料，并对图像作各种处理，针对不同教学要求，从“课件库”“试卷库”“图像库”中提取相应内容，编制不同课程的教学计划，学员可按指定的教学计划进行学习和考核；通过人事管理程序，对学员进行考试成绩建档。

1. 安检培训测试仪的功能

（1）与 X 射线机相连进行 X 射线图像采集并具备图像插入功能。
（2）采集可见光照片。
（3）使用图像、照片或文字创建、编辑课程和考试。
（4）实现电子装包。
（5）实现包裹考试和内容分析。
（6）统计学员在课程考试和包裹考试中的成绩并具有打印功能。

2. 安检培训测试仪的系统软件

系统软件主要由操作员和管理员两部分软件组成。

操作员部分：主要包括安检业务知识库及相应课程、违禁物品图像库。

管理员部分：主要完成对操作员的考核分数统计、操作员的分组、系统参数设置、更新图像库及课程。

第二节　培训考核

【学习目标】

1．能够拟订培训考核方案。
2．能够掌握培训考核程序。

【基本操作】

一、培训考核方案的制订

培训工作的考核，一般来说可以区分为两大类：一类是在培训期内，即员工们在培训期间或期末的考核；一类是培训期外，即员工们在日常工作期间的考核。前者又分为单位外和单位内的考核。单位外的考核，比如派出人员参加外单位或学校的学历教育、外派培训，或者是参加有关部门指定的培训班、短训班，他们的考核是由有关单位或部门来完成的。我们这里所说的培训工作的考核，主要是指由本单位所主办的各类培训工作和员工们日常工作期间的考核。由于各类培训工作的情况不同、要求不同，考核方法是有区别的，这就要根据具体情况拟订具体方案。

1. 各类短期或长期培训

不管时间长或短，这种培训工作一般都有十分明确的培训目标、培训内容，有一定程度的正规性。对这类的培训工作，我们应该配合有关部门或教师拟订好具体的考核方案。例如：

（1）一般的理论学习、法律教育或者某一类知识教育，我们可以安排书面的考核、考试或者撰写论文等。

（2）一般的技术培训或者某一类专业知识的学习，我们可以安排一些实际的操作或演练。成绩可列为不同的等级：合格或不合格。

2. 日常工作期间的政治学习、业务学习

这类的培训工作也是有明确目标的，也需要安排一些辅导、听课之类的活动，但时间安排比较松散，自由度大一些。这类的培训工作也应该进行考核，只是方式更加灵活多样。如检查出勤率、写小结或学习体会、安排一些实际的操作、征文比赛、技术比赛等。

二、培训考核方案的实施

任何一种考核方法和要求，事先都应告知参加考核的人员，必要时，给予辅导和帮助，使其有所准备，以便能取得好的成绩。具体来说，应该按以下程序进行。

1. 告知考核的目的、方法和要求

首先要告知考核的目的，比如上岗培训，就要说明必须考试合格获得上岗证书，

才能正式结业并安排工作。某一项专业技能的在职培训或者实际操作能否考试合格，不但是评定个人技术水平的根据，而且要存入个人技术档案作为以后评定个人工资待遇的根据。其次要交代考核的方式、方法和具体要求。

2. 有针对性的辅导

学习主要靠个人的努力，也需要别人的帮助。根据考核的目的、方式、方法和要求，主持考核的部门和人员有必要安排一些有针对性的辅导、讲座、报告等，从而有利于员工取得更好的成绩。

3. 考核结果的公布和存档

考核结果可以公布的要公布，一方面要告之本人，另一方面也要公示，获得大家的监督和认可，同时也起到鼓励先进、督促落后的作用。所有人的考核结果都要作为个人的技术资料存入档案，以作为将来选用人才的根据。实际上，这是单位人力资源开发和储备的一项重要工作，必须予以充分的重视并不断地总结经验，不断地坚持下去，持之以恒，取得实效。

【相关知识】

一、培训考核的作用

1. 检查培训效果的依据

通过培训是要使员工们在政治思想、职业道德或者在职业知识、技能方面有所认识和提高，从而为改进工作、提高业务水平打下良好的基础。而培训的效果是要通过考核来实现的，考核是检查培训效果的依据。

2. 对员工进行激励的依据

培训的核心是提高员工们的素质和专业技能，这不仅是整个单位人力资源储备和开发的一项重要任务，也是每一位员工脱颖而出的机会。要想得到同行的认可就必须在考核中取得更突出的成绩。从这个角度来说，考核又是对员工进行激励的依据。

二、常见的考核方法

1. 考试

考试分为笔试和口试两种。笔试，一般又分开卷考试和闭卷考试。笔试具有一定的客观性和公平性，所以被广泛地应用于各种类型的考试。口试，一般在考试之前，教师准备好一些题目，考试时请学员们随机抽取，然后通过口头表达的方式进行考试。通过对话，教师可以更深入地了解学员们对基本知识的掌握程度。这种方法在一定程度上优于笔试的方法，但费时、费力，不适用于对大量人员的考核。

2. 实际操作与技能竞赛

这两种方法是属于同一类型的考核，目的是对学员们基本知识的考核，但更注重的是对基本知识实际运用、实际操作的能力。这就是说不但要用脑，更重要的是用手，不但要掌握书本知识，更重要的是把书本知识用于指导实际的行动。这两种方法区别在于前者具有正规考试的性质，后者一般不具有正规考试的性质。所以，实际操作性很强的课程往往采用实际操作的考核方法。技能竞赛往往是在日常工作中进行，通过技能竞赛选拔一些技术能手，给予奖励，鼓励员工学习技术的热情，同时也是对员工实际工作的考核，为发现人才、使用人才做好准备。

四级民航货物安全检查员

第一章　货物运输凭证的核查与处置

第一节　货物安全检查的工作准备

【学习目标】

1. 了解货物安全检查的工作要求。
2. 掌握检查前准备工作的内容。
3. 了解货物安全检查工作的基本程序。
4. 了解货物安全检查工作的交接班手续及内容。

【基本操作】

货物安全检查准备工作的实施：

1. 检查员按时到达工作现场，做好检查前的各项准备工作。按以下内容办理交接班手续：上级的文件、指示；执勤中遇到的问题及处理结果；设备使用情况；遗留问题及需要注意的事项等。

2. 将货检验讫章和登记本等放在相应的地方。

3. 调试检查设备，如有异常应及时报修并启用备份设备。

【相关知识】

一、验讫章和登记本使用管理制度

验讫章和登记本实行单独编号、落实到各班组使用，以明确责任到人。货检验讫章和登记本不得带离工作现场，遇特殊情况需要带离时，必须经部门值班领导批准。

二、货物安全检查工作的基本程序

1）检查前，准备好相应的检查工具、设施设备和台账记录本。

2）接收相应的运输凭证，仔细核对申报品名与实际货物是否一致；货物、邮件应通过X射线安全技术检查仪检查和爆炸物探测设备的检查，对发现可疑物品实施开箱检查，必要时通知相关部门进行货物危险性鉴定。

3）对通过安全检查的货物，加盖安检验讫章放行。

三、货物安全检查的工作要求

1）依据相关规定，核对货物运输凭证是否齐全，填写项目是否完整。

2）按规程操作仪器设备，仔细判读图像，核查品名是否一致，是否在普货中夹带危险品、违禁品。

3）相关的检查文件应及时整理分类，按规定封存归档，不得遗失和事后修改。

*四、托运人的相关责任

“托运人”是指为货物运输与承运人订立合同，并在航空货运单或者货物记录上署名的人。

托运货物凭本人居民身份证或者其他有效身份证件，填写货物托运书，向承运人或其代理人办理托运手续。如承运人或其代理人要求出具单位介绍信或其他有效证明时，托运人也应予提供。托运政府规定限制运输的货物以及需向公安、检疫等有关政府部门办理手续的货物，应当随附有效证明。

货物包装应当保证货物在运输过程中不致损坏、散失、渗漏，不致损坏和污染飞机设备或者其他物品。

托运人应当根据货物性质及重量、运输环境条件和承运人的要求，采用适当的内、外包装材料和包装形式，妥善包装。精密、易碎、怕震、怕压、不可倒置的货物，必须有相适应的防止货物损坏的包装措施。严禁使用草袋包装或草绳捆扎。

普通货物包装内不准夹带禁止运输或者限制运输的物品、危险品、贵重物品、保密文件和资料等。

托运人应当在每件货物外包装上标明出发站、到达站和托运人、收货人的单位、姓名及详细地址等。

托运人应当根据货物性质，按国家标准规定的式样，在货物外包装上粘贴航空运输指示标签。

注：“*”部分为只需要了解的内容，下同。

托运人使用旧包装时，必须除掉原包装上的残旧标志和标贴。

托运人托运每件货物，应当按规定粘贴或者拴挂承运人的货物运输标签。

托运人对所申报货物的品名、货物和所提供运输有关文件的真实性、准确性负责，不以普货运输危险品，并向安检部门提供详尽的品名清单。

*五、承运人相关责任

“承运人”是指包括接受托运人填开的航空货运单或者保存货物记录的航空承运人和运送或者从事承运货物或者提供该运输的任何其他服务的所有航空承运人。

承运人应当根据运输能力，按货物的性质和急缓程度，有计划地收运货物。

批量大和有特定条件及时间要求的联程货物，承运人必须事先安排好联程中转舱位后方可收运。

遇有特殊情况，如政府法令、自然灾害、停航或者货物严重积压时，承运人可暂停收运货物。

凡是国家法律、法规和有关规定禁止运输的物品，严禁收运。凡是限制运输的物品，应符合规定的手续和条件后，方可收运。

需经主管部门查验、检疫和办理手续的货物，在手续未办妥之前不得收运。

承运人收运货物时，应当查验托运人的有效身份证件。凡国家限制运输的物品，必须查验国家有关部门出具的准许运输的有效凭证。

承运人应当检查托运人托运货物的包装，不符合航空运输要求的货物包装，需经托运人改善包装后方可办理收运。承运人对托运人托运货物的内包装是否符合要求，不承担检查责任。

第二节　货物安全检查中常见的运输凭证及处置方法

【学习目标】

1. 了解货物运输凭证的种类和相关常识。
2. 掌握查验货物运输凭证的程序和方法。
3. 了解货物安全检查的分类。

【基本操作】

一、货物运输凭证的检查方法

运输凭证检查时应采用一看、二对、三问的方法。

1）看：就是对提交的相关运输凭证进行检查，注意甄别真伪，是否有效合法，有无涂改伪造的疑点，填写是否规范。

2）对：就是核对提交的运输凭证上品名数量与实际送检的货物是否相符，尤其防止伪报品名弄虚作假。

3）问：就是对疑问的情况进行进一步了解核查。

二、货物运输凭证的检查及处理

1）航空货物托运书

托运书是指托运人办理货物托运时填写的书面文件，是填开航空货运单的凭据。检查中发现有下列情形之一的可不予受理：

（1）没有使用钢笔或圆珠笔书写，字迹模糊潦草难以辨认，或有涂改的。

（2）所填项目不全或缺少申请人的签名或日期。

（3）一张托运书所托运的货物，填写托运到 2 个以上目的地或 2 个以上收货人的。

（4）运输条件或性质不同的货物，混填在同一张托运书上的。

（5）没有在文件上详细列出送检货物的具体准确全称和数量的。

2）航空货运单

货运单是托运人和承运人之间为在承运人的航班上运输货物所订立的合同。检查中发现有下列情形之一的可不予受理：

（1）货运单没有填写正确、清楚，有修改痕迹的。

（2）货运单上没有承运人（或其代理人）和托运人（或其代理人）双方签字或者盖章，属于无效单的。

3）邮件路单

邮件路单是始发站向到达站用飞机运送邮件的交接凭证，在同一航段内部通常也用来作为各个环节交接邮件的清单。检查中发现有下列情形之一的可不予受理：

（1）缺少相关人员签字的。

（1）邮件路单上的内容、项目没有填写全面，字迹难以辨认的。

*4）活体动物运输检疫证明

检查中发现有下列情形之一的可不予受理：

（1）证明上品名与实物不相同的，或证明已过有效期，或有涂改痕迹的。

（2）属于检疫范围的活体动物，不能提供当地检疫部门的禽类、动物检疫合格证明的。

（3）属于国家禁止运输的活体动物，不能提供政府主管部门出具的准运证明的。

（4）属于市场管理范围的活体动物，不能提供市场管理部门出具的准运证明的。

5）危险品申报单

申报单一式两份，格式、颜色及尺寸必须与 IATA《危险物品规则》8.1.1 中的规格要求相符。检查中发现有下列情形之一的可不予受理：

（1）书写字迹不清晰，难以识别。

（2）没有正确、如实填写申报单，或申报单上显示的信息不准确、不规范。

（3）托运人签字时没有使用全称，没有使用印刷字体。

（4）申报单上如有涂改，托运人没有在涂改处加盖更改章。

（5）不能证明签署申报单的人员已按规定接受相关危险品知识训练，或无法保证危险物品运输的全部准备工作完全符合相关国家及承运人的有关规定的。

6）航空货物运输条件鉴定书

检查中发现有下列情形之一的可不予受理：

（1）无法证明出具货物运输条件鉴定书的单位具有经过相关部门认可的资质，或者出具检测报告的单位没有备案。

（2）对于物化性质及主要危险性的说明，没有使用具体数据而只用模棱两可的文字表述的。

（3）货物运输条件鉴定书过期的。

（4）货物运输条件鉴定书项目的填写不够规范、齐全或有涂改、粘贴等伪造、变造痕迹。

（5）货物运输条件鉴定书的暗记与检测单位近期提供的备案信息不吻合。

（6）使用复印件而不能提供货物运输条件鉴定书原件的。

【注意事项】

货物凭证检查时的注意事项：

1. 认真核对凭证上品名与实际货物是否一致，防止用危险品冒充普货，发现可疑应严查到底。

2. 注意查验货物凭证的真实有效性，防止涂改、伪造。

3. 注意查验货物凭证的填写是否规范、齐全，防止篡改和错误。

4. 所申报货物的品名需使用运输专用名称，不能使用概念性称谓和生活称谓，例如：资料、配件、药品、生活用品、快件、行李，若品名填写不全需向安检人员出示详尽的货物品名清单（清单内容包括运单号、件数、重量、目的地、航班号、托运人或代理人公司名称并加盖公章）。

5. 注意工作秩序，集中精力，发现问题及时请示，妥善处理。

【相关知识】

一、货物安全检查的分类

航空货物检查的分类按形式大致可以分为普通货物运输、急件运输、特种货物运输、包机运输、快递运输安全检查。

1. 普通货物检查

运输普通货物指托运人没有特殊要求，承运人和中国民航局对货物没有特殊规定的货物，这类货物按一般运输程序处理，也就是随到随检，每件物品都要经过 X 光机检查。

2. 急件运输检查

急件运输检查指必须在 24 小时之内发出，收货人急于得到的货物，这类货物优先安排检查。

3. 航空快违检查

由承运人组织专门人员，负责以最早的航班和最快的方式把快递件送交收货人的货运方式。快递的承运人可以是航空公司、航空货运代理公司、邮政局或专门的快递公司。运输的货物以文件样品、小件包裹、零件、医疗设备、急救药品为主，遇到此类物品，按预先签好的合约优先快捷经过安全检查。

4. 特种货物运输检查

用空运运输一些在运输上有特殊要求的货物，称为特种货物运输，如棺木，体积超大的货物。

5. 包机包舱运输检查

指包机人和承运人签订包机包舱合同，机舱的吨位由包机人充分利用。这类货物同普通物品一样实施安全检查。

二、货物安全检查中常见运输凭证的种类

1. 国内货物运输的主要凭证

（1）航空货物托运书
（2）航空出发货物交接单
（3）航空货运单
（4）航空货邮舱单
（5）生产单位证明（安全保证函）或产品说明书
（6）货物运输条件鉴定书
（7）准运证

2. 国际货物运输的主要凭证

（1）航空货物安全检查申报单
（2）航空货物托运书
（3）航空货运单
（4）托运人危险物品申报单
（5）危险物品收运核查单
（6）特种货物装载机长通知单
（7）出口货物入库单
（8）非单一包装证明
（9）中华人民共和国出入境检验检疫证明
（10）出境货物运输包装性能检验结果单

三、常见货物运输凭证的填写要求

1. 国内货物托运书的基本内容和填写方法

（1）始发站、目的站、填写货物空运的出发和到达城市名。城市名应写全称，如广州、北京、上海，不能简写成穗、京、沪或 CAN、PEK、SHA 等。

（2）托运人及收货人姓名或单位、地址、邮政编码、电话号码：填写个人或单位的全称、详细地址、邮政编码和电话号码。不得使用简称。保密单位可填写邮政信箱或单位代号。

（3）储运注意事项及其他：填写货物特性和储存运输过程中的注意事项。如：易碎、防潮、防冻，急件或最迟运达期限，损坏、丢失或死亡自负，货物到达后的提取方式等。

（4）声明价值：填写向承运人声明的货物价值。如托运人不声明价值时，必须填

写“NVD”或“无”字样。

（5）保险价值：填写通过承运人向保险公司投保的货物价值。如已办理声明价值的，可填写“XXX”或空白。

（6）件数：填写货物件数。如一批货物内有不同运价种类的货物，则需分别填写，总数写在下方格内。

（7）毛重：在与件数相对应处填写货物的实际重量，总重量写在下方格内。

（8）运价种类：分别以 M、N、Q、C、S 代表最低运费、普货基础运价、重量分界点运价、指定商品运价和等级货物运价。

（9）商品代号：以四位数字或者英文代表指定商品的货物类别。

（10）计费重量：根据货物毛重、体积折算的重量或采用重量分界点运价比较后最终确定的计费重量。

（11）费率：填写适用的运价。

（12）货物品名（包括包装、尺寸或体积）：①填写货物的具体名称，不得填写表示货物类别的笼统名称。如小檗碱、地塞米松、麻黄素等不能写成西药，手提电话不能写成配件、通讯器材或电子产品等；②填写货物的外包装类型。如纸箱、木箱、麻袋等。如包装不同，应分别注明包装类型和数量；③填写每件货物的尺寸或该批货物的总体积。

（13）托运人或其代理人签字：必须由办理托运的托运人签字或盖章，不得代签或空白。

（14）托运人或其代理人有效身份证件号码：填写托运人有效身份证件的名称、号码。

（15）经手人：分别由货物安检人员、验货员、过磅员、标签填写员签字并打印货运单位号和填写日期，以明确责任。

2. 国际货物托运书的基本内容和填写方法

1）AIRPORT OF DEPARTURE（始发站）

填写始发站机场全称。

2）AIRPORT OF DESTINATION（到达站）

填写目的站机场全称，若所在城市只有一个机场，也可填写城市名称。

3）ROUTING AND DESTINATION（路线及到达站）

填写指定运输路线及到达机场

4）SHIPPER，S　NAME AND ADDRESS（托运人姓名及地址）

填写托运人的全称、地址、城市、国家及电话号码（或传真、电传号码）。

5）SHIPPER，S　ACCOUNT NUMEBR（托运人账号）

除非承运人需要，此栏可不填。

6）CONSIGNEE，S　NAME AND ADDRESS（收货人姓名及地址）

填写收货人的全称、地址、城市、国家及电话号码（或传真、电传号码）

7）CONSIGNEE，S　ACCOUNT NUMBER（收货人账号）

除非承运人需要，此栏可不填写。

8）ALSO NOTIFY（另请通知）

如果货物除了填在收货人栏内的收货人外，还有另请通知人，可填入此收货人姓名、详细地址、电话等。

9）FLIGHT / DAY（航班 / 日期）

由承运人填写所安排的航班 / 日期。

10）BOOKED（已预留吨位）

由承运人填写是否预留吨位。

11）CHARGES（运费）

由承运人填写运费或其他费用支付方式（预付或到付）

12）SHIPPER，S　DECLARED VALUE（托运人声明的价值）

FOR CARRIAGE（供运输用）：

托运人申报的货物运输声明价值的全额。如果没有声明价值则应填"NVD"—NO VALUE DECLARED

FOR CUSTOMS（供海关用）：

托运人向海关申报的价值（根据商业发票），如该货物没有商业价值，应填"NCV"—NO COMMOCIAL VALUE

13）AMOUNT OF INSURANED（保险金额）

如果承运人向托运人提供货物保险服务的活，此栏可填入货物的实际价值或投保金额。

14）DOCUMENTS TO ACCOMPANY AIR WAYBILL（所附文件）

填写货运单所附随机文件，如发票、装箱单等。

15）NO.OF PACKAGES（件数）

填写货物总件数。

16）ACTUAL GROSS WEIGHT（kg）（实际毛重）（千克）

填写货物实际毛重（净重加上包装重量）。有些国家以磅（LB）为单位，我国以千克（kg）为单位。

17）RATE DLASS 运价类别

填写运价的类别，根据需要选用M、N、Q、C、R、S、U、E、X、Y等。

18）CHARGEABLE WEIGHT（收费重量）

根据不同货物性质填写实际收费的重量。

19）RATE/CHARGE（费率）

填写适用的每千克货物运价，如果为最低运费，也应填在本栏。

20）NATURE AND QUANTITY OF GOODS［INCL．DI—MENSIONS OR VOLUME 货物品名及数量］

根据不同各类货物详细填写货物的具体品名及货物的长、宽、高，包装尺寸以厘米为单位，对危险物品必须注明其专有名称的包装级别。

3. 航空货运单的填写要求

（1）航空货运单应由托运人填写，连同货物交给承运人。如应托运人请求代其填写货运单时，应根据托运书所填写，并经托运人签字。此货运单就视为托运人填写的货运单。

（2）航空货运单由承运人（或其代理人）和托运人（或其代理人）双方签字或者盖章方可生效。

（3）航空货运单应按编号顺序使用，不得越号。

（4）托运人应当对航空货运单上所填关于货物的说明和声明的正确性负责。

（5）航空货运单必须填写正确、清楚，不得修改，如填写错误，应另行填制新的货单。填错作废的货运单，加盖“作废”的戳印，除第八联留存外其余各联随同销售日报送交财务部门注销。

航空货运单一式八份，其中正本三份，副本五份。

航空货运单的名称，具体用途如表 1–2–1 所示。

表 1-2-1　航空货运单

印刷顺序	名称	颜色	用途
第一份	正本 3 托运人联	淡蓝色	交托运人
第二份	正本 1 财务联	谈绿色	交开票人财务
第三份	副本 7 第一承运人联	淡粉色	交第一承运人
第四份	正本 2 收货人联	淡黄色	交收货人
第五份	副本 4 货物交付联	白色	交付货物收据
第六份	副本 5 目的站联	白色	交目的站机场
第七份	副本 6 第二承运人联	白色	交第二承运人
第八份	副本 8 代理人 / 承运人开票存根联	白色	交开票人存根

4. 国际航空货运单的组成

国际航空货运单由 12 联组成，包括 3 联正本、6 联副本和 3 联额外副本。其中，正本 3 为托运人联，货运单填开完毕后，此联交给托运人作为托运货物及交付运费的收据。同时，也是托运人与承运人之间签订的有法律效力的运输文件。

印刷顺序排列如表 1–2–2 所示。

表 1-2-2　国际航空货运单

印刷顺序	名称	颜色	顺序
第一份	正本 3	蓝色	交托运人

续表

印刷顺序	名称	颜色	顺序
第二份	正本 1	绿色	交财务部门
第三份	副本 9	白色	交代理人
第四份	正本 2	粉色	交收货人
第五份	副本 4	黄色	交货收据
第六份	副本 5	白色	交目的站机场
第七份	副本 6	白色	交第三承运人
第八份	副本 7	白色	交第二承运人
第九份	副本 8	白色	交第一承运人
第十份	额外副本	白色	
第十一份	额外副本	白色	
第十二份	额外副本	白色	

填制货运单的要求：

（1）填开货运单要求使用英文打字机或计算机，用英文大写字母打印，各栏内容必须准确、清楚、齐全，不得涂改。

（2）货运单已填内容在运输过程中需要修改时，必须在修改项目的旁边盖章注明修改货运单的空运企业名称、地址、日期、修改货运单时，应将所有剩余的各联一同修改。

（3）货运单的各栏目中，有些栏目印有阴影。其中，有标题的阴影栏目仅供承运人填写使用；没有标题的阴影栏目一般不需填写，除非承运人特殊需要。

第二章 X 射线机图像的基本概念及识别方法

第一节 X 射线机功能键的使用

【学习目标】

1. 掌握 X 射线机各功能键的含义。
2. 了解 X 射线机功能键的使用目的。

【基本操作】

1. X 射线机功能键使用概述

当 X 射线机图像出现时，操作员应根据检查要求，使用加亮键、剔除键、反转键等功能键来辅助帮助识别图像中物品的特征和物品性质，以提高判图准确性，确保安全。

2. X 射线机功能键的应用

（1）当图像较暗时，应使用加亮键来帮助判别图像，必要时可使用超强加亮键。

（2）当需要识别密度较低的物品或颜色较浅的部分时，可使用加暗键或反转键来帮助判别图像。

（3）当需要对图像中不同物品的成分进行区分时，可使用有机物 / 无机物剔除键。

（4）使用传送带前进键或倒退键来控制传送带。
（5）当图像需要进一步判读时，应使用停止键控制传送带。

【相关知识】

一、X 射线及 X 射线机的基本知识

1）X 射线是一种电磁波，它的波长比可见光的波长短，穿透力强。

2）X 射线机的工作原理。X 射线机是利用 X 射线的穿透特性，由射线发生器产生一束扇形窄线对被检物体进行扫描。X 射线穿过传送带上移动的物品，根据 X 射线对不同物质的穿透能力不同，发生衰减，探测器接收到经过衰减的 X 射线信号，通过信号处理，转变为图像显示出来。

二、X 射线机的分类

1）根据 X 射线的用途可分为以下三类：
①能量分辨型手提物品微剂量 X 射线安全检查设备；
②能量分辨型托运物品微剂量 X 射线安全检查设备；
③能量分辨型货物微剂量 X 射线安全检查设备。

2）按射线对物体的扫描方式可分为点扫描式、线扫描式、逐行扫描式三种。

3）按图像显示方式可分为隔行显示和 SVGA 逐行显示。

4）按机械结构可分为立式机（射线顶照或底照）、卧式机（射线侧照）、车载式 X 射线机。

三、X 射线机图像颜色的含义

以公安部第一研究所 CMEX 系列 X 射线机为例，不同颜色代表的含义为：
红色——非常厚、X 射线穿不透的物体。
橙色——有机物（如炸药、毒品、塑料等）、危险物品（原子序数 10 以内的物质）。
绿色——混合物，即有机物与无机物的重叠部分。
蓝色——无机物，重金属（原子序数大于 10 的物质）。

四、功能键的含义

1）紧急断电按钮：在出现紧急情况时，按下这个按钮可以使系统立即关闭。重新开机时，只要拔出这一按钮并按下电源开关即可。

2）传送带停止键：按下此键，传送带停止运转。

3）传送带倒退键：持续按下此键，传送带倒退循环运转，直到此键被释放抬起才停止。系统在传送带反向运行期间一般不执行货物检查过程，除非系统被设置成反向扫描或连续扫描。

4）方向键（选区键）：用来选择希望放大的区域，在放大状态下同样有效。

5）ZOOM ／放大键：每次按下此键，选中区域图像将被放大。

6）彩色／黑白图像切换键：彩色／黑白图像切换。

7）图像增强键：启动或关闭图像增强功能。

8）剔除键：有机物或无机物剔除。

9）反转键：可以使图像显示黑白反转的效果。

10）加亮键：可以利用对比度增强的方式实现对图像中较暗物体的观察。

五、X 射线图像灰度、色饱和度及亮度的含义

1. X 射线图像不同灰度的含义

物体密度不同，厚度不同，X 射线通过物体发生的衰减率也相应不同，在图像上显示的灰度也就不同。因此，灰度是所扫描物体的密度与厚度这两个参数的共同反映，物体密度越大，灰度越大；厚度越大，灰度越大。

2. 显示器的色饱和度及亮度的含义

色饱和度又称色浓度，是指彩色光所呈现出的彩色的深浅程度。

亮度是光作用于人眼所引起的明亮程度的感觉。

第二节　识别 X 射线机图像的主要方法

【学习目标】

1. 掌握 X 射线机判图方法。
2. 掌握识别 X 射线机图像的基本步骤。

【基本操作】

X 射线机检查员在识别一幅 X 光机图像时应做到：

1. 从图像中间向周围进行识别；
2. 按照图像颜色的不同来进行判别；
3. 按照图像所呈现的层次来进行判别；
4. 结合图像辨别方法来辅助进行判别。

一、识别 X 射线机图像的主要方法

1）整体判读法：对整幅图像由四周到中间进行判读。观察图像的每个细节，判读图像中的物品是否相联系，看有无电源、导线、定时装置、起爆装置和可疑物品。

2）颜色分析法：即根据 X 光射线机对物质颜色的定义，通过图像呈现的颜色来判断物体的性质。

3）形状分析法：即通过图像中物体的轮廓判断物体。有些物品虽然 X 射线穿不透，但轮廓清晰，可直接判断其性质。

4）功能键分析法：充分利用图像键的分析功能对图像进行综合分析比较。反转键有利于看清颜色较浅物品的轮廓，有机物 / 无机物剔除键有利于判断物品的性质。

5）重点分析法：抓住图像难以判明性质、射线穿不透的物体，有疑点的地方重点分析。主要针对于液体、配件、电子产品的检查。

6）对称分析法：根据图像中物品结构特点找对称点，主要针对包装物结构中不对称的点状物体或线状物进行分析比较，发现可疑物品。

7）共性分析法：即举一反三法，抓住某个物体的结构特征来推断其他同类物品。

8）特征分析法：即结构分析法，抓住某个物体的结构中的一些特征进行判断。

9）联想分析法：即通过图像中一个可判明的物品来推断另一个物品。

10）询问分析法：即通过询问送检人来比较判读。

11）常规分析法：即图像中显示的物品违反常规。

12）排除法：即排除已经判定的物品，其他物品需要重点分析检查。

13）角度分析法：即联想物品各种角度的图像特征加以分析判断。

14）综合分析法：即利用上述几种方法的同时对图像进行判读。

二、X 射线机检查的主要方法

1）在仪器检查开始前必须确认货物的体积是否能通过 X 射线机通道，货物的重量是否在 X 射线机载重额度的范围内，对于符合条件的货物可使用仪器检查，货物及邮件逐一通过 X 射线机，货物必须单层、单排、有间隔地码放在 X 射线机的传送带上。

2）利用 X 射线机对货物和邮件进行安全检查，具体来说就是由中间到四周整幅图

像进行判读，观察图像中的每个细节，判断图像中的物品是否有联系，有无电源、导线、定时装置、起爆装置和其他可疑物品，根据图像呈现的颜色和形状判断货物的性质，并根据需要综合运用各种功能键进行图像的分析。

3）X 射线机检查的重点：发现有疑似电池、导线、钟表、粉末状、块状、液体状、枪弹状、爆炸装置、瓶罐容器及其他可疑物品时应进行重点检查并实施开箱，确认货物性质。

4）常见违禁品的图像特征（以公安部一所的 X 射线机为例）：

① 枪支的图像特征：图像灰度很大，一般显呈暗红色，正放时枪的外观轮廓很明显，侧放时，可根据枪管、握柄、护环和准星等来识别。

② 子弹的图像特征：弹头一般显呈暗红色，弹壳一般呈蓝色，有明显的子弹外形。

③ 管制刀具的图像特征：刀身一般显呈蓝色，刀锋颜色较淡，刀柄呈暗红色，若是木制刀柄为黄色，平放时整体为一条暗红色直线。

④ 雷管的图像特征：为青蓝色或橘黄色细长条形，管头部分颜色较深，与类似导线状物相连接。

第三章　邮件与特殊货物检查的情况处置

【学习目标】

1．了解邮件与特殊货物的知识。
2．掌握邮件与特殊货物检查的方法和情况处置。

【基本操作】

一、邮件的检查

邮件是指邮局交给航空运输部门运输的邮政物品，其中包括信函、印刷品、包裹、报纸和杂志等。航空邮件应当按种类用完好的航空邮袋分袋封装，加挂“航空”标牌。

1）邮件托运人应主动提交邮政路单，货物安检人员应根据邮政路单对邮件逐一检查。

2）通过 X 光机图像识别，来判断邮包内是否有危险品和违禁物品，是否有带导线装置的物品，是否有液体、化学物品或其他禁运物品。

3）对含有疑似危险品、违禁品或 X 射线无法穿透的邮件，会同邮件托运人开箱检查或退回邮件托运人。

4）对检查出夹带违禁品或危险品的邮件，应做好记录并移交公安机关处理。

二、机密尖端产品的检查

对机密以上重要国防军工产品以及文件资料，凭国防科工委保卫部门统一出具的

《国防尖端保密产品航空运输安全免检介绍信》《国防尖端保密产品航空运输安全检查验收表》和铅封，到启运机场的公安机关办理物品免检手续，免予检查。

三、装有外汇箱（袋）的检查

对装有外汇的箱（袋），凭中国银行、中国工商银行、中国建设银行、交通银行或中信实业银行保卫部签发的《押运证》和所在银行开具的证明信及专用箱（袋）并铅封，免予检查。

四、鲜活易腐货物的检查

鲜活易腐货物是指在一般运输条件下，因气候、温度、湿度、气压的变化或者运输时间等原因，容易引起变质、腐烂或者死亡的物品。如肉类、水果类、蔬菜类、鲜花等植物类、水产品类，需要低温保存的食品、药品上述货物的运输，应当提供相应的证明材料。

鲜活易腐货物的三字代码是PER，食品的三字代码是EAT。

五、急（快）件的检查

急（快）件是指托运人要求以最早航班或者在限定时间内将货物运达目的站，并经承运人同意受理的货物。如中央文件、新闻资料、抢险救灾物质和急救药品、援外物质、国防和科研急需物品。上述急件的运输，应当提供相应的证明材料。

六、外交信袋的检查

外交信（邮）袋是指各国政府（包括联合国下属组织）与各国驻外使、领馆、政府驻外办事处之间作为货物托运的，使用专用包装袋盛装的公务文件。遇使（领）馆工作人员报检外交信（邮）袋时，检查员应查验外交信（邮）袋运输证明文件、铅封和外交信（邮）袋的标识无误后放行。

外交信袋的三字代码是DIP。

七、生物制品的检查

生物制品是指经国家卫生主管部门批准制造、使用的，用微生物、微生物和动物的毒素、人和动物的血液以及组织等制成的，作为人、畜预防治疗以及诊断疾病用的制品和带有生命信息的脐血、血浆、种蛋、试剂、疫苗、人体白蛋白、人体球蛋白、胎盘球蛋白、人体活器官。货物安检人员查验国家政府主管部门出具的相关证明及承运人书面意见后，方可放行。生物制品主要包括：

1）菌苗。用细菌菌体做成，分为死菌苗和活菌苗。

2）疫苗。用病毒或者立克次式体接种于动物鸡胚或者组织培养经处理而成，分为死毒疫苗和减毒活疫苗两种。

3）类毒素。用细菌所产生的外毒素加入甲醛变为无毒性而仍有免疫性的制剂。

4）免疫血清。抗毒、抗菌、抗病毒血清的总称，是用病毒或者细菌毒素注射动物使之产生抗体后获得的血清。

5）种蛋的三字代码是 HEG。

八、枪械的检查

枪械包括枪支和警械，是特种管制物品。根据枪支管理法的规定，任何单位和个人未经许可，不得运输枪支。需要运输枪支的，必须向公安机关如实申报运输枪支品种、数量和运输的路线、方式，领取枪支运输许可证件。

1）在本省、自治区、直辖市运输的，向运往地设区的市级人民政府公安机关申请领取枪支运输许可证。

2）跨省、自治区、直辖市运输的，向运往地省级人民政府公安机关申请领取枪支运输许可证。

3）境外人员和我国运动员参加国际比赛携带的枪支包括狩猎枪支，凭公安部门或边防检查部门出具的枪支携带证，或者外交部、总政保卫部、省级体育管理部门出具的证明信，准予运输。

九、骨灰和灵柩的检查

1. 骨灰运输

托运人应凭医院出具的死亡证明和殡仪馆出具的火化证明办理骨灰托运手续。骨灰应当装在密封的塑料袋或者其他密封的容器内，外加木盒，最外层用布包裹，通过X射线机检查。

2. 灵柩运输

（1）国内运输中，托运人应当出示的文件材料包括：

① 国家民委或者中国伊斯兰协会出具的同意运输的有关证明文件；

② 卫生检疫部门出具的检疫证明；

③ 死者的身份证件或者复印件；

④ 属于正常死亡的，应当出具县级以上医院签发的死亡证明；

⑤ 属于非正常死亡的，应当出具县级以上公安机关签发的死亡证明或者法医证明；
⑥ 国家民委或者中国伊斯兰协会指定的殡仪馆出具的人殓证明和防腐证明。

（2）国际运输中，托运人应当出示的文件材料包括：
① 属于正常死亡的，应当出具县级以上医院签发的死亡证明；
② 属于非正常死亡的，应当出具县级以上公安机关签发的死亡证明或者法医证明；
③ 殡仪馆出具的人殓证明；
④ 公安、卫生防疫等有关部门出具的准运证明；
⑤ 中国殡葬协会国际运尸网络服务中心签发的《遗体入／出境防腐证明》和《尸体／棺柩／骸骨／骨灰入／出境入殓证明》。

（3）灵柩内必须是非传染性疾病死亡的尸体。

灵柩的三字代码是 HUM。

（4）通过 X 光机检查。

十、活体动物的检查

1）活体动物包括家禽、鸟类、哺乳动物、爬行动物、鱼、昆虫、软体动物等。托运人托运的活体动物必须健康情况良好，无传染性疾病。

2）托运人应当提交的文件材料：
① 托运人托运属于检疫范围的动物，应当提供当地检疫部门的动物检疫合格证明；
② 托运人托运属于国家保护的动物，应当提供政府主管部门出具的准运证明；
③ 托运人托运属于市场管理范围的动物，应当提供市场管理部门出具的证明。

3）活体动物的三字代码是 AVI。

十一、人体血液和标本的检查

1）运输人体血液和人体的组织、器官、废弃物（下称标本），应当凭当地县以上卫生检疫部门出具的证明。

2）如需国际航班运输的，应提前办好海关手续，并根据有关国家法律、行政法规和其他有关规定，办妥进出口和过境许可证。

十二、超大超重货物的检查

超大、超重货物是指单件货物的体积、重量超过当地安检部门现有 X 射线检查仪的最大限度而无法进行检查的。对这类货物的检查可采取：

1）对可以拆开包装的应开箱进行手工检查，采用爆炸物探测器进行防爆检查。

2）对无法开箱查验的，应当采取中国民航局认可的其他安全措施。

【相关知识】

特殊货物的检查方法：

1. 对特殊货物的检查尤其要核查随附的安全技术说明书（MSDS）或准运证明文件，凡是手续不全的，一律不予放行。

2. 要严格控制对特殊货物的开箱检查，必须打开的，应先征得托运人同意并共同开箱查验。

3. 对特殊货物的检查应做好记录。

第四章 危险品识别与检查

第一节 危险品分类和标记标签

【学习目标】

1. 了解航空运输危险品的常识及分类标准。
2. 掌握航空运输危险品的标记和标签。

【基本操作】

借助相关资料识别危险品类别、标记与标签。

【相关知识】

一、危险品的分类

国际航协（IATA）依据《危险物品安全航空运输技术细则》（简称技术细则或TI），基于航空公司运营和实际操作的需求，出版了《危险品规则》（DGR），DGR每年更新一次。《危险品规则》中将危险品分为九大类。

第 1 类 爆炸品

1.1 项——具有整体爆炸危险性的物质和物品；
1.2 项——具有喷射危险性而无整体爆炸危险性的物质和物品；

1.3 项——具有起火危险性，轻微的爆炸危险性和／或轻微的喷射危险性但无整体爆炸危险性的物质和物品；

1.4 项——不存在明显危险性的物质和物品；

1.5 项——具有整体爆炸危险性的非常不敏感的物质；

1.6 项——无整体爆炸危险性的极不敏感的物品。

第 2 类　气体

2.1 项——易燃气体；

2.2 项——非易燃无毒气体；

2.3 项——毒性气体。

第 3 类　易燃液体

第 4 类　易燃固体、自燃物质及遇水释放易燃气体的物质

4.1 项——易燃固体；

4.2 项——自燃物质；

4.3 项——遇水释放易燃气体的物质。

第 5 类　氧化剂和有机过氧化物

5.1 项——氧化剂；

5.2 项——有机过氧化物。

第 6 类　毒性物质和感染性物质

6.1 项——毒性物质；

6.2 项——感染性物质。

第 7 类　放射性物质

第 8 类　腐蚀性物质

第 9 类　杂项危险品

二、危险品的标记和标签

1. 危险品的标记

危险品包装件上的标记和标签是危险品航空运输中一个不可缺少的环节。正确做标记和贴标签的包装件便于识别和操作。

货主应对交运的危险品包装件上所示的标记及标签的正确使用负责；货运代理及航空公司货物接收人员在接收货物前必须对包装件进行检查，确保标记和标签使用的正确性。

货物运输包装标记与标签是用图形、文字说明、字母标记或阿拉伯数字在货物外包装件上制作的特定记号和说明事项。国际运输时，除始发国要求的文字外，包装件上的标记应加用英文。

2. 标记的种类

1）危险品的包装标记分为三类：基本标记、附加标记和 UN 包装规格标记。

（1）基本标记

对每一危险品的包装件及合成包装件，必须清晰地书写基本标记。基本标记包括：运输专用名称、适用的 UN 或 ID 编号、发货人及收货人详细姓名、地址。

（2）附加标记

对下列危险品，除需要在外包装上书写基本标记外，还需书写相应的附加标记：

① 对于第 1 类爆炸品：需注明爆炸品的净重和包装件的毛重；

② 含有一个以上包装件的交运货物，必须注明包装件中所含有第 2、3、4、5、6 和 8 类危险品的净重，如在 DGR 表 4.2 中的 H、J 和 L 栏所示的最大重量为毛重时，则必须注明包装件的毛重；毛重应标注在运输专用名称和 UN 或 ID 编号旁；

注：当托运人申报单上所注明的重量为毛重并已标注了字母“g”时，应在包装件上的计量单位后也注明字母“g”；含有第 9 类危险品的包装件，可能有适用的净重和毛重时，应在外包装上注明。

③对于固体二氧化碳（干冰）UN1845：需标注包装件内固体二氧化碳（干冰）的净重；

④对于 6.2 项感染性物质：需注明责任人的姓名和电话号码；

⑤对于 2.2 项深冷液化气体：需标注。

a. 每一包装件上必须用箭头，或用“Package Orientation（包装件方向）”标签明显标示；

b. 环绕包装件每隔 120° 或每一侧面都必须标出“保持向上（Keep Uptight）”字样；

c. 包装件上还须清楚地标出“切勿扔摔，小心轻放（Do not Drop-Handle With Care）”字样；

d. 包装件上必须标注延误、无人提取或出现紧急情况时应遵循的处置说明。

⑥对于 UN3373，标注“生物物质 B 级（Biological Substance，Category B）”字样。

注：生物物质的净数量不需要标在包装件上，但若含有干冰，则需将干冰的重量标出。

⑦ 对于按 A144 运输带有化学氧气发生器的呼吸保护装置：在包装件的运输专用名称旁注明“飞行机组呼吸保护装置（防烟罩），符合 A144 特殊规定（Air crew Protective Breathing Equipment（smoke hood）in accordance with Special Provision A144）”；

⑧ 对于限量包装：外包装上标注“限制数量（Limited Quantity）或（LTD QTY）”；

⑨ 补救包装：须注明“补救（Salvage）”字样。

（3）UN 包装规格标记

如果危险品运输时使用了 UN 规格包装，则包装件外部应有 UN 规格标记。该标记表明包装通过了联合国规定的相关性能测试，并获得了政府有关部门的认可。

3. 危险品标签

1）标签的种类

标签有两种类型：

① 危险性标签（呈菱形），所有类别的危险品包装件都需贴此种标签；

② 操作标签，一些危险品包装件需贴此种标签，它既可单独使用，亦可与危险性标签同时使用。

③ 标签上的文字：

说明危险性质的文字可与类别、项别及爆炸品的配装组一起填入标签的下半部。文字应使用英文。若始发国另有要求，两种文字应同样明显地填写。标签上可印有商标，包括制造商的名称，但必须印在边缘实线之外十个打字点以内。

2）危险性标签的使用

危险品包装件及合成包装件上适用的危险性标签都在 DGR 危险品表中用缩写词列出。表中列出的每一物品和物质都需要使用一种指定的主要危险性标签。具有次要危险性的每一物品和物质应使用一种或一种以上的次要危险性标签。在特定情况下，可根据特殊规定，对 DGR4.2 表中没有列出次要危险性的物质加贴次要危险性标签，或将表中列出的次要危险性标签去除。DGRC.1 表或 C.2 表也可能要求有次要危险性标签。

主要和次要危险性标签上必须有类和项的号码。

（1）第 1 类

第 1 类物质（爆炸品），必须注意以下几点：

① 要求贴第 1.1、1.2、1.3、1.4、1.5 和 1.6 项爆炸品标签的包装件（少数例外）通常是禁止空运的；

② 类、项及配装组号码或字母必须填写在标签上。

a．1.1、1.2、1.3 项（图 4.1.1）

** 填入项别配装组号码位置，如“1.1C”

名称：爆炸品

图 4.1.1

货运标准代码：适用的 REX、RCX、RGX

最小尺寸：100mm × 100mm

图形符号（爆炸的炸弹）：黑色

底色：橘黄色

注：贴有注明 1.1 或 1.2 项的标签的包装件通常禁止空运。

b．1.4 项，包括配装组 S（图 4.1.2）

图 4.1.2

印有标签上的数字“1.4”，高度至少为 30mm，宽度为 5mm

名称：爆炸品

货运标准代码：适用于 RXB、RXC、RXD、RXE、RXG、RXS

最小尺寸：100mm × 100mm

数字：黑色

底色：橘黄色

图 4.1.3

c．1.5 项（图 4.1.3）

字母“D”处填入项别配装组号码位置。印有标签上的数字“1.5”，高度至少为 30mm，宽度约 5mm

名称：爆炸品

货运标准代码：REX

最小尺寸：100mm × 100mm

数字：黑色

底色：橘黄色

图 4.1.6

d．1.6 项（图 4.1.6）

字母“N”处填入项别配装组号码位置。印有标签上的数字“1.6”，高度至少为 30mm，宽度约 5mm

名称：爆炸品

货运标准代码：REX

最小尺寸：100mm × 100mm

数字：黑色

图 4.1.7

底色：橘黄色

（2）第 2 类

第 2 类物质（气体），有三种不同的标签：

① 2.1 项易燃气体（红色标签）（图 4.1.7）

名称：易燃气体

货运标准代码：RFG

最小尺寸：100mm × 100mm

图形符号（火焰）：白色

底色：红色

注：此种标签也可印为红色底面，图形符号（火焰）、文字、数码及边线均为白色。

② 2.2 项非易燃无毒气体（绿色标签）（图 4.1.8）

名称：非易燃无毒气体

货运标准代码：RNG 或 RCL

最小尺寸：100mm × 100mm

图形符号（气瓶）：白色

底色：绿色

图 4.1.8

注：此种标签也可印为绿色底面，图形符号（气瓶）、文字、数码及边线均为白色。

③ 2.3 项毒性气体（白色标签）（图 4.1.9）

名称：有毒气体

货运标准代码：RPG

最小尺寸：100mm × 100mm

图形符号（骷髅和交叉股骨）：黑色

底色：白色

图 4.1.9

注：印有“Toxic Gas（有毒气体）”或“Poison Gas（毒气）”文字的有毒物质标签可以接受。

（3）第 3 类

名称：易燃液体

货运标准代码：RFL

最小尺寸：100mm × 100mm

图形符号（火焰）：白色

底色：红色

图 4.1.10

注：此种标签也可印为红色底面，图形符号、文字、数码及边线均为白色（图 4.1.10）。

（4）第 4 类

①易燃固体（4.1 项）

名称：易燃固体

货运标准代码：RFS

图 4.1.11

最小尺寸：100mm×100mm
图形符号（火焰）：黑色
底色：白色，带有七条红色竖条（图 4.1.11）
②自燃物质（4.2 项）
名称：自燃物质
货运标准代码：RSC
最小尺寸：100mm×100mm
图形符号（火焰）：黑色
底色：上半部白色，下半部红色（图 4.1.12）

图 4.1.12

注：4.2 项物质如也是易燃固体，则无需标签用于 4.1 项的次要危险性标签。
③遇水释放易燃气体的物质（4.3 项）
名称：遇湿危险的物质
货运标准代码：RFW
最小尺寸：100mm×100mm
图形符号（火焰）：白色
底色：蓝色

图 4.1.13

注：此种标签也可印为蓝色底面，图形符号（火焰）、文字、数码及边线均为白色（图 4.1.13）。
（5）第 5 类
①氧化剂（5.1 项）
名称：氧化剂
货运标准代码：ROX
最小尺寸：100mm×100mm
图形符号（圆圈上带火焰）：黑色（图 4.1.14）
底色：黄色

图 4.1.14

②有机过氧化物（5.2 项）
名称：有机过氧化物
货运标准代码：ROP
最小尺寸：100mm×100mm
图形符号（圆圈上带火焰）：黑色（图 4.1.15）
底色：黄色

该标记使用到 2010 年 12 月 31 日

新标记

图 4.1.15

（6）第 6 类

主要或次要危险性属于 6.1 项的物质（毒性物质），其毒性物质标签中的文字描述可以用“Toxic（毒性的）”或“Poison（有毒的）”；除主要危险性标签外，6.2 项中的感染性物质包装件必须根据内装物的性质粘贴其他的标签。

①毒性物质（6.1 项）

名称：毒性物质

货运标准代码：RPB

最小尺寸：100mm × 100mm

图形符号（骷髅和交叉股骨）：黑色

底色：白色（图 4.1.16）

图 4.1.16

②感染性物质（6.2 项）

标签下部可有如下说明：

感染性物质：（INFECTIOUS SUBSTANCE）

如有破损或渗漏：（In case of Damage or Leakage）

立即通知：（Immediately Notify）

公共卫生部门：（Public Health Authority）

名称：感染性物质

货运标准代码：RIS

最小尺寸：100mm × 100mm

小包装件的尺寸可为：50mm × 50mm

图形符号（三枚新月叠加在一个圆圈上）和说明文字：黑色（图 4.1.17）

底色：白色

图 4.1.17

（7）第 7 类

内装有第 7 类物质包装件，应根据本教材“放射性物质”章节中的要求粘贴危险性标签。

① Ⅰ级白色（图 4.1.18）

名称：放射性

货运标准代码：RRW

最小尺寸：100mm × 100mm

图形符号（三叶形标记）：黑色

底色：白色

图 4.1.18

②Ⅱ级黄色（图 4.1.19）

名称：放射性

货运标准代码：RRY

最小尺寸：100mm × 100mm

图形符号（三叶形标记）：黑色

底色：上半部黄色带白边，下半部分白色

图 4.1.19

③Ⅲ级黄色（图 4.1.20）

名称：放射性

货运标准代码：RRY

最小尺寸：100mm × 100mm

图形符号（三叶形标记）：黑色

底色：上半部黄色带白边，下半部分白色

图 4.1.20

④临界安全指数标签

最小尺寸：100mm × 100mm

文字（强制性）：在白色标签的上半部分有“裂变”字样（黑色）

（8）第 8 类

第 8 类物质如果其毒性只产生于对组织的破坏作用，则无需粘贴用于 6.1 项的次要危险性标签。

名称：腐蚀性物品

货运标准代码：RCM

最小尺寸：100mm × 100mm

图形符号（液体从两只玻璃容器中洒出并对，一只手和一块金属造成腐蚀）：黑色（图 4.1.21）

图 4.1.21

底色：上半部白色，下半部分黑色，带有白色边线

（9）第 9 类

第 9 类物质的包装件必须贴有危险品表所要求的第 9 类“Miscellaneous Dangerous Goods（杂项危险品）”标签。当包装件内盛装磁性物质时，必须贴上“Magnetized Material（磁性材料）”标签用来代替杂项危险品标签。

名称：杂项危险品

货运标准代码：适用的 RMD、RSB、ICE

最小尺寸：100mm × 100mm

图形符号（上半部有七条竖条）：黑色（图 4.1.22）

底色：白色

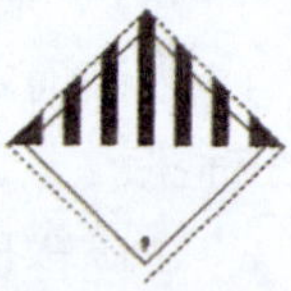
图 4.1.22

（10）不同的危险品包装在同一外包装中

当两种以上的危险品被包装在同一外包装中时，包装件上需按要求注明每一种物质及净数量。如果已经粘贴了标明主要危险性的标签，则不需粘贴相同危险性的次要危险性标签。

3）操作标签的使用

（1）磁性物质

“Magnetized Material（磁性物质）”标签（图 4.1.23）必须用在装有磁性物质包装件及合成包装件上，但不得装载在直接影响飞机的直读磁罗盘或罗盘传感器的位置上，请注意多个包装件会产生累计效应。

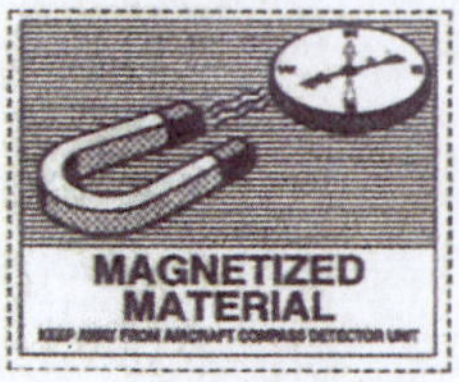

图 4.1.23

联运文电代码：MAG

（2）仅限货机

新标签　　　　使用至 2012 年 12 月 31 日

图 4.1.24

“Cargo Aircraft Only（仅限货机）”标签（图 4.1.24）必须用在仅限货机运输的危险品包装上。但当包装说明标号及包装件的允许量指明客、货机均可乘运时，不应使用“Cargo Aircraft Only（仅限货机）”的标签。即使是在同一票货中其他包装件在托运人申报单中注明“Cargo Aircraft Only（仅限货机）”时，“Cargo Aircraft Only（仅限货机）”标签也不能用于客机限制包装的包装件。该标签应粘贴在包装件上的粘贴危险性标签的同一侧面，并靠近危险性标签的位置。对于装有 6.2 感染性物质货物的小型包装件仅限货机运输时此标签可做成一半大小。

注：有时国家差异可以要求仅用货机运输一些通常允许用客机托运的货物，并粘贴“Cargo Aircraft Only（仅限货机）”的标签。

联运文电代码：CAO

（3）低温液体

含有低温液体的包装件和合成包装件上的“Cryogenic Liquid（低温液体）”操作标签（图 4.1.25）必须与非易燃气体（2.2 项）危险性标签同时使用。

这类货物应与活动物隔离。

联运文电代码：RCL

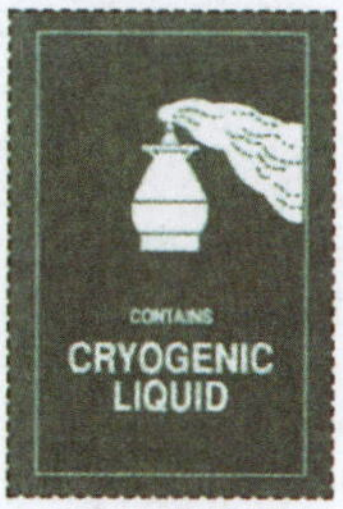

图 4.1.25

（4）包装件方向

盛装液体危险品的包装件及合成包装件必须使用方向性（向上）标签（图 4.1.26），或者使用事先印刷在包装件上的包装件方向标签。但以下包装件除外：

①在容积 120ml（4FL.Oz）或以下的内包装中盛有易燃液体；

②在容积 50ml（1.7FL.Oz）或以下的主容器中盛有感染性物质；

③盛有放射性物质。

标签的横线下可填入“Dangerous Goods（危险品）”字样。标签必须粘贴或印刷在包装件相对的两个侧面以表明正确的包装件方向，使其封闭处朝上。粘贴包装件方向标签时，还可以将“THIS END UP（此端向上）”或“THIS SIDE UP（此面向上）”字样显示在包装件或合成包装件的顶面。该类标签至少在包装件上贴两个，在两个相对的侧面上各贴一个，箭头方向向上。

图 4.1.26

（5）远离热源

“Keep Away From Heat（远离热源）”操作标签（图 4.1.27）必须用于含有 4.1 项中的自身反应物质和 5.2 项中规定的有机过氧化物的包装件和合成包装件上，且与相应的危险性标签同时使用。

图 4.1.27

（6）电动轮椅

为了便于操作装有电池的轮椅或代步工具，可以使用标签来帮助识别是否已经取出轮椅或代步工具中的电池。此标签分两部分，前半部分粘贴在轮椅或代步工具上，后半部分粘贴在电池的包装件上，如图 4.1.28 所示。

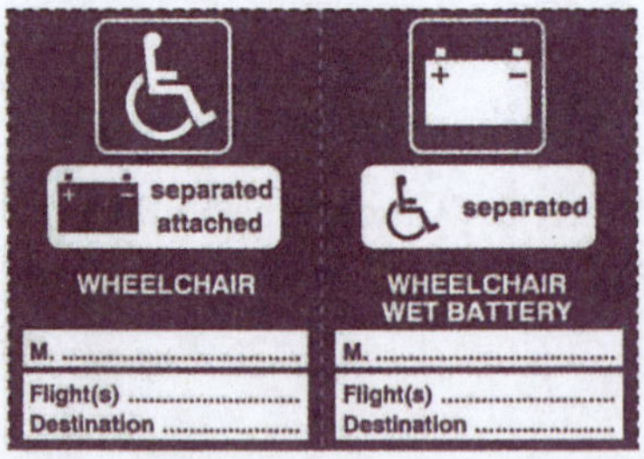

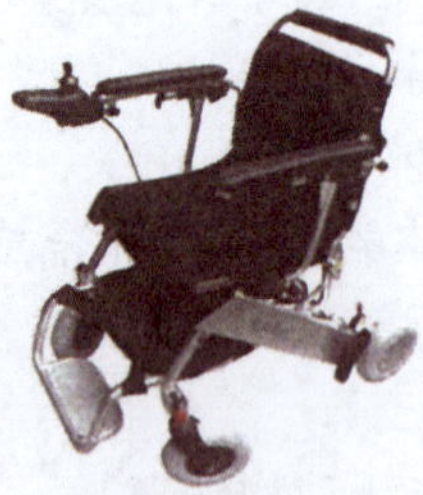

轮椅

图 4.1.28

（7）放射性物质例外包装件

货运 IMP 代码：RRE

“Radioactive Material，Excepted Package（放射性物质，例外包装件）”标签（图 4.1.29）必须用在装有放射性物品的例外包装件上。

图 4.1.29

（8）例外数量危险品（图 4.1.30）

（9）含危险品的集装器的识别（图 4.1.31）

每一装有危险品的集装器都必须在其表面清晰地标示该集装器内含有危险品。此识别标记应显示在集装器的标牌上。标牌两侧边缘有明显的红色线条，最小尺寸为148mm×210mm。危险品的主要危险类别或项别必须在标牌上明显标示，卸下危险品后，必须立即从集装器上摘掉标牌。

新标签

老标签

图 4.1.30

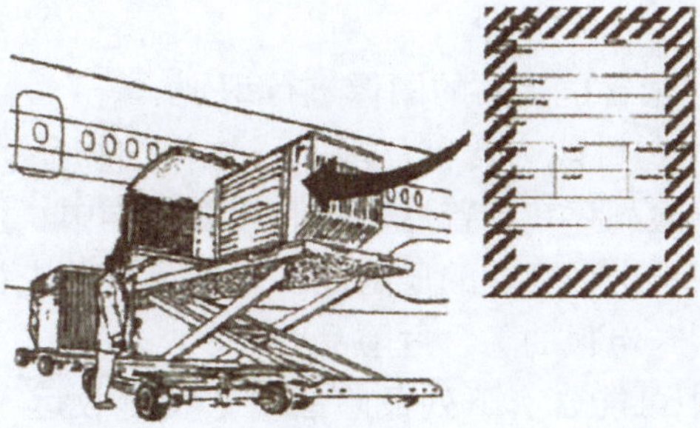

图 4.1.31

如果集装器内的包装件具有“仅限货机”标签，则该标贴必须可见或标牌上的必须指明该集装器仅限货机装运。

（10）其他标签

图 4.1.32 所示图标都不是空运危险品要求粘贴的标签，而是根据有关国家的法令要求必须标明的。但这并不意味着当这些物品用飞机运输时属于危险品，而只是在使用或处置它们时要留心注意事项，同时还说明可能受到一些规则的约束。

图 4.1.32

第二节　隐含危险品的识别

【学习目标】

1. 掌握隐含危险品的知识。
2. 利用隐含危险品相关知识进行技术检查。

【基本操作】

使用X射线检查仪对隐含危险品的图像进行识别。

按一般情况申报的货物可能会含有危险品。这样的物品也可能在旅客的行李中发现。为了防止未申报的危险品存在于普通货物和旅客行李中，货物收运人员和客运值机人员必须认真检查，确保不出现隐含的危险品。因此，有关人员必须经过培训，应有能力辨别检查出普通货物形式申报的隐含危险品。

在怀疑货物或行李中可能含有下列危险品时，货物收运人员和旅客值机人员应对其进行检查。交运的货物如证实不含有任何危险品时，则必须在航空货运单上申明该货物不具有危险性，如在货运单的货物品名栏内注明“不受限制（NOT RESTRICTED）”字样。经验表明，通常在下列货物或行李中会有隐含的危险品：

1. AOG航材（Aircraft on ground spares）——参见飞机零备件/飞机设备。

2. 飞机零备件/飞机设备（Aircraft spare parts / aircraft equipment）——可能含有爆炸品（照明弹或其他烟幕弹）、化学氧气发生器、不可使用的轮胎装置、钢瓶或压缩气筒（氧气瓶、二氧化碳气瓶、氮气瓶或灭火器）、油漆、黏合剂、气溶胶、救生器材、急救箱、设备中的油料、湿电池或锂电池、火柴等。

3. 汽车、汽车零配件（轿车、汽车、摩托车）［Automobile，automobile parts（car，motor，motorcycle）］——可能含有磁性物质，虽然它不符合磁性物质定义，但由于对飞机的仪器有影响而需要特殊装载。也可能含有发动机、化油器、含有或含过燃料的油箱、湿电池、轮胎充气装置中的压缩气体、灭火器、含氮气的震荡/支架、气囊冲压泵/气囊组件等。

4. 呼吸器（Breathing apparatus）——可能含有压缩气瓶或氧气瓶，化学氧气发生器或深冷液化氧气。

5. 野营用具（Camping equipment）——可能有易燃气体（丁烷、丙烷等）、易燃液体（煤油、汽油等）、易燃固体（已胺、火柴等）或其他危险品。

6. 轿车、轿车零配件（Car，car parts）——参见汽车零配件。

7. 化学物品（Chemicals）——可能含有符合所有类别／项别的危险品，尤其是易燃液体、易燃固体、氧化剂、有机过氧化物、毒性或腐蚀性物质。

8. 公司物资（Company materials COMAT）——如飞机零件可能含有危险品，如：旅客服务设施（PSU）中的化学氧气发生器、各种压缩气体（如：氧气、二氧化碳和氮气）、气体打火机、气溶胶、灭火器、可燃性液体（如油料、油漆和粘合剂）、腐蚀性物质（如电池）、急救器材、照明弹、救生设备、火柴、磁性材料等。

9. 集运货物（Consolidation）——可能含有任何类别／项别的危险品。

10. 低温液体（Cryogenic liquid）——可能含有冷冻液化气体，如液氮、液氦、液氖、液氩等。

11. 钢瓶（Cylinders）——可能含有压缩或液化气体。

12. 牙医设备（Dental kit）——可能含有易燃树脂或溶剂、压缩或液化气体、汞和放射性材料。

13. 诊断标本（Diagnostic specimens）——可能含有感染性物质。

14. 潜水设备（Diving equipment）——可能含有压缩气体（空气、氧气等）的钢瓶（如自携式潜水缸、潜水装气瓶等）。也可能含有高强光潜水灯，当在空气中运转时可能产生极高的热量。为安全运输，灯泡或电池必须保持断开。

15. 钻探及采掘设备（Drilling and mining equipment）——可能含爆炸物品或其他危险品。

16. 敞口液氮容器（Dry shipper）——可能含有游离液氮。只有在包装以任何朝向放置液氮都不会流出的情况下，才不受本规则限制。

17. 电器设备（Electrical equipment）——开关盒或电子管内可能含有带有磁性的物质或汞。也可能含有湿电池。

18. 电动器械（Electrically powered apparatus）——（轮椅、割草机、高尔夫车等）可能含有湿电池。

19. 探险设备（Expeditionary equipment）——可能含爆炸物品（照明弹）、易燃液体（液体）、易燃气体（丙烷、野营用燃气），或其他危险品。

20. 摄影和媒体设备（Film crew or media equipment）——可能含有爆炸性烟火装置、内燃机发生器、湿电池、燃料、发热物品等。

21. 冷冻胚胎（Frozen embryos）——可能含有冷冻液化气体或固体二氧化碳（干冰）。

22. 冷冻水果、蔬菜等（Frozen fruit, vegetables, etc）——可能包装在固体二氧化碳（干冰）中。

23. 燃料（Fuels）——可能含有易燃液体、易燃固体或易燃气体。

24. 燃料控制器（Fuel control units）——可能含有易燃液体。

25. 热气球（Hot air balloon）——可能含装有易燃气体的钢瓶、灭火器、内燃机、电池等。

26. 家庭用品（Household goods）——可能含有符合任一危险物品标准的物品，包括易燃液体，如溶剂性油漆、黏合剂、上光剂、气溶胶（对于旅客，依据DGR2.3节的规定将禁止携带）、漂白剂、腐蚀性的烤箱或下水道清洁剂、弹药、火柴等。

27. 仪器(Instruments)——可能含有压力计、气压计、水银转换器、整流管、温度计等。

28. 实验室／试验设备（Laboratory / testing equipment）——可能含有符合任一危险品标准的物品，特别是易燃液体、易燃固体、氧化剂、有机氧化物、毒性或腐蚀性物质。

29. 机械部件（Machinery parts）——可能含有黏合剂、油漆、密封胶、溶剂、湿电池和锂电池、汞、含有压缩或液化气体的钢瓶。

30. 磁铁或类似材料（Magnets and other items of similar material）——其单独或积累效应可能符合磁性物质定义。

31. 医疗用品（Medical supplies）——可能含有符合任一危险品标准的物品，特别是易燃液体、易燃固体、氧化剂、有机过氧化物、毒性或腐蚀性物质。

32. 金属建筑材料、金属栅栏、金属管材（Metal construction material，metal fencing，metal piping）——可能含有由于可能影响飞机仪器而需要特殊装载要求的铁磁性物质。

33. 汽车零部件（轿车、机动车、摩托车）［Parts of automobile（car，motor，motorcycle］——可能装有湿电池。

34. 旅客行李（Passengers baggage）——可能含有符合任一危险品标准的物品。例如烟花、家庭用易燃液体、腐蚀性烤箱或下水道清洁剂、易燃气体或液态打火机储罐，或野营炉的气瓶、火柴、弹药、漂白剂、根据国际航协《危险品规则》2.3不允许携带的气溶胶等。

35. 药品（Pharmaceuticals）——可能含有符合任一危险品标准的物品，特别是易燃液体、易燃固体、氧化剂、有机过氧化物、毒性或腐蚀物质。

36. 摄影用品（Photographic supplies）——可能含有符合任一危险品标准的物品，特别是易燃液体、易燃固体、氧化剂、有机过氧化物、毒性或腐蚀性物质。

37. 促销物质（Promotional material）——参见“旅客行李”。

38. 赛车或摩托车队设备（Racing car or motorcycle team equipment）——可能装有发动机、化油器、含油料或残油的油箱、易燃气溶胶、压缩气体钢瓶、硝基甲烷、其他燃料添加剂或湿电池等。

39. 电冰箱（Refrigerators）——可能含有液化气体或氨溶液。

40. 修理箱（Repair kits）——可能含有有机过氧化物和易燃黏合剂、溶剂型油漆、树脂等。

41. 试验样品（Samples for testing）——可能含有符合任一危险品标准的物品，特别是易燃液体、易燃固体、氧化剂、有机过氧化物、毒性或腐蚀性物质。

42. 精液(Semen)——可能用固体二氧化碳(干冰)或制冷液化气体包装。请参看“敞口液氮容器”。

43. 演出、电影、舞台与特殊效果设备（Show，mohon picture，stage and special effects equipment）——可能含有易燃物质、爆炸物品或舞台发烟的干冰。

44. 游泳池化学物品（Swimming pool chemicals）——可能含有氧化性或腐蚀性物质。

45. 电子设备或仪器开关（Switches in electrical equipment or instruments）——可能含有汞。

46. 工具箱（Tool boxes）——可能含有爆炸物品（射钉枪）、压缩气体或气溶胶、易燃气体（丁烷气瓶或焊炬）、易燃黏合剂或油漆、腐蚀性液体等。

47. 火炬（Torches）——小型火炬和发光棒，可能含有易燃气体，并配有电打火器。较大的火炬可能由包含安装有可燃性气体容器或气瓶上的火炬头（常带有自动点火开关）。

48. 旅客的无人陪伴行李 / 私人物品（Unaccompanied passengers baggage / personal effects）——可能含有任一危险品标准的物品，如烟花、家庭用的易燃液体、腐蚀性的灶具或下水道清洁剂、易燃气体或液体打火机燃料储罐或野营炉的气瓶、火柴、漂白剂、气溶胶等。

49. 疫苗（Vaccines）——可能包装在固体二氧化碳（干冰）中。

三级民航货物安全检查员

第一章　危险品的检查与情况处置

** 第一节　危险品品名表的使用

【学习目标】

1．掌握危险品品名表的结构。
2．掌握危险品品名表的使用方法。

【基本操作】

使用危险品品名表进行危险品的识别。

【相关知识】

一、《危险品品名表》的结构

国际航空运输协会（IATA）《危险品规则》的危险品品名表分成 14 个栏目，其格式如下：

A 栏：UN 和 ID 编号——本栏列出物品或物质按联合国分类系统指定的编号。当这种编号在使用时，前面应加上“UN”字样，如果物质没有指定编号，则应由国际航空运输协会指定一个暂时识别编号。识别编号从 ID8000 开始。

B 栏：运输名称 / 说明——本栏列出危险物品及物质的运输专用名称和限制说明短文。

C 栏：类别或项别和次要危险性——本栏列出物质或物品按分类系统标准进行划分

注：“*”部分为只需要了解的内容，下同。

的类别号或项别号，即：主要的和次要危险性的类别号或项别号。所有次要危险性都加以括号区别。

D栏：危险性标签描述——本栏列出在B栏中所列危险品的包装件或合成包装件外部应粘贴的危险性标签。主要危险性标签在前，次要危险性标签在后。

E栏：包装等级——本栏列出联合国包装等级，即物品或物质所指定的包装等级Ⅰ、Ⅱ或Ⅲ。

F栏：例外数量代号——本栏列出物品或物质指定的例外数量代号。

G栏：限制数量在客机/货机运输时的包装说明编号——本栏列出对在客机或货机上运输的物品或物质所涉及的有关限制数量（Y）包装说明编号。这些限制数量包装说明号由一个字母“Y”后跟三位数字组成。如果此栏没有内容，则说明该物质或物品不适用限制数量包装方式。

H栏：限制数量在客机/货机运输时每一包装件的最大净数量——本栏列出物品或物质在客机或货机上运输时，每个限制数量包装件内盛装的最大净数量（重量或容积）。列出的重量表示净重，但如果另外带有字母“G”，则表示该重量为毛重。每一包装件的最大数量可以被使用的集装箱类型进一步限制。如果栏目中没有显示数量，表示该物质或物品不适用限制数量包装方式。

I栏：客机/货机运输时的包装说明编号——本栏列出在客机或货机上运输的物品或物质的包装说明编号。

J栏：客机/货机运输时每一包装件的最大净数量——本栏列出物品或物质在客机或货机上运输时，每个包装件内盛装的最大净数量（重量或容积）。列出的重量表示净重，但如果另外带有字母“G”，则表示该重量为毛重。每一包装件的最大数量可以被使用的集装箱类型进一步限制。如果本栏显示“禁止（FORBIDDEN）”字样，则该物质或物品禁止在客机上运输。

K栏：仅限货机运输时的包装说明编号——本栏列出只能在货机上运输的物品或物质所涉及的有关包装说明编号。

L栏：仅限货机运输时每个包装件的最大净数量——本栏列出物品或物质只能在货机上运输时，每个包装件内允许盛装的最大净数量（重量和容积）。列出的重量表示净重，但如果另外带有字母“G”，则表示该重量为毛重。每一包装件的最大数量可以被使用的集装箱类型进一步限制。如果本栏显示“禁止（FORBIDDEN）”字样，则该物质或物品禁止航空运输，除非获得政府豁免。

M栏：特殊规定——本栏列出危险品表中某些条目带有前缀“A”及一位、两位或三位数字组成的符号。该符号的内容列于DGR第4.4节的特殊规定。特殊规定适用于该条目所有的包装等级，除非特殊规定内有说明。

N栏：应急响应（ERG）代码——应急响应代码可以在国际民航组织的文件《与危险品有关的航空器事故征候应急响应指南》中找到。代码是数字和字母的组合，代表针对该条目的事故应急建议措施。ERG代码对航空公司有益，因此可以填写在《机长通知单》上。

IATA《危险品规则》在处理被禁止运输的物品时的技巧是把这些物品都收集在《危险品品名表》中，再用”Forbidden（禁止运输）”字样标明，其目的是避免这些被禁运的物品因不列在品名表中而被误作非危险品。虽然每年有新的IATA《危险品规则》，但是《危险品品名表》不可能将所有危险品全部列举。因此，要运输品名表中未列出的物品而怀疑有危险性的货物，必须由托运人提交《货物安全数据单（MSDS）》或提交鉴定书，并经收运部门审核或认可，不属于禁运物品的危险品，作为危险品运输；不属于危险品的，作为普通货物运输。

二、《危险品品名表》的使用步骤

1. 品名表中列出名称的危险品

第1步：查找运输专用名称和UN / ID编号；
第2步：确定类别 / 项别，主 / 次要危险性；
第3步：查看危险性标签；
第4步：查看包装等级；
第5步：查看包装说明；
第6步：查看特殊规定。

2. 品名表中未列出名称的危险品

第1步：确定危险品的性质；
第2步：检查是否为禁止运输的危险品；
第3步：确定危险品的类别 / 项别；
第4步：确定危险品的泛指运输专用名称，使用DGR中的4.1.A表，优先选用化学通用名称，其次选用危险性名称。

3. 具有单一危险性的混合物和溶液

使用品名表中列明的运输专用名称，后跟表示状态的字样“mixture”或“solution”。下列情况只能使用泛指运输专用名称。

（1）危险性成分未列于品名表中。

（2）品名表所列与实际不符（物理状态、危险类别、施救措施或只表示纯净物）。

4. 具有多重危险性的混合物或溶液

先判断主要和次要危险性，然后选用品名表中的名称或危险性泛指名称，并在括号内添加技术名称及“mixture”或“solution”字样。

1）以下类别永远作为主要危险性

第1类、第2类和第7类；

4.1项自身反应物质及类似物质和减敏的爆炸品；

4.2项自燃性物质；

5.2项和6.2项；

6.1项中I级包装的具有吸入毒性的物质。

2）确定主要危险性

当混合物或溶液具有的多种危险性不含有上述类别时，应使用DGR表3.10.A来判断哪一种是主要危险性，哪些是次要危险性。

第二节　危险品的检查和情况处置

【学习目标】

1. 掌握危险品检查方法。
2. 掌握危险品检查的处置方法。

【基本操作】

1. 查验运输货物凭证是否合法有效。
2. 查验运输货物凭证是否齐备、填写是否规范。
3. 核对运输货物凭证上的品名与实际货物是否一致。
4. 正确处理现场突发事件。

【相关知识】

一、爆炸品的检查

1. 爆炸品的定义

（1）爆炸性物质，是固体或液体物质（或物质混合物），自身能够通过化学反应产生气体，其温度、压力和速度高到能对周围造成破坏。

（2）烟火物质，是用来产生热、光、声、气或烟的效果或这些效果加在一起的一种物质或物质混合物。这些效果是由不起爆的自持放热化学反应产生的。

（3）爆炸性物品，是含有一种或几种爆炸性物质的物品。

2. 爆炸品的分项

第 1 类爆炸品划分为 6 项：

1.1 项　有整体爆炸危险的物质和物品（整体爆炸是指实际上瞬间影响到几乎全部载荷的爆炸）；

1.2 项　有迸射危险，但无整体爆炸危险的物质或物品；

1.3 项　有燃烧危险并兼有局部爆炸危险或局部迸射危险之一或兼有这两种危险，但无整体爆炸危险的物质和物品。

1.4 项　不呈现重大危险的物质和物品。

1.5 项　有整体爆炸危险的非常不敏感物质。

1.6 项　没有整体爆炸危险的极端不敏感物品。

3. 常见爆炸品

爆炸品分为爆炸性物质和爆炸性物品，爆炸性物质按用途可分为起爆药、猛炸药和工业炸药、火药、烟火剂四类。

1）常用起爆药

起爆药受较小的激发冲能，如火焰、针刺、撞击、电能等激发就能引爆，而且只需少量药量就可以达到稳定的爆轰。这就是少量起爆药就可起爆猛炸药的原因。它主要用于火工品，用以起爆猛炸药，或作为活性敏感成分加入火工药剂以调整药剂的感度。

（1）雷汞

雷汞又名雷酸汞。外观为白色或灰白色的结晶，军用品为白色。装填雷汞的雷管与火帽为铜质外壳。雷汞长期受日光照射可变为微黄色，但性能变化。雷汞受紫外线作用数小时后，呈黑褐色，撞击感度下降。雷汞属于有毒物质，其毒性与金属汞相似。

雷汞在常温条件下是安定的，在 50℃或稍高温度下长期加热即可分解，温度高于 100℃时可以爆炸；雷汞微溶于水，当含水 5%时受撞击仅局部爆轰，当含水 10%时只燃烧而不爆炸，当含水量达 30%时不燃烧也不爆炸；雷汞遇到轻微冲击、摩擦、火花等影响，都可能引起爆炸。强光可使雷汞爆炸。

（2）氮化铅

氮化铅是叠氮化铅的简称。外观为白色粉状或微粉红色结晶物质，由于工艺条件不同，分为 α 型和 β 型两晶型。α 型属斜方晶系，短柱状，感度较小；β 型属单斜晶系，长针状，感度较大。装填氮化铅的管壳为铝、镁、铅等材料，严禁使用铜质材料；氮化铅受光线短时照射，其表面即变成黄色，表面层发生分解。

2）猛炸药和工业炸药

（1）苦味酸

学名2，4，6-三硝基苯酚，俗称黄色炸药。淡黄色晶体或粉末，味苦，有毒。熔点122℃，不易吸湿，难溶于冷水，较易溶于热水、苯、硝酸和硫酸。溶于乙醇、氯仿、乙醚。有强爆炸性，是军事上最早用的一种猛炸药。化学性质活泼，易与多种重金属反应生成机械感度较高的苦味酸盐。

（2）硝化甘油

硝化甘油是甘油与硝酸反应的产物。它的学名叫丙三醇三硝酸酯（或称甘油三硝酸酯），俗称硝化甘油。

纯硝化甘油在常温下为无色透明油状液体。当含有少量杂质时，呈淡黄色（或淡棕色）；含少量水分，则呈半透明乳白色。

（3）奥克托今

目前使用的能量水平提高、综合性能最好的单质炸药。学名1，3，1.6，7-四硝基-1，3，1.6，7-四氮杂环辛烷或八氢化-1，3，1.6，7-四硝基-1，3，1.6，7-四吖嗪，也称环四亚甲基四硝胺。常用代号HMX。

（4）黑索金

黑索金的化学名称为环三次甲基三硝胺。由乌洛托平与硝酸作用制成，是一种有毒物质。

黑索金的外观为白色粉状结晶，无臭、无味。工业品为细粉状结晶，难以压缩。热安定性好，在50℃时长期贮存不分解。将黑索金溶入熔融的梯恩梯中，可组成梯黑炸药。

黑索金对机械感度比较灵敏，枪弹贯穿会爆炸。点燃后燃烧很猛烈，产生明亮的白色火焰，无残渣。大量黑索金在急速受热或密闭容器中燃烧可导致爆炸。

（5）梯恩梯

梯恩梯的化学名称为三硝基甲苯。由甲苯、浓硝酸、浓硫酸制作而成。无臭，有吸湿性，是一种有毒物质，粉尘能刺激黏膜和引起咳嗽，吸多会引起黄疸病。

梯恩梯的外观为淡黄色鳞片状结晶，受日光照射后颜色变暗，与碱反应生成红色或棕色。主要用于制造炸药、染料、医药，也作试剂等。当制作成焊药时，据需要可将其压制成75克圆柱药、200克药块、400克药块三种规格的梯恩梯炸药。75克圆柱药高7厘米，直径3厘米。200克药块长10厘米，宽5厘米，厚2.5厘米。400克药块长10厘米，宽5厘米，厚5厘米。热安定性好，在130℃时加热100小时不发生任何分解。

梯恩梯炸药对冲击、摩擦感度迟钝，枪弹贯穿通常不爆炸也不燃烧，火焰感度较低，少量梯恩梯可平稳燃烧，燃烧时生成大量黑烟。

（6）工业炸药

工业炸药又称民用炸药，按其物理和化学性质来说，是多项物质的混合体系。它们或含有高活性单体炸药（硝化甘油、黑索今、泰安等），或含有活性较小，但具有强爆炸性的单体炸药（梯恩梯）等，或含有在爆轰时活性较低，但却是重要氧化剂的物质（硝酸铵、硝酸钠），还含有不具有爆炸性质的可燃物（木粉、石蜡、柴油、铝粉等）。

有时还含有在爆炸时不参加化学反应却能发生相转移的物质（水、惰性无机盐等）。

3）火药

单基发射药又称硝化纤维素发射药、硝化棉发射药，简称单基药，以硝化纤维为基本能量组成的发射药。为满足其弹道性能、加工工艺以及使用寿命的要求，除硝化纤维素外，单基药中还需加入安定剂、消焰剂、钝感剂、光泽剂、缓蚀剂等附加组分。硝化纤维素还是涂料中的粘合剂。

4）爆炸性制品

（1）雷管

雷管按起爆方式可分为火雷管和电雷管两大类。按管壳材料可分为铜、铝、铝镁合金、纸雷管等。按管内装填起爆药量的多少可分为1~10号雷管（号数大的药量多、起爆能力强）。在现代工程爆破中常用6号、8号雷管。

火雷管。用于导火索点火时起爆装药或导爆索。由雷管外壳、加强帽、绸垫、起爆药、主装药等组成。普通8号火雷管外径6.6~7.8毫米，长度35~40毫米，起爆药为0.32克的二硝基重氮酚，主装药为0.7克的黑索金。雷管壳一端开口，留有15毫米长空位，便于插入导火索。纸壳雷管外部用淡黄色防潮剂密封。

电雷管。用于电点火时起爆装药或导爆索。按桥丝材料分为镍铬桥丝和康铜桥丝电雷管。按发火时间分为瞬发电雷管和延期电雷管。按电发火件（装置）的结构特点分为灼热桥丝式电雷管、灼热金属膜电雷管、火花式电雷管、导电药式电雷管、屏蔽式导电药雷管、碳膜式电雷管、火电两用电雷管、针刺电两用雷管。

（2）导火索

导火索由药芯、芯线、包缠层及防潮层构成。外观为白色。直径5.2~5.8毫米，芯药直径不小于2.2毫米，每纵米装药量不少于6.3克。导火索用拉火管、火柴点燃。燃速为1厘米/秒，有效喷火距离不小于50毫米。

按用途分为军用导火索及民用导火索。军用包括手榴弹导火索及金属管延期索。民用包括普通导火索、石炭导火索、塑料导火索、秒延期导火索、速燃导火索和缓燃导火索等。

导火索主要用于传递燃烧火焰，达到延期点火的目的。

（3）导爆索

导爆索由芯药、棉线、纸条、防潮剂（沥青和涂料）等组成。外观为红色，外径为5.2~6.2毫米，芯药为黑索金或太恩，每纵长米装药量为16.8克。爆炸速度为6500米/秒。

通常分为普通、抗水、高能、低能四种导爆索。

导爆索主要用于传导爆轰波、引爆炸药。

4. 检查现场发生意外事故的应急处理措施

（1）启动应急预案，立即向上级和相关部门报告。

（2）封锁现场，人员撤离到安全区域。非应急处置人员不得进入现场。

（3）对现场的资料、设备等进行封存保全。

（4）现场抢救人员应戴防毒面具并站在上风头。

（5）检查同一批其他货物是否有相似的损坏情况。

（6）写出书面事情经过；配合调查取证工作。

二、气体的检查

1. 气体的定义

气体是指在 50℃（122 ℉）下，蒸气压高于 300kPa；或在 20℃（68 ℉），标准大气压为 101.3kPa 的条件下，完全呈气态的物质。

（1）压缩气体：在 –50℃下加压包装供运输时完全是气态的气体；这一类别包括临界温度小于或等于 –50℃的所有气体。

（2）液化气体：在温度大于 –50℃下加压包装供运输时部分是液态的气体。可分为：高压液化气体，临界温度在 –50℃和 +65℃之间的气体；低压液化气体，临界温度大于 +65℃的气体。

（3）冷冻液化气体：包装供运输时由于其温度低而部分呈液态的气体。

（4）溶解气体：加压包装供运输时溶解于液相溶剂中的气体。

因此，气体包括压缩气体、液化气体、溶解气体、冷冻液化气体、一种或多种气体与一种或多种其他类别物质的蒸汽的混合物、充有气体的物品和烟雾剂。

2. 压缩气体和液化气体的分项

气体分为三类。

（1）易燃气体。系指在 20℃和 101.3kPa 标准压力下，在空气中的燃烧下限不超过 13%，或燃烧范围至少达到 12 个百分点。

（2）非易燃无毒气体。在 20℃压力不低于 300kPa 的条件下运输，或以冷冻液体状态运输的气体。

（3）毒性气体。

3. 常见压缩气体和液化气体

1）甲烷

甲烷属于无色无臭的易燃气体。与空气混合能形成爆炸性混合物，遇热源和明火有燃烧爆炸的危险。与五氧化溴、氯气、次氯酸、三氟化氮、液氧、二氟化氧及其他强氧化剂接触剧烈反应。爆炸极限 5.3% ~15%。

2）液化石油气

属于无色气体或黄棕色油状液体，有特殊臭味。极易燃，与空气混合能形成爆炸性混合物。遇热源和明火有燃烧爆炸的危险。与氟、氯等接触会发生剧烈的化学反应。其蒸气比空气重，能在较低处扩散到相当远的地方，遇明火会引着回燃。

3）氢气

氢是宇宙中最丰富的元素。氢气是一种无色无臭无味的气体。高温下变得高度活泼，能与许多金属和非金属直接化合。氢气能够燃烧，是一种非常易燃的气体，爆炸极限4%~75%。遇氟气、氯气能够发生猛烈的燃烧。

4）乙炔

乙炔名为电石气，闪点 -17.78℃（闭杯），自燃点 305℃。乙炔是无色无臭气体，含有硫化物、磷化物时有蒜样气味。极易燃烧爆炸。微溶于水及乙醇，溶于丙醇、氯仿和苯。遇高热、明火有燃烧爆炸危险。与铜、汞和银能形成爆炸性的混合物。遇氟和氯发生爆炸反应。

5）液氯

氯气是黄绿色有毒液化气体，有强烈刺激臭，毒性猛烈，具有腐蚀性和极强的氧化性。在日光或灯光下与其他易燃气体混合时，即发生燃烧和爆炸。金属钾（钠）在氯气中能燃烧，氯气与氢氯混合后在阳光下即可发生猛烈爆炸；松节油在氯气中能自燃；氯与氮化合时，则形成易爆炸的氯化氮。空气中的含量达到0.1%时吸入人体即能严重中毒。

液氯通常充装于耐压钢瓶内，储存期以6个月为宜。充装量为不大于1.25千克/升。钢瓶漆草绿色，以白颜色标明“氯”字样。钢瓶外应有明显的“有毒压缩气体”标志。

4. 检查现场发生意外事故的应急处理措施

（1）启动应急预案，立即向上级和相关部门报告。

（2）封锁现场，人员撤离到安全区域。非应急处置人员不得进入现场。

（3）对现场的资料、设备等进行封存保全。

（4）写出书面事情经过；配合调查取证工作。

（5）如货物在库房或室内发生逸漏，必须打开所有门窗，使空气充分流通。不得开启任何电器开关，严禁任何明火。

（6）检查同一批其他货物是否有相似的损坏情况。

（7）现场抢救人员应戴防毒面具并避免站在气体钢瓶的首、尾部。

三、易燃液体的检查

1. 易燃液体定义

易燃液体是指在闭杯闪点试验中闪点不超过 60℃，或者在开杯试验中闪点不超过

65.6℃时，放出易燃蒸气的液体、液体混合物、固体的溶液或悬浊液（例如油漆、清漆、瓷漆等，但不包括其主要危险性属于其他类的物质）。

2. 常见易燃液体

1）纯苯

纯苯学名苯，为无色透明易挥发的液体，极易燃烧，闪点 -11℃。燃烧时产生光亮带烟的火焰。易挥发，有芳香气味。有麻醉性及毒性，不溶于水，溶于乙醇、乙醚等许多有机溶剂。长期吸入会引起苯中毒。

2）乙醚

乙醚别名二乙醚、醚、麻醉醚，为无色透明液体，挥发性极大，极易燃烧。在强烈阳光下暴晒能使容器急速膨胀而爆裂，比汽油更危险；与过氯酸或氯作用发生爆炸；闪点 -40℃；有芳香气味，且具麻醉性，其蒸汽能使人失去知觉，甚至死亡。能溶解蜡、油脂、溴、碘、硫、磷等。

3）吡啶

吡啶别名纯吡啶、氮（杂）苯，本品为无色或微黄色液体，有特殊的恶臭气味，能使人恶心；能溶于水、乙醇、乙醚、苯、石油醚和动植物油，是多种有机化合物的优良溶剂；对酸和氧化剂的作用和苯一样稳定，微呈碱性反应；易燃，闪点 17℃，有毒。

4）松节油

松节油是无色至深棕色液体，具有松香气味。由烃的混合物组成，含有大量的蒎烯（大约 64% α—蒎烯和 33% β—蒎烯）。易燃，闪点 35℃；自燃点 253℃，遇氧化剂时可发生着火或爆炸。有毒，蒸汽能刺激眼膜、气管。

3. 检查现场发生意外事故的应急处理措施

（1）启动应急预案，立即向上级和相关部门报告。
（2）封锁现场，人员撤离到安全区域。非应急处置人员不得进入现场。
（3）对现场的资料、设备等进行封存保全。
（4）写出书面事情经过；配合调查取证工作。
（5）检查同一批其他货物是否有相似的损坏情况。
（6）现场抢救人员应戴防毒面具并站在上风头。
（7）附近不准吸烟，严禁任何明火，不得开启任何电器开关。

四、易燃固体；自燃的物质；遇水放出易燃气体的物质的检查

1. 定义

1）易燃固体定义

4.1 项 易燃固体包括：

① 在正常运输情况下容易燃烧或可能因摩擦而引燃或助燃的固体；可能发生强烈放热反应的自反应物质和有关物质，不充分稀释可能爆炸的经减敏处理的爆炸物品。

② 易于燃烧的固体和摩擦可能起火的固体。易于燃烧的固体一般为粉状、颗粒状或糊状的物质，这些物质的危险性不仅来自于燃烧，还可能来自它们的毒性燃烧产物。属于这类的易燃金属粉特别危险，一旦着火就难以扑灭，因为常用的灭火剂如二氧化碳或水只能增加危险性。此项物品的分类和包装类别的确定，必须以国际标准试验为依据。

③ 自反应物质。

2）自燃物质的定义

自燃物质是指在正常运输条件下能自发热，或接触空气能够放热，并随后起火的物质。自燃现象是由于氧（空气中的）发生反应并且热量不能及时散发的缘故。当放热速度大于散热速度而达到自燃温度时，就会发生自燃。该项目危险品有两种类型：

① 自动燃烧物质：自动燃烧物质包括混合物和溶液在内的物质（固态和液态），即使在数量极少时，如与空气接触仍可在 5 分钟内起火。这些物质最容易自动燃烧。

② 自发放热物质：自发放热物质是指无外部能量供应的情况下，与空气接触可以放热的固体物质。它们只有在数量大（数千克）且时间长（数小时或数天）的情况下才能被点燃烧。

3）遇水释放易燃气体物质的定义

遇水释放易燃气体的物质是指与水发生反应，容易自燃或放出危险数量的易燃气体的物质。

2. 常见的第 4 类危险品

1）赤磷

赤磷别名磷，学名红磷，以黄磷为原料，隔绝空气加热转化制得，是紫红色粉末，无毒。加热至一定程度能升华。性质活泼，极易燃烧，燃点 200℃以上，轻微摩擦即能起火；与氧化剂接触立即着火，与氯酸钾（钠）接触能发生爆炸，与溴素混合能着火。燃烧时产生有毒的浓厚烟雾 P_2O_5。受热或长期放置潮湿处易发生爆炸。

2）硫磺

硫磺别名硫磺块、硫磺粉，学名硫，块状为淡黄色脆弱性结晶体，粉状为淡黄色粉末，有特殊臭味。不溶于水和醇，能溶于二硫化碳、四氯化碳和苯。密度、熔点及其在二硫

化碳中的溶解度均因晶形不同而异。硫磺块有斜方晶形硫，单斜晶硫和非晶硫三种晶形，其中以斜方晶硫为最安定，一般商品都是这种晶形。

硫的气体有毒，能刺激肺、眼，导致咳嗽、流泪、呼吸困难。

3）精萘（包括粗萘）

精萘别名骈苯、洋樟脑、煤焦油脑，学名萘，精萘为白色结晶，粗萘因含不纯物，呈灰棕色，具有特殊的气味。本品不溶于水，能溶于乙醇和乙醚等。

精萘易燃，遇明火、高热、氧化剂（特别是CrO_3）有导致火灾的危险。燃烧时光弱烟多。

4）黄磷

白磷纯品为无色蜡状固体，受光和空气氧化后表面为淡黄色。在黑暗中可以见到淡绿色磷光。低温时发脆，随温度上升而变柔软。有毒，在空气中会冒白烟燃烧，自燃点30℃；受撞击、摩擦或与氧化接触，能立即燃烧，甚至爆炸。

5）电石

电石别名二碳化钙，学名碳化钙，由焦炭、石灰在2000℃电弧炉中烧结而成。黄褐色或黑色硬块，其结晶断面为紫色或灰色。暴露于空气中极易吸潮，失去光泽变为灰色，放出乙炔气而变质失效。

电石往往含有硫、磷等杂质，与水作用会放出磷化氢和硫化氢气体。当磷化氢含量超过0.08%、硫化氢含量超过0.15%时，容易引起自燃爆炸。

6）金属钠

金属钠学名钠，由电解熔融的氢氧化钠或氯化钠而得。银白色柔软的轻金属。在低温时性质脆硬，常温时质软如蜡，可用刀割。

金属钠化学性质极活泼，在空气中易氧化；遇火或暴露在潮湿空气中发热极易引起燃烧；与碘或乙炔作用，能起火爆炸；遇四氯化碳在65℃以上也能发生爆炸。在氧、氯、氟、溴蒸气中会燃烧。燃烧时呈黄色火焰。遇酸、水剧烈反应，产生大量热和氢气而着火或爆炸。

金属钾、金属钙、金属锶都是与水发生激烈反应的金属。

7）保险粉

保险粉学名连二亚硫酸钠、低亚硫酸钠。为白色砂状结晶或淡黄色粉末，赤热时分解。其水溶液性质不安定，有极强的还原性。

保险粉有极强的还原性，遇氧化剂、少量水或吸收潮湿空气能发热引起燃烧，甚至爆炸。

8）锌粉

锌粉别名亚铅粉，由炼锌厂副产品锌块制得，主要用作催化剂、还原剂，用于有机合成。为浅灰色的细小粉末，具有强还原性，可在空气中吸收氮，潮湿状态时吸收氧。通常含有少量氧化锌。遇酸类、碱类、水、氟、氯、硫、硒、氧化剂等能引起着火或爆炸。其粉尘与空气混合到一定比例时，遇火星即引起爆炸。

3. 检查现场发生意外事故的应急处理措施

（1）启动应急预案，立即向上级和相关部门报告。

（2）封锁现场，人员撤离到安全区域。非应急处置人员不得进入现场。

（3）对现场的资料、设备等进行封存保全。

（4）写出书面事情经过；配合调查取证工作。

（5）检查同一批其他货物是否有相似的损坏情况。

（6）不得开启任何电器开关，严禁任何明火；使任何热源远离自燃物质。

（7）现场抢救人员应戴防毒面具并站在上风头。

五、氧化剂和有机过氧化物的检查

1. 分项

此类危险品共分为两项：氧化剂、有机过氧化物。

2. 氧化剂

氧化剂是处于高氧化态，具强氧化性，易于分解并放出氧和热量的物质，包括含有过氧基的无机物，其本身不一定可燃，但能导致可燃物的燃烧。

3. 有机过氧化物

含有二价过氧基 -0-0- 的有机物称为有机过氧化物，也可以将它看作是一个或两个氢原子被有机原子团取代的过氧化氢的衍生物。有机过氧化物遇热不稳定，它可以放热并因而加速自身的分解。此外，它们还可能具有下列中一种或多种性质：易于爆炸分解；速燃；对碰撞和摩擦敏感；与其他物质发生危险的反应；损伤眼睛。

4. 常见的氧化剂和有机过氧化物

1）过氧化氢溶液

过氧化氢溶液的危险性与过氧化氢的含量有关。

过氧化氢别名双氧水，学名过氧化氢，由电解硫酸氢铵制得。纯过氧化氢是无色油状液体，易分解放出氧和热，是强氧化剂，对皮肤有刺激作用。

2）氯酸钠

氯酸钠别名白药钠、氯酸碱，在无隔膜的电解槽内电解饱和食盐溶液而制得。无色无臭粒状结晶，味咸而凉，能溶于水和醇。

氯酸钠是强氧化剂，超过熔点即分解放出氧气，是强氧化剂中危险性最大的一种。有毒，有潮解性，与磷、硫及有机物混合易着火和爆炸。

3）高锰酸钾

高锰酸钾别名过锰酸钾、灰锰氧，黑紫色有金属光泽的粒状或针状结晶，味甜而涩，溶于水，呈紫色溶液。

高锰酸钾是强氧化剂，与易燃物质一并加热或撞击、摩擦即发火爆炸。与有机物、易燃物、酸类，特别是硫酸、双氧水、甘油接触，容易发生着火和爆炸。

4）硝酸铵

硝酸铵分子式是 NH_4NO_3，系无色无臭的透明结晶体或白色小颗粒。加热至 160℃以上则放热分解，放出一氧化二氮有毒气体。硝酸铵是强氧化剂，易潮解，易爆炸，性质不稳定，各种有机杂质均能显著地增强硝酸铵的爆炸性。加热至 300℃以上时有爆炸危险。加热至 400℃爆炸。含水 3%以上比较安全。

5）漂白粉

漂白粉别名次氯酸钙、氯化石灰、漂粉。外观为白色粉末，与熟石灰相似，具有极强的氯臭。

漂白粉受 100℃以上高热会爆炸，遇有机物（如汽油）会发热起火；与某些可燃物混合（如干草、木屑）在高温情况下也会引起燃烧；遇到硫酸等反应激烈，遇日光也能加速分解。

6）过氧乙酸

过氧乙酸为无色透明液体，有弱酸性，有强烈的刺激性醋酸气味。

过氧乙酸剧毒，对皮肤有强烈的刺激性。过氧乙酸不稳定，贮存过程中会逐步自然分解，在光照或加热时，容易引起急剧分解和爆炸。

5. 检查现场发生意外事故的应急处理措施

（1）启动应急预案，立即向上级和相关部门报告。

（2）封锁现场，人员撤离到安全区域。非应急处置人员不得进入现场。

（3）对现场的资料、设备等进行封存保全。

（4）写出书面事情经过；配合调查取证工作。

（5）检查同一批其他货物是否有相似的损坏情况。

（6）不得开启任何电器开关，严禁任何明火；使任何热源远离自燃物质。

（7）现场抢救人员应戴防毒面具并站在上风头。

（8）特别强调的是：氧化剂和有机过氧化物如有溢漏，应小心地收集起来，或使用惰性材料作为吸收剂将其吸收起来，然后在尽可能远的地方以大量的水冲洗残留物。严禁使用锯末、废棉纱等可燃材料作为吸收材料，以免发生氧化反应而着火。对收集起来的溢漏物，切不可重新装入原包装或装入完好的包件内，以免杂质混入而引起危险。应针对其特性用安全可行的办法处理或考虑埋入地下。

六、毒害品和感染性物品的检查

1. 分项

1）毒性物质

毒性物质是指在吞入、吸入或与皮肤接触后，进入人体可导致死亡或危害健康的物质。

注：来源于植物、动物或其他菌源的毒素，如不含任何传染性物质或微生物，应划入6.1项目。

2）感染性物质

感染性物质是那些已知或有理由认为含有病原体的物质。病原体是指会使动物或人感染的微生物（包括细菌、病毒、立克次氏体、寄生虫、真菌等）和其他媒介物。感染性物质必须归类于6.2项，并视情况划入为：UN2814、UN2900、UN3291或UN3373。感染性物质可分为A类和B类。

①A类感染性物质。指在运输中与之接触能对本来健康的人或动物造成永久性残疾，危及生命或致命疾病的感染性物质。

② B类感染性物质。指不符合A类标准的感染性物质。B类中的感染性物质必须划入UN3373。

2. 常见毒害品

1）氰化钠

氰化钠别名山奈钠、山奈、山埃钠，为白色粉末状结晶，通常加工成煤球形、丸状或块状。

氰化钠剧毒并有腐蚀性，易经皮肤吸收中毒，接触皮肤破伤口极易侵入人体而造成死亡。大鼠口服半致死剂量为15mg/kg。空气中最高允许质量浓度（以氰化氢计算）为0.3mg/m^3本身不燃，但遇潮湿空气或与酸类接触，则会产生剧毒易燃的氰化氢气体。与硝酸盐及亚硝酸盐反应强烈，有发生爆炸危险。

2）三碘化砷

三碘化砷别名碘化砷，为橙红色鳞片状或粉状结晶。见光或潮湿空气会变质。灼烧时能升华。能溶于醇、醚及二硫化碳，溶于水，同时发生水解。主要用于化学分析、医药。

三碘化砷剧毒，不燃，但遇明火高热时逸出蒸气，毒性剧烈。遇金属钾及钠能形成撞击敏感的爆炸物。

3）二硝基甲苯（DNT）

二硝基甲苯学名2，4–二硝基甲苯，黄色针状结晶，有苦杏仁味。本品易燃，闪点 207℃，爆燃点 360℃（发火），本品甚毒。加热至 300℃时分解，与氧化剂混合能成为爆炸性混合物，燃烧时产生大量的有刺激性的黑色烟雾。吸入蒸气可引起中毒，与皮肤接触易发炎。

4）溴乙烷

溴乙烷别名乙基溴，为无色易挥发液体。有毒和强烈的刺激性。溴乙烷易燃，遇明火能引起着火或爆炸。受高热分解出有毒的溴化物烟气，与氧化性物质反应剧烈，也能与水或水蒸气反应，产生有毒及腐蚀性的烟气。

3. 检查现场发生意外事故的应急处理措施

（1）启动应急预案，立即向上级和相关部门报告。

（2）封锁现场，人员撤离到安全区域（至少 5 米以上）。非应急处置人员不得进入现场。

（3）对现场的资料、设备等进行封存保全。

（4）写出书面事情经过；配合调查取证工作。

（5）检查同一批其他货物是否有相似的损坏情况。

（6）现场抢救人员应避免皮肤接触漏损货物，避免吸入有毒蒸气。如有意外染上毒性物质的人员，无论是否有中毒症状，均应立即送往医疗部门检查和治疗。

七、放射性物质检查

1. 放射性物质的定义

放射性物质是指任何活度浓度及总活度值超过国际航协《危险品规则》第 10 章所列值的含放射性同位素的物质。

放射性物质是指能自发地和连续不断地放出电离辐射的物质或物品，它们能对人类和动物健康产生危害，并可使照相底片或 X 光片感光。这种辐射不能被人体的任何感官（视觉、听觉、触觉或味觉）所觉察，但可用合适的仪器探测和测量，如盖革计数器。

不管放射性物质本身的辐射水平多么高，经过屏蔽包装，在放射性物质的包装表面，其辐射水平可以控制在一定的水平。按包装件或集装箱的运输指数，可以将放射性物品分为三个等级，运输指数大于 10 的包装件，一般禁止运输。

2. 常见放射性物品

1）金属钍

金属钍为天然的放射性元素，为银白色软状放射性重金属，块状的长期暴露于空气中仅表面氧化，失去光泽。钍是高毒元素，主要矿石为独居石。

2）硝酸钍

硝酸钍为无色或白色晶体。有吸湿性，易潮解，能溶于水和有机溶剂。一般工业品含量约48%~50%，成白色蔗糖状。

硝酸钍具有放射性，并为强氧化剂。与有机物混合时发热自燃，燃烧时产生有毒的含氮的氧化物。能引起火灾，有爆炸危险。

3. 检查现场发生意外事故的应急处理措施

（1）启动应急预案，立即向上级和相关部门报告。

（2）封锁现场，人员撤离到安全区域（至少5米）。非应急处置人员不得进入现场，不得靠近破损货物。

（3）对现场的资料、设备等进行封存保全。

（4）写出书面事情经过；配合调查取证工作。

（5）协助专业人员检查同一批其他货物是否有辐射情况。

（6）现场抢救人员应使用辐射防护用具并站在上风头。

八、腐蚀品的检查

1. 腐蚀品定义

在发生渗漏的情况下，由于产生化学反应而能够严重损伤与之接触的生物组织，或严重损坏其他货物及运输工具的物质称为腐蚀性物质。

2. 常见腐蚀品

1）硝酸

硝酸具有强腐蚀性和强氧化性，遇松香油、H发孔剂等有机物能立即燃烧；同强还原剂能引起爆炸；遇氰化物产生剧毒气体。

含硝酸97.5%、水2%、氧化氮0.5%的发烟硝酸为淡黄色到红褐色透明液体。含硝酸86%、水5%、氧化氮6%～15%的发烟硝酸为淡黄色透明液体。露置空气冒烟，能与水任意混溶。主要用于有机化合物的硝化等。发烟硝酸通常禁止运输。

2）溴

溴别名溴素，从盐卤中提炼而得，在常温下为暗红色发烟液体，其蒸气呈红棕色，有刺激性恶臭。主要用于制造溴盐类、医药镇静剂、照相底片等。

溴是强氧化剂，本身不燃，但遇H发孔剂立即燃烧，遇木屑、稻草，能使之氧化，甚至燃烧；遇碱发生强烈反应，大量放热；遇还原剂反应强烈。有毒，空气中允许体积分数为0.1×10^{-6}。腐蚀性极强，被溴灼伤皮肤后愈合极慢。

3）甲酸

甲酸分为无色发烟液体，有刺激性臭味。能与水、醇混合。主要用于制化学药品、橡胶凝固剂及印染、电镀等。

甲酸具有强腐蚀性，接触皮肤易起疱。有毒；蒸气与空气能形成爆炸性混合物。遇过氧化氢亦能引起爆炸。

4）溴乙酰

溴乙酰别名乙酰溴，为无色发烟液体，露置空气中变黄，与水和乙醇发生强烈反应。能溶于乙醚、氯仿和苯。

溴乙酰腐蚀性很强，属于腐蚀性易燃液体，闪点1℃，受热、遇水或水蒸气发生强烈反应而发热分解出有毒和腐蚀性气体。

5）乙酸

乙酸别名醋酸、冰醋酸，为无色透明易燃液体，有刺激性酸臭。在空气中遇明火立即燃烧，并发出与乙醇相似的蓝色火焰，生成二氧化碳和水。有毒。

6）甲醛

甲醛为无色具有刺激性和窒息性的气体。本品性剧毒，能使蛋白质凝固，触及皮肤能使皮肤发硬，甚至局部组织坏死。极易聚合，易溶于水，有较强的还原性。

甲醛可燃蒸气与空气混合能成为爆炸性气体，与氧化剂、火种接触有着火危险。

3. 检查现场发生意外事故的应急处理措施

（1）启动应急预案，立即向上级和相关部门报告。

（2）封锁现场，人员撤离到安全区域。非应急处置人员不得进入现场。

（3）对现场的资料、设备等进行封存保全。

（4）写出书面事情经过；配合调查取证工作。

（5）检查同一批其他货物是否有相似的损坏情况。

（6）现场抢救人员应戴防毒面具并站在上风头。

九、杂项危险品的检查

1. 杂项危险品定义

对于航空运输而言，有些物质或物品虽不具备前列8类危险品的任一特性，但可能会危及航空运输安全。为此，联合国及国际民航组织在危险品运输规则中专门设立了第9类杂项危险品。

2. 常见杂项危险品及危险特性

1）磁性材料

距包装件表面任一点 2.1 米处磁场强度在 0.159A/m 以上，且距包装件表面任一点 4.6 米处，磁场强度小于 0.418Mm 的空运包装物。虽然，现在航行器采用电子导航，但罗盘仍为备用的导航系统。货物的磁场强度对罗盘的偏转产生影响，从而影响飞行安全。

磁瓦；家庭影院；电视机；收音机等，由于它们都有永久磁铁，因此，其产生的磁场是不可低估的。

2）高温物品

如温度≥ 100℃，并低于其闪点在保温条件下运输的液体，温度≥ 240℃，在加温条件下运输的固体等，由于这些物品处于高温，接触易燃物时会引起火灾，故列为第 9 类危险品。

3）航空限制的固体或液体

具有麻醉性、有害性或其他性质，一旦出现泄漏能引起机组人员极度烦躁或不适，以至于不能正常履行职责的物质。

香精，当它浓度较低时，能给人们清香的感觉，但当其浓度很高时，就会使人感到不适和烦躁。2– 乙酰噻唑等香精、香料都有归为 9 类危险品。

4）仪器、机械中的危险品

如已使用过的汽车，虽然托运时已将汽油放尽，但无法确保残余汽油，就要按第 9 类危险品处理。装有电池的电动车、摩托车也属于第 9 类危险品。

5）对环境有危害的物质

危险环境的物质主要包括污染水生环境的液体或固体物质，经及这类物质的混合物（如制剂和废物）。

由于人们对环境的要求越来越严格，人们测定化学物质对水中鱼的生命的影响，根据鱼类半数致死浓度的值，96h，LC50（鱼）≤ 1mg/l，就定为急性毒性为 I 级。

属于《控制危险废物越境转移及其处置巴塞尔公约》范围内的废物，没有归类为前 8 类危险品的应按第 9 类运输。

现在不少农药虽然对鼠类、兔等动物的经口、经皮和吸入毒性都很小，不属于毒害品。但 96h，LC50（鱼）≤ 1mg/l，就定为对环境有危害的物质。

6）安全气囊

当汽车驾车人员在行驶过程中，碰到危急情况时，装在汽车驾驶室的空气气囊就会自动打开，保护驾车人员的安全。

安全气囊的原理是汽车碰到撞击后，击针触发电路点火，点燃少量爆炸性物质，化学物质瞬时发生反应，产生大量气体，充入气囊中。这些产生气体的物质是第 1 类爆炸性物质，但安全气囊要通过相关试验确定其是否归属第 9 类，否则就是 1.5G。

7）锂电池

① 禁止运输本身有缺陷或已被损坏的锂电池，这种锂电池有可能演变发生发热、

燃烧和短路的潜在危险（例如：因安全原因被生产商召回的电池）。

②锂离子电池芯或电池在满足下列条件时可以运输：

·每个电池芯或电池符合联合国《试验和标准手册》第3部分38.3节中每项试验要求；

·每个锂电池包装件应能够通过任意方向的1.2米跌落试验；

·所有锂离子电池芯和电池，单个包装应符合防止短路的要求；

·电池芯额定的瓦特小时不超过20Wh。

电池额定的瓦特小时不应超过100Wh

（100~160Wh应征得承运人同意，超过160Wh禁止运输），额定瓦特小时必须在电池壳的外部标明。对于在2009年1月1日前生产的电池，如果没有在外部标明，那么在2010年12月31日之前，还可以继续进行运输。

注：瓦特小时 = 伏特 × 安培小时

8）干冰（二氧化碳）

固体二氧化碳（干冰）的温度为 -79℃，当升华为气态时，生成比空气重的气体，在密闭区间和大量时能造成窒息或爆炸。

9）经过基因修改的微生物或组织

经过基因修改的微生物或组织，不能满足感染性物质的定义，但能以非正常地天然繁殖结果的方式改变动物、植物或微生物物质。

经过基因修改的微生物或组织如得到原产地、过境和目的地国家政府主管机关的使用批准，则不受本规章的约束。

第二章 爆炸物品检测及货物危险性的测定

第一节 爆炸物品检测

【学习目标】

1. 掌握爆炸物探测设备的准备方法。
2. 了解爆炸物探测设备的操作规程。
3. 了解爆炸物探测设备的使用范围。

【基本操作】

以IONSCAN 400B为例：爆炸物探测器操作程序分为开机、确认、取样、分析和关机。

1. 开机

在操作前，检查仪器后面的空气净化系统。新的干燥剂是蓝色的，用尽的干燥剂是粉色的。

用仪器后面的电源开关来开机。打开电源后，仪器将进行一系列自检（前部面板的所有指示灯将变亮，警报声音将短暂响起），之后，屏幕上将显示黄色“待机”（STANDBY）字样，“待机”指示灯将开始闪烁。

按READY / STANDBY键一次，绿色READY指示灯将闪烁。屏幕将保持黄色，直到所有参数达到其设定值，而且校准物已经找到，这时颜色将变成绿色。在 READY 指示灯停止闪烁，屏幕变绿色之前，不能进行分析。

2. 确认

确认即校验，在仪器准备好以后进行，目的是确保系统干净，功能正常，能正确报警。

（1）分析空白样品（干净取样布）：若无报警，进行下一步；若有报警，继续分析空白样品，直到两次无报警为止。

（2）分析确认标准（口红）：轻轻涂抹即可。红色为炸药，蓝色为毒品。分析后应有报警，而且 Verific 出现在报警列表中才算确认通过。否则涂抹更多口红，继续分析，直到获得 Verific 报警。

（3）再次分析空白样品：按“报警复位”（ALARM RESET）键将报警声音关掉，再次分析空白样品，直到不再产生报警。

3. 取样方法

用取样勺和取样布取样。取样时，将取样布夹在取样勺中，像擦灰尘一样在被怀疑物品表面上容易与目标分析物接触的地方擦拭取样；也可用取样布直接擦拭来取样。取样面积不要超过 $0.5m^2$。要用力将嵌入的颗粒取下来。

（1）对包裹、箱子或其他固定物体的取样，建议使用真空取样器。操作员需双手戴干净的手套，将取样器电源打开，在被测物表面抹拭，即可完成取样。这是最快捷有效的方法，可搜集到物品及织物表面的微粒和蒸汽。

（2）对于真空取样器难以接近的物体，如隆起的、角落里的或手柄上的部位，可用人工完成取样。

（3）对于较大型的箱子、容器、邮包等物的外侧，可用擦拭的方法进行取样；对于上述容器的内部，可用真空取样器进行空气取样。

先从容器的外部开始进行取样。打开真空取样器的电源，用其在容器的表面擦拭，特别是可能且容易存有违禁品残留物的地方，要格外注意，如锁把手、盖、凹槽等位置。

检查容器内部时，可用同样的方法擦拭容器的内表面。或者微微打开容器，把取样器放在容器前面，保持 10~30 秒，让取样器能充分收集到从容器中飘浮出来的空气。晃动容器可使空气更好地流动，有助于更有效的取样。

4. 分析

将所取样品放进仪器中，仪器自动进行检测和分析，并给出分析结果。

（1）根据显示屏提示，从取样器上取下取样纸，将其放入检测仪上的蒸发器中进行检测。

（2）放入时，取样纸含有样品的一面应朝向检测仪，盖上盖子，将滑片一直推到最右边，仪器自动分析。

（3）分析时间为 6.6 秒。如发现爆炸物的存在，应采取预定的安全措施。

（4）分析完成后，应根据提示将样品移走，即将滑片向左推回原处。

5. 关机

两次快速按 READY / STANDBY 键，使仪器进入“待机状态”（STANDBY），待高压降到一定程度时，关掉仪器后面的电源开关。

【相关知识】

一、爆炸物探测检查设备的基础知识

1）爆炸物的技术检查主要方法有：X 射线机技术检查法、炸药探测器检查法（气化物和痕量探测）、核探测系统技术检查法、化学喷显法和电子听诊器检查法。

2）IONSCAN 是基于一种被称为“离子迁移光潜”化学检测技术原理的系列产品名称，主要由检测仪和一个取样器组成。它的应用范围主要有：帮助建立无毒品的工作场所；阻止毒品运输；对怀疑是爆炸物或违禁药品的未知成分的物质进行识别；对爆炸现场进行法医分析。

3）IONSCAN 的一次分析由两个重要步骤组成：第一是收集一个样品；第二是对这个样品进行分析。当分析周期开始时，解吸器向上移动，将样品密封在解吸器加热器和（IMS）离子迁移光谱入口之间。样品被加热后，载样气体（清洁、干燥的空气）将解吸下来的蒸气带入IMS检测仪中，在此，它们在反应区被离子化，形成具有特定流动性（淌度）的离子或离子簇。在样品解吸过程中，检测器显示屏上的黄色背景和“正在分析”（Analyzing）字样表明，一次样品分析正在进行当中。在分析之后，仪器将用绿色显示“通过”（PASS），或用红色显示“报警”（ALARM）。在显示“报警”（ALARM）时，仪器还可发出声音报警（操作员可选择将报警声音关闭）。关于被检测到的化合物的详细信息在 LCD 显示屏上给出。

4）当设备未检测到可疑物质时，仪器显示“通过”（PASS）。检测到可疑物质时，仪器会发出报警声音（可选择将报警声音关掉），同时在屏幕上显示报警结果，也可通过打印机将报警结果打印出来。

二、报警结果包括的主要内容

1）报警名称：通常为所检测到的物质名称。

2）相对强度：用条形图表示，红色格子越多，表示检测强度越大。

3）通道名称：也叫频道名称，有些报警可能是一个以上通道（频道）的检测结果。

4）按“报警复位”键将声音关掉，同时记录屏幕上显示的报警结果。

5）将用过的取样布扔掉。

6）待仪器准备就绪后，分析一块干净的取样布，如结果为“通过”（PASS），表示仪器内部已经干净；如结果仍有报警，表示仪器内部尚残留有上次的样品，可通过维护菜单中的“清洗循环”来加快清洗过程，再用干净取样布测试，直到获得“通过”结果。

【注意事项】

1）在操作过程中，一定不能将仪器从一个空调区移动到一个温暖、潮湿的区域，因为冷凝可能损坏系统。

2）未经专门培训的人员在任何情况下都不能试图打开检测仪（包括入口、放射源和漂移管）。

3）如果仪器已从“待机状态”切换到“准备就绪”状态，或如果仪器在“准备就绪”状态未工作时间达到 15 分钟，一定要运行一个空白样品，以便让气流模块对其自身进行校正。

4）绝不能让实验室溶剂，特别是如四氯化碳、氯仿或亚甲基氯等卤化溶剂进入仪器中，以免损坏检测器。

5）如果干燥剂在更换之前彻底耗尽（干燥剂层彻底变成粉色），仪器必须将所有的水分污染从系统中清除，让仪器在“准备就绪”状态运行，频繁分析确认样品。如果确认成功，操作可以继续。然而，如果仪器水分污染严重，可能需要长达 24 小时来清除系统中的水分，才能使其做好操作准备。

*第二节 货物危险性测定

【学习目标】

1．了解货物危险性测定方法。

2．了解货物危险性测定的操作规程。

【相关知识】

一、固体物质的易燃性测定

1. 固体物品的测定原理

依据固体颗粒的燃烧速度以及通过湿润段的时间确定固体的易燃性及包装等级。

2. 固体物品的测定仪器和材料

秒表 0.1 秒，卷尺 3.5 米，精度 1 毫米，石棉板、10 毫升滴管、专用模具（图 2.2.1）。

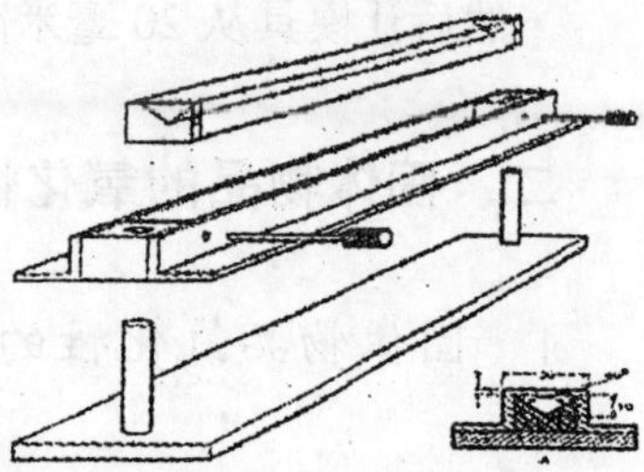

图 2.2.1　250mm 长模具的剖图

3. 固体物品的实验步骤

1）初步甄别实验

用不锈钢勺取出少量固体样品，放在酒精灯上灼烧。根据燃烧情况对样品进行易燃性初步甄别。初步试验表明，该样品有易燃的可能时，则需进行下一步的试验。

2）燃烧速率试验

① 将待测的粉状或颗粒状的物质松散地装入图 2.2.1 的模具；

② 然后让模具从 20 毫米高处跌落在硬表面上 3 次；

③ 拆除侧面界板，在模具的顶上安放石棉板，把设备倒置，拿掉模具；

④ 在堆垛附近，顺堆垛的走向在石棉板上画一条线，自火焰传播的起始端起，在 80 毫米、180 毫米处加以标记，用于测定燃烧速率；

⑤ 把糊状物质铺放在石棉板上，做成长 250 毫米的绳索状，横截面积为 100 平方毫米。如系潮湿敏感物质，应在该物质从其容器取出之后尽快把试验做完；

⑥ 把堆垛物质放在排烟柜的通风处，风速应足以防止烟雾进入实验室；

⑦ 对金属以外的物质，在 100 毫米长的时间测定段之外 30~40 毫米处将湿润溶液 1 毫升滴加在堆垛上；

⑧ 用喷灯点燃堆垛的一端。当堆垛已烧了 80 毫米的距离时，测定后续的 100 毫米燃烧所需时间，算出燃烧速度；

⑨ 对金属以外的物质，记下润湿段火焰传播时间是否大于 4 分钟；

⑩ 得到肯定的结果时，即可终止重复试验。试验进行 6 次。

3）试验结果的判定

① 由初步甄别试验可以确定为非易燃固体的物质，不归于 4.1 项；

② 对金属以外的物质试验中有一次或多次燃烧时间不到 45 秒（即燃烧速率大于 2.2 毫米 / 秒），归为 4.1 项；金属或金属合金粉末如能点燃，并且反应在 10 分钟内燃

烧完全部长度的试样时，归于 4.1 项；

③ 易燃的固体（金属粉除外），如燃烧时间小于 45 秒并且火焰通过湿润段时间不大于 4 分钟，为Ⅱ级包装；金属或金属合金粉末，如反应段在 5 分钟内蔓延到试样的全部长度，为Ⅱ类包装；

④ 易燃固体（金属粉除外），燃烧时间小于 45 秒并且润湿段火焰传播时间大于 4 分钟，为Ⅲ级包装；金属粉如在大于 5 分钟但小于 10 分钟内燃烧到全部长度的试样，为Ⅲ级包装。

· 将待测的粉状或颗粒状的物质松散地装入图 2.2.1 的模具；

· 然后让模具从 20 毫米高处跌落在硬表面上 3 次。

二、固体物品的氧化性测定

1. 固体物品氧化性的测定原理

测定一种固体物品在与某一种可燃物质完全混合时增加该可燃物质的燃烧速度或燃烧强度的潜力。

2. 固体物品氧化性测定的仪器和材料

（1）镍 / 铬金属丝。电阻 6.0 ± 0.5FΩ / m，直径 0.6 ± 0.05mm，长度 30 ± 1cm；

（2）溴酸钾，CP 级；

（3）纤维素，CP 级；

（4）自耦变压器；

（5）玻璃漏斗。一端封闭，内径 70mm，顶角 60°；

（6）石棉板。150m × 150mm；

（7）秒表。精度 0.1s；

（8）托盘天平。感度 0.1g。

3. 固体物品氧化性实验的步骤

（1）将镍 / 铬金属丝做成如图 2.2.1 的形状与自耦变压器连接好，放置在石棉板上；

（2）参照物为溴酸钾和纤维素按重量比 3:7、2:3 和 3:2 配制的三种混合物。待测物为待试验物质和纤维素按重量比 4:1 和 1:1 配制两种混合物。每一混合物应不过分用力地尽量彻底混合。每一混合物样品应单独制备，立即使用；

（3）用圆锥形漏斗将 30 克每一混合物样品做成底部直径 70 毫米的圆锥体，覆盖在已放置在石棉板上的环形镍 / 铬金属丝上。石棉板应放置在通风橱中；

（4）闭合电源保持通电，调节自耦变压器，使镍 / 铬金属丝耗电功率在 150W ± 7W

范围内；并同时用秒表记录时间。如果混合物不发火并燃烧则保持通电3分钟。记录的燃烧时间是从电源接通到主要反应（例如火焰、灼热或无焰燃烧）结束。在主要反应之后的间歇反应，如火化或劈啪作响，不应考虑。如果镍／铬丝在试验期间断裂，那么试验应该重做，除非镍／铬丝断裂明确地不影响结果；

（5）应对试验物（包括参照物）进行5次试验。

4. 固体物品氧化性试验结果的判定

（1）待测物和纤维素的重量比为4:1或1:1进行试验时，显示的平均燃烧时间小于溴酸钾和纤维素重量比为3:2的混合物的平均燃烧时间，则定为Ⅰ级包装。

（2）待测物和纤维素的重量比为4:1或1:1进行试验时，显示的平均燃烧时间等于或小于溴酸钾和纤维素重量比为2:3的混合物的平均燃烧时间，并且不满足Ⅰ级包装的标准，则定为Ⅱ级包装。

（3）待测物和纤维素的重量比为4:1或1:1进行试验时，显示的平均燃烧时间等于或小于溴酸钾和纤维素重量比为3:7的混合物的平均燃烧时间，并且不满足Ⅱ级包装的标准，则定为Ⅲ级包装。

（4）待测物和纤维素的重量比为4:1或1:1进行试验时，都不发火且不燃烧，或显示的平均燃烧时间大于溴酸钾和纤维素重量比为3:7的混合物的平均燃烧时间，则为非5.1项。

三、液体物品的闭杯闪点测定

1. 液体物品的测定原理

当液体在规定条件下加热到它的蒸气与空气的混合气接触火焰发生闪火时的最低温度，称为闭杯法闪点。

2. 液体物品测定的仪器设备和材料

（1）SYP1002–II闭杯闪点测定器；

（2）温度计：0 ~ 100℃；

（3）大气压力计。

3. 液体物品的试验步骤

1）实验准备

①油杯要用无水乙醇洗涤，再用电吹风吹干。

②试样注入油杯的环状标记处，然后盖上洁、干燥的杯盖，插入温度计，并将油杯放在空气浴中。预先将空气浴冷却到室温（20℃ ±5℃）。

③将点火器的灯芯或丁烷气引火点燃，并将火焰调整到接近球形，其直径为3~4毫米。

④闪点测定器要放在避风和较暗的地点，以便利于观察闪火。

⑤用检验过的气压计，测定试验时的实际大气压力 P。

2）闪点的测定

①打开电源开关，调节调压器使试样温度每分钟升高1℃。

②当温度升至预计闭杯闪点值时，温度每升高1℃打开电火器点火；试样在试验期间都要转动搅拌器进行搅拌；只有在点火时才停止搅拌。点火时，使火焰在0.5秒内降到杯上含蒸气的空间中，在这一位置1秒里迅速回到原位。如果看不到闪火，就继续搅拌试样，并按本条的要求重复进行点火试验。

③在试样液面上方最初出现蓝色火焰时，立即从温度计读出温度作为闭杯闪点的测定结果。得到最初闪火之后继续按照进行点火试验应能继续闪火。易燃液在最初闪火之后，如果再进行点火却看不到闪火，应将试样降温冷却后重新试验；重复试验的结果依然如此，才能认定测定结果有效。

④实验结束后，将油杯由空气浴冷却到室温，将试样倒回备用瓶中。

⑤按第2款要求清洗油杯。

3）数据处理

大气压对闪点影响的修正。闪点修正值 Δt 按下式计算：

$$\Delta t = 0.25(101.3-P) \quad (6\text{–}1)$$

式中：

Δt：闪点修正值，℃。计算值按修约规则精确到个位。

P：大气压，kPa。

闭杯闪点则由式（6–2）计算：

$$t = t_1 + \Delta t \quad (6\text{–}2)$$

式中：

Δt：闪点修正值，℃；

t_1：被测液体的闭杯闪点测定值，℃；

t：被测液体的闭杯闪点值，℃。

重复测定两次，极差不超过2℃。

取重复测定两次结果的算术平均值，作为试样的闭杯闪点。

4）试验结果的评价

① 若闭杯闪点值大于60.5℃，则该液体不属于第3类易燃液体。

② 若闭杯闪点值不大于60.5℃，将闭杯闪点值与规定值比较，确定易燃液体包装等级。

四、磁场强度的测定

1. 磁场强度的测定原理

测定货物的磁感应强度来确定其磁场强度值。

2. 磁场强度测定的仪器

（1）CTH–C 磁场强度计。
（2）SAM–1 型单分量磁强计。

3. 磁场强度测定试验步骤

（1）将磁场强度计连接电源，待测货物及其他磁性物质远离磁场强度测定仪；
（2）打开磁场补偿开关，采用调节传感器位置、粗调、细调、微调四个步骤；将磁场强度计调零；
（3）将待测包装件放置在离磁场强度测定仪的传感器一定位置处，翻转包装件中的六个面，测定包装件每一个面的磁场强度。在每一个面取三个点分别测定数据，记录下所有数据。
（4）试验结束后，依次关掉磁场补偿开关，切断电源，拔掉传感器。

4. 磁场强度测定数据处理

取所测得数据中最大值为磁感应强度 B。磁场强度 H 的计算：

$$H = B / u_0$$

式中：
B：磁感应强度，T；
H：磁场强度，A/m；

$$u_0 = 4\pi \times 10^{-7}\ (\mathrm{H/m})$$

第三章 勤务的组织与实施

第一节 勤务准备

【学习目标】

1．掌握勤务组织的程序和方法。
2．掌握勤务组织的要求。
3．了解勤务组织的原则。

【基本操作】

一、勤务准备的程序

1）货检工作人员应与货运收货人员同步（或者按照规定的交接班时间）到达各自的现场。

2）检查开始前做好各项准备工作：台账和验讫章的准备；对X射线检查仪和其他检查工具进行调试。

3）收集相关勤务安排所需资料：主要是上级的指示和通知、当前空防形势与分析、货运市场调研情况、现场发生的问题、人员休假等情况。

4）编写勤务安排方案：根据收集的信息和资料，编写出勤务安排方案，分配当天勤务人员岗位和任务。

二、点名与讲评

1）货检部门实行上班点名和下班讲评制度。

2）点名和讲评一般由科队值班领导组织实施。

3）点名的内容包括检查人员到岗情况；检查人员着装情况；传达上级文件和指示；按照航班预报，合理安排勤务；提出工作要求。

4）讲评的内容：货检人员在岗情况；小结当天执勤情况；表扬好人好事；批评不良现象；对下一班勤务提出具体要求；对工作中发生的问题及时上报。

【相关知识】

一、勤务组织的原则

1）以勤务为中心，合理解决工学矛盾，不断提高业务能力。

2）统筹兼顾，合理使用人力资源；安排组织好上、下勤务交接，保持勤务的连贯性。

3）结合本部门综合情况，制订正常情况勤务方案和特殊情况处置预案，以应付各类突发性事件。

4）加强与货运等单位的联系配合，互相支持，协同解决问题。

5）在勤务实施过程中，做好检查仪器、设备的保障和时刻保持联络通讯的畅通。

6）标准做好各种勤务台账，规范记录。

二、交接班制度的要求

1）交接班应同级对口书面交接。

2）交班的内容包括：上级的指示文件；执行中遇到的问题及处理结果；设备使用情况；遗留问题；需要注意的事项等。

三、X射线机开关规程

1）操作员使用仪器前应检查仪器外观是否完好。

2）首先开启稳压电源，观察电压指示是否稳定在220±10%的范围内。

3）开启X射线机电源，观察运行自检测程序正常后，开始检查工作。

4）检查中，如遇设备发生故障，应立即报告值班领导。

5）工作结束后，应关闭X射线机电源及稳压电源。可能有些机型需要先退出X射线机操作平台，待图像存储完成后，再关闭X射线机电源及稳压电源。

6）按要求认真填写设备运行记录。

四、X射线机常见问题及解决方法

1. 无法开机

（1）主电源插头未插入或主电源电缆未接上。解决方法：接上电源。

（2）电源中断。解决方法：恢复主电源。

（3）急停开关被锁住。解决方法：将急停开关复位。

（4）无自检图像/等待指示灯不亮、电子器件失效。解决方法：必须由专业技能人员排除。

2. 无自检图像或自检图像不完整（开机后等待指示灯亮一下）

（1）显示器未与电源电缆正确连接，或显示器被关闭（显示器的电源接通指示灯未亮）。解决方法：检查显示器主电源开关和电缆。

（2）显示器的调整不正确。解决方法：检查显示器的调整（参见所附的显示器操作手册）。

（3）视频电缆未连好。解决方法：检查接头。

第二节　勤务实施

【学习目标】

1. 掌握不同情况勤务实施的程序和方法。
2. 了解勤务实施的相关知识。

【基本操作】

一、货物安全检查日常工作方案的实施

1）监督做好口头及书面交接班工作，主要内容包括：

①上级新的文件、指示或通知；

② 当班勤务中遇到的问题及处理结果；

③ 当班的设备使用情况；

④ 遗留的问题；

⑤ 需要注意的事项等。

2）在勤务实施当中，及时掌握、检查各岗位人员的在岗和工作情况，做到心中有数。

3）按各自权限和预案处理问题，并保持信息反馈的及时、畅通。遇有紧急情况或突发事件，根据特别工作方案处置。

4）当班勤务结束后，清理现场，做好各项善后工作。

5）上报勤务中发生、发现的问题、数据和处理结果；做好各类文件的整理、登记、归档、收存。

二、货物安全检查特别工作方案的实施

1）加强检查力量，抽调业务熟练的检查人员进行从严检查，必要时实行双人上岗。

2）加强仪器检查，操机员应当发挥X射线安全检查仪功能，对经开包检查取出违禁品以后的货物，必须重新经过X光机检查。

3）增大开箱包检查率，不放过任何疑点。

4）将防爆器材置于货检现场，并处于良好状态。做好防爆事件处置准备。

5）加强各级值班和现场指挥，值班领导到现场。

6）当接到紧急情况通报，要对已装运的货物重新进行彻底检查。

【相关知识】

一、货物安全检查的勤务制度

1）勤务值班制度：货检各科队都应设立值班员，掌握现场情况，做好上传下达工作。

2）勤务台账记录制度：详细填写台账记录本，记录上级指示，人员和岗位情况、设备使用情况、问题处理情况等等。

3）勤务研讨制度：研究内容主要是有关业务文件，上级指示和通知，定期或不定期的研究、分析勤务情况，摸索、归纳不同季节、不同地点、不同性质的货源变化规律。总结勤务中的经验和教训。

4）保密制度：除应严格遵守国家工作人员的保密规定外，根据货检工作的特点，还应做到：不在外人面前谈论货检工作的具体情况；不泄漏工作机密，比如货物运输条件鉴定单位的暗记等；不准将内部文件、资料随意丢弃。

二、货检日常工作方案的内容

1）当天与货运部门相关的信息，本单位人员到岗情况。

2）各科、队（班、组）的具体任务及要求。

3）勤务编组，交接班的时间、方法，各检查人员的任务职责和执勤位置，主要器材和装备，机动人员的任务位置、上岗时间、方式等。

4）货检各部门领导的分工、权限，指挥位置，正常和特殊情况的组织指挥。

5）值班领导、勤务班组长、检查员之间的联络以及友邻单位的联络方式，出现特殊情况的报告程序以及规定。

6）对一般问题的处理方法和权限，各部门与友邻单位的协调配合。

三、勤务小结的编写方法

根据小结的内容与写作特点，常见的有条文式、小标题式和贯通式三种。

1）条文式，即将小结的内容按性质和主次轻重逐条排列，行文简要，眉目清楚。

2）小标题式，就是正文部分按照逻辑关系分成几个小标题，逐层深入地进行总结，这种写法条理清楚，一目了然。

3）全文贯通式，是为了前后贯通可以不列条款，不分章节，按时间和事物发展顺序全文贯通，一气呵成。

四、勤务小结的概念

1. 勤务小结的含义

勤务小结是一种回顾和思索的手段。用规律性的书面形式回顾、分析和总结经验教训。

2. 勤务小结的作用

积累经验、改进工作；信息交流、有利工作；提高素质、促进工作。

3. 勤务小结的内容

勤务小结一般由标题、正文、署名和日期组成。

（1）标题：要标明时间和概括小结的内容，给读者留下鲜明的印象。

（2）正文：这是小结的主要内容。一般包括基本情况概述、主要成绩和经验、存在问题和教训、采取的对策和措施、今后的努力方向。

（3）署名和日期：这也是小结不可缺少的部分。

五、物品管理制度

1）物品管理包括对暂扣移交公安机关的危险品、违禁品和遗留物品的管理。
2）物品管理应由专人保管负责，并建立台账。
3）30天内无人认领的物品，应当统一造册，交公安机关处理。

第三节　勤务实施中的情况处置

【学习目标】

1．掌握特殊情况的处置方法。
2．掌握托运人或承运人投诉的处理方法。
3．了解特殊情况处置的有关知识和平息货主投诉的沟通技巧。

【基本操作】

一、以下情况可以作退运处理

1）无法判定受检物品的性质而又不能打开进行查验的；
2）缺少或无法提供合法有效的危险化学物品运输或检测的相关文件的；
3）其他不符合事先约定的。

二、以下情况需请示上级以后、移交公安机关处理

1）发现有恶意篡改检测报告等文件的行为的；
2）发现有故意藏匿、夹带危险品、违禁品行为的；
3）发现故意逃避安全检查行为的；
4）发现故意弄虚作假、恶意欺骗检查人员并可能导致严重后果的。

三、请示报告制度要求

1）货检人员在遇到超越处理权限问题时，必须及时向上级领导请示后方可处理；

2）通常情况下，请示报告应逐级进行，遇有重要情况和突发事件时可越级报告，但事后应当报告直属领导；

3)遇有发现爆炸物等危险物品时，在来不及请示报告的情况下，应当根据当时情况，按照预案进行处置，处置后必须及时报告；

4）上报情况应当包括时间、地点、人物、事件情况、处理结果；

5）下级向上级请示报告问题时，应当提出自己的处理意见；

6）请示报告必须做出详细记录，重大问题作出专题报告。

四、日常工作情况报告

1）日常工作报告是指对工作中遇到的情况、问题和阶段性工作情况及时或定期向上级领导和主管部门报告；

2）货检人员对勤务中遇到的运输文件不符合规定，隐匿夹带危险违禁品，扰乱工作现场秩序等问题，应及时向科队值班领导报告；

3）货检科队值班领导遇到无权处理的问题，应向上级值班领导汇报；

4）货检部门除定期向上级业务主管部门填写报表，应每月报告一次业务工作情况，每半年报告一次综合情况。

【相关知识】

一、处理投诉的步骤

遇到托运人或承运人投诉，千万不可置之不理，更不能认为托运人或承运人是在“多事”或有意“找麻烦”，和我们安检人员过不去。要知道，托运人或承运人来投诉是因为我们工作上出现了差错或服务态度不好，并且相信我们能够正确处理，希望我们能够改进。无论托运人或承运人的投诉动机如何，客观效果上是有利于我们工作的。

如果托运人或承运人投诉合理，确实是工作人员的过错，应马上当面向托运人赔礼道歉，同时对他们的投诉表示欢迎和感谢。这样做会使托运人或承运人感到我们重视他们的投诉，自尊心得到满足，为圆满处理好投诉铺平了道路。

二、有效处置投诉的方法

1. “一站式服务法”

“一站式服务法”是托运人或承运人投诉的受理人员从托运人或承运人投诉、信息收集、协调解决方案到处置托运人或承运人投诉全过程的跟踪服务。很多时候托运人或承运人是因为我们在处理投诉时流程繁琐、职责不畅、推诿扯皮、手续过多等因素不情愿投诉或者投诉后又放弃了，这部分托运人或承运人对投诉是否能解决一直持有怀疑的态度。“一站式服务法”就是为了消除托运人或承运人这种疑虑，从受理到处理完毕都由专人负责的投诉处理方法，它能够减少投诉处理中间环节以提高处理效率、避免推诿扯皮、缩短处置时间，让托运人或承运人体验到贴心、高效的优质服务。

2. “服务承诺法”

“服务承诺法”是本着为托运人或承运人服务、以托运人或承运人为本的服务，为缓和矛盾进一步升级的一种策略，进行分步解决托运人或承运人投诉的措施，它能够给受理和处理人员一个缓冲时间，充分了解和掌握投诉的始末和真相，给出更公正的解决方案。同时也给那些投诉时情绪不稳定和提出过高期望的托运人或承运人一个冷静思考的时间，平静下来协调解决，是缓解矛盾进一步升级的一个策略。

3. “补偿关照法”

“补偿关照法”是体现在给托运人或承运人物资或精神上补偿性关照的一种具体行为，其目的是让托运人或承运人明白自己所犯的错误不管什么都是不能原谅的，使托运人或承运人通过补偿行为自觉地杜决类似错误的再度发生。

4. “变通法”

“变通法”适用于非单位的责任所造成的托运人或承运人投诉，并且单位没有权限满足托运人或承运人的要求时。这种方法立足于满足托运人或承运人的要求，维护公司的声誉和诚信，所采取的对公司和托运人或承运人都有利的投诉处理方法。

5. “外部评审法”

“外部评审法”可以使投诉在未向外界公开前得到解决，避免了托运人或承运人采取进一步行动向媒体、其他机构施加压力，使事件陷入无法收拾的地步。对于托运人或承运人来说，更容易接受外部评审程序作出的处理结果，而向托运人或承运人建议选择外部评审程序也体现出我们对托运人或承运人负责和解决问题的诚意，可以取得托运人或承运人的信任。

三、平息货主投诉的沟通技巧

1. “移情法”

“移情法”是通过语言和行为举止的沟通方式向托运人或承运人表示遗憾、同情，特别是在托运人或承运人愤怒和感到非常委屈的时候的一种精神安慰。其目的就是使托运人或承运人敞开心扉，恢复理智，和托运人或承运人建立信任。这种沟通的方法通常适用于托运人或承运人在情绪激动，正在发泄不满时。对此而言，移情与同情的区别就在于，同情是你过于认同他人的处境，而移情是你明白他人的心。

2. “谅解法”

“谅解法”要求受理人在接受托运人或承运人投诉时，迅速核定事实，并向托运人或承运人表示歉意，安抚其情绪，尽量用托运人或承运人能够接受的方式取得托运人或承运人的谅解的办法。其技巧在于沟通时以同意取代反对，以更好地与托运人或承运人的沟通取得托运人或承运人的认同。

3. “3F 法”

“3F 法”是对比投诉托运人或承运人和其他托运人或承运人的感受差距，应用利益导向方法取得托运人或承运人谅解的一种沟通技巧，是心理学中从众心理的一种应用。这种方法针对不完全了解单位工作职责服务就投诉的托运人或承运人。

· 托运人或承运人的感受（Feel）：我理解您为什么会有这样的感受；

· 别人的感受（Feel）：其他托运人或承运人也曾经有过同样的感受；

· 发觉（Found）：不过经过说明后，他们发觉这种规定是保护他们的利益，您也考虑一下好吗?

4. “引导征询法”

“引导征询法”是一种为了平息托运人或承运人不满，主动了解托运人或承运人需求和期望，取得双方认同和接受的共同技巧。

第四章 业务培训及考核

第一节 民航货物安全检查员业务培训

【学习目标】

1. 能够拟订业务培训计划。
2. 能够组织实施业务培训计划。

【基本操作】

一、业务培训计划的制定

1. 对员工状况的调查研究

首先要了解本单位员工的学历结构、职称结构、知识结构。其次要了解本单位不同层次的员工是否具备了不同层次应该具备的知识和能力。此外，还要了解本单位不同层次的员工是否具备了不断接受新任务、新工作所应具备的知识和能力等等。为此，可以通过组织分析、任务分析、个人分析来进行。具体方法可以采用观察法、问卷调查法、约见面谈法、会议调查法、工作表现评估法和报告评审法等等。

2. 对服务对象和市场状况的调查研究

货物安全检查工作的核心是为了防止炸机和其他危害航空安全事件的发生，保证机组人员和飞机的安全。货物安全检查从业人员的素质应该能够适应托运人或承运人和航空公司以及货运市场发展的需要。所以，从这个角度来说，对货物安全检查工作对象的需求，有必要进行深入的调查研究。根据本单位工作对象的状况决定自己的工作方针和策略，并相应地进行业务培训。

3. 有针对性地拟订短期、中期、长期培训计划

（1）短期计划。通常是指最近一个时期，如3个月、5个月、半年或一年的工作安排，主要是针对本单位近期发展的需求和可能进行的安排。内容一般比较具体，无论是派出人员去学习，还是自己组织学习，一般都会涉及培训的内容和安排、培训的对象和参加人员、培训的时间等。

（2）中期计划。一般是指较长一段时间的工作安排，主要是针对本单位下一步发展的要求来进行安排的。内容不是十分具体，只是一些设想和打算。有一些是比较具体的，诸如派出人员去学习，但目的还是为了下一步发展的要求。

（3）长期计划。一般是指更长一段时间的工作安排，主要是针对本单位未来发展的要求进行安排的。内容更多的是一些设想和打算，但对具有长远战略眼光的单位来说，也会做出一些具体安排，诸如对一些具有培训前途人员的学历教育，目的是为了单位未来发展的要求。

二、培训计划的具体内容

1）具体培训计划要确定培训的目的、对象、内容、方式及经费预算等。

这里可以采用国际上一种“5W1H法”来加以说明。所谓“5W1H法”，即Why（目的性、必要性）、What（目标）、Who（主体和客体）、Where（地点）、When（时间）、How（方式方法）。

① Why：为什么要培训，培训的目的是什么。

② What：要说明培训什么，欲达到何种目标。通过培训，是要员工掌握一些基本技能，还是要达到较高的技能水平。

③ Who：确定哪些人员为培训对象，以及聘请什么人为教员。

④ Where：在什么地方培训，是在单位内部，还是在单位外部。

⑤ When：何时开始培训，需要多长时间，属短期、中期还是长期培训。

⑥ How：采取什么方式进行培训（How to）和提出经费预算报告（How much）。

2）培训计划的实施是一个非常复杂的过程，没有统一的模式可以套用。关键在于要符合实际工作的需要，能够满足各类人员的要求，根据培训的具体目标，灵活机动地安排具体计划和实施方案，使培训能够达到预期的目的。

三、业务培训计划的实施

1. 上报业务培训计划

具体业务培训计划制订出来以后，要报给上级有关部门批准，特别是对一些重要问题要集体讨论通过。比如，培训计划，特别是培训的内容是否符合公司发展的要求；培训的安排是否恰当，会不会影响公司的正常业务；人员的安排是否恰当；资金是否可以落实等。

2. 安排具体的培训程序、日程表

培训的方式虽然比较多，但总体来说无非是两大类，一类是派出人员学习；一类是自己组织。如果是派出人员学习，一般来说比较简单，主要是了解培训的内容是否符合公司发展的要求，然后按照轻重缓急做好人事安排，并且落实资金。如果是自己组织学习，那么就要拟订好详细的培训计划，正如前面所述，包括培训的项目、培训的内容、培训的方式、培训的教师和教材、培训的对象和参加人员、培训的时间等等，并且按照时间的顺序，做好准备工作。特别是教师的聘任和落实、教材和有关文件资料的准备等。

3. 通知有关参加人员并提出具体要求

按照培训的计划和安排，应该及时通知有关参加人员，并对他们提出具体要求。如果是普及型的教育，应该通知每一个参加人员，按时到会、按时参加；如果是属于骨干培训，可以采取个人申请、领导批准的办法，也可以由领导直接指定。

4. 总结业务培训效果

每一次培训工作结束后，或者每一个阶段（半年或一年）对整个培训工作都要进行认真总结。总结的内容是多方面的，但特别应该注意总结的是培训的项目是否符合公司整体的发展要求，培训内容的具体安排是否达到了预期的目的；通过培训，员工有什么收获或提高，表现在什么地方；培训工作本身有什么经验和教训，特别是有什么疏漏和不足，在今后工作中需要注意的问题等等。

四、货物安全检查理论培训

1）国家及国家民航局有关职业技能培训的法规文件。
2）国际航协有关危险品运输的法规文件。
3）国际民航组织对危险运输的法规文件。

4）国家及国家民航局颁布的有关危险品运输的条例和管理规定。

5）民航货物安全检查员国家职业标准（鉴定规范）和指定的培训教材。

6）国家民航局颁布的货物安全检查员职业技能鉴定教学大纲。

7）国家民航局公安局指定的货物安全检查员计算机培训课件。

8）依据货物安全检查员国家职业标准，制订培训计划，确定培训的重点内容。

9）结合货物安全检查工作的实际需要，经货物安全检查统编教材和相关法律法规、上级文件、电报为依据进行有针对性的培训。

五、货物安全检查技能培训

1. 四级货物安全检查员

（1）凭证检查：能识别认识有效合法的凭证，能对虚报品名、伪造凭证的情况进行处理。

（2）X 光机检查：熟悉仪器构造、性能和操作规程，能充分发挥其功能，准确认识危险品。

（3）实物检查：能对可疑的邮件、货物进行处理，对一般性的违规行为进行处理。

2. 三级货物安全检查员

（1）凭证检查：掌握国际国内运输有关规定，对违规发货行为正确处置。

（2）实物检查：能正确区别可以运输的危险品，限制运输的危险品和禁止运输的危险品，并对伪报品名、普货中藏匿夹带危险品、违禁品的行为进行处理。

（3）现场检查：能使用爆炸物探测设备进行检查，能对需要现场检测货物进行处理。

（4）勤务管理：能正确组织勤务，妥善处置勤务问题。

（5）业务培训：能指导低级别的货检员培训教学及考核。

【相关知识】

一、培训内容

1. 思想建设

货物安全检查是一项政策性很强的工作，又具有非常强的服务特点，每一位从事货物安全检查工作的人员都必须树立全心全意为托运人或承运人和航空公司服务的意识，要有奉献精神。思想建设就是要引导和教育员工学习党的方针政策，进行职业道德教育，提高员工的精神境界。

2. 作风建设

作风是反映一个单位形象、检验员工队伍管理和服务质量的一个重要尺度。因此，在对员工进行培训的过程中，作风建设应该作为一项重要内容加以强化。平时可以通过严格的纪律来加以约束，对特殊情况和特殊工种也可以通过军训的方式组织集中培训。使员工在日常工作中养成纪律严明、雷厉风行、求真务实的作风。

3. 业务建设

业务建设是培训教育的重要内容，目的是提高货物安全检查人员的素质，使他们了解货物安全检查工作的性质和要求，熟悉和掌握本职工作所必备的知识、技能及能力，同时要了解现代科学技能发展的要求，不断更新知识，不断提高自己的知识和能力。

二、培训形式

1. 岗前培训

岗前培训是指对新聘用为货物安全检查人员的培训。无论原来从事什么样的工作或者是新参加工作的年轻人，当他们被聘用为货物安全检查人员以后，都要进行岗前培训。要让他们更快地了解货物安全检查行业，熟悉自己的单位，适应实际工作的要求。

2. 在职培训

在职培训是指为不断提高在职人员的知识和技能所进行的培训。货物安全检查行业所涉及的知识和技能是一项非常宽泛的行业，而且随着科学技能的发展又是一个不断更新、不断接受新知识和新技能的行业。这就要求针对社会新型行业、新型产品的不断出现进行知识更新和技能提高的培训。可采取举办短期培训班、举办专题讲座等形式组织培训。

3. 外送培训

外送培训是指将货物安全检查人员外送到具有教育培训资质、国内外教育机构所开设的短期培训班进行集中培训。使受训人员可以更好地掌握某一项必要的知识和技能，从而有效地提高工作效率和工作质量。货物安全检查部门应当重视这一培训工作，注重选拔工作表现出色、有发展潜力的人才，有计划、有组织地外派培训。

4. 交叉培训

交叉培训是指为了帮助员工增长本职工作以外的知识或者为了吸取其他方面的经验，进一步改进本职工作而进行的培训。它可以在单位内部各岗位之间进行，也可以把员工外派到相关部门工作，以边工作、边学习的方式，提高货物安全检查人员的综合素质和能力。通过这种方式培训，不仅可以增长知识和本领成为多面手，也可以成为人力资源的后备力量。

三、培训方法

1. 案例教学法

案例教学通过明确问题、探讨成因、提出多种可选择的方案、找出最佳方案等步骤，达到训练员工解决及处置现场工作问题的目的。在案例教学中，要求受训员工扮演案例中的角色，全体员工面对同一案例，在教员的引导下，各抒己见，以引起争论并经过充分讨论，取得可行的最佳方案。

2. 研讨会法

这是一种事先调查，然后通过报告与其他受训者交换信息、研究问题的培训方法，它在培训中起着重要的作用。

3. 角色扮演法

角色扮演法是先设计一项任务，完成这项任务需要各种人物出场。培训时，要求受训员工扮演不同的角色并进入角色情景，去处理各种问题和矛盾，其他受训员工当观众。当扮演角色的学员表演结束后，“观众”对扮演者完成任务的情况进行评价。运用这种方法，可以帮助学习者站在不同的位置上思考问题，可以体验各类人物的心理感受，训练其自我控制能力和随机应变能力，从而提高管理人员处理各类问题的能力。

4. 实际操作训练法

根据培训大纲要求，在培训期间和一线岗位上进行岗位需求的实际操作培训，并将理论知识运用于实践，使其具备一定的实际操作能力。

5. 计算机多媒体教学方法

充分利用计算机培训测试系统硬件、软件资源和程序设计，以完成教学中多种媒体信息传递（教授、演示或模拟）。进行切合实际的、广范围、全方位、标准化的培训工作，通过课件制作、试卷制作、图库管理、人事管理来编制不同的教学计划和考核方案。

第二节　培训考核

【学习目标】

1. 能够拟订培训考核方案。
2. 能够掌握培训考核程序。

【基本操作】

一、培训考核方案的制订

培训工作的考核，一般来说可以分为两大类：一类是在培训期内，即员工们在培训期间或期末的考核：一类是培训期外，即员工们在日常工作期间的考核。前者又分为单位外和单位内的考核。单位外的考核，比如派出人员参加外单位或学校的学历教育、外派培训，或者是参加有关部门指定的培训班、短训班，他们的考核是由有关单位或部门来完成的。我们这里所说的培训工作的考核，主要是指由本单位所主办的各类培训工作和员工们日常工作期间的考核。由于各类培训工作的情况不同、要求不同，考核方法是会有区别的，这就要根据具体情况拟订具体方案。

1. 各类短期或长期培训

不管时间长或短，这种培训工作一般都有十分明确的培训目标、培训内容，都有一定程度的正规性。对这一类的培训工作，我们应该配合有关部门或教师拟订好具体的考核方案。例如：

（1）一般的理论学习、法律教育或者某一类知识教育，我们可以安排书面的考核、考试或者撰写论文等。

（2）一般的技术培训或者某一类专业知识的学习，我们可以安排一些实际的操作或演练。成绩可列为不同的等级或合格、不合格。

2. 日常工作期间的政治学习、业务学习

这一类的培训工作也是有明确目标的，也需要安排一些辅导、听课之类的活动，但时间安排比较松散，自由度大一些。这一类的培训工作也应该进行考核，只不过方式更加灵活多样。如检查出勤率、写小结或学习体会、安排一些实际的操作、征文比赛、技术比赛等。

二、培训考核方案的实施

任何一种考核方法和要求，事先都应告知参加考核的人员，必要时，给予辅导和帮助，使其有所准备，以便能取得好的成绩。具体来说，应该按以下程序进行。

1. 告知考核的目的、方法和要求

首先要告知考核的目的，比如上岗培训，就要说明必须考试合格获得上岗证书，才能正式结业并安排工作。某一项专业技能的在职培训或者实际操作是否考试合格，不但是评定个人技术水平的根据，而且要存入个人技术档案作为以后评定个人工资待遇的根据。其次，要交代考核的方式、方法和具体要求。

2. 有针对性的辅导

学习主要靠个人的努力，也需要别人的帮助。根据考核的目的、方式、方法和要求，主持考核的部门和人员有必要安排一些有针对性的辅导、讲座、报告等，从而有利于员工取得更好的成绩。

3. 考核结果的公布和存档

公布考核结果，一方面要告知本人；另一方面也要公示，获得大家的监督和认可，同时也起到鼓励先进、督促落后的作用。所有人的考核结果都要作为个人的技术资料存入档案，以备将来选用人才的根据。实际上，这是单位人力资源开发和储备的一项重要工作，必须予以充分的重视并不断地总结经验，不断地坚持下去，持之以恒，取得实效。

【相关知识】

一、培训考核的作用

1. 检查培训效果的依据

通过培训是要使员工们在政治思想理论、职业道德或者在职业知识、技能方面有所认识、有所提高，从而为改进工作、提高业务水平打下良好的基础。这个培训的效果要通过考核来实现，考核是检查培训效果的依据。

2. 对员工进行激励的依据

培训的核心是提高员工们的素质和专业技能，这不仅是整个单位人力资源储备和开发的一项重要任务，也是每一位员工脱颖而出的机会。要想得到同行的认可就必须在考核中取得更突出的成绩。从这个角度来说，考核又是对员工进行激励的依据。

二、常见的考核方法

1. 考试

考试分为笔试和口试两种。笔试，一般又分为开卷考试和闭卷考试。笔试具有一定的客观性和公平性，所以被广泛地应用于各种类型的考试。口试，一般在考试之前，教师准备好一些题目，考试时请学员们随机抽取，然后通过口头表达的方式进行考试。通过提问，教师可以更深入地了解学员们对基本知识的掌握程度。这种方法在一定程度上优于笔试的方法，但费时、费力，不适用于对大量人员的考核。

2. 实际操作与技能竞赛

实际操作与技能竞赛这两种方法是属于同一类型的考核，目的既是对学员们基本知识的考核，但更注重的是对基本知识实际运用、实际操作的能力。这就是说不但要用脑，更重要的是用手；不但要掌握书本知识，更重要的是把书本知识用于指导实际的行动。这两种方法的区别在于，前者具有正规考试的性质，后者一般不具有正规考试的性质。所以，实际操作性很强的一些课程往往采用实际操作的考核方法；技能竞赛往往是在日常工作中进行，通过技能竞赛选拔一些技术能手给予奖励，鼓励员工学习技术的热情，同时也是对员工实际工作的考核，为发现人才、使用人才做好准备。